PAUL ZSOLNAY VERLAG

JEAN THUILLIER

Die Entdeckung des Lebensfeuers

Franz Anton Mesmer

Eine Biographie

Aus dem Französischen
von Roseli und Saskia Bontjes van Beek

PAUL ZSOLNAY VERLAG
WIEN–DARMSTADT

Umschlag und Einband: Atelier Reichmann, GDA Wien, unter Verwendung eines Kupferstiches von Jules Porreau, 1849, aus dem Historischen Museum der Stadt Wien
Satz: Typographische Anstalt, 1190 Wien
Druck und Bindung: May & Co., Darmstadt
Printed in Germany
ISBN 3-552-04207-5

CIP-Titelaufnahme der Deutschen Bibliothek
Thuillier, Jean:
Die Entdeckung des Lebensfeuers: Franz Anton Mesmer; eine Biographie / Jean Thuillier. Aus d. Franz. von Roseli u. Saskia Bontjes van Beek. – Wien; Darmstadt: Zsolnay, 1990
Einheitssacht.: Ou l'extase magnétique ‹dt.›
ISBN 3-552-04207-5

Die Entdeckung des Lebensfeuers

Roger Caillois gewidmet,
durch den ich erstmals
vom Nostoc hörte.

Inhalt

„Meine Heilmethode ist nicht erlernbar, sie ist mir gegeben... Sie läßt sich auf Kranke anwenden, für die Arzneien wirkungslos oder tödlich sind, deren Einbildungskraft jedoch vorzüglich arbeitet..."

Franz Anton Mesmer

„Die Hypnose, die aus Mesmers ehemaligem tierischen Magnetismus hervorging, ist nichts anderes als die künstliche Erzeugung des Somnambulismus..."

Pierre Janet

„Mit Fug und Recht behaupte ich, daß die Psychoanalyse erst seit dem Tag besteht, da auf die Hypnose verzichtet wurde..."
„Die Psychoanalyse verwaltet nunmehr das Erbe der Hypnose..."

Sigmund Freud

VORWORT

Es gibt Menschen, die durch ihre Worte, ihre Gesten, ihren Blick beeindrucken, fesseln, faszinieren. Man sagt auch, sie haben eine magnetische Anziehungskraft. In den Nachkriegsjahren hatte mich Lacan beeindruckt. Ich fand, er „strotze vor Intelligenz". In den *Entretiens de Bonneval* von 1946 kamen seine Sätze aus dem prachtvollen Fundus einer glänzenden Dialektik. Ich begriff alles. Fünfzehn Jahre später waren es schwerverständliche Äußerungen, konfuse Tiraden, die verzückte Menschen in Scharen anlockten.

Wie läßt sich dieses Phänomen anders erklären als durch Massenhypnose, wie sie etwa an gewissen amerikanischen und sogar französischen Universitäten aus didaktischen Gründen hervorgerufen wird?

Mesmers „thierischer Magnetismus" war nichts anderes. Er praktizierte ihn am einzelnen oder auch an ganzen Gruppen, die sich um seine berühmten „Gesundheitszuber" scharten. Aber man nannte ihn einen Aufschneider und Scharlatan, während er doch der Vorläufer der gesamten modernen Psychotherapie einschließlich der Psychoanalyse ist. Schrieb nicht Freud im Jahre 1916: „Mit Fug und Recht behaupte ich, daß die Psychoanalyse erst seit dem Tag besteht, da auf die Hypnose verzichtet wurde?" Er wußte, wovon er sprach, denn er hatte bei Breuer und Charcot hypnotisieren gelernt und Liébeaut und Bernheim wirken sehen...

Im Jahre 1778 trifft Franz Anton Mesmer in Paris ein. Ihm eilt ein zweifacher Ruf voraus. Für die einen ist er ein bedeutender Arzt, der in der französischen Hauptstadt die Bestätigung seines Genies sucht. Für die anderen ist er ein Betrüger, der nach seiner Entlarvung Wien verlassen mußte.

Wie dem auch sei, bis zu den Tagen des Nationalkonvent sollte Mesmer all die Großen aus Adel und Politik, aber auch die Bürger und das einfache Wort von Paris behandeln.

Um seine Zuber ließ Mesmer in musikalischer Atmosphäre und wohlausgeklügeltem Rahmen die Du Barry, Prinzessin de Lamballe, La Fayette, Brissot, Bergasse, doch ebenso die Fischweiber von den Hallen, die Fußkranken aus den Ganovenvierteln und vom Marché des Innocents Platz nehmen. Die Heilungen von Hysterikern, Neurotikern und Angstgeplagten erfolgten Schlag auf Schlag: meistens verliefen sie eigenartig, oft seltsam, sie sind jedoch unbestreitbar. Anscheinend genügten allein die Worte „Mesmer" und „Magnetismus", um die Krankheit in die Flucht zu schlagen; und die ohrenbetäubende Resonanz seiner Erfolge brachte die krankhaften Symptome zum Einstürzen, wie Josuas Posaunen die Mauern von Jericho...

Mesmer hypnotisierte seine Kranken einzeln oder um seine Zuber gruppiert; er befragte sie nach ihren Beschwerden, analysierte ihre Äußerungen, studierte ihr Verhalten, provozierte Abreaktionen und affektive Übertragungen. Doch im damaligen Wortschatz existierten die erwähnten Begriffe nicht. Die Hypnose, ein von Braid 1842 erfundenes Wort, wurde „künstlicher Somnambulismus" genannt, die Befragungen, vertraulichen Mitteilungen und Analysen der von den Kranken gemachten Äußerungen waren „Gespräche", die Abrekationen und Übertragungen hießen „Krisen", und alle weiteren Methoden der Suggestion und Psychotherapie wurden von Mesmer unter dem Begriff „thierischer Magnetismus" zusammengefaßt.

Wie zahlreiche Gelehrte und Erfinder, die keine Erklärung für ihre erstaunlichen Entdeckungen fanden, benützte auch Mesmer, um die seine zu rechtfertigen, hochtrabende, leere Begriffe und pseudowissenschaftliche Methoden. Dadurch geriet er gleichzeitig mit dem Rationalismus der Zeit und der Macht der geltenden Meinungen und infolgedessen mit denen, die sie in den Akademien vertraten, in Konflikt.

Um Mesmer und „sein Geheimnis" zu verstehen, haben wir ihn bei seinen Taten und Abenteuern begleitet.

Von den Ufern des Bodensees, diesem „Schwäbischen Meer", in

dessen Nähe er zur Welt kam, sind wir ihm nach Wien, Paris, in die Schweiz und nach Meersburg gefolgt, wo er gestorben ist.
Mesmer, Doktor der Theologie, Philosophie, der Jurisprudenz und Medizin, Freimaurer von Rang und fähiger Alchimist, war auch ein talentierter Musiker. Als aufgeschlossener Mäzen, Freund von Haydn, Gluck und Mozart, die er in seinen Wiener Wohnsitz einlud, begleitete er diese bei den Hauskonzerten, die er für seine Freunde und Bekannten gab, auf dem Cembalo, dem Hammerklavier oder der Glasharmonika. In den Gärten seines Besitzers an den Ufern der Donau fand 1768 die Uraufführung der Oper „Bastien und Bastienne“ von Mozart statt, der ihm auch ein Rezitativ in „Così fan tutte“ widmete.
Er war mit Musikern und Virtuosen wie Marie Therese von Paradis und Paula Jeunhomme, für die Mozart Konzerte schrieb, eng vertraut und behandelte sie auch.
Doch gleichzeitig wurde der in Deutschland, Österreich und Frankreich als berühmter Arzt anerkannte Franz Anton Mesmer als großer Gelehrter gepriesen und als Scharlatan und Betrüger verspottet.
Abgesehen davon, daß seine Entdeckung für seine Zeit verfrüht und unverständlich war, verbarg er sein Genie und vergeudete sein Talent durch die Ungeschicklichkeiten und Forderungen eines unmäßigen, mit unverbesserlich bestechlichem Geist gepaarten Hochmuts.
Auch wenn es nicht so aussehen mag, und was auch immer seine Verleumder sagen mochten, so entspricht dennoch alles, was an Mesmers Geschichte unglaublich erscheint, der Wahrheit. Seine alchimistischen Versuche und die Ausübung seiner medialen Gaben, die er immer wieder erwähnte, haben ihn im Laufe seines Lebens und während seiner letzten Jahre häufig beschäftigt.
Alles ist faszinierend und außergewöhnlich an Mesmer, der mehr verdient als das ironische Lächeln oder die bösartigen Pamphlete, zu denen er immer wieder Anlaß gab.
Der kürzlich noch verkannte Mesmer kommt auf dem Umweg

über Hypnose und Sophrologie wieder in Mode. Man kann in ihm den Vorläufer Liébeauts, Bernheims und Charcots sehen, die die Hypnose Breuers und Freuds, der Begründer der Psychoanalyse, und Morenos, des Erfinders des Psychodramas, anwandten.
Mesmers Aktualität liegt in der gesamten modernen Psychotherapie, der Wissenschaft der Ärzte, die „durch den Geist" heilen. Man wird sich anhand der von uns gesammelten Informationen, deren Quellen am Ende des Buches zu finden sind, davon überzeugen können. Ebenso konnten wir Mesmers Leben chronologisch rekonstruieren, und gewisse Dokumente erlaubten uns, den einzelnen Etappen zu folgen und diejenigen Heilungen zu analysieren, die ihm seinen eigenen Worten nach gelangen.
Werden wir nach zwei Jahrhunderten der Mißverständnisse erleben, wie sich das Geheimnis um Mesmer und seinen „Gesundheitszuber" auflöst?
Wir erheben nicht den Anspruch, das Problem gänzlich bewältigt zu haben. Zumindest haben wir es von einer ganz neuen Seite beleuchtet.

J. T.

WIEN

I

DER SOHN DES OBERJÄGERMEISTERS

Ronald Golon, Fürstbischof von Konstanz, ist zutiefst verstimmt. Der mit seinem Oberjägermeister für November vorgesehene Jagdkalender fällt in diesem Jahr 1746 mit religiösen Festen zusammen, denen er sich nicht entziehen kann. Von Augsburg bis München und bis nach Wien weiß man von der Leidenschaft des Prälaten für das Weidwerk. Es wird sogar gemunkelt, er opfere ihr zuliebe gewisse Verpflichtungen, und dieses Gerücht will der Fürst nicht weiter nähren.
Nach einigem Nachdenken hat der Erzbischof entschieden. Der Jahrestag des Konzils von Konstanz wird am 11. November zusammen mit Sankt Martin gefeiert, die heilige Cäcilie, die auf Donnerstag, den 22., fällt, wird auf Sonntag, den 25., verschoben, so gewinnt der Kirchenchorleiter drei Tage, um sein Oratorium zu beenden. Sankt Hubertus wird man einen ganzen Tag in der Oberzeller Abteil widmen. Eine gut erdachte, geschickte Entscheidung, und Ronald schmunzelt über seine List. Der Oberjägermeister Jakob Mesmer wohnt in Iznang, unmittelbar gegenüber der Abtei von Oberzell auf der Insel Reichenau, wo die Jagdequipagen zusammengestellt und überholt werden.
Am Tag vor Sankt Hubertus hat Ronald Golon die Nacht bei den Benediktinern von Oberzell verbracht, ein paar Wegstun-

den von den Treibjagdkesseln entfernt. Am darauffolgenden Tag hat er lange vor Morgengrauen die Messe mit dem Abt gefeiert, ein Jäger wie er, und das in Gegenwart des Oberjägermeisters, der gekommen war, sie beide abzuholen. Jakob Mesmer hat sie zur Spitze der Insel nach Niederzell geführt, wo die Jagdequipe versammelt ist. Der Erzbischof wünscht, daß „à la française" gejagt wird, in scharlachrotem Gewand, mit Jagdhörnern, Reitern und Meuten, und der Oberjägermeister hat an Ort und Stelle seine Männer vor dem Rapport Revue passieren lassen, mit besonderem Augenmerk auf seinen jüngsten Sohn, der auch an der Jagd teilnimmt.
Franz Anton Mesmer ist gerade zwölf Jahre alt geworden, und zur Feier seines Geburtstags hat sein Vater ihn vom Schneider des Gefolges einkleiden lassen. Der junge Hundeknappe zu Pferd. Er trägt den blau-goldenen Rock des Monsignore Ronald Golon. Man hat ihm die Spürhunde anvertraut, die durch das Alter zwar nicht mehr so gut auf den Beinen sind, deren gute Nase jedoch nützlich ist. An diesem Morgen ist er mit all den anderen Knappen auf die Pirsch gegangen, um den Kessel zu suchen, wo sich die Hirsche vermutlich erholen, und er hört die „Rapports" der ersten Knappen, die einer nach dem anderen das Tier bekanntgeben, das sie aufgetrieben zu haben glauben. Er, Franz Anton, hat sich selbst einen Kessel ausfindig gemacht, und was er hört, ist nichts verglichen mit dem, was er vorzubringen hat, hätte er nur das Recht zusprechen. Also ist er plötzlich mit der Kappe in der Hand an seinen Vater herangetreten und hat erklärt:
„Die von mir markierte Fährte ist die beste. Ich habe am Ausgang von Niederzell einen Zehnender entdeckt, da bin ich ganz sicher. Sein Gang ist einwandfrei, die hintere Spur ist klein, und er wird keine falsche Fährte legen, denn er ist allein im Kessel."
Der Oberjägermeister erblaßte vor der Kühnheit seines Sohnes und wollte ihn gerade von einem Piqueur verjagen lassen, doch der Erzbischof, der neben seinem Jägermeister ritt, beschloß,

amüsiert über den Zwischenfall, Franz Antons Rapport Folge zu leisten.
„Wenn es stimmt, was du sagst, Kleiner, so wirst du zur Belohnung heute abend in der erzbischöflichen Küche speisen!"
Der Fürst-Prälat war kein Freund von schwerfälligen Attacken, und der Oberjägermeister hatte die Hunde zu einer „todbringenden Meute" abgerichtet. Man folgte Franz Antons Brüchen.
Der erste Piqueur sprang mit den Hunden in den Kessel. Sehr rasch gab ein Hund Standlaut, andere folgten ihm, dann erklang ein allgemeines Gebell, und der angegriffene Hirsch sprang auf. Franz Anton hatte die Spuren richtig gedeutet, und das Signal „Die Hunde haben die Fährte" wurde geblasen. Die Jagd dauerte lange. Nach zahlreichen Täuschungsmanövern, Verdopplung seiner Spuren, ging die Fährte des Hirsches auseinander. Er versuchte, an einem Teich zu trinken, wurde jedoch von der Meute gestellt, die er angriff, um sich einen Durchgang zu bahnen, und nach einigen Schritten blieb er regungslos stehen. Hetzjäger bliesen, im Sattel stehend, das Halali, und sobald der Hirsch von den Hunden niedergehalten wurde, stieg der Oberpiqueur vom Pferd, um ihn „abzufangen", indem er ihn mit seinem zweischneidigen Spieß tötete.
Sobald der Ziemer, die Kruppe und die vier Läufe entfernt waren, wurden Eingeweide und Gerippe wieder in die Decke geschlagen, um den Schmaus für die Hunde vorzubereiten.
Der Erzbischof beglückwünschte seinen Oberjägermeister zu den Fähigkeiten, dem Gespür und Scharfsinn seines Sohnes.
„Wie alt ist er?" fragte der Prälat.
„Zwölf Jahre, Eure Eminenz."
„Laßt ihn den Lauf zurichten."
Der Jägermeister rief mit dem Horn den Oberpiqueur herbei, der bereits den rechten Lauf abgetrennt hatte, und fragte ihn, ob Franz Anton ihn zu präparieren verstehe.
„Besser als ich", sagte der Piqueur lachend und reichte dem Jungen sein Messer.

Franz Anton renkte den Lauf am Fesselgelenk aus, zerschnitt die Haut bis hinauf zum Knie, dann flocht er sie in drei Streifen und befestigte sie ans Heft eines kleinen Spießes, den der Vater ihm geschenkt hatte.
Während des Happens blies man „Die Jagd ist vorüber", und Franz Anton trat, geleitet vom Anführer der Equipage, den zugerichteten Lauf auf einem Kissen vor sich her tragend, vor den Erzbischof.
„Franz Anton, du wirst mein persönlicher Knappe", sagte der Erzbischof, „und wir werden dich ausbilden lassen."
An jenem Abend aß Franz Anton in der Küche des Erzbischofs am Tisch der Musikanten. Er traf dort mit Kapellmeister Ziegler zusammen, der ihn das Flöten-, Cello- und Orgelspiel lehren sollte.

Erzbischof Ronald Golon behandelte seinen Kapellmeister Johann Ziegler genauso wie alle anderen Untergebenen seines Hauses. Der Musiker wurde als höherstehender Bediensteter verpflegt und beherbergt, das jedoch gemeinsam mit den Kammerherren, Kammerdienern und Köchen.
Der Knappe Franz Anton gefiel Ziegler, und der Kapellmeister unterwies ihn mit so großem Erfolg, daß der Jüngling bereits nach einigen Jahren Blockflöte und Cello spielen und die Orgel mehrmanualig handhaben konnte.
Ziegler war ein sanfter und schüchterner Mann, geduldig und schwärmerisch. Zwischen ihm und Franz Anton entspann sich eine Freundschaft, bei welcher der Musiker, was die ihm von dem männlicheren und unabhängigeren Franz Anton zugemessene Sympathie betraf, nicht auf seine Kosten kam.
Der Kapellmeister gab seinen Unterricht abends nach der Jagd und sonntags nach der Vesper, wenn sich der Hofstaat des Prälaten vor den abendlichen Konzerten in den Salons des Erzbischofs erging. Trotz der Erschöpfung durch die Jagd lernte Franz Anton so leicht, daß er sehr bald an Festtagen die alte

Orgel von Sankt Georg in Oberzell zu spielen vermochte. Während der Proben zu einem Konzert in der Oberzeller Abtei zeigte Johann Ziegler ihm die berühmten Fresken, die Abt Witigo bei dem Maler Hugo Schleyer in Auftrag gegeben hatte. Das Gewölbe war noch von der Sonne beleuchtet, deren Strahlen die hohen Fenster durchdrangen, und Franz Anton konnte sie sehen, diese alten Wandgemälde, die einst die Menge so stark beeindruckt hatten. Die neun Wunder Christi folgten einander in biblischer Reihenfolge, doch das wichtigste Symbol lag weder in der Auferweckung des Lazarus, der Tochter des Jaïrus oder des Sohnes der Witwe aus Naïm, weder bei der Heilung des Leprakranken oder des Wassersüchtigen, noch im besänftigten Sturm, sondern in den beiden Fresken der Südmauer nahe dem Orgelspieltisch. Franz Anton betrachtete die Hände Christi, diese ausgestreckten, geöffneten Hände mit den gespreizten Fingern auf den Schultern und dem steifen Nacken des Besessenen von Gerasa, diese Hände, deren Finger über die geschlossenen Lider des Blindgeborenen strichen.
Johann Ziegler spielte auf den drei Manualen, und Franz Anton, der auf Anweisung des Musikers die jeweiligen Register zog, unterbrach ihn plötzlich:
„Laß mich spielen. Schnell, laß mich spielen."
Johann Ziegler überließ ihm seinen Platz in der Mitte der Bank, und Franz Anton, der über verschiedene Motive improvisierte, begann seinem Freund zuzurufen:
„Sieh nur, Johann, sieh nur! Schau die Dämonen an, die aus dem Körper des Besessenen von Gerasa vertrieben wurden. Sie kommen aus seinem Schädel und aus seinem Leib. Das Fluidum der Hände Christi läßt sie aus seinem Körper fahren. Sieh nur, sieh die Finger Christi auf den Augen des Blinden. Er kann nun sehen. Die Hände, die Hände, sie vermögen alles ..."
Franz Anton erbat vom diensthabenden Laienbruder einen Leuchter und näherte sich den Fresken, um die Hände Christi besser betrachten zu können.

„Johann Ziegler, ich habe die gleichen Hände wie Christus. Meine Finger sind ebenso lang, und wie er habe ich kräftige Daumen."

Sie scherzten den ganzen Abend, und als sie zum Erzbischöflichen Palais zurückkehrten, bat Johann Ziegler Franz Anton, mit ihm auf sein Zimmer zu kommen, um ihn von seinen Dämonen zu befreien...

Ungefähr zur selben Zeit fehlte es der Abtei von Mitterzell an Wasser. Der Prior hatte inmitten des Klosters an einem Ort, der ihm feucht und kühl erschien, zwischen Buchsbaumhecken einen Springbrunnen mit Wasserbecken errichten lassen. Man hatte jedoch ohne Erfolg gegraben. Die Erde blieb trocken über dem Sand und Kies, die keinerlei Grundwasserspiegel verhießen. Pater Gaspard, der Ratsälteste der Abtei, hatte den Prior gefragt, ob all dieser Aufwand wirklich vonnöten sei.

„Die Mönche verdrecken und gefallen sich noch in ihrem Schmutz", erklärte der Prior. „Sie stinken. Nicht einmal der Weihrauch vermag ihren Gestank zu vertreiben! Sie müssen sich unbedingt waschen."

Gaspard beharrte nicht weiter auf seinem Standpunkt, die Nase des Priors war empfindlicher als die seine. Er riet, nach einem Wünschelrutengänger zu rufen. Der Prior hatte für Wünschelrutengänger nichts übrig. Warum sollten Männer mit Ruten Wasserstellen ausfindig machen können? Moses hatte dies, von Gott geleitet, getan, doch jene mußten mit etwas Bösem im Bunde sein, das nach Schwefel roch.

„Macht euch frei von solchen Vorstellungen", sagte Gaspard, „und ruft Walter Matteau."

Der Prior kannte ihn: Er pflegte ihn zum Kastrieren der Schweine des Klosters kommen zu lassen. Doch Walter Matteau beaufsichtigte auch den Hundezwinger von Linzel, wo die jungen Spürhunde für die Meuten des Erzbischofs abgerichtet wurden. Walter Matteau war der beste Wünschelrutengänger der gesamten Gegend. Er wurde sogar aus Steckhorn in der Schweiz für die Brunnen der Bronzegießer geholt. Und wenn es galt, einen neuen Springbrunnen in den Gärten von Konstanz zu errichten, wandte man sich stets an ihn.

Als ein Laienbruder sich in Niederzell einfand, um Matteau im Namen des Priors um seine Dienste zu bitten, antwortete er, er würde sich am übernächsten Tag bei Sonnenaufgang auf den Weg machen. Franz Anton, der gekommen war, um einen Wurf junger, am Vorabend geborener Welpen anzusehen, erbat von Walter die Erlaubnis, ihn begleiten zu dürfen. Er erinnerte den alten Dresseur von Linzel an dessen Versprechen, ihm das Wünschelrutengehen beizubringen.

„Komm mit mir“, willigte Walter Matteau ein, „wir gehen unsere Ruten schneiden.“

Sie stiegen zum See hinunter bis zu einem mit Haselnußsträuchern bewachsenen Abhang. Inmitten des Haselgebüschs maß Walter die Zweige, die nicht mehr als doppelt so lang waren wie der Eichenstab, den er mit sich führte. Er markierte die ihm geeignet erscheinenden, wandte sich jedoch schon bald wieder von ihnen ab.

„Siehst du, Franz Anton, sie stehen zu nah beim Erlengebüsch. Es müssen alleinstehende, wilde Haselnußsträucher sein, die das Wasser zwar mögen, jedoch nicht in ihm stehen. Die Erlen ziehen mit ihren Wurzeln zuviel Wasser herbei.“

Er traf seine Wahl in einer Gruppe von großen Schößlingen, aus denen er drei Astgabeln herausschnitt; zwei behielt er, schälte die Rinde ab und machte ihre Spitze stumpf. Nachdem er sie in der Hand begutachtet hatte, wählte er einen für Franz Anton aus.

„Ergreife die Enden mit nach oben gerichteten Handflächen und halte den Schnabel waagrecht, ohne die Finger zusammenzudrücken!“

Franz Anton befolgte Walters Ratschläge, er ergriff die Haselnußgabel und trug die Spitze vor sich her. Plötzlich schrie er:

„Walter! Walter! Meine Hände brennen!“
Er schleuderte die Wünschelrute einige Schritte weit von sich.
Walter Matteau verstand nicht, was vor sich ging. Er hob die Rute auf und prüfte sie. „Sie zieht an der Hand, weil wir vierzig Klafter vom See entfernt sind und es hier überall Wasser gibt, aber deine Hand kann sie nicht verbrennen.“
„Es sticht mich wie tausend Nadeln“, erklärte Franz Anton, „als sei das Holz voller Dornen.“
„Probier die meine“, schlug Walter vor, „und drücke deine Finger ein wenig fester zusammen.“
Franz Anton tat, was ihn der Wünschelrutengänger hieß, und dieses Mal spürte er kein Brennen mehr, jedoch ein Vibrieren, das sich auf seine Handgelenke und Unterarme übertrug, während sich die Spitze der Gabel aufrichtete.
„Halte sie nach unten. Drücke und ziele auf den Boden.“
Doch diesmal begann Franz Anton zu lachen.
„Sieh nur, Walter, sie tanzt mit mir. Es tut nicht mehr weh, in meinen Armen fühlt es sich bis hinauf zu den Ellenbogen ganz warm an.“
Und so vibrierte die Rute jedesmal, wenn Franz Anton sich zum See hin wandte, und ihr Schnabel neigte sich mit solcher Macht zu Boden, daß er beinahe seine Handgelenke verrenkte, um sie in der Waagrechten zu halten. Drehte er jedoch dem See den Rücken zu, so glich sich der Schnabel den beiden Gabelzinken an und kam zur Ruhe.
Walter folgte Franz Anton auf seinen Rutengängen. Auch er hielt seine Wünschelrute in Händen. Sie schien auf die jeweilige Richtung des Wassers nicht zu reagieren.
„Du hast mir die bessere gegeben“, sagte Franz Anton. „Warum rührt sich deine nicht?“
Walter Matteau erklärte Franz Anton, beide Haselnußruten seien identisch, vom selben Baum, und die Gabel aus dem selben Ast geschnitten; sie würde sich bei ihm, Walter Matteau, genauso verhalten, doch fügte er hinzu:

„Franz Anton, du besitzt die Fähigkeit, mit der Wünschelrute Wasser aufzuspüren. Du beherrscht die Rute. Nur wer ein Fluidum besitzt, ist dazu imstande. Ich empfinde nur das Ausschlagen, du jedoch empfängst die geheimnisvolle Strömung, die vom Wasser zum Holz des Haselnußstrauches übergeht. Franz Anton, du hast eine große Kraft in deinen Händen."
Franz Anton hörte dem alten Piqueur nicht länger zu. Er vergnügte sich damit, die Wünschelrute, die in seinen Händen nicht länger brannte, tanzen zu lassen.
„Ich halte sie, ich beherrsche sie. Du hast recht, Walter!"
Am nächsten Morgen fand Walter Matteau in der Abtei von Mitterzell im Innenhof des Kreuzganges drei Wasseradern. Franz Anton, der ihn begleitete, durfte die Rute nicht halten. Der Wünschelrutengänger hatte zu ihm gesagt, der Prior könne ihn, wenn er ihn wirken sehe, möglicherweise als Hexer anzeigen.
„Aber ich bin doch Knappe des Erzbischofs!"
„Ein Grund mehr, dir Unannehmlichkeiten zu ersparen", erwiderte Walter Matteau.
Am Abend nach diesem Besuch in Mitterzell teilte der Vater Franz Anton bei dessen Rückkehr mit, der Erzbischof wünsche ihn am nächsten Morgen bei sich zum Frühstück zu sehen.

Es war an einem Septembermorgen. Dichter Nebel stieg vom See bis zu den Terrassen des alten Dominikanerkonvents auf, wo man einst Johannes Hus gefangengehalten hatte. Dort weilte der Erzbischof während der Herbstjagden. Nachdem Franz Anton die beiden Kreuzgänge durchschritten hatte, gelangte er durch einen langen Korridor zum Vorzimmer der Privaträume. Dort wartete er einen Augenblick zwischen zwei Pröbsten, die einen Zweispitz trugen, bis ein Klosterbruder kam, ihn zu holen. Im Hintergrund einer großen Halle, deren Wände mit violettem Samt bespannt waren, hatte man zwischen dem noch ungemachten Himmelbett und der großen, auf die Terrasse hinausgehenden Türöffnung einen Tisch für das Mahl des Prälaten aufgestellt. Er aß in Wein eingelegte Birnen, die ihm ein Knappe in einer Schale offerierte. Der zu seiner Linken sitzende Oberjägermeister hatte das Buch vor sich, worin sie soeben gemeinsam den Jagdkalender zusammengestellt hatten. Auf ein Zeichen trat Franz Anton näher und blieb aufrecht vor dem Tisch stehen. Golon, der seine Birnen verzehrt hatte, trank nun den Wein aus der Schale. Nachdem er sich die Lippen abgetupft hatte, reichte er seinem jungen Gast auf einem kleinen Zinnteller eine Weintraube und wies ihn an, sich auf einen Schemel zu setzen. Dann neigte er sich zu seinem Jägermeister und sprach leise mit ihm.

Franz Anton knabberte ein paar Weinbeeren und wandte seinen Kopf zu der großen verglasten Tür, von der aus man unterhalb der Terrassen auf die Wasser des Rheins und des Sees blicken konnte. Das von Wäldern gesäumte Ufer wand sich bis hin zur Grenze von Reichenau, die noch in Nebel gehüllt war.

„Wie alt bist du jetzt, Franz Anton?"

„Vierzehn Jahre, Eure Eminenz."

„Ich kenne dein großes Gespür als Jäger; du besitzt auch bemerkenswerte Gaben als Wünschelrutengänger, wie man mir berichtet hat, und du verstehst etwas von Musik. All diese Talente sollte man weidlich nutzen. Dafür mußt du erzogen und unterwiesen werden. Wir haben beschlossen, dich ins Seminar von Dettingen zu schicken."

Der Prälat blickte den Vater an, der wiederum ihn ansah und zu dieser Anordnung sein stummes Einverständnis gab. Der Erzbischof reichte Franz Anton seine Hand, damit dieser seinen Hirtenring küsse, und entließ ihn ohne ein weiteres Wort. Als der Jüngling an die Tür gelangt war, rief er ihn noch einmal zurück.

„Komm her. Schau mich an."

Einige Sekunden sahen sich beide in die Augen: der Prälat löste als erster seinen Blick von Franz Anton, indem er ihn an die Traube auf dem Zinnteller erinnerte.

„Du vergißt deine Weinbeeren."
Franz Anton ergriff die Traube, dankte und ging.

Der Jesuit, der ihn in Dettingen empfing, fand, Franz Anton sei schmutzig. Bevor man ihm ein Bett im Schlafsaal der Internen zuwies, führte man ihn in den Gemeinschaftshof. Er mußte sich nackt ausziehen und mit einer Mischung aus Asche, Sand und Wasser waschen. Ein Bruder rieb ihn bis aufs Blut mit einem in diesen Schlamm getauchten Tuch, während ihm ein anderer eimerweise eiskaltes, aus der Tränke im Pferdestall geschöpftes Wasser über den Kopf goß. In eine Decke gehüllt, führte man ihn dann in die Küche, wo man ihm heiße, mit Honig gesüßte Milch zu trinken gab.
Am Fußende seines Bettes im Schlafsaal fand er auf dem Koffer, den er von Iznang mitgebracht hatte, ein kragenloses Hemd, das von den Patres zur Verfügung gestellt worden war. Er zog es über und schlief sehr bald ein.
Die Jesuiten hatten ihn schmutzig gefunden, aber auch zu mager, und sie beschlossen, ihn zu mästen. Er verstand nicht weshalb. Bei jeder Mahlzeit mußte er außer der allgemeinen Ration ein großes Stück gesalzenen Speck essen, außer freitags: da setzte man ihm stattdessen eine Bohnensuppe und rohe Eier vor. Nach dem Tischgebet überprüfte ein Klosterbruder, ob er diese Extraspeise auch wirklich aß, bevor man ihm die allgemeine Speise brachte. Bei dieser Kost nahm Franz Anton an Gewicht zu, und eines Tages waren plötzlich seine Füße und Knöchel geschwollen; die Schwellung reichte hinauf bis zu den Knien. Man setzte den rohen Speck ab und gab ihm acht Tage lang Blaubeersaft zu trinken, doch blieb er fett und pausbäckig. Johannes Ziegler, der ihn mit Zustimmung des Erzbischofs besuchte, scherzte über seine Körperfülle, was ihm gar nicht behagte; ebensowenig schätzte er die monatlichen Inspektionen der Patres im Schlafsaal, wenn die Pensionäre, am Fußende ihres Bettes im Hemd stehend, von Kopf bis Fuß, einschließlich der

Geschlechtsteile, besichtigt, betastet und untersucht wurden. Die Bettlaken wurden erst nach eingehender Überprüfung der Flecken gewechselt, und die kärglichen Spuren nächtlicher Pollutionen hatten zur Folge, daß man sich vor den Beichtvätern rechtfertigen mußte.

Während des ganzen Aufenthalts in Dettingen bekam Franz Anton keinen einzigen Besuch von seiner Familie. Sein Vater schrieb ihm einmal, um ihm den Tod seines Pferdes Robur mitzuteilen, und vom Tod seiner Tante Gretel erfuhr er durch Johannes Ziegler.

Der Erzbischof hätte für Franz Anton die Tonsur gewünscht, nahm es ihm aber nicht übel, daß er sich dazu nicht bereitfand. Die Neugier auf die Welt, die Sehnsucht, die Dinge jenseits von Definitionen und Glaubensbekenntnissen zu verstehen, erregten den Jüngling mehr als die scheinheilige Ekstase angesichts von Mysterium, Wunder oder Liturgie. Er liebte den Weihrauchduft, die Stille der Kirchen, respektierte die Diener Gottes, an den er glaubte, dachte jedoch nie daran, ins Kloster zu gehen. Bei den Jesuiten von Dettingen lernte der junge Mesmer Mathematik, Physik und Philosophie. Er verließ das Seminar mit dem Doktorgrad und wurde gleich darauf vom Erzbischof zum Theologiestudium an die Universität von Ingolstadt gesandt, um Theologie zu studieren. Tatsächlich war der Unterricht nicht allein auf das Studium heiliger Schriften und religiöser Fragen beschränkt, er umfaßte vielmehr alle Wissenschaften, die sich unter einer christlichen Perspektive entfaltet hatten.

In Ingolstadt war das Leben viel freier, und Johannes Ziegler, der ihn häufig besuchte, teilte während seiner Aufenthalte mit ihm das Zimmer. Eines Tages brachte er ihm eine Viola da gamba, die er lange Zeit bewahren sollte.

Er verließ die Ingolstädter Universität mit dem Titel „Emeritus studiosus“, und Golon beschloß, aus ihm einen Gelehrten zu machen. Er schickte ihn nach Wien, damit er die Rechte studieren solle, und als Franz Anton auch auf diesem Gebiet seinen

Doktorgrad erworben hatte, wollte er noch Medizin studieren, ohne darüber seine geliebte Musik zu vergessen, mit der er sich ausgiebig befaßte.

II

DIE DOKTORARBEIT

Die Nachricht hat sich in Wien in nur wenigen Stunden verbreitet. Die Kaiserin habe verlauten lassen, ihre Trauer sei beendet; sie sei bereit, sich zur Hofreitschule zu begeben, um der Dressur der Lipizzaner beizuwohnen; sie wolle die stolzen Schimmel dem Herzog Maximilian, Kurfürst von Bayern, vorführen, der ihr den ersten offiziellen Besuch seit ihrem Witwenstand abstatten werde. Der Tod ihres Gemahls, Franz Stephan von Lothringen, hatte Maria Theresia in tiefe Schwermut gestürzt, und ganz Wien trauerte mit seiner Herrscherin. Aber in diesem Frühjahr 1766 sollte die Stadt wieder essen, trinken, singen und tanzen können. Wien bereitete seinen Karneval vor.

Der reiche Apotheker Hans Heinlein ist von seiner Zunft mit der Organisation des Umzuges beauftragt worden, wie mit der Anfertigung der Kostüme und Masken für die drei Zunftmeister, zu denen er gehört. In seinem Laden beenden seine Helfer gerade die Herstellung der Stehkragen und Kronen, während Dienstmädchen bunte Schleifen flechten, die die Masken schmücken sollen.

„Du solltest auch Alraune verwenden", hat Konrad Heinlein zu seinem Vater gesagt.

Der Apotheker hat mit den Schultern gezuckt. Sein Sohn ist dabei, sein Medizinstudium abzuschließen; er ist stolz auf ihn, zuweilen hat er jedoch das Gefühl, er verachte des Vaters Beruf und dessen Kunst, den Verkauf von Gewürzen mit der Herstellung von Arzneien zu verquicken.

„Worauf wartest du heute morgen? Du solltest schon längst im Hospital sein."

„Franz Anton Mesmer will mich abholen; ich fahre mit ihm zum spanischen Spital, er muß seine Doktorarbeit von Professor Störck unterzeichnen lassen."

Franz Anton ist mit einem Milchwagen gekommen, der vor dem Laden des Apothekers hält. Er hat den Karren des Milchmanns, der zugleich sein Wirt ist, benützt, um die zehn Manuskripte seiner Doktorarbeit zu transportieren, die vor der Approbation noch unterzeichnet werden müssen. Konrad Heinlein hat sich zu ihm gesellt, und das Gespann hat sich auf dem Kopfsteinpflaster der Strobelgasse in Richtung spanisches Spital auf den Weg begeben.

Franz Anton Mesmer ist großgewachsen, kräftig gebaut, er spricht mit lauter Stimme. Sein sehr aufrecht gehaltener Kopf überragt die breiten Schultern. Er kennt Konrad Heinlein seit drei Jahren, seit er ihn im römischen Ringkampf besiegte und den Ärztepokal davontrug. Konrad, ein tüchtiger Kämpfer, hatte ihn nach dem Wettstreit in eine Weinstube eingeladen, zusammen mit drei Mitgliedern einer Gesellschaft von „Initiierten", die an den Wettkämpfen teilgenommen hatten. Die sogenannten „Initiierten Ritter und Brüder Asiens" bildeten Gruppen von in bestimmte Lehren Eingeweihten, die vorgaben, direkt von Gott „erleuchtet" zu sein, ohne die Vermittlung der heiligen Sakramente, und die nicht nur moderne Wissenschaften und Physik, sondern auch kabbalistische und alchimistische Geheimlehren studierten. Seitdem er in Wien war, interessierte sich Franz Anton für alles und bemühte sich, mit recht vielen Menschen in Kontakt zu kommen. Eine wachsende Freundschaft verband ihn mit Konrad Heinlein, dessen Vater, ein reicher, mächtiger Kaufmann, in einer der zahlreichen Wiener Freimaurerlogen einen hohen Grad innehatte. Franz Anton, der in den Orten der „Initiierten Asiens“ eintreten wollte, hatte erfahren, daß man erst dann in die Gesellschaft aufgenommen wurde, wenn man die ersten drei Grade einer Freimaurerloge durchlaufen hatte, und Konrad hatte vorgeschlagen, sein Vater könne Mesmers Aufnahme ermöglichen, sobald er seine Dissertation vorgelegt und den medizinischen Doktorgrad erlangt habe.

Der Wagen des Milchmanns Kappel hielt vor dem Portal des spanischen Spitals, gegenüber der Empfangsloge, und die Gehilfen des Pförtners schafften die großen irdenen Krüge mit Schlitten auf Rädern in die Küchen und Krankengebäude. Franz Anton und Konrad benutzten ebenfalls einen Schlitten, um die Dissertation in die Kapelle der Heiligen Johanna zu transportieren, wo sich die Station des Professors Anton Freiherr von Störck befand. Die umfangreichen Konvolute wurden auf den Schreibtisch im Büro des Professors gelegt, und die beiden jungen Männer gingen in den Quarantänesaal, wo die Vorstellung der Kranken durch Doktor Reinlein stattfinden sollte.
Man hatte den Baldachin von einem Bett abgenommen und es hinter der Trennwand hervorgezogen, so daß sich Schüler und Assistenten um den Kranken scharen und dem Professor zuhören konnten. An jenem Tag hatte Reinlein seinen Freund Leopold Auenbrugger aufgefordert, ein mit starkem Kräfteverfall einhergehendes hartnäckiges Lungenfieber zu erläutern.
Reinlein wie Störck waren Schüler des Dekans van Swieten, des berühmten holländischen Arztes, den Maria Theresia 1745 berufen hatte, um das Wiener Gesundheitswesen zu reformieren. Durch den Anstoß van Swietens war die Wiener Schule der Medizin zu einer der renommiertesten Europas geworden. 1753 hatte van Swieten im Rahmen einer Würdigung des Schweden Carl von Linné meisterhaft Gehirnstörungen beschrieben, die

Sprachverlust verursachen und die er „Aphasie" nannte sowie zur Pupillenerweiterung und also Erleichterung der Augenuntersuchung Belladonna vorgeschlagen. Sein Schüler Störck war auf Grund seiner Behandlung der Schierlingsvergiftung, die er an sich selbst ausprobiert hatte, ebenfalls zu Ruhm gelangt, vor allem jedoch, weil er bei der Behandlung von Gicht erstmalig Herbstzeitlose angewandt hatte.

Reinlein war bekannt dafür, daß er bei medizinischen Heilmethoden wie bei der klinischen Forschung allen neuen Initiativen den Vorzug gab. Auf seiner Station hatte Anton de Haën vier Jahre lang durch Überprüfung der Körpertemperatur die Entwicklung von Krankheiten überwacht und die Thermometrie in die Medizin eingeführt. Heute erteilte er Leopold Auenbrugger das Wort, der fünf Jahre zuvor eine „Abhandlung über die Thoraxpercussion" verfaßt hatte. Man hatte sich über dieses berühmte Traktat gehörig lustiggemacht, mit dem Hinweis, der brave Leopold behandle seine Kranken wie die Fässer seines Vaters, indem er sie zunächst ausleere und dann beklopfe. Van Swieten hatte verächtlich geschwiegen, und de Haën war in schallendes Gelächter ausgebrochen. Nichtsdestotrotz achtete Reinlein Auenbrugger sehr und hatte ihm seine Station geöffnet, wo er Lungenkranke beobachtete.

Die Patientin, die Josef Leopold von Auenbrugger an jenem Morgen untersuchte, war eine blonde, sehr blasse junge Frau, die zusammengekauert, die Knie ans Kinn gezogen, mit Schüttelfrost tief in ihrem Bett versunken lag. Eine Krankenschwester hatte ihr ein Tuch unter den Mund gelegt, auf das die Kranke blutigen Auswurf spie. Auenbrugger hatte mit Hilfe der Schwester die Kranke im Bett aufgerichtet. Vorsichtig breitete er ihre Arme aus und bat einen Studenten, ihre Hände zu halten. Er schlug das Nachthemd bis zum Hals auf, so daß der gesamte Brustkorb freilag, und begann, den entblößten Rücken von oben bis unten mit allen Fingern der rechten Hand, die er, mit Ausnahme des Daumens, zusammengenommen hatte, abzu-

klopfen. In der plötzlich eingetretenen Stille des Saales klang der Schlag der Finger auf den Brustkorb wie der Aufprall eines Trommelschlegels. Dann legte er seine linke Hand flach auf den Rücken der Kranken, zunächst links und rechts des Halses, dann weiter unten auf die Schulterblätter, bis zum Ansatz des Brustkorbes. Dieses Mal schlug nur der gekrümmte rechte Mittelfinger nacheinander auf jeden einzelnen Finger der linken Hand, die ausgestreckt waren, um eine größtmögliche Fläche abzudecken. Die Anwesenden lauschten dem leisen Geräusch, das durch das Klopfen der Finger verursacht wurde, und beobachteten Auenbruggers Miene, der sich am Ende der Untersuchung wieder aufrichtete und der Kranken half, sich in ihre Kissen zurückzulegen.
Nun wandte er sich erneut seinen Hörern zu.
„Meine Herren, die von mir soeben vollzogenen Gebärden gestatteten mir, über das Gehör in die Lungen dieser Kranken vorzudringen und festzustellen, was dort vor sich geht. Ich habe vorgeführt, was ich die Thoraxpercussion genannt habe, wodurch ich Blutstauung, Infarzierung der Lunge und Vorhandensein von Flüssigkeit im Brustfell zu erkennen vermag. Diese Kranke ist kurzatmig, denn eine seröse Flüssigkeit füllt ihre rechte Pleura aus. Sie haben selbst den klanglichen Unterschied hören können, den meine Finger hervorriefen: auf der linken Seite trocken und hell, auf der rechten dumpf und matt…"
Während der Meister seinen Vortrag weiter ausführte, lächelten manche Hörer einander zu. Sie erinnerten sich daran, wie Auenbruggers Entdeckung zustandegekommen war. Dieser Arzt, Sohn eines Grazer Gastwirts, hatte als Kind gesehen, wie die Weinhändler in den Kellern seines Vaters mit dem Finger auf die Fässer klopften, um abzuschätzen, wieviel Wein die Fässer enthielten, aber auch um die Beschaffenheit und Qualität desselben, ob leicht oder dickflüssig, sowie den Gehalt an Alkohol und Zucker festzustellen.
Reinlein, den die Ablehnung oder das mangelnde Interesse, die

man der klinischen Demonstration entgegenbringen mochte, gleichgültig ließ, zeigte dem Auditorium noch einmal die umfangreiche Abhandlung seines Freundes: „Inventum novum ex percussione thoracis humani“ (Neue Methode, entwickelt aus der Abklopfung des menschlichen Thorax), die auf einem Tisch lag.

Franz Anton hatte während des Vortrags unter den Anwesenden nach Störck Ausschau gehalten. Dieser wohnte häufig Reinleins Krankenvorstellungen bei, sein Fortbleiben von Auenbruggers Demonstration drückte jedoch seinen Gehorsam van Swieten gegenüber aus, der die im „Inventum novum“ dargelegten allzu neuartigen Gedanken mißbilligte.

Nach Vorlesungsende gingen Mesmer und Heinlein zurück in die St. Johannes Kapelle. So nannte man Störcks Station, die in der leerstehenden, ehemaligen Kapelle des Gebäudes untergebracht war, in dem die Schwestern wohnten, die das spanische Spital versahen. Das Büro des Meisters lag in der Sakristei der Kapelle. Franz Anton traf dort Störck an, der gerade in seiner Doktorarbeit blätterte.

„Ein seltsamer Text, Herr Mesmer. Wir werden Euch am kommenden 27. Mai hören. Der Dekan van Swieten wird zugegen sein, die Zeremonie wird in der Aula der Universität stattfinden. Wer wird Euer Fürsprecher sein?“

Franz Anton nannte Konrad Heinlein, und Baron Störck notierte dessen Namen.

„Ich werde die Bände den Mitgliedern des Prüfungsausschusses bringen lassen, sobald ich alles gelesen und die Register unterzeichnet habe. Ich hoffe, Ihr habt noch Exemplare für den Fürstbischof übrig? Ein Vertreter des Erzbistums wird der Zeremonie beiwohnen.“

Golon war seit fünf Jahren tot, sein Nachfolger führte jedoch Franz Antons Protektion fort, und der Einfluß des Prälaten war weiterhin entscheidend für die Offenheit, mit der ihm die Wiener Universität begegnete.

Bevor Störck ihn entließ, wollte er ihm noch etwas Liebenswürdiges sagen.
„Professor Janus hat mir erzählt, daß Ihr bemerkenswert Cembalo spielt."
„Ich spiele manchmal bei ihm, wenn er mich nach seinen Konsultationen zu sich nach Hause einlädt."
Professor Citrus Janus, Fürst von Bosnien, Berater bei Hof, übte die Medizin aus Liebhaberei aus; vor allem behandelte er die Ranghöchsten der Wiener Freimaurerlogen. Der Apotheker Heinlein hatte ihm Mesmer vorgestellt, der dem Fürsten gemeinsam mit seinem Sohn Konrad bei dessen Hausbesuchen assistierte.
„In Eurer Dissertation zitiert Ihr Beobachtungen zu Hämorrhagien und Aderlaß, die Citrus Janus gründlich untersuchte", fuhr Störck fort.
„Ich habe mich von Erfahrungen inspirieren lassen, die ich zusammen mit meinem Lehrmeister erlebte", erwiderte Franz Anton. Mesmer und Heinlein verabschiedeten sich von Störck. Als sie aus dem spanischen Spital traten, begegneten sie dem Wagen des Professor Reinlein, der Auenbrugger zu dessen Wohnsitz zurückbegleitete.

In der Weihnachtsnacht 1765 offenbarte sich Franz Anton Mesmer ein Phänomen, das er sein Leben lang zu erklären suchte. Er hatte soeben mit Freunden gefeiert und kehrte zu seinem Domizil in der Vorlaufstraße zurück, als er vor seinem Haus die Droschke des Citrus Janus stehen sah; der Kutscher erwartete ihn halb schlafend, in Decken gehüllt.
„Der Professor verlangt nach Euch, ich bin gekommen, Euch zu holen."
Franz Anton war vom vielen Alkohol noch ganz benommen und hätte gern auf diesen Notfall verzichtet, doch konnte er seine Hilfe dem alten Janus nicht abschlagen, der den Meister vom Stuhl mit Namen Jäger von der Loge „Wahrheit des

Menschen“ zur Ader lassen mußte. Der Kranke war nach einem plötzlichen Schlaganfall nicht wieder zu Bewußtsein gekommen und röchelte seit nunmehr zwei Tagen. Man hatte ihm hinter den Ohren Blutegel angesetzt, hatte seine Füße mit einer Senfpaste überzogen und den Brustkorb mit Kampferspiritus eingerieben, doch auf einmal hatte seine zunächst noch pfeifende Atmung zu schäumen begonnen und war von blutigem Auswurf behindert. Citrus hatte sich daher für einen ausgiebigen Aderlaß entschieden.
Franz Anton hatte auf einem mit einem Laken bedeckten Tisch die notwendigen Instrumente bereitgelegt und war an das Bett getreten, um Citrus Janus den entblößten Arm des Meister Jäger zu reichen. Mit einer Lanzette ritzte dieser die Haut in der Armbeuge, dann strich er die große Meridianvene armabwärts, schnitt sie von unten nach oben ein, und das Blut sprudelte in die Aderlaßschale, die Franz Anton unter den Arm geschoben hatte. Das Blut spritzte heftig, und als die Schale voll war, bat Citrus Franz Anton, aus seiner Arzttasche eine zweite zu holen. Als Mesmer sich von Meister Jäger entfernte, wurde der Blutstrahl schwächer, kam dann ganz zum Stillstand, und Citrus Janus gedachte, den Aderlaß zu beenden. Als jedoch Mesmer mit der anderen Schale zurückkehrte, begann das Blut von neuem zu strömen. So zeigte sich wiederholte Male, daß Mesmers Körper die Stärke des Blutstromes, je nachdem, ob er sich in größerer oder geringerer Entfernung befand, beeinflußte. Mehr noch, sobald Franz Anton das Gefäß auf Jägers Arm stellte, und so sein eigener Körper mit dem seinen in Kontakt war, bewegte der Kranke seinen Kopf und stammelte ein paar Worte. Citrus Janus entging dies ebensowenig wie Franz Anton, den in der Folge Kranke immer wieder darauf aufmerksam machen sollten, sie verspürten, wenn er sich ihnen nähere, eigenartige Empfindungen.
Was sollte man von all dem halten? Eine Zeitlang überdachte Franz Anton diese Beobachtungen, ohne ihnen allzuviel Bedeu-

tung beizumessen, dann beschloß er nach ausgiebiger Lektüre vor allem der Werke Richard Meads, seine Doktorarbeit als medizinisch-physikalische Abhandlung über den Einfluß der Gestirne zu verfassen; in lateinischer Sprache: „Dissertatio de planetarum influxu".
Diese Dissertation wurde von Störck angenommen und am 27. Mai 1766 unter dem Vorsitz des Dekans van Swieten verteidigt.

Als Franz Anton am Tag der Zeremonie im großen Saal der Universität eintraf, verblüffte die Anwesenden die Theatralik seines Auftretens und seiner Gestik. Konrad Heinlein schritt ihm mit einem Exemplar seiner Doktorarbeit in Händen voran, und Mesmer setzte sich zur linken Hand seiner Richter auf einen Schemel, während sein Freund, vor dem Dekan stehend, die Seiten seiner Abhandlung auf ein Pult legte.
Auf ein Zeichen des Dekans, der ihn aufforderte, die Sitzung zu eröffnen, erteilte Störck Konrad Heinlein das Wort, der zu sprechen anhob:
„Meine Herren und hochverehrtenMeister, im Namen von Franz Anton Mesmer aus Iznang erkläre ich hiermit vor Euch und unter dem Schutze des Heiligen Stefan, daß diese Arbeit das Ergebnis seines Geistes und seiner Erfahrung ist; daß er allein zur Aufstellung einer Wahrheit gelangt ist, die er als für die Menschen und die medizinische Wissenschaft nützlich erklärt, und daß er auf Grund der Arbeit, die er Eurem Urteil unterziehen und vor Euch verteidigen wird, Eure Universität um den Titel eines Doktors der Medizin ersucht, mit allen Privilegien, Befugnissen und Rechten, die dem Träger eben dieses Titels zustehen."
Konrad Heinlein verneigte sich vor dem Prüfungsausschuß und zog sich unter die zahlreichen Zuhörer zurück. Franz Anton nahm seinen Platz vor dem Pult ein und legte die Seiten seines Vortrags in drei Bündeln zurecht. Bevor er mit der Lektüre begann, zog er aus einer Tasche seines Samtjacketts einen kurzen,

zierlichen Kupferstab, der wie Gold funkelte und den er auf seinen Text richtete, als wolle er dessen Gewicht noch stärker hervorheben. Mit fester Stimme trug er seine Einleitung vor:

„Ehrenwerte Meister,
da werden wohl einige die Stirn runzeln, so daß ich deren Tadel gewärtig sein muß, wenn sie aus der Überschrift – wie immer sie auch lauten mag – dieses Schriftchens ersehen, daß ich kleiner Wicht es nach so vielen Federversuchen des berühmten Mead dennoch wage, den Einfluß der Gestirne, der aus der medizinischen Wissenschaft auf Befehl hoher Herren so lange verbannt war, aus der Fremde heimzuholen und ihn der Obhut und dem Forschungseifer der Ärzte wieder zuzuführen. Um deren Gemüter gleich von Anfang an zu versöhnen, möchte ich von vornherein daran erinnern, daß ich mir keineswegs vorgenommen habe, für denjenigen Einfluß der Gestirne einzutreten, den die Sterndeuter einst verteidigten, nämlich so, daß sie sich rühmten, man könne daraus zukünftige Ereignisse und die Geschicke der Menschen voraussagen, und dabei mit glänzenden Lügen die Geldbeutel der Leute schröpfen. Sondern ich hatte nur vor Augen, zu beweisen, daß die Himmelskörper auf unsere Erde und auf alle Körper darauf einwirken, sie bewegen, hin- und hertreiben, verändern, daß unsere Körper also denselben Einflüssen unterliegen. Wenn ich das bewiesen, so folgt daraus klar, daß es einen Einfluß der Gestirne auf uns gibt und daß dieser die Aufmerksamkeit und den Dank der Ärzte nicht nur verdiene, sondern verlange. Ob ich das erreicht, was ich mir vorgenommen, überlasse ich dem Urteil derer, die bei ihrer Urteilsbildung sich nicht von alten vorgefaßten Ansichten fortreißen lassen oder dem Ansehen gewisser Leute zu sehr nachgeben, sondern die in ihrem Urteil Redlichkeit aufweisen und die sich von glühender Liebe zur edlen Wahrheit leiten lassen: denn die sind mit Recht verachtenswert, die bloß dazu die Schriften anderer wälzen, um sie zu zerpflücken, und, wie man sagt, Schwierigkeiten dort zu

suchen, wo keine sind. Wenn jemandem aber unsere Gedankengänge als bewiesen erscheinen, und er mehr Muße hat und mehr Geist besitzt als ich, so mag er die Sache weiter voranbringen und ausdehnen, so etwa den Beweis führen, was für Krankheiten unmittelbar durch den Einfluß der Gestirne entstehen und was wünschenswerter und nützlicher wäre: auf welche Art und Weise diese am besten zu heilen sind; und so fort.
Was mich anbelangt, so will ich mir Mühe geben, durch fortgesetzte Versuche und Beobachtungen diesen Wissenszweig, soweit meine schwachen Kräfte es zulassen, zu fördern und das um so vollkommener zu erkennen, was für die ärztliche Wissenschaft von Nutzen sein kann.
Wenn auch die Sache keineswegs meinem Wunsche entspricht, so werden doch wenigstens die edeldenkenden und wohlunterrichteten Menschen, eher als die voreingenommen, den guten Willen loben; wenn jedoch Gott meine Versuche begünstigt, werde ich, wie ich meine, für meine Mühen und Arbeit einen Lohn geerntet haben, der größer ist als jeder Geldeswert."

Nach dieser langen Vorrede begann Franz Anton den eigentlichen Vortrag seiner Dissertation, wobei er gleich zu Anfang die Figur des „großen Newton" und dessen Theorie der universalen Attraktion hervorhob. Die Beschreibung der Bewegung der Planeten, ihrer Laufbahn, ihrer Zentrifugalkraft, all das stellte er dar, als ginge es um die Leitmotive einer Symphonie, die der kleine Kupferstab dirigierte, dessen sich Mesmer seit Beginn seines Vortrags zu Anfang und am Ende eines jeden Kapitels bediente. Eben dieser Taktstock skandierte als Allegro und Andante die Bewegungen von Flut und Ebbe, die Sonne und Mond auf unserem Planeten verursachen und dirigieren und Meer wie Atmosphäre im gleichen Maß durchdringen. Das Adagio gab die Berichte des Plinius wieder über die im Rhythmus von Tagundnachtgleiche erfolgenden Erdbeben, die Ausbrüche des Vulkans auf Ternate und die von Baghini beobachteten Beben.

Das von den Seeleuten so gefürchtete Toben des Taifuns bei Vollmond und Neumond wurde dort mit unerwarteten Überschwemmungen, ja sogar mit plötzlich ausbrechender Pest in Zusammenhang gebracht.

„Nach diesen Erwägungen", sagte er, „erscheint es denn als ziemlich einleuchtend, daß kaum irgendwelche Veränderungen bei den Himmelskörpern eintreten, ohne daß dadurch sowohl die flüssigen als auch festen Bestandteile unserer Erde in Mitleidenschaft gezogen werden. Wollte daher jemand in Abrede stellen, daß auch der tierische Organismus von derselben Ursache mitbewegt wird? Ein Lebewesen ist ja auch ein Stück Erde aus flüssigen und festen Bestandteilen... Es gibt ferner noch eine andere Art von Einfluß, eine Kraft, die in den winzigsten Teilchen, flüssigen wie festen, unseres Körpergefüges die Bindekraft, Elastizität, Erregbarkeit, den Magnetismus und die Elektrizität spannt, entspannt und in Tätigkeit setzt, eine Kraft, die unter solchem Gesichtspunkt belebte Schwerkraft (gravitas animalis) genannt werden könnte.

Wir behaupten mit Überzeugung das Vorhandensein einer Kraft, die in alle Körperteilchen eindringt und unmittelbar das gesamte Nervengefüge beeinträchtigt. Wer wird sich also wundern, wenn der ganze Organismus von den Veränderungen in den verschiedenen Teilen des Nervensystems in Mitleidenschaft gezogen würde? Wir behaupten ferner, daß im menschlichen Körper dank der gleichen Kräfte, die das Meer und den Luftkreis zum Anschwellen bringen, eine Flut entsteht und die Säfte in unseren Gefäßen auf verschiedenste Weise in Wallung gebracht, durcheinandergewirbelt, in die Höhe getrieben und heftig zum Kopf geleitet werden..."

Nach Abschluß des theoretischen Teils seines Vortrags kam Mesmer zum klinischen Bericht, den er mit Beispielen aus der medizinischen Literatur illustrierte. Zunächst beschrieb er das wiederholte Auftreten von epileptischen Anfällen bei Neu-, vor allem jedoch bei Vollmond.

„Der Mond schreibt den Fallsüchtigen ihre Zeiten vor“, zitierte er Galenus.

Aber es wurden noch andere zitiert: Pitcarn zum Thema der Hysteriker und Hypochonder, Piso, was Lähmungen und periodische Zuckungen, manische Tobsucht und weibliche Monatsblutungen, Hämorrhagien und blutigen Auswurf bei Männern betraf; die Experimente des Sanctorius hinsichtlich der Ausscheidung von Harn sowie die des van Helmont zu Atembeschwerden; die Beobachtungen des Tulpius, die bewiesen, daß Nierenschmerzen in den Mondphasen zu- bzw. abnehmen; sogar die Pest unterliege dem Einfluß des Mondes, worauf Diemerbrock 1636 hinwies.

Schließlich berichtete er, was Charme und Schönheit der vom Mond beeinflußten Gesichtszüge betraf, von den beiden folgenden Fällen:

„Schon der große dänische Gelehrte Bartholin hatte festgestellt, daß ein junges Mädchen ein Gesicht voller Flecken hatte, die sich in den jeweiligen Mondphasen veränderten, doch veröffentlichte Kerkring einen noch seltsameren Fall: Eine junge Französin, die während des Vollmonds mit einem rundlichen, sehr hübschen Gesicht bedacht war, mußte mitansehen, wie sich während des abnehmenden Mondes ihre Augen, ihre Nase und ihr Mund zu einer Seite verzogen. Derart verunstaltet, konnte sie sich erst wieder in Gesellschaft begeben, wenn der Mond von neuem voll war und ihr Gesicht seine Schönheit wiedergewonnen hatte.“

Und Mesmer kam zu dem Schluß:

„Soweit, meine Herren, die Beispiele, die man den Schriften vergangener Autoren entnehmen kann und die für die Macht des Mondes und der Sonne über die Menschen sprechen. Doch der Einfluß der Gestirne auf uns beschränkt sich nicht allein auf Krankheiten. Bewundernswert ist der Einklang zwischen astralem und menschlichem Bereich, denn durch die nicht zu beschreibende Wirkung der Allgemeinen Schwerkraft sind unsere

Körper keineswegs einheitlich und unterschiedslos aufeinander abgestimmt, sondern wie in einem mehrsaitigen Musikinstrument erklingt nur jener Ton, der mit einem gegebenen übereinstimmt; ebenso reagieren die menschlichen Körper auf diejenigen Astralkörper, mit denen sie auf Grund einer entsprechenden, je nach Geschlecht, Alter, Temperament und anderen diversen Eigenschaften festgelegten Harmonie in Verbindung stehen."

Zum Abschluß seiner Rede wurde Mesmer noch doktrinärer und dogmatischer. Indem er seinen kleinen golden funkelnden Stab auf die Prüfungskommission richtete, erklärte er:

„Wieviel Ärzte wird es wohl unter solchen Umständen geben, die nicht sofort selber einsehen, daß der Einfluß der Planeten in der Medizin in nicht geringem Maß Beachtung verdient, und daß derjenige, der ihn unbeobachtet läßt, unvorsichtig und unklug handelt? Wieviel andere, weit weniger wichtige Dinge gibt es nämlich in der Medizin, die gleichwohl die Lehren der Heilkunde aufs sorgfältigste beobachten und betrachten? Da also, wie ich meine, der menschliche Körper von den Himmelskörpern, entsprechend der Mannigfaltigkeit ihrer Bewegungen, heftig erschüttert und dem verschiedensten Hin und Her unterworfen ist, so ist es nur recht und billig, wenn Ärzte auf die Erforschung dieses Einflusses der Gestirne größere Sorgfalt und Mühe verwendeten. Und deshalb halte ich dafür, daß derjenige in die ganze medizinische Wissenschaft viel Licht bringen und bei ihren Lehrern reichsten Dank ernten werde, der, mit den wichtigsten Hilfsmitteln des Talentes, der Gelehrsamkeit und Ausdauer versehen, ernstlich seine Geistesschärfe darauf richtet, dieses Gebiet noch mehr aufzuhellen."

Die Anwesenden und der Prüfungsausschuß hörten Mesmers Vortrag und den Schluß seiner Rede schweigend an. Van Swieten, der während der theoretischen Abhandlung über die Allgemeine Schwerkraft vor sich hinzudämmern schien, war bei der Erwähnung der klinischen Fälle offenbar erwacht, während

Störck die ganze Zeit über mit großer Aufmerksamkeit bei der Sache gewesen war. Die beiden Prüfungsbeisitzer waren anscheinend gleich zu Beginn von Mesmers Vortrag von dessen Kupferstab fasziniert gewesen, mit dem er umherfuchtelte und den sie nicht aus den Augen ließen.
„Wenn ich recht verstanden habe", sagte van Swieten, „so meßt Ihr, Monsieur, den Kräften eine beträchtliche Wichtigkeit bei, die, von den Planeten auf die Erde gerichtet, die Gezeiten bewirken, auf den menschlichen Körper jedoch eine analoge Wirkung ausüben. Demnach würden diese Kräfte unseren Körper durchdringen, wo sie entweder ein harmonisches Ganzes, oder aber zuweilen, wenn sie nämlich gestört sind, verschiedene Krankheiten verursachen. Diese Eigenschaft des tierischen Körpers, die ihn für die universale Attraktion empfänglich macht, bezeichnet Ihr mit Gravitation. Ist es Euch gelungen, Monsieur, auf diese, wie Ihr es nennt, tierische Schwerkraft Einfluß zu nehmen und bei den Kranken eine gesunde Harmonie wiederherzustellen?"
„Meine Arbeit ist eine Vorstufe, die mein Leben als Mediziner beherrschen und bestimmen wird, falls Ihr mir die Ehre erweisen solltet, meinem Urteil zuzustimmen. Ich werde einen Weg finden müssen, um auf diese tierische Schwerkraft einzuwirken. Ich verspreche Euch, daß ich mich dieser Aufgabe weiterhin hartnäckig widmen werde. Ich denke, daß die Mittel über den Kanal der Nerven wirken müssen, deren festes Netzwerk, wie Newton sagt, eine spirituöse Substanz bis ins Gehirn hinein transportiert. Vom Hirn aus werden Schwingungen auf den gesamten Körper agieren können."
Van Swieten erteilte Störck das Wort, der entschied:
„Monsieur, als Richter und Gutachter Eurer Dissertation bin ich der Ansicht, daß selbige unser Wissen bereichert, um historische Fakten, die unsere antiken Schriftsteller über den Einfluß der Planeten auf den menschlichen Körper beschrieben, und daß Ihr auf zweckmäßige Weise zerstreute und vergessene Fak-

ten wieder miteinander in Verbindung gebracht habt. Man wird sich jedoch weiterhin beharrlich darum bemühen müssen, Mittel und Wege zu finden, wie man auf diese Kräfte einwirken kann; zur Erfüllung dieser Aufgabe schlagen wir daher vor, Euch den Doktortitel zu verleihen, wenn unsere Beisitzer einwilligen und unser Dekan bereit ist, das Zertifikat ‚ex cathedra' auszuhändigen."

„Wir willigen ein", sagten die Prüfungsbeisitzer, die Mesmer nicht aus den Augen ließen.

„Wir händigen das Zertifikat aus", entschied van Swieten mit matter, resignierter Stimme.

Ein Amtsdiener hatte eine Lampe und Wachs gebracht, und der erste Beisitzer reichte dem Dekan das Universitätssiegel mit dem eingravierten Bildnis des Heiligen Stefan, während der zweite das Pergament entrollte. Zunächst unterzeichnete van Swieten, dann Störck und die zwei Prüfungsbeisitzer. Der Diener verflocht die Bänder am unteren Rand der Urkunde und tropfte darauf eine rote Wachsmasse, in die der Dekan das Siegel drückte.

Das Pergament wurde wieder eingerollt und in ein mit Fischleder bezogenes Etui geschoben, und Professor Baron von Störck überreichte Franz Anton Mesmer feierlich das medizinische Doktordiplom der Universität Wien.

In Wien verläuft das Leben so, als gäbe es kein Morgen. Es gilt, jeden Tag zu genießen, jeden Augenblick wahrzunehmen, seine Süße auszukosten und daraus unmittelbare Lust zu ziehen. Nur wenige Stunden nach seiner Promotion feierten Mesmer und seine Freunde das Ereignis in Kramelers Weinstube. Es wurden Fleisch- und Fischklößchen in würzigen Saucen aufgetragen und Krüge mit trockenem Neuburger Wein munter geleert, bis mit steirischem Rotwein übergossenes Geflügel serviert wurde, und Gulasch, zu dem man von neuem Veltliner Weißwein trank. Das Mahl war von Konrad Heinleins Vater bestellt worden; der

Apotheker belieferte Meister Krameler, der wie er Freimaurer war, mit Gewürzen. Zum Dessert spielte ein Orchester zum Tanz auf, und der aus Linz stammende Geiger dirigierte wilde Ländler und Polkas. Krameler hatte einige Serviermädchen vom Tischdienst zum Tanzen freigestellt, denn am Essen hatten keine Frauen teilgenommen.

Mesmer tanzte nicht. Er hatte viel getrunken und trank weiter; seine Trinkfestigkeit war beachtlich. Rudolf Stupfel trat an seinen Tisch und setzte sich mit einem Teller in der Hand zu ihm.

„Franz Anton, wenn du weitertrinken möchtest, solltest du auch essen. Die Nacht hat eben erst begonnen."

Er reichte Mesmer eine große Portion Pflaumenkuchen mit Schlagsahne und Marmelade. Wortlos nahm Mesmer den Teller entgegen und begann die Marmelade zu essen, dann griff er nach Stupfels Hand.

„Rudolf, sie haben mich nicht verstanden, weil ich es ihnen nicht genügend erklärt habe. Sie hätten begreifen müssen, mir ist es aber nicht gelungen, sie zu überzeugen. Sie haben mir zwar den Doktortitel verliehen, doch meine Dissertation ist nicht gut aufgenommen worden, sie fanden sie nicht lehrreich und zu wenig klassisch. Van Swieten und Störck haben Bischof Jonas, den der Erzbischof von Konstanz schickte, eröffnet, sie hätten mir deshalb den medizinischen Doktortitel verliehen, weil ich bereits Doktor der Jurisprudenz und Philosophie sei und sie von meiner Bildung und von meinem Wissen überzeugt seien, meine Dissertation scheine ihnen jedoch nur wenig fundiert und unverständlich."

Rudolf Stupfel hörte ihm zerstreut zu.

„Ich versichere dir, meine Dissertation ist von beträchtlichem Interesse für ..."

Stupfel unterbrach ihn:

„Franz Anton, trink, iß und hör mir zu. Ich habe für dich eine viel wichtigere Nachricht. Am Ende dieser Nacht, bei Morgengrauen, wenn das dritte Viertel anbricht, wird der Stern das Zeichen für den Stein der Weisen sein, er wird ihn besiegeln, und wenn der Morgenstern erscheint, wird Pater Geloni die Weisheit weihen. Du bist eingeladen, mit uns die Wahrheit festzustellen."

Mesmer hatte aufmerksam zugehört. Rudolf Stupfel war Mitglied der Illuminatensekte der „Initiierten Ritter und Brüder Asiens", zu der auch er gehören wollte, augenblicklich war er jedoch lediglich Freimaurerkandidat.

„Wie kann ich eingeladen sein, ich gehöre doch gar nicht zu deinem Kreis."

„Es geht nicht um den Orden, sondern um eine Zusammenkunft bei mir, bei der Pater Geloni seine alchimistischen Kräfte unter Beweis stellen wird."

Rudolf Stupfel hatte von seinen Eltern ein schönes Haus in der Neulinggasse geerbt, in das er seine Freunde oft einlud. Rudolf war sehr wohlhabend, hatte Physik und Theologie studiert, und mit großer Leidenschaft widmete er sich hermetischen Arbeiten.

Konrad Heinlein kam an den Tisch und unterbrach Mesmers und Stupfels Gespräch. Er war angetrunken und schob Franz Anton ein kleines rothaariges Serviermädchen mit kirschrotem Mund und grünen Augen in die Arme.

„Tanz lieber mit Laura, anstatt über deine Doktorarbeit nachzugrübeln."

Mesmer erhob sich, um der jungen Frau zu folgen, die ihn mit sich zog; während er tanzte, sprachen Stupfel und Heinlein eine ganze Weile leise miteinander und leerten zahlreiche Gläser.

Nach Mitternacht wurde, um die vom Alkohol bereits benommenen Gäste aufzuwecken, „Brauner", sehr starker Kaffee, serviert, zusammen mit Oggauer Schnaps und weißem Käse mit Zwiebeln und Paprika, danach gab es Strudel, und es wurde wieder eingeschenkt. So ging es weiter, bis der Tag anbrach. In der Morgendämmerung holten die am Vorabend bestellten Fiaker

die Gäste ab, die sich, bevor sie Kramelers Weinstube verließen, noch von Mesmer verabschieden wollten: aber der war schon vor einer Weile mit Heinlein in Rudolf Stupfels Wagen aufgebrochen.
Rudolf Stupfel hatte in den Kellergewölben seines Hauses einen langgestreckten Saal hergerichtet, in den das Tageslicht durch Luken fiel, die auf der Höhe des Innenhofes angebracht waren, wo die Wagen abgestellt wurden. Dorthin gelangte man über eine große Steintreppe, die von der Eingangshalle ausging.
Mesmer hatte Stupfel und Heinlein stützen müssen, die halb betrunken auf den Stufen taumelten; am Fuße der Treppe vor der Tür zum Saal machte sich Stupfel jedoch los, ordnete seine Kleider, zog die Schleife an seiner Perücke fest und trat vor seinen beiden Freunden in den Raum.
Etwa zehn Männer in Kutten und Überröcken saßen auf Schemeln und sprachen leise miteinander. Sie erhoben sich, als Stupfel in den Saal trat und auf eine Art gemauerten Tisch auf einem Podest im Hintergrund des Raumes zuging. Obgleich der Raum im Dunkeln lag, konnte man auf dem Tisch ein alchimistisches Sortiment von Tiegeln, Retorten, Mörsern und Kochern erkennen; weiter hinten im Saal erahnte man Öfen und einen Athanor. Hinter dem Tisch stand ein Kapuzinermönch mit glattrasiertem Gesicht und kahlem Schädel.
Stupfel räusperte sich und stellte den Geistlichen vor.
„Pater Geloni ist ein erleuchteter Adept, der gekommen ist, den hier anwesenden Schülern seine hermetischen Kräfte vorzuführen. Er wird noch einmal zeigen, was Paracelsus einst dank der Baaras vollbrachte."
Nachdem sich Stupfel vor dem Kapuziner, der ihn grüßte, verneigt hatte, setzte er sich neben seine Freunde inmitten der kleinen Zuhörerschaft.
Pater Geloni blieb reglos hinter dem Tisch stehen, er war kaum zu erkennen; plötzlich umgab ihn ein seltsamer Lichtkreis. Die ersten Strahlen der Morgendämmerung, die durch die Luken

und Fenster des Saales fielen, wurden von Spiegeln, die in den Winkeln der Fenster angebracht waren, zurückgeworfen, und der Mönch agierte in einer Art bläulicher Phosphoreszenz. Er erzählte, er habe seine „Materie“ bereits im Kreise der Eingeweihten, der den Lehrlingen vorerst noch verschlossen bleibe, vorbereitet und würde vor den Augen der Anwesenden lediglich den „Homunculus“ zum Leben erwecken. Bei diesem Namen erschauerten die Zuhörer, und Ausrufe wurden laut.

Der Kapuziner wies auf ein Ei aus Opakglas auf dem Tisch.

„Die Materie besteht aus menschlichem Sperma und jungfräulichem Blut, die mit Baaras oder Goldkraut vermengt sind.“

Er erläuterte, Baaras wachse Anfang Mai nach der Schneeschmelze auf den Hängen des Libanon, und er habe erst kürzlich welches erhalten.

„Es ist ein Kraut, das am hellichten Tage unsichtbar bleibt und des Nachts wie eine Fackel leuchtet. Die Blätter haben die Fähigkeit zu verschwinden, sobald man versucht, sie auszureißen. Berührt man sie dennoch, so stirbt man, es sei denn, man hält ein Stück der Wurzel dieser Pflanze in der Hand. Hebt man hingegen rundherum die Erde aus und bindet einen Hund an die freigelegte Wurzel, so wird derselbe, indem er dem zu folgen trachtet, der ihn festgebunden, die Pflanze ausreißen und auf der Stelle sterben. Danach läßt sie sich gefahrlos berühren.“

Pater Geloni hatte seine „Materie“ mit Goldkraut und Operment, einem gelben, arsenhaltigen Sulfid, vermengt und den trockenen, gefährlicheren Weg beschritten, über den er keine Einzelheiten preisgab. Und nun wartete er auf den „Morgenstern“.

Er hielt das gläserne Ei immer wieder in das Licht des erwachenden Tages, das durch die kleinen Kellerfenster zu beiden Seiten des Tisches fiel. Die von den Spiegeln reflektierten Strahlen verstärkten nur noch den Lichtkreis, der ihn in diesem Halbdunkel umgab. Plötzlich erstarrte Pater Geloni. Er hielt das Ei in Augenhöhe, wie einen Kelch beim Abendmahl, und allmählich

erschien auf dem Rande des Gefäßes so etwas wie ein bläulicher Schaum, der in der Schale anquoll. Die Masse dehnte und streckte sich und stellte schon bald einen fünfteiligen, kleinen, luftigen, elastischen Kobold dar. Pater Geloni nahm ihn in die Hand und stellte ihn auf den Tisch, wo er wie eine weiche, schlaffe Puppe herumzugleiten begann.
Die Anwesenden, mit Ausnahme von Stupfel und dessen Freunden, die von den Getränken ihres Festes noch ganz benommen waren, stürzten an den Tisch, um den „Homunculus" aus der Nähe zu sehen. Einige wollten ihn sogar ergreifen.
Pater Geloni schrie auf:
„Zurück, Ihr Ungläubigen, gemeine Verräter! Ihr zerstört das Geheimnis des Sterns! Haltet ein! Haltet ein!"
„Es ist ein Mann", rief einer.
„Er hat kein Geschlecht", sagte ein anderer.
Stupfel wollte sich erheben, war jedoch wie Konrad Heinlein zu kraftlos, um Pater Geloni beizustehen. Doch Mesmer eilte ihm zur Hilfe. Mit seinen breiten Schultern und der Kraft seines hochgewachsenen Körpers stellte er die Ordnung wieder her. Die Wildesten packte er und schleuderte sie in die Tiefe des Saales, die übrigen bekamen Angst und liefen davon. Pater Geloni jammerte vor seinem zerbrochenen Ei. Inmitten der Gefäße, Destilliergeräte und Retorten suchte er nach dem kleinen blauen Kobold, der verschwunden war. Vielleicht hatte sich der Homunculus ja hinter dem Stapel von Gestellen, Pergamenten, Phiolen, getrockneten Pflanzensträußen und alten Schädeln versteckt, die den Hintergrund des Saales ausfüllten.
Mesmer trat an eine der mit rätselhaften Inschriften bedeckten Mauern heran und betrachtete eine gläserne Maske, die mit einem Lederband an einem Holzzapfen zwischen zwei Steinen hing. Pater Geloni dankte ihm für sein Eingreifen.
„Ich schenke Euch diese Adeptenmaske. Bewahrt sie auf, bis Ihr die vollkommene Fusion durchführt."
Er legte die Maske in eine Schatulle und reichte sie Mesmer, der

sich, nachdem er dem Kapuziner gedankt hatte, verabschiedete und seinen beiden Freunden half, das Erdgeschoß des Hauses Stupfel zu erreichen, wo im Speisesaal ein frühmorgendliches Mahl aufgetragen wurde.

„Ich habe alles und nichts gesehen“, sagte Mesmer. „Der Homunculus ist auf Vorbereitung des Kapuziners hin aus dem Licht erstanden. Ich glaube genausowenig an die Kraft des Goldkrauts wie an die Millionen Teufel im Schwertknauf des Paracelsus, doch den kleinen Wicht hätte ich allzu gern von nahem gesehen. Wer waren diese Flegel, die den Mönch unterbrachen?“

„Schüler des Pater Geloni. Er hatte sie eingeladen.“

„Ich wußte gar nicht, daß der Alchimist bei dir wohnt“, fuhr Mesmer fort. „Ich würde gern mit ihm sprechen.“

„Wenn du zum Kreis der Erleuchteten gehörst, wird er dir sein Verfahren zeigen; du bist aber noch nicht Mitglied der Wohltätigkeits-Loge. Darauf mußt duhinarbeiten.“

„Jetzt, da ich meine Doktorarbeit vorgelegt habe, werde ich meine Aufnahme beantragen.“

Konrad Heinlein hatte an der Diskussion nicht teilgenommen. Er trank Kaffee, um seinen vom Alkohol schweren Kopf klarzubekommen.

Plötzlich brach es aus ihm hervor:

„Ich verstehe euch nicht. Diesem Schattentheater Glauben zu schenken, ist doch lächerlich. Gestern noch hat Mesmer uns davon zu überzeugen versucht, bedeutende, von Gelehrten bewiesene physikalische Prinzipien könnten ebenso Harmonie wie Disharmonie hervorrufen, und nun will uns ein Erleuchteter ohne jegliche wissenschaftliche Skrupel weismachen, ein von Spiegeln projiziertes, tanzendes Licht sei ein lebendiges Wesen, das er vor unseren vom Alkohol vernebelten Augen erschaffen hat. Paracelsus tat dasselbe mit einem Kürbis und zog Goldstükke aus ihm hervor!“

Stupfel und Mesmer antworteten nicht. Pater Geloni hatte sie verwirrt.

Franz Anton Mesmer kannte die Werke des Phillippus Aureolus Theophrastus Bombastus von Hohenheim, genannt Paracelsus, genau. Man sagte ihm nach, er habe sich in seiner Dissertation von mehreren Prinzipien des gelehrten alchimistischen Mediziners inspirieren lassen, was nicht zutraf, denn zunächst interessierten ihn lediglich die hermetischen Schriften und esoterischen Äußerungen des Paracelsus. Außerdem gefiel ihm kaum, daß der ungestüme Doktor aus Basel die Werke des Avicenna und Galius verbrannt hatte. Mesmer war jedoch durchaus geneigt, den Ausspruch Paracelsus', seine „Barthaare hätten mehr Erfahrung als alle Akademien zusammengenommen“, auf sich selbst anzuwenden. In der Astrologie folgte Mesmer Paracelsus nicht, denn er trennte seine astronomischen Beobachtungen und Berechnungen von den Hirngespinsten der Wahrsager und Handleser. Was jedoch Paracelsus' Kreuzzug gegen die Hexenjagd und Analyse der Persönlichkeit als ein mit der Seele verbundenes stoffliches Ganzes anbelangte, so schätzte Mesmer den Baseler Professor hoch. Innerhalb der Lehre des Paracelsus gab Mesmer der Medizin vor der Psychologie und der Therapeutik der Alchimie den Vorzug, bediente sich jedoch bei der Entwicklung seiner eigenen Ansichten weder der einen noch der anderen; Mesmer hatte beschlossen, diese lediglich in einer ihm wohlgesonnenen Umgebung zu verteidigen.
Derzeit erlernte er gerade von Stefan Cirely das Harmonikaspiel, und das nicht ohne Grund. Die Harmonika war ein Instrument mit hölzernem Rahmen, der gläserne, in der Mitte durchbohrte und an metallenen Drähten befestigte Halbkugeln trug. Bewegte man diese Gläser mit einer Handkurbel, so ließen sie unter den Fingern des Interpreten außergewöhnlich zarte, helle Klänge entstehen. Das sehr seltene Instrument kam aus England. Konrad Heinlein hatte Mesmer erzählt, daß man in der

Freimaurerloge die Kandidaten, die im Verlaufe der Initiationsübungen bewußtlos wurden, mit Hilfe einer Harmonika wieder zu sich brachte. Stefan Cirely, ein Freimaurer englischer Herkunft, der das Harmonikaspiel beherrschte, sollte in Kürze nach Italien reisen, und Konrad Heinlein hatte zu dessen Vertretung Mesmer vorgeschlagen. So wurde er also in die Loge „Wahrheit und Einigkeit" aufgenommen, und dort nahm seine Initiation ihren Anfang.

Damals war das Freimaurertum uneingeschränkt mit dem täglichen Leben verbunden. Zwischen den Freimaurern und den Kreisen der Illuminaten entwickelten sich feste Bande. Der Wissensdurst Franz Anton Mesmers wollte von den einen wie den anderen erfahren, was sie an Erkenntnissen mitbrachten, und er nahm an ihren Praktiken teil, nicht ohne sich jedoch die größtmögliche Unabhängigkeit zu bewahren.

Nach dem positiven Bericht der drei mit Nachforschungen über ihn betrauten Logenbrüder hatte der Meister der Loge „Wahrheit und Einigkeit" die übrigen Brüder über Franz Anton Mesmers Aufnahme abstimmen lassen. Vierzehn weiße Kugeln sprachen für, zwei schwarze gegen ihn. Der Meister vom Stuhl beglückwünschte den künftigen Bruder und gab ihm den Tag seiner Preliminarprüfungen bekannt.

Eines Morgens traf Franz Anton, in grauen Samt gekleidet und ohne Perücke, in der Loge ein. Konrad Heinlein und ein weiterer Bruder führten ihn in die „Dunkle Kammer", wo er sein philosophisches Testament machte, indem er die vier Fragen bezüglich seiner Pflichten der Menschheit, dem Vaterland, der Familie und sich selbst gegenüber beantwortete. Mit verbundenen Augen führte man ihn vor den Logenmeister und die anwesenden Freimaurer, befragte ihn von neuem und führte ihn zurück in die „Dunkle Kammer". Dort nahm man ihm die Augenbinde ab, und er konnte die in Weiß auf die schwarzen Wände gemalten Inschriften lesen: dann kamen Brüder, die ihm die linke Brusthälfte, das linke Knie sowie den rechten Arm freilegten. Sie steckten seinen rechten Fuß in einen Pantoffel und verbanden seine Augen von neuem. Man legte ihm ein Seil um den Hals, und „Bruder Schrecklich" führte ihn aus dem „Kabinett der Besinnung" zu den Prüfungen der Luft, des Wassers und des Feuers. Er trank den Kelch der Bitterkeit, und dann, nachdem er den Eid abgelegt hatte, empfing er das Licht. Unvermittelt wurde ihm die Augenbinde abgenommen, und in der plötzlichen Helligkeit der Kandelaber erblickte er um sich herum alle Brüder der Loge, die die Spitzen ihrer Schwerter auf seine Brust richteten. So wurde Franz Anton Mesmer durch den Logenmeister mit dem funkelnden Schwerte, dem Symbol des Wortes, die Erleuchtung erteilt. Dann beglückwünschten ihn alle zum soeben erlangten Grade eines Lehrlings.

Als Mesmer die ganze Symbolik der von ihm erlangten Grade kennengelernt hatte, beobachtete er nach und nach, daß die Initiationsriten, bei denen auf Dramen und Legenden wie den Mord Hirams zurückgegriffen wurde, bei den Freimaurern seltsame, befremdende und verwirrende Reaktionen auslösten. Manche, die in Ohnmacht fielen oder epileptische Anfälle bekamen, wurden nicht notwendigerweise von der Harmonika wieder aufgeweckt; in Übergangsphasen von Bewußtlosigkeit oder Schlaf wirkten auf sie die Worte ihrer Brüder in verschiedener Weise: Die einen machten sie ruhig, die anderen zornig; manche stießen sogar Drohungen aus, die sie zuweilen früher oder später nach den Zeremonien in die Tat umsetzten.

Für Mesmer war Musik das vollkommenste Vergnügen und zugleich eine Erholung, bei der er Lust und Ekstase empfand. Genußvoll ein Werk anzuhören oder sich vom Cembalospiel, von der Flöte oder Geige, die er perfekt beherrschte, mitreißen zu lassen, war für ihn nicht nur bloße Zerstreuung, sondern ein reines Fest, an dem alle seine Sinne teilhatten. Gewisse Sonaten verströmten Düfte, er sah die Bögen eines Andante wahrhaftig vor Augen und vermochte die Schärfe der Flöte zu schmecken.

Schon sehr früh von Johann Ziegler, Golons Kapellmeister, unterwiesen, hatte er alles von Grund auf und sehr rasch gelernt, und das zu einer Zeit, da die Musik gesellschaftlich zum guten Stil gehörte.

In Wien spielte Mesmer, außer der Harmonika in der Loge, Cembalo bei seinen medizinischen Lehrmeistern oder seinen Freunden Stupfel und Heinlein, doch auch bei Retel Zung, dem Besitzer eines Kaffeehauses, der die Türen seines Lokales ungarischen Zigeunern öffnete, die dort Zither spielten. Franz Anton begleitete sie auf einem Pianoforte, das Zung erst kürzlich dem Sachsen Silbermann abgekauft hatte. Er nahm auch an den Konzerten des Illuminatenzirkels teil, in den ihn Stupfel eingeführt hatte. Die langwierigen Debatten zwischen Physik und Chemie auf der einen sowie Philosophie auf der anderen Seite, die sich die eingeweihten Adepten lieferten, stellten Mesmers Geduld oft auf die Probe. Die medizinischen Studien, die ihn in der Realität der menschlichen Körper- und Geistesfunktion verankert hatten, veranlaßten ihn dazu, seinen Freunden deren Vorliebe für Abstraktion, ihre Gleichgültigkeit gegenüber der Realität vorzuwerfen und Unkenntnis des Lebens vorzuwerfen. Er erkannte sehr wohl die Wichtigkeit geistiger Auseinandersetzung, um Irrtümer, Vorurteile und Aberglauben zu bekämpfen, doch konnte er nicht umhin, neben den Argumenten des Verstandes an das naive Wissen der Jäger, Schäfer und Wünschelrutengänger von Iznang und Reichenau zu denken. Er wollte die Erkenntnisse, die ihm Schule und Universität vermittelten, mit den Geheimnissen, die er von den lebensklugen, einfachen Leuten, aber auch von Astronomen und Alchimisten übernommen hatte, konfrontieren, vervollständigen und bereichern. Diese Geheimnisse, so dachte er, gehörten ebenso zum Ganzen der menschlichen Kultur wie die Wissenschaften, die er studiert hatte.

„Jeglicher Einfluß der Dinge auf die Lebensweisen wirkt auch von den Lebewesen auf die Dinge zurück, und Lebewesen wie

Dinge des Universums werden gleichermaßen von den Gestirnen beherrscht.“

Diesen Gedanken hatte er in seiner Doktorarbeit zu entwickeln begonnen, und ihn versuchte er nun durch das Ergebnis seiner Erfahrungen zu beweisen. Seine Begegnung mit Maria Anna von Eulenschenk, der Witwe des Baron von Bosch, sollte ihn jedoch eine Weile von seinem Vorhaben abhalten.

III

DAS FEST IN DER LANDSTRASSE

Der Kreis der „Initiierten Ritter und Brüder Asiens“ hatte Mesmer eingeladen, einen Vortrag zu halten, bei dem er in großen Zügen seine Doktorarbeit darlegen, dabei jedoch den Gebrauch allzu vieler Fachbegriffe vor einem medizinisch ungeschulten Publikum vermeiden sollte. Wie gewöhnlich hatte Rudolf Stupfel seinen schönen Wohnsitz in der Neulinggasse zur Verfügung gestellt, dessen geräumige Salons zahlreiche Gäste aufnehmen konnten.

Zu dem Vortrag waren viele Leute erschienen, und anders als zu den üblichen „Plaudereien“ der nur Männern vorbehaltenen aufgeklärten Zirkel, waren auch Damen eingeladen, und man hatte auf festlicher Kleidung bestanden, denn Rudolf wollte Franz Anton zu Ehren zugleich einen Empfang geben.

Der Redner war brillant, seine Wortgewandtheit betörend. In der anschließenden Unterhaltung bewiesen die Fragen das Interesse an der Thematik. Und Stupfels Gastlichkeit wurde allgemein als prachtvoll bezeichnet.

„Wie kann ich dir nur danken, Rudolf?“ fragte Mesmer. „Ich bin so oft in deiner Schuld. Du nimmst meinen Freund Johannes Ziegler, wenn er nach Wien kommt, bei dir auf, du protegierst meinen Vetter Joseph Conrad, und du bist mein zuvorkommendster, ergebenster Freund.“

Stupfel nahm Franz Anton beim Arm. „Ich habe gerade die Abschrift einer Scarlatti-Sonate bekommen. Wenn du sie für uns spielst, werde ich tausendfach belohnt sein." Und ohne die Antwort seines Freundes abzuwarten, klatschte er, um Ruhe bittend, in die Hände und verkündete: „Der hervorragende Doktor Mesmer wird uns heute abend beweisen, daß er die Musik ebensogut meistert wie den Lauf der Gestirne, und daß das Fluidum, das uns umhüllt, empfindlich auf Schwingungen reagiert."

Nachdem Mesmer die Sonate überflogen hatte, setzte er sich ans Cembalo und begann zu spielen. Es handelte sich um eine Sonatenform mit zwei Themen, von der er, weil er sich ein wenig erschöpft fühlte, lediglich die beiden ersten Sätze spielte. Er entschuldigte sich nicht, die Ausführung war jedoch derart brillant gewesen, daß niemand es bemerkte und er dennoch einen großen Erfolg einheimste. Als er sich an einen Tisch zu einem kleinen Abendessen zurückzog, trat eine junge Frau an ihn heran und zollte der Virtuosität seines Spiels ihre Bewunderung. Dann fügte sie lächelnd hinzu: „Es ist bedauerlich, Monsieur, daß Ihr uns die beiden letzten Sätze vorenthalten habt. Für das Menuett mag das ja noch hingehen, doch der so glänzende, so lebhafte Schlußsatz hätte uns überglücklich gemacht." Verärgert, ertappt worden zu sein, erwiderte er: „Madame, ich bin lediglich ein Musikliebhaber und spielte nur, um Rudolf gegenüber eine Schuld abzutragen, doch beglückwünsche ich Euch zu Eurer musikalischen Gelehrsamkeit, denn ich nahm an, dieses Werk Scarlattis sei in Wien noch unbekannt."

Sie lächelte und eröffnete ihm: „Ich habe es vor einigen Monaten in Neapel gehört und vor zwei Monaten bei mir spielen lassen." Im Verlauf der folgenden Unterhaltung erfuhr Franz Anton, daß seine Gesprächspartnerin Maria Anna von Eulenschenk, die Witwe des Hofkammerrats Baron von Bosch und eine der reichsten Frauen Wiens war, die eine prächtige Villa nahe dem Prater in der Landstraße 261 bewohnte.

Nach der Soirée bei Rudolf Stupfel wurde Mesmer häufig bei der Baronin von Bosch eingeladen, um an den gelehrten Gesellschaften oder musikalischen Zusammenkünften teilzunehmen, bei denen er Joseph Haydn, Christoph W. Gluck, aber auch Puccini und Vincenzo Righini begegnete. Ohne sich mit diesen genialen Meistern der Komposition, in der er selbst nicht bewandert war, messen zu wollen, konnte er doch als Interpret unter ihnen den Rang eines bemerkenswerten Künstlers einnehmen. Die Baronin gab für ihn Empfänge, bei denen sie die Honoratioren des Hofes und der Universität zu versammeln wußte, was Mesmer in höchstem Maße zugutekam.
Auf diese Weise erwiesen sich Persönlichkeiten, die er nur vom Namen her kannte oder von weitem bei Paraden, in Theatersälen oder ganz von fern in Vorlesungsräumen gesehen hatte und die ihn früher gewiß übersehen oder schlecht behandelt hätten, mit einem Mal als sehr liebenswürdig und schlugen ihm vor, sie in ihrem Amt oder ihrer Kanzlei zu besuchen. Mit einem Male fand er sich mit dem Ansehen seiner Gastgeberin geschmückt, die ihn zunächst als erlesenen Gast, sodann als Protégé und schließlich als privilegierten Günstling vorstellte.
Mesmer war die schöne Baronin schon seit ihrem ersten Zusammentreffen nicht gleichgültig. Und auch Maria Anna fühlte sich von dem verführerischen Arzt angezogen. Sie war zehn Jahre älter als Franz Anton, doch ihre Schönheit und die Sorgfalt, die sie zu deren Erhaltung verwandte, machten sie vielleicht noch anziehender als jüngere Mädchen. Wie schwer wogen die dreißigtausend Golddukaten der Baronin, ihre Wiener Verbindungen, ihre herrliche Residenz in der Landstraße, ihr Besitz in Schwechat, das Erbe ihrer Mutter, bei Mesmers Entschluß, die hübsche Witwe zu heiraten? Gewiß dachte er an all das, aber er nahm im voraus die Kritiken, die Spötteleien, selbst die Vorwürfe gelassen in Kauf.
Die Aufmerksamkeiten der Baronin, ihre beharrlichen Bemühungen, ihn wiederzusehen, ihr eindeutiges Interesse an ihm

fanden bei ihm günstige Aufnahme, und seine Reaktionen bestärkten Maria Anna in ihren Avancen. Er musizierte für sie, sprach mit ihr über Medizin, Physik, Astronomie und Philosophie, erzählte ihr die Geschichten der Kranken, die er im Hospital betreute, und als sie ihm endlich gestand, sie glaube, ihn zu lieben, antwortete er ihr sogleich, daß er für sie dieselbe zärtliche Neigung hege.

Das Haus Stupfels diente allen seinenFreunden auch als Hotel. Wenn sich die von ihm arrangierten, vertrauten Zusammenkünfte bis tief in die Nacht erstreckten, konnten die Gäste, die außerhalb Wiens wohnten oder vom Alkohol benommen waren, in den stets für sie bereitgehaltenen Zimmern schlafen. Wenn Johann Ziegler Mesmer in Wien besuchte, trafen sie ebenfalls bei Stupfel zusammen, denn Franz Antons Vermieter hätter ihm nicht gestattet, in seinen beiden Räumen einen Freund zu beherbergen.

Johann Ziegler nahm die Nachricht von Franz Antons bevorstehender Heirat mit großer Bitterkeit auf. Von der zunehmenden Annäherung zwischen ihm und der Baronin auf dem laufenden gehalten, hatte er seinen Freund vor einer Neigung gewarnt, die er für einen Irrtum hielt.

Mesmer reagierte aufgebracht: „Ach was! Hältst du mich etwa für einen so niederträchtigen, skrupellosen Menschen, der um jeden Preis ans Ziel gelangen und in der Welt Erfolg haben will und sich dabei der Gefühle bedient, die ihm eine durch plötzliche Leidenschaft geblendete Frau entgegenbringt?“

„Diesen Vorwurf habe nicht ich dir gemacht“, murmelte Johann Ziegler, „du hast ihn soeben selbst ausgesprochen.“

Johann Ziegler erinnerte daran, daß die Baronin nicht nur älter sei als sein Freund, sondern daß sie auch einen Sohn habe, von dem es hieß, er billige die bevorstehende Heirat seiner Mutter nicht. Franz Anton erwiderte, er sei, ganz im Gegenteil, ein Freund des jungen Franz de Paula von Bosch, der eine sehr gute

Ausbildung genossen habe und eine militärische Laufbahn einschlagen wolle.
„Er hat mir sogar die medizinische Betreuung eines seiner Familie nahestehenden jungen Mädchens anvertraut, zu dem er große Zuneigung hegt."
Johann Ziegler wollte sich Mesmers Argumenten nicht beugen; seine zuweilen harten Entgegnungen ließen sich jedoch mit der noch lebhaften Glut einer vom Schmerz verwirrten Zuneigung begründen. Und dennoch war Mesmers Kummer während dieser Unterredung vielleicht noch größer als die Verzweiflung seines Freundes. Beide weinten sie in dem Zimmer, das Rudolf Stupfel ihnen für ihre Zusammenkünfte zur Verfügung stellte. Jene Nacht ihres Abschieds verbrachten sie schwelgend in Erinnerungen an Reichenau und Konstanz, an ihre gemeinsamen Spaziergänge und Johann Zieglers Musikstunden.
„Du wirst mich besuchen", sagte Franz Anton. „Ich werde dir bei uns in der Landstraße eine Wohnung einrichten lassen. Maria Anna ist eine leidenschaftliche Musikliebhaberin, du wirst kommen und unsere Orchester dirigieren. Ich möchte dich wiedersehen, Johann. Ich brauche deine Zuneigung, jetzt mehr denn je. Wie soll ich dir erklären, daß mich die Stimme meines Herzens zugleich in deiner Nähe zu halten vermag, wie mich dazu zu treiben, einer anderen Liebe nachzugeben?"
„Mein Kummer wird sich nur durch eine endgültige Trennung besänftigen lassen", erwiderte Johann Ziegler.

In diesem Augenblick verlor Mesmer seinen Freund für immer. Sein letztes Zusammensein mit Johann Ziegler hinterließ in Mesmer ein unbestimmtes Gefühl der Angst. Er fragte sich: „Was bin ich? Was möchte ich sein?" Er dachte, er existiere vielleicht nur in einem Traum und hätte alles in seinem Leben seit Iznang nur mittel seines Traumes wahrgenommen. Seit einiger Zeit, genauer gesagt, vielleicht seit den medizinischen Beobachtungen, die ihn zu seiner Doktorarbeit veranlaßt hatten, fühlte er eine Abhängigkeit, ja sogar einen Zwang, der seine Person dem Einfluß aller großen Himmelskörper in der Welt unterwarf. Er empfand sich in ein nicht fühlbares Fluidum eingetaucht, das von der Macht aller ihn auf Erden, ja selbst jenseits derselben in außerirdischen Räumen umgebenden Dinge ausging. Daher fragte er sich, ob nicht er selbst dieses ihn umgebende Fluidum absondere, und ob nicht der Traum, der alles, was er beobachtet hatte, wahrscheinlich machte, das Werk einer anderen, von eben diesem Planeten stammenden Kraft sei, die ihn auf Grund ihrer Energie im Traum erschaffen hätten. „Wer wäre imstande zu sagen, was ich in dieser Welt bin, was ich treibe, was ich tun werde?... Kann ich denn mit Recht behaupten, geträumt zu haben? Vielleicht bin ich ja geträumt worden. Vielleicht existiere ich bloß, weil andere Mächte mich träumen, durch Vermittlung eines Anderen, der schläft und mich erfindet und mich in seiner Vorstellung handeln sieht." Er hatte früher oft gedacht, er sei das genau berechnete Spiel, die Schöpfung eines träumenden Geistes, Gast seiner Phantasien, was seine Neugier und seinen Wissensdurst nur verstärken konnte. Nun versuchte er, der Furcht vor Hunderten von Dingen zu entkommen, die ihn anzogen und zugleich vor ihm flüchteten, denn er hatte begriffen, daß er imstande war, tausend andere erfolgreich mit einer Kraft zu lenken, die zu haben er jetzt überzeugt war, die ihm jedoch Angst bereitete.

Suppe, Gemüse, zwei Fleischgerichte und ein Krug Wein. So sah die ansehnliche Mahlzeit aus, für die Mesmer bei Abseinpert dreizehn Kreuzer zahlte. Er speiste häufig bei diesem Tavernenwirt in der Judengasse, oft auch mit Freunden, wenn sie am Abend, nachdem sie im Wöchnerinnenheim Autopsien vorgenommen hatten, das Hospital verließen. Man brachte ihnen tiefe, bis zum Rand gefüllte Teller mit Gulasch, das auf die Eichentische mit den tiefen Abzugsrinnen floß.
Heute speist Doktor Franz Anton Mesmer von Vermeilgeschirr

geschickt zusammengestellte Speisen, die die besten Küchenchefs von Wien zubereitet haben. Er trinkt Wein aus dem Valtellina und aus der Wachau, wo Maria Anna Weinberge besitzt, oder Tokaier aus Ungarn. Das herrschaftliche Stadthaus, wo er wohnt, befindet sich in der Landstraße 261, inmitten eines der schönsten Privatbesitze Wiens. Das Anwesen erstreckt sich bis zur Donau und zum Prater, den Joseph II. gerade in diesem Jahr den Einwohnern der Stadt zugänglich gemacht hat. Im Park wurden zusätzlich zu den bestehenden Pavillons zu beiden Seiten eines großen Beckens zwei weitere Pavillons errichtet, für Freunde oder Familienangehörige. Am Rande eines dichten Gehölzes flankieren zwei Musikpavillons ein Naturtheater. Zahlreiche Alleen führen durch die Wäldchen zu einem Belvedere, von dem aus man einen herrlichen Ausblick über Donau und Prater hat.

Maria Anna engagiert häufig ausgebildete Musiker, Schauspieler und Sänger, zu denen sich befreundete Amateure gesellen, die kommen, um im Naturtheater aufzutreten. Und an den festlichen Abenden im tausendfach von Lampions erleuchteten Park entzücken Musik, das Raunen der Springbrunnen, der Duft von Blumen und Weihrauch die Sinne der vielen Gäste. Denn war man schon zahlreich zu den Einladungen der Baronin von Bosch gekommen, so erschienen zu denen der Mesmers nur noch mehr Gäste. Maria Annas neuer Ehemann ist für ihre Freunde, sei es aus dem Adel oder vom Hofe, eine Attraktion. Es heißt, er sei ein sehr gelehrter Arzt, obgleich er seine Kunst nur im spanischen Spital ausübe, wohin er sich allmorgendlich begebe. Außerdem weiß man, daß er ein sehr begabter Musiker ist, wovon man sich überzeugen kann, wenn er sich in seine Orchester mischt oder als Solist auf dem Cembalo, der Flöte oder Violine spielt. Die Landstraße 261 ist in der Tat ein bevorzugter Ort, wo man die besten Musiker der Wiener symphonischen Schule antreffen, die erlesensten Gerichte speisen, die köstlichsten Weine aus ganz Europa trinken und mit den erlauchtesten

Aristokraten der österreichischen Hauptstadt verkehren kann.

Franz Anton träumt häufig, und er erinnert sich recht gut an seine Träume. Ein bestimmter kehrt immer wieder: Er sitzt allein in einem Theater vor einer leeren Bühne und wartet auf den Beginn der Aufführung; doch sein Warten ist vergeblich. Im Saal um ihn herum noch immer nichts, kein Mensch, und die Bühne hinter dem hochgezogenen Vorhang bleibt leer. Auf der Bühne gibt es keinerlei Dekor, nichts als Leere, eine große, schwarze Leere. Plötzlich taucht aus den Kulissen eine hölzerne Bank auf, die langsam zur Mitte der Bühne gleitet, eine nicht sehr große Bank, ohne Rückenlehne, eine einsame Bank, auf der niemand sitzt. Und noch immer geschieht nichts, nur ein endloses, durch große Langeweile ausgedehntes Warten. Franz Anton vermag seiner Ungeduld nicht länger zu widerstehen, erhebt sich und geht in Richtung Bühne, die er über eine Rampe erreicht. Er steigt auf die Bank. Der regungslose, mürrische Zuschauer wird zum redseligen, handelnden Akteur. Zu diesem leeren Saal wird er sprechen, dieser Wüste Reden halten. Er wird lebhaft, gestikuliert, und plötzlich kommt Applaus aus dem Nirgendwo, ein Klatschen von unsichtbaren Händen, das seine Tiraden skandiert und den Schluß seiner Ansprache bejubelt. Und mit einem Mal findet er sich durch einen geheimnisvollen Taschenspielertrick als Zuschauer seines eigenen Auftritts wieder. Er ist erneut zum Zuschauer geworden und spendet sich selbst Beifall, doch diesmal steht er verloren inmitten einer zahllosen, enthusiastischen Menschenmenge, die fieberhaft applaudiert, während sich ein schwerer Vorhang vor seiner die Zuschauer grüßenden Person senkt.
Obgleich es heißt, Träume seien niemals farbig, erscheint dieser Traum seltsamerweise stets in rosa Tönen – vielleicht deshalb, weil in der Landstraße, wo Franz Anton seit seiner Heirat wohnt, alles in Rosa gehalten ist.

Rosa ist dieses Jahr in Wien Mode. Franz Anton hat dem Drängen seiner Frau nachgegeben und sich drei mit rosa Satin gefütterte Samtanzüge mit goldbrokatbestickten Westen schneidern lassen. Er trägt eine gepuderte Cadogan-Perücke, weiße Seidenstrümpfe und rote Schuhe mit hohen Absätzen, deren Schnallen mit Brillanten besetzt sind – ein Geschenk von Maria Anna.

Dieser Luxus, mit dem ihn die Baronin von Bosch überhäuft, mißfällt ihm ganz und gar nicht und steht in starkem Kontrast zu der Kargheit, zu der ihn die bescheidene Unterstützung des Erzbischofs von Konstanz gezwungen hatte. In seiner Umgebung ist alles schön, kostbar, verfeinert, von den Kärntner Keramikkachelöfen bis zu Maria Annas Schmuckschatullen aus geschnittenem ungarischem Amethyst. Der Reichtum und Prunk all der Erlesenheiten in der Landstraße sind die Attraktion, die bei den Festen zur Schau gestellt wird und Maria Anna und Franz Anton wiederum häufige Einladungen zu den Vergnügungen der Wiener Aristokratie beschert.

Dimitrij Alexejevich Fürst Galitzin ist russischer Gesandter in Wien. Er ist direkter Nachfahre des Fürsten Gedimyn, der das litauische Großreich mit Wilna als Hauptstadt gründete. Sein Vermögen ist unermeßlich, ganz zu schweigen von den Ehrungen, die ihm der Zar erweist. Bereits mit fünfundzwanzig Jahren zum Gesandten in Paris ernannt, hat Dimitrij Alexejevich dort fünf wundervolle Jahre verbracht; nun lebt er in Wien, wo er sich tödlich langweilt. Seine Geliebte, die kleine Cynthia Dros, die ihm nach Wien gefolgt war, starb im Verlaufe einer Pockenepidemie, die Ende vergangenen Jahres die Hauptstadt heimsuchte. Nach der Trauerzeit ist der Prinz, der seinen dreißigsten Geburtstag nicht zu feiern wünschte, zur Wolfsjagd nach Ungarn gefahren, nach dem frühen Einsetzen der Schneeschmelze jedoch wieder nach Wien zurückgekehrt. Wieder quält ihn Langeweile... Da trifft die Nachricht ein: Seine Freunde Mozart, von den Pocken im letzten Oktober aus Wien vertrieben,

sind zurückgekehrt. Leopold Mozart hat seine Kinder, Wolfgang und Nannerl, die trotz der Entfernung von der Krankheit befallen worden waren, in die Hauptstadt zurückgebracht. Wolfgang hatte seine Schwester angesteckt,und beide waren in Olmütz schwer erkrankt. Erneut zu Kräften gekommen, geben sie nun wieder Konzerte. Dimitrij Alexejevich hat vor vier Jahren in Paris die Bekanntschaft der Mozarts gemacht, wo sie in seinem Hause mehrere Konzerte gaben. Er vergöttert Wolfgang, mit dem er spielt und scherzt wie mit einem kleinen Bruder. Sehr rasch hat Dimitrij Alexejevich beschlossen, am Donnerstag, dem 23. März, ein Fest mit einem großen Konzert zu veranstalten, wo er die Tore seines Palastes nicht nur dem Hofe, sondern auch den angesehenen adligen und bürgerlichen Familien Wiens öffnen wird.
Wolfgang Amadeus Mozart ist am 27. Jänner 1768 zwölf Jahre alt geworden. Sein Vater Leopold ist enttäuscht von diesem zweiten Aufenthalt in Wien, wo sein Sohn nicht mehr länger jene amüsierte Neugier erweckt wie sechs Jahre zuvor, als man kam, das Wunderkind zu hören, das mit verbundenen Augen spielte und über Themen improvisierte, die man ihm zuwarf wie einem Jongleur die Bälle. Die Sensation, die das Kind hervorgerufen hatte, wiederholte sich nicht bei dem Jüngling, dessen Vortrag, feines Gehör und Vom-Blatt-Spiel sich dennoch vervollkommnet hatten.
Leopold wünschte sich, daß sein Sohn als Komponist glänze, doch die ersten in Paris, London, Den Haag und Salzburg geschriebenen und vorgetragenen Werke beschränkten sich auf ein Dutzend Sonaten, sechs Symphonien und einige liturgische Stücke, darunter zwei Oratorien und eine Opera buffa. Wie sollte man Wolfgangs Genie in Wien zum Durchbruch verhelfen, wo sich zahlreiche Komponisten einen Namen machten, wo Gluck mit seiner „Alceste“ seine Meisterschaft bewies und wo der Ruf des Esterhazyschen Kapellmeisters Joseph Haydn aus dem nahen Eisenstadt ständig wuchs?

Leopold beschließt, das Terrain für ein großes Projekt diplomatisch vorzubereiten und Wolfgang eine Oper komponieren zu lassen, die in Wien aufgeführt werden sollte. Er bringt also das Gerücht in Umlauf, „heut soll man einen Gluck und morgen einen Knaben von 12 Jahren bey dem Flügel sitzen und seine opera dirigieren sehen". Es gelingt ihm sogar, Gluck „auf seine Seite" zu bringen, denn „unsere Protectores sind auch die seinigen". „Um mich wegen der acteurs sicher zu stellen, die dem componisten gemeiniglich den grösten verdruß machen", ersucht er deren Unterstützung und bittet sie um Rat. Vom Kaiser, dem holländischen Botschafter Degenfeld und dem berühmten Baß Francesco Caratolé ermutigt, gelingt es Leopold, dem Impresario Affligio, dem Direktor beider Wiener Hoftheater, einen Kontrakt für die Musik einer Oper zu bekommen. Wolfgang wird für diese Arbeit hundert Dukaten erhalten. In der Zwischenzeit hat man ihm ein von dem am Hoftheater fest angestellten Dichter Marco Coltellini verfaßtes Libretto aufgedrängt. Die Oper wird „La finta semplice" heißen, der Text ist einer Farce Goldonis entnommen. Wolfgang hat die unwahrscheinliche Geschichte von Coltellini gelesen, die den burlesken Streit zwischen Cassandro und Polidaro und deren Abenteuer mit Rosine erzählt. Für ihn ist sie lediglich das Kompositionsmaterial für Arien, die schon jetzt in seinem Kopf entstehen. In der Zwischenzeit bereitet er mit seiner Schwester Nannerl das Konzert beim Fürsten Galitzin vor.

Alle Gäste Dimitrij Alexejevichs erschienen vor vier Uhr. Begrüßt vom Fürsten, an dessen Seite zwei Prälaten standen, der Propst vom Stephansdom sowie dessen Kollege, der auf der Durchreise befindliche Propst von Salzburg, wurden die Ankömmlinge von goldbetreßten Lakaien in den Nevronoff-Salon, das Vorzimmer des großen Musiksalons, geleitet. Dort boten zahlreiche Spiegelgläser und bequeme Möbel den Damen Gelegenheit, ihre Spitzen zurechtzuzupfen, ihr Gesicht noch einmal zu pudern, ihren Fächer vorzubereiten, und die Herren

rückten ihre Perücken zurecht und ließen die Uhrkette aus der Weste gleiten.
Um vier Uhr gab der Oberkammerherr dreimal ein Zeichen mit der Rassel (beim Fürsten gab es vor einem Konzert kein metallisches Klingeln), und die Türdiener stießen die Flügel aller vier Türen zum Gedymin-Salon auf. Es war ein Saal von beträchtlichen Ausmaßen, in dessen Hintergrund eine Bühne für das Orchester errichtet war. Der übrige Raum war gegenüber der Bühne in ein Parterre mit Stühlen und auf den Seitenstreifen in einen Wandelgang unterteilt.
Die Musiker hatten sich bereits niedergelassen, als Fürst Galitzin, gefolgt von den drei Mozarts, den Saal betrat und mit ihnen die Bühne bestieg. Er hielt eine Begrüßungsrede und stellte die Mozarts vor, wobei er verkündete, Wolfgang habe speziell für dieses Fest eine Symphonie komponiert.
Nannerl eröffnete das Konzert, indem sie schwierige Werke von Schobert und Eckard meisterlich vortrug. Dann spielten Leopold auf der Violine, Wolfgang am Cembalo und Nannerl an der Harfe ein Trio von Hochbrucker. Man lauschte so den Mozarts bis fünf Uhr dreißig, dann wurde englischer Tee serviert. Dann setzte das Orchester das Konzert mit Werken von Gluck, Hasse und Haydn, aber auch von Händel und Johann Christian Bach fort. Man schloß mit der Symphonie von Mozart. Es war eine Symphonie in D-Dur, die siebente, die Mozart seit seiner ersten, im Jahre 1764 in Chelsea, geschrieben hatte.
Der vom Fürsten eingeladene Franz Anton Mesmer hatte seine Frau in Gesellschaft der Gräfin von Sporck und der Herzogin von Braganza zurückgelassen und sich in die vordere Parkettreihe gesetzt, an die Seite des jungen Baron van Swieten. Dieser war der Sohn des Leibarztes der Kaiserin und wie Mesmer ein begeisterter Musikliebhaber. Schweigend lauschten sie dem Allegro des ersten Satzes, dann dem Andante in G, für Streichquartett allein geschrieben; doch beim Menuett sahen sie einander lächelnd an. Beide hatten sie den ganz neuen symphonischen Stil

erkannt, den man seit Haydn spielte. Das Finale stand in der Wiener Tradition von Ditters von Dittersdorf, Vanhall und Gassmann. Mozart hatte seine ersten Nachahmungen hinter sich gelassen und war in die Schule der Wiener Symphoniker vorgedrungen.

Im Parkett wurde stark und lange applaudiert, und die geschwätzigen Gruppen in den Wandelgängen hielten in ihrem Gespräch inne, blickten in Richtung der Musiker und stimmten ein in die allgemeinen Bravo- und Vivatrufe. Die Soirée endete mit einem im taghell erleuchteten Lüstersaal servierten Abendessen.

Als sich die Gäste von der Tafel erhoben hatten und stehend die Nachspeise einnahmen, bat Mesmer Baron van Swieten, ihn Leopold Mozart vorzustellen. Franz Anton kannte den jungen Baron gut; er war ihm wiederholt bei seinem Lehrmeister, Dekan van Swieten, begegnet, und der Baron, ein ehemaliger Diplomat bei der österreichischen Botschaft in Paris, hatte sich mit den Mozarts anläßlich ihres Besuches in der französischen Hauptstadt angefreundet. Leopold war hocherfreut über diese Begegnung mit einem Arzt, der damals mehr noch als Musikliebhaber denn als Kliniker großes Ansehen genoß.

Dennoch erbat er von ihm eine Prognose bezüglich des Gesichts seines Sohnes. „Stellt Euch vor, Doktor, Wolfgang, der letzten Winter an den Pocken erkrankt war, hat im Gesicht noch immer zahlreiche rote Flecken, die vor allem bei Kälte stark zu sehen sind. Bei ängstlichen Leuten, die sich vor Ansteckung fürchten, ist das für ihn von Nachteil."

Mesmer betrachtete Wolfgang genau und beruhigte den Vater, der besorgter zu sein schien als der Sohn. Er versicherte, alle Flecken würden verschwinden, und empfahl sogar eine von Apotheker Heinlein hergestellte, narbenbildende Salbe. Während der folgenden Unterhaltung lud Mesmer Leopold ein, in seinem Haus ein Konzert zu geben, und er erbat sogar eine Komposition für sein Theater. Leopold bedankte sich herzlich

und notierte sich das großzügige Angebot, entschuldigte sich jedoch:
„Wir sind momentan bei einer Arbeit, die wir mit Eurem Kollegen, Doktor Laugier, vereinbart haben. Wolfgang schreibt eine Opera buffa für das Theater des Grafen Affligio. Doch wären wir sehr glücklich, Ende des Jahres für Euch zu spielen."
Baron van Swieten bestätigte Leopolds Antwort, der Kontrakt mit Affligio war in seiner Gegenwart bei Laugier, dem Leibarzt der Kaiserin, abgeschlossen worden.
Mesmer und Leopold Mozart kamen überein, sich wiederzusehen, um noch vor der Rückkehr der Mozarts nach Salzburg ein Konzert festzulegen.

Dekan Gerhard van Swieten, Leibarzt der Kaiserin und Vater des mit den Mozarts befreundeten jungen Barons, war 1745 nach Wien gekommen. Nachdem er die Medizin in Österreich neu organisiert und der Forschung bemerkenswerte Impulse gegeben hatte, förderte er die Öffnung der Wiener medizinischen Kreise gegenüber allen in Europa nur denkbaren neuen Theorien und Tendenzen, wodurch Wien ein renommierter Ort der Begegnung geworden war, den berühmten Mediziner oder Erneuerer aufsuchten, um ihre Theorien oder Methoden vorzustellen. Infolge van Swietens holländischer Herkunft statteten viele Ärzte aus jenem Land ihrem ehemaligen Lehrmeister einen Besuch ab, und manche hatten sich gar in Österreich niedergelassen, wie Anton de Haen, der noch immer im spanischen Spital auf Reinleins Station Dienst tat.
Anton de Haen war nicht nur Arzt, sondern auch ein bemerkenswerter Physiker, der die Thermometrie in die Medizin eingeführt hatte. De Haen besuchte regelmäßig seine Familie in Holland, und von jeder dieser Reisen brachte er neue Ideen, Anregungen und Beobachtungen mit, von denen er seine Kollegen profitieren ließ. Als er die ersten Quecksilberthermometer in verkleinertem Format mitbrachte, die von Fahrenheits Nach-

kommen in Den Haag hergestellt wurden, kam ihm der Gedanke, bei Kranken systematische Messungen der Körpertemperatur vorzunehmen und die ersten Regeln der Thermometrie aufzustellen.
An jenem Morgen im Frühjahr 1768 hatte er eine Vorlesung mit Demonstrantionen zur Behandlung von Lähmungen durch Elektrizität angekündigt. Der Vortrag sollte bei Baron Störck, dem zukünftigen Dekan, in Gegenwart van Swietens stattfinden.
Franz Anton Mesmer, der regelmäßig an solchen Vorführungen teilnahm, war verfrüht gekommen, um Störck und van Swieten alleine anzutreffen, die er um Audienz gebeten hatte. Er wollte die Genehmigung erhalten, die hysterisch Kranken aus Störcks Station mit „martialen" Medikamenten zu behandeln, d. h. mit Präparaten auf Eisenbasis, die Apotheker Hans Heinlein gemäß seinen Formeln hergestellt hatte und die in den verschiedenen Mondphasen verabreicht werden sollte. Störck und van Swieten hatten nichts dagegen einzuwenden und antworteten ihm, sie hätten seine Doktorarbeit aus dem Grunde akzeptiert, weil jeder erneuerungswillige Geist verdiene, angehört und diskutiert zu werden, doch bevor man seine Theorien an den Kranken des Hospitals erprobe, müßte dieser planetare Einfluß ausreichend bewiesen werden. Mesmer versprach, die Demonstration seiner Prämissen vorzubereiten und in zwei Monaten erneut um Audienz zu ersuchen. Ein wenig verstimmt zog er sich zurück und lenkte seine Schritte zum Saal der Kranken, wo der Vortrag de Haens stattfinden sollte.
In der Halle des St.-Stephan-Pavillons hatte man die in Gruppen stehenden Betten auseinandergerückt und Zusatzbetten entfernt, um für die Aufstellung des Demonstrationsmaterials Raum zu schaffen. Die Zuhörer stellten sich um die Tische auf, mit Ausnahme van Swietens und Störcks, die auf zwei Sesseln Platz nahmen. Die Pfleger, die den im Pavillon Aufsicht führenden Nonnen vom Heiligen Grab unterstanden, brachten fünf

Kranke in den Saal. Drei humpelten auf eigenen Beinen herein, zwei wurden auf Bahren transportiert. Die Gelähmten wurden in der Nähe der Tische mit dem Demonstrationsmaterial abgesetzt. Dort gab es Kurbelmaschinen mit metallenen und gläsernden Scheiben und Zylindern, sowie seltsame, paarweise angeordnete Fläschchen, aus denen Stäbe ragten, die in Kugeln mündeten. Die stutzig gewordenen Zuschauer betrachteten diese merkwürdigen Gegenstände mit allerlei Kommentaren, als Doktor de Haen den Raum betrat.
Er war ein kleiner, recht beleibter Mann von etwa sechzig Jahren, der eine kehlige Sprechweise beibehalten hatte, in der er mit amüsanter Betonung pikante Redewendungen von sich gab. Er erläuterte zunächst, daß ihm das gesamte hier vorgestellte Material von der Fabrik Lowenhoeck, die ein Verwandter aus Rotterdam leite, geliefert, die Apparate jedoch nach den Originalentwürfen des Petrus van Busschenbrock in Leyden konstruiert wordenseien.
„Meine Herren“, erklärte er. „Ihr wißt, daß das Nervensystem, das durch unsere Muskeln unsere Bewegungen und durch das Gehirn unser Denken steuert, die Nerven benützt, um ein Fluidum zu transportieren, das unsere Organe befehligt. Das Fluidum, das den Befehl übermittelt, ist elektrischem Strom vergleichbar. Gray hat bewiesen, daß man den Körper elektrisieren kann, und Du Fay, daß vom menschlichen Körper elektrische Funken ausgehen können. Ein vorbereitetes elektrisches Fluidum kann also dazu verwandt werden, Muskeln wie Nervenfluidum in Bewegung zu bringen und letzteres zu ersetzen. Das werde ich hier zu beweisen suchen, indem ich zunächst elektrischen Strom vorbereite.“
Nun begann er die Handkurbel einer elektrostatischen Maschine zu betätigen, die Scheiben antrieb, auf denen mit Zinnsulfat bestrichene Kissen rieben. Am Ende der beiden elektrischen Leiter entstanden Funken, und de Haen fuhr fort:
„Diese von mir hergestellte Elektrizität war bisher nur wenig

nutzbar, denn man mußte sie in ihrem ursprünglichen, flüchtigen Ungestüm verwerten. Das, meine Herren, ist Euch bekannt, und die Physiker, die die Maschinen von Gilbert oder Guericke benutzen, konnten in den Muskeln Stöße hervorrufen. Heute möchte ich jedoch zeigen, wie man das elektrische Fluidum einfangen, beherrschen und, wann immer man will, verwenden kann, dank der Flasche, die Petrus van Musschenbroek in Leyden hergestellt hat."

Anton de Haen ergriff eine der seltsamen Flaschen, die Mesmer und alle Zuschauer vor Beginn des Vortrages so sehr in Erstaunen versetzt hatten, und hielt sie hoch. Es handelte sich um eine kleine Flasche aus feinem Glas, die bis auf zwei Fingerbreit unterhalb des Flaschenhalses mit Stanniolfolie umkleidet war. Das Innere der Flaschen war mit Stücken glänzenden Metalls, die man Flitter nennt, und verschiedenen kleinen Metallsplittern ausgelegt. Ein gekrümmter Kupferstab, der durch einen Korken ging, tauchte in die Metallsplitter und Flitter ein. Um die Flasche mit Elektrizität aufzuladen, genügte es, sie in die Hand zu nehmen und einen Kontakt zwischen dem metallischen, in einer Kugel mündenden Stab und der elektrostatischen Maschine herzustellen. Die so aufgeladene Flasche vermochte den Strom wieder abzugeben, bis ihre Ladung erschöpft war.

De Haen begann nun die gelähmten Körperteile der Kranken, die man in den Saal gebracht hatte, mit der Kugel des Metallstabes an der aufgeladenen Flasche zu berühren. Dies bewirkte eine Reihe von Krämpfen und Stößen, wodurch gelähmte und abgestorbene Muskeln oder Glieder mit Begegnung und Leben erfüllt wurden. De Haen bewies, daß sich mit diesem Mittel Bewegungen erleichtern und vorbereiten ließen, die im weiteren Verlauf spontan wiederholt werden konnten. Man applaudierte der Demonstration. Einige Anwesende wollten sie wiederholen und dies gelang ihnen auch mit Erfolg.

Mesmer interessierte sich besonders für die Apparate. Bis in alle Einzelheiten ließ er sich von de Haen die Herstellung der Leydener Flasche erklären, ihre inneren Bestandteile und die Funktion des Stabes, der in die kleine Flasche hineinreichte und den elektrischen Strom herausleitete, den man auf diese Weise im Gefäß speichern konnte. Mesmer befaßte sich ausgiebig mit den Flaschen, rieb mit seinen Handflächen die Kupferkugeln an den Stäben, und „damals kam ihm die Idee, man könne einesTages vielleicht in diese kleinen Flaschen den von Newton beschriebenen subtilen Geist leiten", diese Kraft, die von den Planeten stammt und die er in seiner Doktorarbeit „animalische Gravitation" genannt hatte.

Affligio ist ein Schurke, ein Strolch, ein wortbrüchiger, gehässiger, geldgieriger, hinterhältiger Mann. Er hat sich geweigert, am Wiener Hoftheater die von Wolfgang Amadeus Mozart komponierte Oper aufführen zu lassen: Fünfhundertachtundfünfzig Manuskriptseiten, die er mühevoll in vier Monaten komponiert hatte! Leopold Mozart ist wütend; er wird eine Bittschrift an den Kaiser richten; er ist zu dieser zwielichtigen Person, diesem Affligio, dem offiziellen Impresario der beiden Wiener Theater gegangen, um ihm zu drohen. Doch wer ist dieser Affligio? Der Abenteurer Casanova hat ihn in Venedig kennengelernt. Es heißt, er habe die verschiedensten Berufe ausgeübt, und nun ist er hier in Wien seit 1767 Direktor des Hoftheaters, seit einigen Monaten auch der des Hetztheaters. Er hat alle erfolgreichen Stücke der Saison auf die Bühne gebracht: Glucks „Alceste", Puccinis „Beuna Figliola", Gassmanns „La Notte critica", Scarlattis „La Moglie Padrona", und nun will er, entgegen seinem Versprechen, anstelle der von Mozart komponierten Oper „La finta semplice" ein Potpourri aus verschiedenen italienischen Opera buffa-Arien spielen lassen. Dabei hatte er persönlich dem jungen Mozart das nach dem Coltellini-Stück entstandene Libretto ausgehändigt. Er hatte Leopold hundert Dukaten versprochen. Und nun erzählt er, „die Sänger könnten die Oper nicht aufführen, denn obgleich die Musik unvergleichlich sei, fehle es ihr an theatralischem Charakter". Leopold versteht kein Wort. Die Sänger hatten zu ihm gesagt, das Stück sei herrlich. „Sie hatten es in den Himmel gehoben." Dahinter steckt Affligio, der Verräter, der Schurke.

Leopold ist zu ihm gegangen, hat die versprochenen hundert Dukaten verlangt, ihn bedroht, und nun hat Affligio erwidert, Leopold, „prostituiere sein Kind", und wenn man ihn dennoch zwinge, das Stück aufzuführen, so würde er dafür sorgen, daß es ausgebuht und ausgepfiffen wird. Deshalb ist Leopold wütend; er wird von Kummer, Verzweiflung und Schulden geplagt, denn er hat mit seinen Kindern in Wien, wo er, befreit von seiner Arbeit als Salzburger Vizekapellmeister, ohne Salär auskommen muß, innerhalb dreier Monate mehr als hundertsechzig Dukaten ausgegeben.

Die Nachricht von dieser schwierigen Lage dringt Ende Juli auch zu den Mesmers in die Landstraße. Franz Anton erfährt sie von Gluck, der mit den Mozarts fühlt, persönlich. Sogleich bieten Franz Anton und Maria Anna ihr Naturtheater für die Aufführung von „La finta semplice" an. Doch Leopold zögert, denn sein mit einer Bitte um Geld verbundenes Gesuch an den Kaiser gestattet es ihm augenblicklich nicht, über Wolfgangs Oper zu verfügen und sie in einem anderen Musiktheater zur Aufführung zu bringen. Nun! Das soll kein Hindernis sein! Dann wird bei Doktor Mesmer eben eine andere Oper gespielt. Wolfgang wird für das Naturtheater in der Landstraße 261 ein neues Werk komponieren, und das Fest wird am ersten Tag des kommenden Oktober stattfinden.

Die Mozarts haben in der Judengasse in der Nähe des Hohen Marktes eine Wohnung gemietet. Obwohl von Mesmer eingeladen, hat Leopold doch dessen Gastlichkeit abgelehnt. Trotz seiner ständigen Geldsorgen will er sich nicht nachsagen lassen, er schmarotze bei seinen Mäzenen.

Auf seinem Heimweg von der St.-Pauls-Klinik stattet Mesmer den Mozarts von Zeit zu Zeit einen Besuch ab. An jenem Tag

wird er mit doppelter Befriedigung empfangen, zum einen ist da das Vergnügen eines freundschaftlichen Zusammenseins, zum anderen bedarf man eines ärztlichen Rates. Wolfgang hat einen steifen Hals. Er arbeitet bis spät in die Nacht am offenen Fenster, und die kühle Luft eines regnerischen August hat allzu lange seinen Nacken gestreift. Er hat versprochen, daß die Oper, an der er für Mesmer komponiert, am 1. Oktober aufgeführt werde, und nun schreibt er seit dem 1. August daran.
„Ich arbeite gern nachts, in der Stille kann ich die Noten besser hören."
„Das ist nur die halbe Wahrheit", erklärte Leopold. „Du hast die ganze Nacht, den Kopf an den Pfosten gelehnt, aufrecht im Bett gesessen. Ich habe dich im Morgengrauen in derselben Haltung schlafend vorgefunden."
„Papa, ich lausche den Noten in meinem Kopf."
Mesmer amüsiert sich über die Gespräche zwischen Vater und Sohn, über die ungebührlichen Bemerkungen des Jünglings wie über sein endloses Schweigen, das Leopold im gleichen Maße verärgert wie seine dreisten Erwiderungen.
„Ich hoffe, er wird Eure Oper bis zum 1. Oktober beenden, Doktor, seit zwei Wochen hat er nichts geschrieben."
Leopold fährt fort, sich zu beklagen: „Den ganzen Tag lang treibt er sich mit der Tochter von Hansen, unserem Hauswirt, herum. Sie stopfen sich voll mit Leckereien und fahren Boot auf dem Kanal. Abends kommt er zerschlagen heim, und sitzend träumt er bis zum Morgengrauen."
Wolfgang zuckt mit den Schultern. „Doktor, ich arbeite, ich arbeite. Ich bin bald fertig! Doch muß ich ohne Schmerzen arbeiten, könnt Ihr meinen Hals behandeln? Seht, wie verrenkt er ist!"
Mesmer massiert Wolfgangs Nacken, und sehr bald läßt die Verspannung unter der Berührung seiner Hände nach.
„Eure Hände, Doktor, Eure Hände, auf meinem Hals und meinen Schultern, noch ein wenig mehr. Eine sanfte Wärme geht

von Euren Händen aus.“ Unter Mesmers Händen biegt und schwingt Wolfgangs Nacken behutsam, und der Knabe stöhnt vor Wohlbehagen. Leopold umkreist die beiden in dem winzigen Zimmer, das überfüllt ist mit dem Klavier, den Violinkästen, der Harfe Nannerls, die sich momentan bei der Herzogin von Bregenz aufhält, und den vielen Koffern. Leopold würde gern auf- und abgehen, doch ist zwischen den beiden Betten, den Schemeln, der Waschecke und dem Tisch kein Platz für seinDefilee, und aus Ehrerbietung vor dem Gast will er den Raum nicht verlassen und in Nannerls Kammer hinübergehen. Während Mesmer noch immer den Nacken seines Sohnes massiert, nimmt Leopold eine Handvoll Papiere vom Tisch.
„Seht, Doktor, der Text von Favart, den wir aus Paris mitbrachten, das Buch Rousseaus ‚Le devin du village‘, sowie dessen deutsche Übersetzung. Wir haben alles, was wir brauchen, um mit ‚Bastien und Bastienne‘ zu beginnen, und Wolfgang hat noch nichts geschrieben...“
Leopold entschuldigt sich, will die von Mesmer vorausbezahlten dreißig Dukaten zurückgeben, er beklagt sich über den Undank, der mit all seinen Bemühungen einhergeht.
„So, das wäre geschafft! Ein Wunder ist vollbracht! Eure Hände haben mich geheilt.“
Ohne auf das Gejammer seines Vaters einzugehen, wendet Wolfgang sich wieder Mesmer zu, ergreift dessen Hände und vergleicht sie mit den seinen. Der Mittelfinger des jungen Mozart ist ebenso lang wie der Ringfinger; Mesmer hat eckige Daumen, seine Handflächen sind groß, die kleinen Finger zart, die übrigen Finger sehr lang und schmal.
„Ich wünschte, meine Hände würden noch wachsen, damit sie zwei oder drei Tasten mehr greifen können. Ich bin gezwungen, auf dem Klavier herumzuhüpfen, und manche Akkorde fallen mir schwer.“
Mesmer lächelt, denn Wolfgangs Fingerfertigkeit ist verblüffend. Wenig später läßt er ihn den zweiten Satz eines Konzerts

spielen, das Ditters von Dittersdorf für Mesmers Hände, die er ungewöhnlich groß fand, komponierte, und mit seinen Händen eines zwölfjährigen Knaben bringt Wolfgang es mühelos und viel virtuoser als er selbst zu Gehör.
„Kommt, Doktor.“ Der junge Mozart führt Mesmer an sein Klavier und läßt ihn Platz nehmen. „Zeigt mir Eure Hände.“
Mesmer streckt die Hände aus, seine Hände, die ihn schon seit langem selbst in Erstaunen versetzen, als führten sie ein Eigenleben. Seinem Willen unterworfen, vollziehen sie gehorsam, was er ihnen befiehlt, manchmal jedoch noch mehr, als man von ihnen erwartet, und das mit einer Kraft, Gewalt und Gewandtheit, die ihn überraschen, glücklich machen, aber auch ein wenig beunruhigen.
„Doktor, legt Eure Hände aufs Klavier.“
Mesmer tut, was Wolfgang ihn gebeten; dieser legt seine Hände neben die Franz Antons, um sogleich ein melodiöses Motiv vorzugeben, das die beiden gemeinsam wieder aufgreifen. Mesmers Hände folgen und gehorchen denen des jungen Virtuosen; sie vollführen eine einfache Begleitung von Mozarts melodischem Erblühen, das sich zu einer Garbe dunkler Entladungen entfaltet, der sie sich entzückt hingeben. Und Mozarts Hände sprechen zu denen Mesmers mit einem Gesang von friedlicher, heiterer Einfachheit, der in eine glutvolle Beschwörung übergeht, die verblaßt, um nach und nach in einem Finale in d-moll zu verklingen.
„Doktor, meine Hände wollten Euren danken, daß sie mir so geholfen haben.“
Wieder sieht Mesmer seine Hände an, die auf seinen Schenkeln ruhen. Er betrachtet sie, als gehörten sie einem anderen, der seinen Platz an der Seite des jungen Mozart eingenommen hätte und ihn lächelnd ansähe.
„Ihr müßt nicht auf meinen Vater hören. Ich habe Euch nicht vergessen, Doktor, das Singspiel ist fast fertig. Alles ist schon hier in meinem Kopf.“

Wolfgang deutet mit dem Finger an seine Stirn.
„Mir fehlt nur noch ein Duett und das Rezitativ, das ich morgen beenden werde. Nächste Woche will ich das ganze zu Papier bringen."

Wenige Tage vor dem 15. September wurde Doktor Mesmer benachrichtigt, er möge doch an einem der nächsten Abende bei den Mozarts vorbeischauen. Er solle den Tag selbst bestimmen und nicht vor zehn Uhr erscheinen. Der Bote wartete auf Antwort, und Mesmer entschied sich für den Donnerstag.
Als Franz Anton am späten Abend vor dem Hansen-Haus ankam, nahm er seinem Kutscher eine Laterne aus der Hand, um mit ihr die Stiege zu erklimmen. Alles war still, kein Ton war zu hören, kein Stimmenlärm, nur das Knarren der Stufen unter seinem beträchtlichen Gewicht hatte die Mozarts alarmiert, die ihm die Tür öffneten, ehe er noch anklopfen konnte. Kerzen erhellten den Raum. Auf einem Tisch war ein Mahl aus Pasteten, Braten, Kuchen und mehreren geöffneten Flaschen angerichtet. Auf einem zweiten Tisch im rechten Winkel aufgestellt, war die in braunes Leder gebundene vollständige Partitur von „Bastien und Bastienne" ausgelegt. Leopold hielt seinen Sohn an der Hand und reichte Franz Anton ein Glas.
„Die Oper ist fertig, Doktor, wir laden Euch ein, mit uns das Singspiel zu feiern."
Man aß Drosselpastete und Gänsebraten mit Rotkohl und trank mehrere Flaschen Spitz. Nach dem Essen setzte Wolfgang sich ans Klavier und spielte fast zwei Stunden lang in einem Zuge die gesamte kleine Oper. Als er das Rezitativ in g-moll beendet hatte, erhob er sich wie ein Schlafwandler und ging auf Mesmer zu.
„Doktor, es fehlt noch ein Duett und ein Trio in D-Dur. Ich versichere Euch, daß sie geschrieben sind, dort drin findet ihr sie." Er wies auf die Partitur. „Doch ich bin müde, ich geh' schlafen." Und ohne weiteres Wort ließ er sich auf sein Bett fallen und schlief sogleich ein. Leopold, der auch schon längst eingenickt

war, schlief, den Kopf auf einen Stoß Notenpapier gelegt. Franz Anton blieb noch eine Weile an dem Tisch sitzen, an dem sie gefeiert hatten. Noch ganz erfüllt von der eben vernommenen Musik, erschien ihm dieses Vorspielen seiner Oper durch Mozart im Zimmer des Hansen-Hauses, im Herzen des Trödlerviertels in der Judengasse, wie ein Privileg. Er goß sich den Rest einer Flasche ein, trank ein letztes Glas Wein und stand leise auf, um die beiden eingeschlafenen Musiker ja nicht zu wecken.
Nachdem er einen brennenden Kerzenstummel in seine Laterne gesteckt hatte, stieg er zur Straße hinunter, wo ihn sein Wagen und sein Kutscher, der unter einer dicken Wolldecke eingeschlafen war, erwarteten. Er rüttelte ihn wach, bevor er auf der Bank Platz nahm, und als sie dem Prater in der Petersschneise durchfuhren, drangen die ersten Sonnenstrahlen durch das Laub der großen Eichen.
Wolfgang kam vor der Aufführung am 1. Oktober mehrmals in die Landstraße. Da er Echo und Akustik der Örtlichkeiten kennenlernen wollte, ließ er einen Lakaien auf die Bühne steigen, einen Menuettschritt andeuten und dabei mit den Absätzen klappern. Danach ging er hinauf und schloß sich in einem Zimmer des ersten Stockwerks im Pavillon, der das Theater flankierte, ein und bat, auf der Bühne recht viel Lärm zu machen. Er lehnte sich aus einem Fenster und befahl wiederholte Male, ihm sehr laute Appelle, wie „Feuer! Zu Hilfe! Rettet uns!“ zuzuschreien. Danach war er zufrieden und erschien erst wieder zur Vorstellung der Musiker und Sänger, denen er ihre Stimmen aushändigte. Er ließ das Orchester mehrere Partien spielen, wobei er insbesondere auf Oboen und Hörner achtete.
Am 26. September probte er mit den Sängern und ermahnte sie, die Noten, die er ihnen gegeben, sorgfältig zu lesen.
Am 28. September ernannte er unter den Musikern einen Orchestervorstand, der ihm bei der Aufführung behilflich sein sollte, und ließ alle ihren Part noch einmal vortragen. Nach dieser Orchesterprobe beglückwünschte er die Musiker und die

drei Sänger und „legte ihnen die melodischen Themen ans Herz“. Sie schienen zu verstehen, und Wolfgang erklärte, er sei überzeugt, daß alles gutgehen werde.
An den beiden folgenden Tagen erschien Leopold mit einer Kopie der Partitur und ließ alle noch einmal ihren Part durchspielen. Wolfgang ließ sich nicht mehr blicken.

Die Aufführung von Mozarts Singspiel, die Doktor Franz Anton Mesmer am 1. Oktober 1768 in seiner Wiener Residenz in der Landstraße 261 veranstaltete, begann kurz nach Mittag, und sie wurde ein vollkommener Erfolg. „Bastien und Bastienne“, das Mozart später ein „Singspielchen“ nennen sollte, erzählt in einem Akt die Geschichte der Schäferin Bastienne, die zu Colas, dem Wahrsager des Dorfes, geht, weil ihr Liebhaber Bastien ihr Werben nicht mehr erwidert. Der Wahrsager empfiehlt daher Bastienne, ihrem Geliebten die kalte Schulter zu zeigen, doch kann Bastienne die Traurigkeit, die sie bei Bastien hervorruft, nicht ertragen und gesteht ihm ihre List. Bastien und Bastienne versöhnen sich daher wieder, und das mit Colas Einverständnis. Mozart war in seiner kleinen Oper dem Vorbild französischer und deutscher Meister gefolgt, was aller Welt gefiel. Die ersten Arien klangen lebendig und pikant, wie die, die er aus Paris kannte, dann verringerte sich der französische Einfluß, und schließlich waren es wirkliche Lieder, wie in den Werken Hillers, die Mozart in Wien gehört hatte. Es wurde stark und lange applaudiert, und als Wolfgang, von seinem Vater auf die Bühne geholt und präsentiert wurde, um das Publikum zu begrüßen, überreichte ihm ein junges Mädchen, das von Abbé Vogler geleitet wurde, einen Strauß weißer Blumen.
Es handelte sich um eine junge virtuose Pianistin, die zur Hofmusikschule, dem Theresianum, gehörte, dessen Klassen für Klavier und Komposition von Kotzeluck, beziehungsweise Abbé Vogler geleitet wurden. Dieser stellte Mesmer das junge Mädchen vor, eine Schutzbefohlene der Kaiserin.

Bei diesem Fest der Mesmers waren viele Vertreter der Kirche anwesend. Maria Anna, die einst ihren Sohn Franz von den Jesuiten erziehen ließ, hatte Pater Dortmund, den Superior von Sankt Franziskus, eingeladen, der sich jedoch, da er selbst verhindert war, von Pater Maximilian Hell vertreten ließ, den man soeben zum Direktor des Wiener Observatoriums ernannt hatte. Pater Hell war ein seltsamer Mann. Während der ganzen Aufführung war er, anstatt der Oper zuzuhören, in den Alleen des Parkes spazierengegangen und hatte alle Wege im Umkreis des Belvedere inspiziert. Lange nach dem Empfang, der auf die Oper folgte, war er noch geblieben und hatte das Ende des Feuerwerks abgewartet, um Mesmer anzusprechen. Er hoffte, ein Zusammentreffen zu erwirken, um ihn zu seiner Doktorarbeit befragen zu können, von der ihm Dekan van Swieten erzählt hatte. Als Astronom und auch Astrologe interessierte ihn alles, was Gestirne und Universum betraf, ja selbst die Medizin, für die er eine besondere Neugier verspürte. Sein Auftreten war liebenswürdig, er sprach viel, schien über eine Menge Dinge unterrichtet zu sein und vermengte auf merkwürdige Weise Klatsch mit profundem Wissen auf den verschiedensten Gebieten.
Mesmer stellte überrascht fest, daß Pater Hell sich parfümierte. Dem sonnigen Nachmittag war eine warme Nacht gefolgt. Trotz des freien Himmels, der Kühle der Wasserbecken und des üppigen Blattwerks hatte der Geruch der vielen Geladenen, vermischt mit dem Rauch des Feuerwerks, zwar eine drückende Atmosphäre geschaffen, doch das Parfum des Jesuiten durchdrang sie mühelos, so daß man Pater Hells Spur mühelos verfolgen und seinen momentanen Standort ausmachen konnte.
Franz Anton teilte seiner Frau diese Feststellung mit, die jedoch erklärte, nichts derartiges bemerkt zu haben. Einmal mehr erkannte er, daß seine allzu geschärften Sinne ein für andere nicht wahrnehmbares Phänomen erkannt hätten, und er war sich nicht sicher, ob dies ein nützlicher Vorteil sei oder ein lästiges Privileg.

Mozarts kleine Oper kam Mesmer durch die Eifersucht, die sie hervorrief, teurer zu stehen als durch die Dukaten, die er für sie aufwenden mußte. Gleich am nächsten Tag hatten viele, die nicht eingeladen worden waren, nichts Besseres zu tun, als das Konzert und das Fest schlechtzumachen. Man erzählte sich sogar, Fürst Kaunitz sei noch vor Schluß der Aufführung gegangen und habe sich durch das verdutzte Publikum hindurch von Lakaien hinausbegleiten lassen. Tatsächlich hatte er das Konzert zu vorgesehener Stunde verlassen, um sich zu einer großen Ratsversammlung in die Hofburg zu begeben, nachdem er Mesmer, trotz seiner amtlichen Verpflichtungen, eine Weile die Ehre seiner Anwesenheit erwiesen hatte. Nur Franz Antons Ärztekollegen zeigten sich nicht neidisch auf den Erfolg des Empfangs und das schmeichelhafte Echo, das ihn begleitete. Doch im großen und ganzen wurde wenig über „Bastien und Bastienne“ gesprochen, denn die Saison in Wien war reich an musikalischen Ereignissen – Werke von Piccinni, Gassmann und Scarlatti standen auf offiziellen Bühnen an erster Stelle.

Wenige Tage nach dem Konzert erhielt Mesmer Besuch von Pater Maximilian Hell. Eines Morgens wurde er aus einer Unterredung mit den für die Speisekammer verantwortlichen Dienern gerufen. Der Lakai, der den Besucher ankündigte, brachte den Geruch des Jesuiten mit sich, den aromatischen Duft, der Franz Anton während des Festes so eigenartig berührt hatte. Er folgte dem Diener und fand den Pater in der Halle am Fuße der großen Treppe vor, inmitten einer Lieferung von Wildbret für die Küche. Der starke Wildgeruch wurde von dem Parfum des Jesuiten noch übertroffen. Als Mesmer sich dem Pater gegenüber dazu äußerte, lächelte dieser und gab das Rezept seines Parfums preis: eine Mischung aus Zibet und Terpentinöl. Er erklärte, ihn störe der schlechte Geruch anderer, und daher ziehe er es vor, sich in einen ihm angenehmen Duft zu hüllen. Mesmers Äußerung, auch zu starke Parfums könnten den Geruchssinn belästigen, berührte ihn nicht, und er kam zum Anlaß seines Besuches.

Er hatte das Manuskript von Mesmers Doktorarbeit gelesen, an das er durch van Swieten gekommen war, und wollte nun mit ihm über „gravitas universalis", „thierische Schwerkraft" und den Einfluß der Gestirne auf den menschlichen Körper sprechen. Darüber hinaus bat er um Erlaubnis, während der kommenden zwei Vollmondnächte ein astronomisches Fernrohr auf Mesmers Belvedere zu installieren.
Wie viele andere Wiener kannte Mesmer Pater Hells Ruf als gelehrter Astronom und Mathematiker. Außer der ihm von Maria Theresia anvertrauten Sternwarte hatte er ein Laboratorium im Konvent der Serviten, und man munkelte, er habe sich dort im Souterrain einen Raum mit einem alchimistischen Ofen eingerichtet. Abergläubische Bürger und Adlige ließen sich von ihm ihre Horoskope erstellen, die er zusammen mit Kalendern verkaufte, in die er die Funktionen der Gestirne und ihre Einflüsse notierte. Mesmers Doktorarbeit interessierte ihn in höchstem Maße, doch für den Augenblick lag ihm noch mehr an der Terrasse des Belvederes, denn die Fenster seiner Sternwarte waren für die Beobachtung der Herbstmonde ungünstig ausgerichtet. Mesmer gestattete dem Jesuiten, sich dort einzurichten, und manchmal kam er nachts, um ihm zuzusehen. Auf einem hohen Schemel hinter dem Gerüst seines Fernrohrs sitzend, konnte man den reglosen Astronomen sehen, dessen durch das Rohr verlängerter Kopf sich im Mondlicht wie ein Storch auf dem Dach abzeichnete.

Franz Anton bat Pater Hell um sein eigenes wie um Maria Annas Horoskop. Pater Hell ließ sie sich sehr teuer bezahlen. Seiner Ansicht nach fehlte es den kostenlosen Horoskopen an Genauigkeit, ohne daß er seine Behauptung durch Argumente hätte belegen können.
In ihren Diskussionen über Gestirne und den menschlichen Körper hatte der Jesuit eine vorgefaßte Meinung und verwarf Mesmers Theorien gänzlich. Im Gegenteil, er bestand auf dem

Magnetismus, von dem Franz Anton nur einmal in seiner Doktorarbeit sprach, als er jenen „andersartigen Einfluß" erwähnte, der auf den tierischen Körper wirke. Der Jesuit meinte, daß Magnetismus und Magnet, über die Paracelsus viel gesprochen hatte, Einfluß auf den Körper hätten.

„Warum sollte der Einfluß, von dem Ihr in Eurer Dissertation sprecht, nicht ebenso ein von den Gestirnen stammender Magnetismus sein wie der Magnetismus des Magneten?"

Mesmer hatte Paracelsus gelesen, den er sehr schätzte, und Pater Hell beharrte auf seiner Meinung. Er erinnerte daran, daß schon die Antike, lange vor Paracelsus, auf die seltsamen Eigenschaften des Magneten aufmerksam geworden sei, dem einzigen „Subjekt" unter den Objekten, das eine Art persönlichen Willen zeigte, ein herrschaftliches Gebaren, das womöglich von den Gesetzen der Sterne gelenkt werde. Die Ärzte des Mittelalters hätten mit dem Magneten experimentiert, um zu erfahren, ob er nicht auch Krankheiten aus dem menschlichen Körper zu ziehen vermöge, so wie er Eisenfeilspäne anziehe. Paracelsus sei sogar noch weiter gegangen und habe seine Schüler von der heilenden Kraft des Magneten überzeugt. Der Jesuit verwies in diesem Zusammenhang auf die Arbeiten van Helmonts und Goclenius.

Mesmer wollte nichts davon hören. Für ihn geriet diese Art Medizin zu sehr in die Nähe der Alchimie, die ihn interessierte und amüsierte, an die er jedoch kaum glaubte. Und außerdem beruhte seine Doktorarbeit auch auf einer solideren Basis, nämlich dem Werk Richard Meads, des großartigen englischen Arztes und Bewunderers von Newton, der „De imperio solis et lunae in corpora humana" verfaßt hatte, wodurch Mesmer, wie die Einleitung zu seiner Dissertation zeigt, in hohem Maße inspiriert wurde.

Pater Hell fuhr fort, von dem Magneten und Paracelsus zu sprechen, und Mesmer, der über die Anmaßung dieses Mannes verärgert war, nahm sich eben vor, seine Zusammenkünfte mit demselben einzuschränken und ihn nicht mehr zu seinem allwöchentlichen Mittagsmahl am Donnerstag einzuladen, als der Jesuit ihm seine baldige Abreise nach Lappland ankündigte, wo er den Venusdurchgang vor der Sonnenscheibe zu beobachten beabsichtigte.

Die Persönlichkeit Maximilian Hells mißfiel Mesmer, doch seine stets wache Neugier zog ihn zu dem Jesuiten hin, dessen Kenntnisse und wissenschaftliche Kultur endlos zu sein schienen. Hells Bemerkungen zu seiner Doktorarbeit waren gescheit, und der Vergleich der Anziehungskraft des Magneten mit dem Einfluß der Schwerkraft, die er sich nur schwer erklären konnte, hatte ihn stark beeindruckt. Doch er mißtraute weiterhin allem, was von Paracelsus herrührte, wie auch den Theorien des alchimistischen Arztes, die ihm schon immer aus der Luft gegriffen erschienen waren. Trotz alledem hatte er sich von letzterem ein Bild geschaffen, das ihn zuweilen bis in seine Träume verfolgte. So träumte er einige Zeit nach Pater Hells Abreise nach Lappland eines Nachts, dem im polaren Eis verirrten Jesuiten gelänge es nicht mehr, sich mit seinem Kompaß zurechtzufinden, und Paracelsus, der der Kompaßnadel mit einem Magneten entgegenwirkte, sei für diese ausweglose Situation verantwortlich. Der Jesuitenpater beschwor Mesmer, die Kraft des Magneten wie die des Paracelsus anzuerkennen, und Mesmer wollte nichts davon wissen. Daraufhin erschien der alchimistische Arzt in einer blauen Kugel, nicht größer als ein Apfel, worin man ihn sich bewegen sah, wie einer jener Homunculi, die er herzustellen vorgab. Dann zerbarst die Kugel wie eine Blase, und Paracelsus' Körper wuchs, wurde riesenhaft. Da erschienen ihm Pater Hell und Mesmer wie die Geschworenen eines Tribunals, vor dem Paracelsus sich zu rechtfertigen suchte.
„Ich, Philippus Aureolus Theophrastus Bombastus von Hohenheim", sagte er, „habe nicht umsonst die Werke Avicennas und Galens verbrannt, denn die Wahrheit steckt in meinem

Nackenhaar und in den Schnallen meiner Schuhe, die mehr Genie besitzen als Avicenna und Galen zusammengenommen. Mein Bart hat mehr Erfahrung als alles angehäufte akademische Wissen. Und ihr armseligen Ärzte, die ihr nicht an den Magneten glaubt, euch sage ich, daß der Magnet eine verborgene Macht besitzt. Er hat einen Bauch und einen Rücken, und richtig aufgelegt, kann er seine Kraft durch den ganzen Körper hindurch wirken lassen. Der Magnet vermag den Ausfluß der Augen, Ohren und anderer Körperteile zu heilen. Er heilt Abzesse, Fisteln, Krebs und Blutungen. Er läßt die Gelbsucht verschwinden und vertreibt die Wassersucht. Der Magnet ist ein Stein, der von den Sternen kommt, und den ich euch in euren unwissenden Mund legen will."

Und Paracelsus zwang Mesmer und Pater Hell, den Mund zu öffnen, um wie Karfunkelsteine glitzernde Kiesel hineinzustekken... Mesmer schrie, Pater Hell rettete sich mit seinem Kompaß, und Paracelsus schwenkte einen Magneten. Da erwachte Mesmer...

Dieser Traum, der von Pater Hells Berichten herrührte, schenkte Mesmer weder in die Wirksamkeit des Magneten noch in die Verordnungen des Paracelsus Vertrauen. Nichtsdestoweniger informierte er sich über die Schriften des alchimistischen Arztes, und im „Liber Paramirum" las er womöglich mit Gewinn die seltsamen Theorien zur „Übereinstimmung" zwischen Seele, Körper und Außenwelt, zwischen Gott und Geist, Körper und sublunarischer Welt, dem Fluidum und den Gestirnen. „Der Glaube kann einen Körper krank machen", sagte Paracelsus. Und er fügte hinzu: „Niemand kann durch den Glauben geheilt werden, außer er ist krank durch den Glauben." Er sagte ferner: „Die Suggestion verleiht dem Menschen eine Macht über seinesgleichen, die der des Magneten über das Eisen vergleichbar ist." So kam man wieder auf den Magneten zurück, auf dessen Anziehungskraft, die so sehr jenem anderen Fluidum glich, das Mesmer „gravitas universalis" genannt hatte.

IV

DER MAGNET

Franz de Paula von Bosch, Maria Annas Sohn aus erster Ehe, war vor zwei Tagen in Wien eingetroffen. Von der Militärakademie ins Lager Znaim geschickt, hatte er drei Wochen Urlaub erhalten. Er hatte seine Großmutter auf ihrem Besitz Rothenmühl in Schwechat, nicht weit von Wien, besucht und kehrte erschüttert zurück. Seine Großmutter hatte immer häufiger unter Asthma-Anfällen zu leiden, und auch Franziska Österling, ihr junger Schützling, die ihr als Gesellschafterin diente und bei ihr im Hause lebte, war schwerkrank. Jeder in der Familie wußte, daß Franz de Paula für Franziska Österling zarte Gefühle hegte. Franz Anton fuhr mit seinem Stiefsohn nach Schwechat. Erleichtert empfing man Doktor Mesmer auf Rothenmühl, denn in jedem Raum spielte sich ein Drama ab. In ihrem Zimmer im ersten Stockwerk drohte Regina von Eulenschenck zu erstikken, und bei Franziska Österling lösten Erbrechen und Krämpfe, die sie aus ihrem Bett warfen, einander ab. Franziskas Schwester, die auch im Hause wohnte, lief ratlos von einer Kranken zur anderen. Schluchzend warf sie sich Franz de Paula in die Arme.

Franz Anton suchte zunächst seine Schwiegermutter auf, die mit Schaum auf den Lippen nach Luft rang. Er ließ die Fenster öffnen und trat ans Kopfende des Krankenbettes. Sogleich tat

seine beruhigende Gegenwart ihre Wirkung. Er nahm einen leichten Aderlaß vor, legte ein paar Kissen unter den Ellbogen und in den Rücken der Kranken und sagte ihr, er wolle nur rasch in der Hausapotheke einen Trank zubereiten. Regina von Eulenschenck war die Witwe des Apothekers und Rats Georg Friedrich Eulenschenck, der auf seinem Anwesen Rothenmühl ein Laboratorium mit vielfältigem Apothekerzubehör eingerichtet hatte, das in zahlreichen Gefäßen aufbewahrt war, worunter Mesmer noch immer alles Nötige für die Zubereitung seiner Heiltränke und Salben vorfand. Er wählte einige Kräuter für die Zubereitung eines Tees und mischte aus Faulbaumrinde und Cascara einen starken Abführtrank; eine mit Pfefferminz und Äther gewürzte Mixtur rundete seine Verordnung ab. Er übergab das Ganze einem Zimmermädchen und stieg hinauf zur zweiten Etage, um Franziska Österling aufzusuchen.
Das junge Mädchen wurde in ihrem Bett von zwei Dienerinnen an Armen und Beinen zurückgehalten, damit sie nicht zu Boden fiel. Schreckliche Krämpfe schüttelten ihren Körper, spannten ihn bald wie einen Bogen, streckten ihn bald steif wie ein Brett in die Länge. Man hatte ihr zwischen die Zähne ein feuchtes Tuch geschoben, denn sie hatte sich heftig auf die Zunge gebissen, von der nun das Blut herabströmte. In ihren Krämpfen hatte sie ihr Hemd zerrissen, und die Verrenkungen dieses nackten Körpers in den Armen der Zofen frappierten einen nicht so sehr wegen des Dramas einer Krankheit, als vielmehr auf Grund seines eigenartig theatralischen Charakters.
Franz de Paula, der Mesmer gefolgt war, schlug beschämt die Augen nieder und zog sich weinend zurück.
Franz Anton trat an das Bett heran. Er ergriff einen Arm der Kranken und legte ihr eine Hand auf die Stirn. Sogleich drang ein ungeheures Brüllen aus ihrer Kehle, ihre Muskeln spannten sich wie Saiten, nur noch mit Nacken und Fersen stützte sie sich auf das Bett. Da ließ Mesmer seine Hand von Franziskas Stirn über deren Gesicht, Hals, Brust und Leib gleiten. Als seine

Handfläche den Nabel erreichte, entspannte sich der Körper und fiel flach und reglos auf das Bett zurück. Die beiden Zofen ließen währenddessen die Kranke los und waren, erstaunt über die plötzliche Linderung, zurückgetreten. Nun nützten sie den Augenblick, um das junge Mädchen erneut anzukleiden und sie wieder unter die Decke zu legen, wo sie sich zum Schlaf zusammenrollte.

Franz Anton, den die so plötzliche Auflösung der Krise ein wenig überraschte, stieg erneut zur Hausapotheke hinab, um einen weiteren Trank zu bereiten, in den er Eibisch, Sonnentau und Opiumtinktur mischte. Als er erneut nach seiner Schwiegermutter sah, fand er sie schlafend. Am Abend war wieder Ruhe auf Rothenmühl eingekehrt. Franz de Paula drückte seiner „Franzl" zärtlich die Hände, Mesmer trank mit seiner Schwiegermutter Regina eine Suppe, und Katharina Österling nahm, beruhigt über den gesundheitlichen Zustand ihrer Schwester, die Stickereien wieder auf, die sie für Maria Annas Tischtücher in Arbeit hatte.

Maria Anna beglückwünschte ihren Mann zu diesem therapeutischen Erfolg. Ihr Sohn hatte ihr berichtet, mit welcher Schnelligkeit und Meisterschaft Franz Anton vorgegangen war, und sie fragte ihn, warum er nicht häufiger als Mediziner praktiziere. Wenn man Arzt ist, sollte man in ihren Augen auch tatsächlich Kranke aufsuchen, sie behandeln und kurieren. Durch die Heilung des Asthmas ihrer Mutter und der Krise Franzls habe Franz Anton den Beweis erbracht, ein guter Arzt zu sein, was sie bisher ein wenig bezweifelt hatte; denn sie hatte in ihm allein den kultivierten Mann, den Künstler, Musiker, den auf seine Feste bedachten Gastgeber gesehen, der die Honoratoren der Universität hofierte, nicht aber den gelehrten Wissenschafter oder herausragenden Praktiker. Er war über die Bemerkungen seiner Frau überrascht und auch ein wenig gekränkt.

„Was! Wie!" erwiderte er. „Ihr haltet mich also für untätig, Ma-

ria Anna. Ihr habt wohl nicht bemerkt, daß ich unermüdlich arbeite, indem ich einer beträchtlichen Anzahl von Tätigkeiten nachgehe. Jeden Tag begebe ich mich ins Krankenhaus oder Wöchnerinnenheim. Ich habe sogar vor gar nicht langer Zeit Professor Störck das Ergebnis meiner Beobachtungen bezüglich der Blattern, sowie einen Behandlungsvorschlag überreicht. Zweimal wöchentlich führe ich im spanischen Spital Autopsien durch. Neben diesen täglichen Krankenhausvisiten, meiner Lektüre in den Bibliotheken, meinen Pflichten in der Loge Wahrheit und Einigkeit, der Ausübung meiner Musik und Verwaltung unseres Hauses finde ich noch Zeit für Lektüre, Machenschaften, Selbstgespräche und", fügte er lächelnd hinzu, „für die Huldigungen, die ich Euch erweise."
Maria Anna beharrte an jenem Tage nicht weiter darauf, doch kurze Zeit später erklärte sie, die Feste, Empfänge und Konzerte würden einen ohnehin in großem Stil geführten Haushalt nur noch weiter belasten, und wenn die Ausübung eines im allgemeinen wohlbezahlten Berufs einem Vermögen, das allmählich zur Neige gehe, dienlich sein könnte, so wäre der gesamten Familie damit geholfen.
Diese Überlegung Maria Annas wie ihre Bemerkung bezüglich ihrer Finanzlage beunruhigten Franz Anton stark. Er hatte sich mit einer gewissen Sorglosigkeit auf dem Vermögen seiner Frau ausgeruht, das er für unerschöpflich gehalten hatte. Sein Leben inmitten der Wiener Aristokratie, die Feste, Vergnügungen, an denen er teilnahm oder die er selbst veranstaltete, seine Musik, die Konzerte, sein Orchester waren Teil eines Umfelds, auf das er nicht verzichten wollte. Die Aufrechterhaltung seiner Lebensführung, die auch sein Status und die öffentliche Anerkennung mit sich gebracht hatte, war ihm von Bedeutung, und so hatte er sogleich den Wunsch, alle Diplome, die er je erlangt hatte, auch zu verwerten. Seine Geschäftstüchtigkeit, die ihm so häufig vorgeworfen wurde, war nichts anderes als das geheime Verlangen, den gewohnten Komfort beibehalten zu können,

vor allem aber niemals wieder mit dem Elend in Berührung zu kommen. So sparsam er sich in schwierigen Zeiten erwies, so maßlos war seine Freigiebigkeit, sobald er im Überfluß lebte. Er war ohnehin der Ansicht, alles, was man ihm gebe, sei lediglich die gerechte Entlohnung, die den Ärzten als Treuhändern des öffentlichen Vertrauens gebühre, die eine Kunst ausübten, die ihm für die „Erhaltung und das Glück der Menschen“ am kostbarsten erschien.

Hinter dem Hauptgebäude der Landstraße 261 standen inmitten des Parkes, auf beiden Seiten des großen Wasserbeckens, zwei im Jahrhundert zuvor erbaute Pavillons mit Kuppeldächern, von denen jeder seine eigene Geschichte hatte. Der eine, links vom Bassin, hatte während der großen Pest von 1679 als Lazarett gedient. Dorthin hatte man die Pestkranken des Stadtteils gebracht, und ihre Leichen waren in einem großen Graben an der Stelle des nunmehrigen Bassins verbrannt worden. Im rechten Pavillon war ein geheimes Verpflegungslager eingerichtet worden, das während der Belagerung durch die Türken im Jahre 1683 der Kontrolle des damaligen Stadtkommandanten Rüdiger von Starhemberg entgangen war. Nach der Niederlage Kara Mustafas hatte man in einem heimlichen Bankett verzehrt, was von den illegalen Vorräten übriggeblieben war. Das Mahl, vor unerwünschten Blicken sicher, hatte vom Morgen an vierundzwanzig Stunden gedauert und für drei geladene Gäste den Tod bedeutet. Daraufhin hatte Leopold I. ein Dekret erlassen, das, um der Gefräßigkeit der Wiener Einhalt zu gebieten, die Anzahl der Gänge einer Mahlzeit auf sechs begrenzte und ihre Dauer für Volk und Künstler auf drei Stunden, für Adelige jedoch auf maximal zwölf Stunden beschränkte.

Franz Anton ließ das ehemalige Lazarett herrichten, um dort Kranke empfangen zu können. Vom Hauptportal bis zum Pavillon hin wurde eigens zwei parallele Alleen gepflanzt, um zu vermeiden, daß die Besucher einander begegneten. Beiderseits des Behandlungsraumes gab es kleine separate Wartekammern.

Franz Anton hatte nicht, wie andere Ärzte, ein eigenes Arzneiarsenal einrichten wollen. Er schickte seine Patienten zu Apotheker Hans Heinlein, dem Vater seines Freundes Konrad und Meister vom Stuhl seiner Freimaurerloge. Franz Anton verschrieb mit Vorliebe Rhabarber und Sennesblätter und war ein großer Freund von Aderlässen, Einläufen und Blutegeln; oft schöpfte er Rat aus dem Arzneilehrbuch des Pariser Mediziners Poncet.

Um seine Niederlassung als Arzt in die Wege zu leiten, hatte er sich geschickt an seine Loge gewandt. Die Logenbrüder standen ihm hilfreich zur Seite und schickten ihm Patienten. Seine Bekanntschaften und sein Ansehen, verbunden mit den zahlreichen Beziehungen, die er während seiner Empfänge, Feste und Konzerte bereits geknüpft hatte und auch weiterhin knüpfte, verhalfen ihm schon bald zu einer ansehnlichen Klientel; er behandelte sie mit allen nur denkbaren Mitteln der Medizin, die er von seinen berühmten Wiener Lehrmeistern übernommen hatte, bis Pater Hell ihn eines Tages dringend zu sehen wünschte.

Der Bekanntheitsgrad Pater Hells war nach dessen Lapplandreise nur noch gewachsen. Er hatte die Resultate seiner Beobachtungen zum Durchgang der Venus von der Sonne in den wichtigsten wissenschaftlichen Zeitschriften veröffentlicht, und Maria Theresia hatte den Erfolg seiner Mission belohnt, indem sie ihn ins Collegium Theresianum berief und zum Direktor des Wiener Observatoriums ernannte. In dieser Eigenschaft stand er einer Gruppe von Wissenschaftern vor, die auf allen Gebieten der Physik und Chemie als Kapazitäten galten.

So verstand es sich von selbst, daß man Lord Wilcox, der während eines Aufenthalts in Wien einen Magneten erwerben wollte, an ihn weiterempfahl. Tatsächlich benötigte der englische Edelmann einen solchen für seine Frau, die an Magenkrämpfen litt, welche sie einzig und allein durch Auflegen eines Magneteisens auf den Oberbauch zu lindern vermochte. Da man ver-

säumt hatte, den in England verschriebenen Gegenstand auf die Reise mitzunehmen, war es nun dringend notwendig, etwas Vergleichbares in Wien aufzutreiben. Zur Beschaffung des Objekts hatte man daher eilig einen Boten des kaiserlichen Hofs zu Pater Hell gesandt, welcher nun Doktor Mesmer aus mehreren Gründen zu konsultieren wünschte. Zunächst wollte er, der kein Arzt war, seinem Magneten die Form geben, die zur Erfüllung seiner Aufgabe am geeignetsten war, und er wußte, daß Mesmer ihm wertvollen Rat würde erteilen können. Zudem drängte ihn seine neugierige Natur, Mesmers Resultate in Erfahrung zu bringen und zu beurteilen. Darüber hinaus würde dieser seine Behandlung fortsetzen und ihm darüber Bericht erstatten können. Als gewandter Diplomat brachte er sein Ansinnen mit einem Argument vor, das Franz Anton berühren mußte: „Ich habe mir gedacht, wenn der Magnet hier ähnlich wirkt wie auf Metalle, so könntet Ihr diese Kraft mit der ‚animalischen Schwerkraft' vergleichen, die Ihr in Eurer Doktorarbeit behandelt."
Mesmer, ebenso wissensdurstig wie Pater Hell, erklärte sich bereit, ihn bei der Formgebung des Magneten zu beraten und die Behandlung der Lady Wilcox zu übernehmen. Pater Hell ging zufrieden von dannen, denn seinem Kalkül nach war es vorteilhafter, sich an Doktor Mesmer zu halten, dem er weniger mißtraute als den Professoren der Universitäten, denn um jeden Preis wollte er sich das Vorrecht an einer Entdeckung sichern, aus der er Ruhm und Reichtum zu schlagen trachtete.
Für Mesmer gab eher die Erwähnung seiner Doktorarbeit den Ausschlag, als der Wunsch, dem Jesuiten einen Gefallen zu tun. Im Verlaufe seiner Unterredung mit Pater Hell hatte er erstaunt festgestellt, daß jener sich nicht mehr länger parfümierte.

Als Franz Anton zu Pater Hell kam, um ihm zu berichten, was ihm im Laufe der Behandlung Lady Wilcox' aufgefallen war, begann er mit einer Frage, die dem Jesuiten nicht behagte.

„Pater, warum parfümiert Ihr Euch nicht länger?"
„Es hat der Kaiserin mißfallen."
„Dabei parfümiert auch sie sich."
„Sie findet mein Parfüm zu stark."
Der Jesuit hatte Mesmer in sein Büro geführt, das in einer Kuppel seines Observatoriums untergebracht war. Auf der einen Seite konnte man von einem breiten Gang mit Schiebefenstern aus das Himmelsgewölbe beobachten, auf der anderen blickte man in eine Werkstatt hinab, in der Arbeiter physikalische Geräte herstellten.
„Nun?" fragte der Jesuit, der ungeduldig auf die Resultate wartete, die mit seinen Magneteisen erzielt worden waren.
Franz Anton berichtete, er habe Lady Wilcox in ihrem Bett vorgefunden, umgeben von Laken voller Erbrochenem. Mühsam habe man ihr Milch und Kräutertee eingeflößt, die sie kaum eine Minute lang habe bei sich behalten können. Das Auflegen des Magneten habe schreckliche Krämpfe mit schrillen Schreien bei Lady Wilcox ausgelöst, deren eine Hand sich um Mesmers Handgelenk geklammert habe, während die andere den Magneten auf den Magen preßte.
Mehr hatte Mesmer dem Jesuiten nicht zu berichten. Alles habe sich schon nach kürzester Zeit wieder beruhigt, und die Kranke sei nach so viel heftigem Schreien erschöpft eingeschlafen. Mesmer hatte Lady Wilcox eine Woche lang behandelt, und jedes Mal hatte sich dasselbe abgespielt. Die Kranke ergriff mit einer Hand den Magneten, den sie sich auflegte, während die andere Mesmers Handgelenk umfaßte.
Sie hatte ihm erklärt: „Genauso mache ich es mit Doktor Brody in London. Ich benutze den Magneten nur in seiner Gegenwart. Zu Anfang pflegte er ihn mir aufzulegen. Inzwischen vermag ich es selbst zu tun."
In Abwesenheit ihres Arztes durfte Lady Wilcox den Magneten nicht benutzen, der in einer schönen, mit rotem Samt gefütterten Schatulle aufbewahrt wurde. Die englische Aristokratin bat,

man möge eine ähnliche für den in Wien hergestellten Magneten anfertigen, was auch geschah.
Pater Hell frohlockte bei Mesmers Worten: Sein Magnet hatte Wunder bewirkt. Er erinnerte Franz Anton an dessen Anmerkungen zu Paracelsus, Van Helmont, Goclenius und zum Magnetismus. Er müsse unbedingt seine Experimente fortführen. Er schlug die Herstellung weiterer Magneten vor, legte Mesmer sogar nahe, mit ihm zusammen einen wissenschaftlichen Bericht über die ersten Resultate zu verfassen. Mesmer versetzte den Jesuiten durch seine Zurückhaltung in Erstaunen. Er beruhigte seinen Gesprächspartner, man müsse die Kraft des Magneten zunächst noch an anderen Kranken überprüfen; möglicherweise seien die Magenschmerzen der Engländerin vorübergehender Natur und die Auflegung des Magneten zu einem Zeitpunkt erfolgt, da die Krise ohnehin bereits im Abklingen war. Pater Hell, den Mesmers Weigerung, auf einen eindeutigen Erfolg zu schließen, überraschte, beharrte weiterhin auf dem Triumph seiner Entdeckung; die Hypothesen seien bestätigt, man dürfe nur nicht aufhören zu forschen; Mesmer sei doch am ehesten in der Lage, Begriffe wie Fluidum, Magnetismus, Schwerkraft und mögliche Einflüsse des Magneten auf Krankheiten zu erhellen. In diesem von der Kraft der Gestirne durchdrungenen Magneten, diesem von den Sternen herabgefallenen Mineral, sah Pater Hell ein Bindeglied zwischen Astronomie, Astrologie und der geheimnisvollen, hermetischen Kraft von Alchimie und Medizin.
Entgegen seinen gewöhnlich eher begeisterten Reaktionen blieb Mesmer zurückhaltend und vorsichtig. Er erklärte, es sei verfrüht, schon jetzt die Behandlung für erfolgreich zu erklären, man müsse noch weitere, bis ins geringste Detail ausgearbeitete Versuche vornehmen. Er erbat sich Bedenkzeit, bevor er sich an neue Experimente mache.
Der Jesuit willigte zwar ein, war jedoch, als sie auseinandergingen, überzeugt, Mesmer habe ihm etwas verheimlicht. Dabei

hatte Franz Anton Pater Hell nichts verheimlicht. Er konnte nicht zu ihm über etwas sprechen, was in Worte zu fassen er selbst noch nicht imstande war, was er nur vage erahnte, ihn jedoch in einem solchen Maße beschäftigte, daß er seine Verwirrung und Ratlosigkeit nicht verbergen konnte. Er hatte den Weg in Richtung einer Entdeckung, einer Wahrheit angetreten, die ihm seltsam und unerwartet vorkam; es galt, diese Reise fortzusetzen.

Fürs erste fuhr er nach Hause, um die Mozarts, die nach ihrer dritten Italien-Reise nach Wien zurückgekehrt waren, zu empfangen.

Mozart ist inzwischen siebzehn Jahre alt. In Italien hat er drei große Triumphe gefeiert: Seine Opern „Mitridate“ und „Lucio Silla“ wurden in Mailand aufgeführt, Papst Clemens XIV. hat ihn zum „Ritter vom goldenen Sporn“ geschlagen. Der neue Fürst-Erzbischof von Salzburg, Graf Hieronymus Colloredo, hat ihn zum besoldeten Hofkapellmeister ernannt, und in nur wenigen Wochen hat Wolfgang für ihn „Il Sogno di Scipione“ komponiert. Wir befinden uns im Juli des Jahres 1773. Erzbischof Colloredo ist zur Kur nach Baden gereist, und Leopold Mozart hat sogleich die Gelegenheit wahrgenommen, mit Wolfgang nach Wien zu fahren. Mit seinen italienischen Opern hat Mozart sich inzwischen einen Namen gemacht, der es ihm erlaubt, sich um die Stellung des Konzertmeisters am Wiener Hofe zu bewerben, die bedeutender ist als die eines Konzertmeisters in Salzburg.

Vater und Sohn Mozart sind mitten im Sommer in Wien eingetroffen, und obgleich Familie Mesmer sie aufgefordert hat, bei ihr in der Landstraße zu wohnen, haben sie sich bei ihren Freunden Fischer einquartiert. Sie speisen jedoch häufig bei den Mesmers, mit denen sie seit „Bastien und Bastienne“ eine enge Freundschaft verbindet.

In einem Brief an seine Frau hat Leopold Mozart seine Besuche

in der Landstraße 261 beschrieben und die Wärme geschildert, mit der man ihn und Wolfgang empfing. Nachdem sie am 16. Juli in Wien eingetroffenwaren, haben sie am 17. bei Mesmer diniert, ebenfalls am 19., an dem auf die Abendgesellschaft ein Konzert im engsten Kreise folgte, bei dem Franz Anton seinen Freunden auf seiner neuen Harmonika vorspielte.
„H. v Mesmer", schreibt Leopold an seine Frau, „wo wir am Montage speisten, spielte uns auf der Harmonica, oder dem Glas-Instrument der Miss Devis, und recht gut! es hat ihn das Instrument bey 50 duccatten gekostet: dann ist es recht schön gemacht. Der garten ist unvergleichlich mit prospecten und Statuen, Teater, VoglHauß, taubeschläg, und in der Höhe ein Belvedere in den Brater hinüber. Wir speisten samstag abends schon da, auch Montag abends." Und Leopold fährt fort: „du kannst dir die freude auf der Landstrasse nicht vorstellen, die sie hatten, uns zu sehen (...) Niemand kannte den Wolfgang: dann liess ich ihn allzeit allein hineingehen."
Leopold kennt die ganze Familie, er berichtet seiner Frau auch, daß Maria Annas Mutter gestorben sei und Frau Mesmer nunmehr in den Genuß des gesamten Erbes komme. Schließlich erwähnt er Fräulein Franzl, die ihm sehr abgemagert erscheint. „Noch eine solche Krankheit", schreibt er, „so ist sie weg!"
Am 26. Juli feiern Vater und Sohn Mozart bei Mesmer das Fest der Heiligen Anna und trinken auf Anna Marias und Maria Annas Wohl, die beide in Salzburg geblieben sind.
Am 12. August großes Konzert bei den Mesmers. Franz Anton hat erneut auf der Glasharmonika gespielt, und Wolfgang ebenfalls. „Wenn wir nur eine hätten", seufzt Leopold. Aber er berichtet auch: „die Freul:franzl war unterdessen wieder zum sterben, so daß man ihr an armen und füssen Vesicatorien gesetzt. Nun ist sie wieder so viel besser, daß sie dem Wolfg: einen rothseidenen Beutl im Bette gestrickt und zum andenken gegeben."
Am 28. August schreibt Leopold seiner Frau, die Mesmers hätten sich auf ihre Sommerresidenz nach Schwechat begeben, wo

die Mutter der Frau Mesmer bis zu ihrem Tode gelebt habe. Alle Bewohner der Landstraße seien ausgeflogen, einschließlich Franzl.

Und wieder schreibt Leopold voller Mitgefühl:

„Da wird nun die freul:Franzl neuerdings erkranken, und etwa gar sterben. nicht nur sie, sondern auch ihre schwester sind beständig beym Messmer."

Am Mittwoch, dem 22. September, sollten die Mozarts den Mesmers nach Schwechat folgen. Sie sahen Fräulein Franzl wieder, die in der Woche zuvor wieder einmal dem Tode entronnen war.

Das Fräulein Franzl, das Leopold Mozart so häufig erwähnt, ist Franziska Österling, Baronin von Eulenschencks Gesellschafterin, die nach dem Tode von Maria Annas Mutter zusammen mit ihrer Schwester bei den Mesmers aufgenommen worden ist. In Schwechat aufgewachsen und von Regina von Eulenschenck protegiert, verbrachten sie einen Teil ihrer Kindheit mit Franz de Paula von Bosch, der die Absicht hatte, sich mit Franziska zu verloben. Die ganze Familie stimmte einer Heirat zu, bis eines Tages ...

Es war an einem späten Septembernachmittag, kurz vor Mesmers Hochzeit mit Baronin von Bosch. Man hatte auf Rothenmühl einen Empfang gegeben, und nach dem Mittagessen hatte ein weiter Spaziergang die Familie und ihre Gäste in den Wäldern verstreut. Bei der Rückkehr bemerkte man, daß sich Franz de Paula und Franziska verspätet hatten, dann sah man Franz de Paula als ersten zurückkehren, der erklärte, Franziska sei gegangen, um einen Korb Himbeeren vom Bauernhof zu holen. Das junge Mädchen erschien jedoch erst bei Einbruch der Nacht. Denen, die sich ihretwegen Sorgen gemacht hatten, sagte sie, sie habe sich verlaufen. Nicht mit Himbeeren kam sie zurück, sondern mit einem seltsamen Kreuz aus Zweigen, die mit einer Weidenrute zusammengebunden waren. An jenem Abend wollte sie nicht essen und ging früh schlafen. In der Nacht hatte sie ihren ersten Anfall. Franz Anton wurde an ihr Bett gerufen und stellte Symptome fest, die er in der Folge viele Male in seinen Erinnerungen beschreiben sollte.

„Das Blut drang ungestüm in den Kopf", so seine Worte, „und verursachte die fürchterlichsten Zahn- und Ohren-Schmerzen, welche mit Wahnwitz, Wuth, Erbrechen und Ohnmachten verbunden waren."

Nach dieser Krise, die Mesmer mit Abführmitteln, Aderlaß und Kräutertees behandelte, gab Franziska Österling zwei Tage lang kein Wort von sich und schien dann nach und nach zu einer körperlich-geistigen Verfassung zurückzufinden, die ihr gestattete, ihre Verpflichtungen als Gesellschafterin wieder aufzunehmen. Bald darauf setzten jedoch erneute, sich ständig wiederholende Attacken ein, die durch die verschiedensten Ursachen ausgelöst oder wieder besänftigt wurden: Ein Besuch Franz de Paulas konnte einen Krampf hervorrufen, aber auch der Abschied ihres Verlobten, eine widersprüchliche Unterhaltung oder Rüge, schwierige Verdauung, Beginn oder Ende ihrer Monatsregel – diese und zahlreiche andere alltägliche Ereignisse vermochten derart furchtbare Krisen auszulösen, die von selbst wieder abklangen oder aber sogar von Mesmers anfänglich noch wirksamen Heilmitteln nicht mehr beherrscht werden konnten.

Von der Krankheit mehr und mehr gezeichnet, siechte Franzl dahin, wobei immer wieder Phasen der Ruhe eintraten, in denen sie am normalen gesellschaftlichen Leben erneut teilnehmen und sogar für ihren Freund Mozart eine Geldbörse sticken konnte.

Zwei- oder dreimal hatte Mesmer eingegriffen, um die starken Krämpfe zu beruhigen, die Reaktionen waren jedoch derart heftig gewesen, daß er sich nunmehr damit begnügte, die Behandlung von den Angestellten durchführen zu lassen.

Franziska Österling hat nie erfahren, inwieweit die Jesuiten und

der Papst Anteil an ihrer Heilung hatten. Auch Mesmer selbst, der deren Werkzeug war, wurde sich erst sehr viel später bewußt, wieviel er ihnen zu verdanken hatte. In jenem Sommer des Jahres 1773, da die Mozarts in Wien von Mesmer eingeladen wurden, bei ihnen zu speisen, Konzerte zu geben und Harmonika zu spielen, da die unglückliche Franzl von krampfartigen Anfällen und so schrecklichen Krisen heimgesucht wurde, daß Leopold Mozart jede Woche ihren Tod erwartete, erklärte Joseph II. am Freitag, dem 10. September, die – im „Dominus ac Redemptor noster" betitelten Breve Papst Clemens' XIV. verkündete – Auflösung des Jesuitenordens für rechtskräftig.
Das bedeutete in Wien das Ende für die armen Jesuiten, die Leopold Mozart bedauerte. Mit Ausnahme derer, die wie PaterHell die Gunst des Hofes genossen, wurden alle vertrieben. Die Klöster wurden enteignet, ihre vollen Weinkeller versiegelt.
„Sie mögen als Weltpriester sich kleiden, und man sagt, jeder bekommt jährlich 300 Florin! Wenn er Messen dazu bekommt, so mag er sich ein hüpsches zimmer und eine säuberliche häuserin anschaffen", schreibt Leopold Mozart, der die Jesuiten in Wien „als welt geist" umherwandeln sieht, „in langen schwarzen Talarn und Mänteln, dann welschen krageln".

Inzwischen haben sie alle ihre Klöster verlassen, und manche sind bei Leuten „von Rang" in die Dienste getreten. Die einen sind als Diener in Frauenklöstern untergekommen, andere als Haushofmeister oder Kammerdiener; der berühmte bucklige Jesuit, der Apotheker im spanischen Spital, hat seine Funktion beibehalten, mit einem Lohn von 700 Gulden, bei freier Unterkunft und Verpflegung.
Die Werkstätten des Pater Hell sind von seinen Glaubensbrüdern, die er in großer Zahl aufgenommen hat, geradezu überschwemmt worden. Er hat die tüchtigsten und eifrigsten unter ihnen ausgewählt, sie an die Arbeit herangeführt, und nun schneiden, feilen, biegen, behauen und gravieren sie Eisenstäbe,

denen sie Magneteisenerz beimengen, oder die sie an elektrostatischen Maschinen magnetisch aufladen.
Pater Hell hat Mesmer noch einmal zu sich gerufen. Er hat ihm diese Anhäufung von magnetischem Eisen gezeigt, von dem oft unwiderstehliche Kraftlinien ausgehen, die die Stäbe in Richtung der Werkbänke und Ambosse gleiten lassen, wo sie haften bleiben und Nägel, Haken und Klammern anziehen, die sich zu mit Eisenfeilspänen gespickten Klumpen zusammenballen. Und um diese Bündel aus Werkzeugen, Messern, Feilen und Sägen zu trennen, vermag die vereinte Kraft von Mesmer und Pater Hell nur mit größter Mühe, die Magneten vom Eisen, das an ihnen klebt, zu lösen. Der eine wie der andere fühlt unweigerlich diesen Strom, dieses Fluidum, das anzieht oder abstößt und ihre Hände und Handgelenke bezwingt.
„Doktor, man müßte sich dieser Magneten bedienen. Wir haben Euch welche in allen nur denkbaren Formen hergestellt. Wir können, Euren Wünschen entsprechend, noch andere fabrizieren. Spürt Ihr die Kraft, die von ihnen ausgeht?"
Pater Hell ergriff eine kurze, dicke Stange, deren magnetische Kraft den Kopf eines schweren Hammers anzog, und die Griffe einer Zange, woran sich Nägel hefteten, die wiederum von Eisenfeilspänen bedeckt wurden. Um ihn herum standen die struppigen, unrasierten Jesuiten in ihren Lederschürzen und erwarteten in Mesmers Blick gespannt die positive Antwort, die ihre neue Arbeit rechtfertigte.
In der Hitze des Laboratoriums, beim Licht der Schmiedeglut, glänzten die vollen, geröteten Gesichter der Padres vor Schweiß. Inmitten seiner arbeitenden Brüder glich Maximilian Hell dem Fürsten der Finsternis, der sich, umgeben von seinen Dämonen, gerade eine Seele erkauft.
Mesmer hatte nicht die Absicht, die seine zu verkaufen, doch er versprach, den Magneten an von ihm ausgewählten Kranken zu erproben.

Die erste Kranke, die Mesmer mit dem Magneten behandelte, war Franziska Österling. Es verstand sich von selbst, daß dem jungen Schützling der Familie, der wegen seines traurigen Leidens von allen in der Landstraße bedauert wurde, Franz Antons erste Versuche zugute kommen sollten.

Er hat über die Kur wie folgt berichtet:

„Vorzüglich unternahm ich die Besorgung der 29jährigen Jungfer Oesterling (...) Oft zeigten sich bey der Kranken sehr heilsame Crisen, worauf beträchtliche Erleichterung folgte, aber sie dauerten nur einige Augenblicke, und blieben immer unvollkommen..."

Die von Mesmer erwähnten Krisen ereigneten sich oft in seiner Gegenwart; berührte er das junge Mädchen, so beruhigte sie sich und schlief sogleich ein. Um sich seines Erfolges zu vergewissern, versuchte er nach besten Kräften, jegliche Zweifel auszuräumen:

„Ich hatte vom Magnet die gewönliche Känntnisse", schreibt er, „seine Wirkung auf das Eisen, die Möglichkeit, diß Mineral mit unsern Säfften zu verbinden (...) Mich davon durch Erfahrungen zu überzeugen, bereitete ich die Kranke (...) durch anhaltenden Gebrauch der Eisen-Mittel dazu vor."

Die „Eisenmittel" waren eisenhaltige Präparate, die Mesmer in Form von eisensalzhaltigen Tränken verabreichte, welche ihm der Apotheker Hans Heinlein zubereitete. Indem sich die Krankheit mit dem Eisen der Tränke verband, konnte die Kraft des Magneten sie leichter aus dem Körper ziehen. Sehen wir, wie es weiterging:

„Nun stund ich mit dem Jesuiten, Herrn Pater Hell, Professor der Astronomie in freundschafftlichen Verbindungen. Ich bat ihn daher, mir durch seinen Künstler, einige Magneten zu verfertigen, aber ihnen eine zu meinem Gebrauch schickliche Figur geben zu lassen. Hell sagte ja, und versprach mir sie zu schaffen. (...) Die Kranke bekam aufs neue einen ihrer gewöhnlichen Anfälle, und ich brachte bey ihr drey künstliche Magneten, einen auf dem Magen, zween auf den beyden Füßen an. Diß verursachte ihr, in sehr kurzer Zeit, ausserordentliche Empfindungen... Sie fühlte, innerlich, ein schmerzhaftes Ströhmen einer sehr feinen Materie, welches sich bald da, bald dorthin, endlich aber in die unteren Theile des Körpers zog, und sie 6 Stunden von allen fernern Anfällen befreyte. Die Lage der Kranken veranlaßte mich, den folgenden Tag, den nemlichen Versuch zu machen, und er glückte mir wie das erstemal."

An dieser Stelle begann eine Auseinandersetzung mit Pater Hell, die nie beigelegt werden sollte.

Als Mesmer dem Jesuiten die erfreulichen Resultate der Magnetauflegung mitteilte, triumphierte dieser. Sogleich ließ er öffentlich verlauten, er habe, indem er je nach Krankheit unterschiedlich geformte Magneten herstellte, entdeckt, daß er dank des „magnetischen Wirbels" eine Heilung vollbringen könne; er fügte hinzu, er habe die Ärzte, insbesondere Doktor Mesmer, über seine Verfahrensweise in Kenntnis gesetzt, der unter seiner Anleitung experimentiere.

Mesmer war außer sich, daß Pater Hell die Resultate, die er ihm mitgeteilt hatte, derart mißbrauchte, und reagierte prompt. Zunächst stellte er richtig, die Form des Magneten habe keinerlei Einfluß auf die therapeutischen Ergebnisse. Weiterhin sprach er den Magnetstäben, indem er über die Argumentation des Jesuiten, dessen Schlußfolgerungen er anfocht, hinausging, jegliche spezifische Wirkung ab. Er griff wieder auf, was er in seiner medizinischen Dissertation behauptet hatte, und erklärte, ein universales Fluidum erfülle alles, es dringe in Körper und Nervensubstanz ein. Und dieses zugleich erschaffene, verbreitete, gelenkte und wahrgenommene Fluidum wirke auf Grund einer Eigenschaft, die der des Magneten entspreche und die man „thierischen Magnetismus" nennen sollte, um sie vom „mineralischen Magnetismus" zu unterscheiden. Die von Mesmer gelieferten Erklärungen, Definitionen und Rechtfertigungen dieses animalischen Magnetismus waren weder genau noch einleuchtend. Und daran hat sich später auch nie etwas geändert. Doch wollte er die Serie erstaunlicher Feststellungen, die er soeben gemacht und die ihn ungemein interessierten, der Welt zur Kenntnis bringen und vor ihr rechtfertigen. Er fühlte sich auf einmal mit einer Mission betraut, nämlich die Öffentlichkeit diese Entdeckung, die ihn verblüfft und verwirrt hatte, wissen zu lassen. Sie schien ihm aber derart seltsam und im Widerspruch zu den allgemein gültigen medizinischen Doktrinen, daß er davor zurückschreckte, sie in der Form zu verbreiten, wie sie sich ihm offenbart hatte. Noch waren die Scheiterhaufen nicht alle erloschen, und noch immer wurden Schandpfähle errichtet. Hinter dem Begriff des „animalischen Magnetismus" und den oft vagen, widersprüchlichen Theorien verbarg er daher eine Offenbarung, die ihn sogleich begeistert hatte und die er sein Leben lang zu erklären suchte; unermüdlich sollte er für eine Wahrheit kämpfen, die er selbst nie ganz zu erfassen vermochte.

Franz Anton Mesmers erste Entdeckung ereignete sich eines Augustmorgens in Wien in seinem Haus in der Landstraße. Er war früh aufgestanden, um die Vorbereitungen für ein Konzert, das die Mozarts am Nachmittag im Freilufttheater geben sollten, zu begutachten. Wolfgang hatte ein Divertimento geschrieben, und Franz Anton beabsichtigte, die neue Glasharmonika vorzuführen, die er soeben bekommen hatte. Als er gerade den Lakaien Anweisungen gab, wurde er einen Moment lang von einem Brüllen unterbrochen, das aus dem rechten Flügel des Gebäudes kam, das die Schwestern Österlin bewohnten. Man schloß die Fenster, und das Wehklagen war sogleich erstickt, doch nur wenige Minuten später kam Katharina und ließ Franz Anton wissen, Franziska sei von einer Krise befallen.

„Gerade hatte sie die Stickerei einer Geldbörse, die sie Wolfgang zu schenken gedachte, fertiggestellt, da begann sie nach Luft zu ringen und zu schreien, so, als habe man sie erschreckt..."

Katharina war nicht besorgter als gewöhnlich, wenn ihre

Schwester wieder einmal eine Krise erlitt, doch das vorgesehene kleine Fest und das anschließende Konzert sollten nicht von einer allzu ausgedehnten Attacke getrübt werden. Sie kam, um Mesmers Hilfe zu erbitten. Franz Anton, der Franziska seit einer Weile mit Eisentränken und den Magneten des Pater Hell behandelte, erklärte Katharina, er wolle sich um ihre Schwester kümmern, und begab sich sogleich in seinen medizinischen Pavillon, um die Magnetstäbe zu holen. Als er sie nicht an ihrem gewohnten Ort vorfand, wies ihn sein Diener Anton darauf hin, vom Observatorium sei ein Jesuit gekommen und habe sie mitgenommen, um sie, gemäß Mesmers eigenem Wunsch, gegen andersgeformte auszutauschen. Verwirrt über diesen Zwischenfall, bat Franz Anton seinen Diener, ihn mit dem Aderlaßgerät und den Beruhigungstränken zu begleiten.
In Franziskas Zimmer herrschte die übliche Aufregung, wie bei allen Krisen der Kranken: Dienstmädchen, die den gekrümmten Körper zu bändigen suchten, Handtücher und Bettlaken, die um das Bett verteilt lagen, der strenge Geruch des erst eingenommenen und dann wieder erbrochenen Laudanum, sowie von Schreien unterbrochenes Schluchzen und Stöhnen. Mesmer saß unschlüssig am Bett Franziskas, deren Gesundheitszustand mehr und mehr zur Besorgnis Anlaß gab. Durch den Magnet hatte man einige Wochen lang auf Aderlasse und Abführkuren, die die Kranke so erschöpften, verzichten können, doch mußte etwas unternommen werden, um eine Krise einzudämmen, die das geplante Fest und das Konzert zu stören drohte.
Als er sich mit der Lanzette näherte, begann Franziska von neuem zu schreien, sie wehrte sich nach Kräften und verlangte mit einem Mal nach dem Magneten. Sie wollte, daß Franz Anton den Gegenstand wiederauflege, der ihr in den vergangenen Tagen Linderung gebracht hatte. Stöhnend wies sie auf einen Tisch, wo er inmitten von Nähutensilien die für Wolfgang Mozart bestickte Geldbörse sowie verschiedene aus Seide gestrickte Beutel fand. Er erkannte die wieder, derer er sich für die Ma-

gneten bediente, um Franziskas nackter Haut die kalte, rauhe Berührung mit dem Metall zu ersparen. In dem Augenblick fiel ihm die List ein, die er sogleich in die Tat umsetzte. In zwei Seitenbeutel steckte er die beiden Aderlaßgefäße, die der Diener Anton mitgebracht hatte, und plazierte sie, wie gewöhnlich, auf Franziskas Beine. Was den herzförmigen Magneten betraf, den er sonst auf den Magen legte, so ersetzte er diesen durch seine geöffnete Hand, die er in den dritten Beutel steckte. Während er auf Magen und Unterleib des jungen Mädchens drückte, sprach er ihr mit seiner tiefen, überzeugenden Stimme zu, sie möge die Wirkung der aufgelegten Beutel, in denen sie die Magneten vermutete, aufmerksam verfolgen. Mesmer spürte, wie die heftigen Krämpfe unter dem Druck seiner Handfläche nachließen, während Franziska dem Magneten ihren Dank erwies, indem sie einschlief. Gegen Ende der Sitzung bat Mesmer Anton, das Aderlaßgerät, aber auch die von ihm verwendeten drei seidenen Beutel in den medizinischen Pavillon zurückzubringen.

Einige Stunden später konnte Franziska auf dem Fest mit allen Gästen speisen. Sie übergab Wolfgang die eigens für ihn gestickte Geldbörse. Da ihre Kräfte ihr nicht erlaubten, dem Konzert beizuwohnen, konnte sie der Musik durch das geöffnete Fenster ihres Zimmers, auf ihrem Bette ausgestreckt, lauschen.

An jenem Tage dirigierte Mozart ein Divertimento in D-Dur, und Franz Anton, von Leopold begleitet, spielte zwei Arien auf seiner Glasharmonika, die auch Wolfgang zu erproben wünschte.

Als sich alle gegen Ende der Soirée spät in der Nacht zurückzogen, hatte man Franziska und deren Krise bereits vergessen, Mesmer allerdings begab sich, anstatt auf sein Zimmer zu gehen, in seinen medizinischen Pavillon.

Mesmer hat auf einem Tisch die beiden Aderlaßgefäße und die drei seidenen Beutel ausgebreitet. Er ergreift, betastet, bestreicht sie, reibt mit ihnen über die Gefäße, zerknittert den

Stoff, hält seine beiden mit gespreizten Fingern weit geöffneten Handflächen zunächst über das ganze Sortiment, dann über jeden einzelnen Gegenstand. Er mustert seine Hände, seine langen Finger, seine dicken, eckigen Daumen. Im Büro seines medizinischen Pavillons, in dem er an drei Tagen in der Woche Kranke empfängt, stehen zwei niedrige Tische, auf die er die Patienten zur Untersuchung legt. Er hat sich entkleidet und auf einem der Tische ausgestreckt; auf seine Beine hat er die beiden Gefäße gestellt und auf die Magengrube den Seidenbeutel gelegt, der auf Franziskas Brustkorb geruht hatte. Er hat eine Weile regungslos so verharrt, sich dann aufgerichtet, wieder angekleidet und ist, nachdem er den Raum in Ordnung gebracht, hinaus in den Park gegangen. Die schon fortgeschrittene Nacht ist noch immer warm, der Himmel von einem Mondviertel nur wenig erhellt, doch leuchten viele Sterne. Er ist auf sein Belvedere gestiegen, dorthin, von wo aus Pater Hell die Winkeldistanz der Gestirne berechnete. Lange hat auch er zum Himmel aufgesehen, hat von Zeit zu Zeit die Arme ausgebreitet, sie vor sich hingestreckt, langsam auf- und abbewegt und schließlich vor Kopf und Brust geführt, über die er mit seinen geöffneten Händen streicht. Das Gesicht nach oben gerichtet, hat er das Himmelsgewölbe betrachtet und versucht, dieses Fluidum, das von den Sternen kommt, in sich einzufangen und zu sammeln.
Mesmer verbrachte die restliche Nacht in der Bibliothek seines medizinischen Pavillons. Er las noch einmal inRichard Meads Werk „De Imperio solis“, das einst seine Doktorarbeit inspiriert hatte, aber auch Newton und Paracelsus' „Liber Paramirum“, und die Sätze des hitzigen alchimistischen Arztes waren mit einem Mal wieder da, tief in sein Gedächtnis eingegraben: „Die Suggestion verleiht dem Menschen eine Macht über seinesgleichen, die der des Magneten über das Eisen vergleichbar ist.“ „Die Persönlichkeit ist ein mit der Seele verbundenes materielles Ganzes“, und „wenn der Glaube den Körper krank macht, so kann niemand über den Glauben geheilt werden, es sei denn, er

ist krank durch den Glauben." In dieser Epoche der Aufklärung tat man jedoch gut daran, Paracelsus nicht zu zitieren, und niemals berief sich Mesmer auf ihn.
Nach der ausgiebigen Lektüre schlief Mesmer bei Morgengrauen in seinem Kabinett ein. Gleich nach dem Erwachen suchte er Franziska Österling auf. Sie ruhte auf einem Sofa neben ihrem Nähtisch. Mesmer legte die drei Beutel zurück, die er am Vortag benutzt hatte, dann setzte er sich zu dem jungen Mädchen.
Sie sah ihn stumm und angsterfüllt an, und als er ihr Handgelenk ergriff, schrak sie zusammen und seufzte heftig. Da begann er zu sprechen. Er stellte ihr Fragen, Franziska vermochte jedoch nicht zu antworten; die Worte erstickten ihr in der Kehle, sie rang nach Luft, stammelte ein paar unverständliche Silben. Sie begann zu weinen. Er beruhigte sie mit seiner tiefen, einnehmenden Stimme, stellte ihr weitere Fragen, lieferte jedoch selbst die Antworten, indem er sie aufforderte, ganz einfach mit einem Kopfnicken oder Augenzwinkern zuzustimmen.
Er wollte alles erfahren über die Geschichte ihrer Krankheit, die nach jenem langen Spaziergang mit ihrem Verlobten im Wald von Schwechat begonnen hatte. Er malte sich Ereignisse und Umstände aus, erfand Dialoge, und seine Augen, die in Franziska Österlings Augen starrten und ihren Blick verfolgten, umhüllten nach und nach die Gedanken des jungen Mädchens, bis sie schließlich ganz die seinen wurden. Plötzlich wurde er sich dessen bewußt und faßte sich wieder; seine Absicht war nicht, für sie eine Geschichte zu erfinden, sondern die ihre zu erfahren; sie mußte sprechen, nicht er. Die Macht seiner Stimme und seine Überzeugungskraft ließen die Kranke alles akzeptieren, alle Vorstellungen, die er ihrem Gehirn einflößte, wurden von ihr angenommen. Da spürte er, daß in seiner Kraft die Gefahr lag, sie auf einen falschen Weg zu bringen, der ihn in die Irre führen könnte. Franziska mußte spontan sprechen, doch alle seine Fragen führten lediglich zu Tränen und Schluchzen, die in eine heftige, krampfartige Krise übergingen.

Zufälligerweise traf in diesem Augenblick der Diener Anton mit den neuen Magneten ein, die man soeben angeliefert hatte, und Mesmer legte sie auf, wobei er wie am Vortage die drei Seidenbeutel benutzte, in denen diesmal jedoch die magnetischen Platten steckten. Wieder kam es zu denselben Symptomen mit brennenden, reißenden Schmerzen, die aufstiegen, zu den Füßen hinabliefen, um wieder zum Kopf zurückzukehren. Als die Krise kein Ende nehmen wollte, griff Mesmer nach den Beuteln, entleerte sie, steckte seine Hände hinein, legte sie auf und führte Massagen durch, die er mit den gleichen beruhigenden Worten begleitete, mit denen er davor zu ihr gesprochen hatte. Die in die seidenen Beutel gehüllten Hände strichen über den Körper der Kranken, nach und nach taten Mesmers auf Franziska gerichtete Augen, seine ruhigen, festen Worten, seine mit Bestimmtheit gegebenen Anordnungen ihre Wirkung; und wie am Vortage entspannte sich das junge Mädchen unter lauten Seufzern und Verrenkungen der Glieder und der Hände, die sich um die Mesmers klammerten, und leicht schlummerte sie ein.
Aus dieser Sitzung schloß Mesmer, daß Franziska auf den „magnetischen Dunstkreis des Magneten“ nicht empfindlicher reagierte als auf den seiner Hände oder der Gegenstände, die er berührte oder denen er seinen eigenen Magnetismus übertrug. Die Kraft seiner Hände war der des Magneten vergleichbar, und da er, Mesmer, kein Magnet war, konnte sein Magnetismus allein durch jenes Fluidum hervorgerufen worden sein, von dem er seit seiner Doktorarbeit sprach, jenem universalen Fluidum, das er zunächst „animalische Gravitation“ genannt hatte und das zweckmäßigerweise „animalischer Magnetismus“ bezeichnet werden sollte.
Er dachte einen Augenblick lang, dieses Fluidum, das er in sich versammelte und auf belebte wie unbelebte Körper mitzuteilen vermochte, stamme von den Magneten, die er in Händen hielt; doch sein Diener Anton, der mit den Magnetstäben ebenso häufig in Kontakt war wie er selbst, verfügte nicht über eben

diese Kraft, wie Mesmer hatte feststellen können; denn wenn Anton Franziska berührte, löste er nicht auch nur die geringste Reaktion aus. Und auch dann nicht, wenn er die gebrechlichen Kranken auf die Betten in Mesmers medizinischem Pavillon hob.

Die Magneten waren auf jeden Fall nicht zu unterschätzen, ihr Magnetismus vermochte, so dachte er, den seinen, den er in sich verspürte, nur noch zu verstärken, und außerdem erleichterte das Wissen um ihr seit langem unter dem Namen „Magnetismus“ bekanntes Wirken die Erklärung seines eigenen, nämlich des „animalischen Magnetismus“.

Schließlich war es auch klüger, sich auf allgemein anerkannte physikalische Gesetze zu stützen, um die Kraft zu beschreiben, die er in sich wirken fühlte und die zu erklären ihm so schwer fiel, denn sonst lief er Gefahr, als Hochstapler, ja sogar als Hexer bezeichnet zu werden.

Tatsächlich brach Mesmer in diesem Augenblick zu einem Kreuzzug auf, um seine Entdeckung möglichst vielen bekanntzumachen, sie zu rechtfertigen und zu verteidigen, ohne sie so recht formulieren und vor allem erklären zu können, denn trotz der genialen Eingebung, die ihm zu dieser Entdeckung verhalf, hat er sie selbst nie wirklich verstanden.

In Mesmers Augen rührten die Krankheiten von einer schlechten Verteilung des allgemeinen Fluidums im Körper her. Die Heilung würde erzielt, indem man das gestörte Gleichgewicht durch eine neue Verteilung des Fluidums wiederherstellte. Der Magnetismus wirke, indem er Ebbe und Flut erschaffe und eine heilsame Krise hervorrufe. Mesmer war überzeugt: „Keine Krankheit kann ohne Krise je geheilt werden“, und der „thierische Magnetismus“ sei das „unsichtbare Feuer, das nicht nur die Krise auslöse, sondern auch ein wirksames Heilmittel liefere“.

Er ist zu Franziska Österling zurückgekehrt und hat weitere Krisen gelindert, jedoch ohne Magneten, ohne Seidenfutteral über

den Händen. Mit großen Gesten streichen seine Hände über den Körper des jungen Mädchens, drücken auf Leib, Weichen, Beine, und allmählich stellt sich in Körper und Seele das Gleichgewicht wieder her, so daß Franziska erneut sprechen kann. Auf dem Sofa kein Schluchzen, kein Stammeln mehr; erst Seufzer, dann nach und nach ein Flüstern, und die murmelnde Stimme formt Worte, Sätze, begleitet von weiteren Seufzern, Blicken, die spähen, bitten, nachgeben. Dieses Mal spricht Mesmer nicht, stellt keine Fragen, antwortet nicht auf die Worte, die sich zu einem Bericht fügen, in dessen Verlauf die Geschichte, das Abenteuer und Mißverständnis zwischen Franziska und Franz de Paula im Wald von Schwechat erzählt wird.
Weder das junge Mädchen noch Mesmer vermochten aus der Banalität des Berichtes die wirkliche Ursache der Krankheit auszumachen, doch die durch die Erinnerung hervorgerufene Emotion übertrug sich von der, die sprach, auf den, der zuhörte, und schluchzend schmiegte sich Franziska an Mesmers Schulter.
Von da an besserte sich Franziska Österlings Gesundheitszustand mit jedem Tag nach Mesmers Besuch, der seine gesamte Überzeugungskraft darauf verwandte, zu beweisen, daß die Krankheit unter seinem Einfluß zurückweiche und das junge Mädchen so ihr Gleichgewicht wiederfinde. Sie gestand ihm auch, während des ganzen Konzerts von Mozart habe die Musik sie mit unendlichem Frieden erfüllt, und sie sei mehrmals eingeschlummert, jedoch auch wieder aufgewacht durch Krämpfe, die gewisse Akkorde ausgelöst hätten. So ließ Mesmer neben seinem Naturtheater in der Loggia eines Gartentempels ein kleines Streichorchester vor den geöffneten Fenstern des Pavillons spielen, in dem er fortan weitere Kranke unterbrachte.

V

DER TIERISCHE MAGNETISMUS

So kam Mesmer von der Anziehungskraft des Magneten zu seinem eigenen Magnetismus, jener geheimnisvollen Kraft, die er in sich wahrgenommen hatte und die er auf andere einwirken lassen konnte. Ein wenig irritiert von seiner beinahe magischen Fähigkeit, wiederholte er seine Versuche an weiteren Kranken; zunächst war er erstaunt, sodann begeistert, schließlich rühmte er sich jener wunderbaren Gabe, die Krämpfe, Herzklopfen, tiefe Seufzer hervorrief, wenn er eine Wange, eine Brust streichelte oder die Hände über den Körper seiner Patienten gleiten ließ. Angesichts der überraschenden Resultate stellte er sich unentwegt Fragen bezüglich dieser Fähigkeit. War es einzig und allein sein eigenes Fluidum? Konnte man diese Kraft bei anderen finden? Wie vollzog sich die Übertragung dieses Fluidums? Wie konnte der Gedanke, den er dem Gehirn eines anderen eingeflößt, von jenem aufgenommen werden? War diese wirksame Kraft irdischer oder göttlicher, physischer oder spiritueller Natur? Kam sie von den Gestirnen oder von den Säften seines Körpers? Wie dem auch sei, das Resultat war augenscheinlich, und trotz seiner Verwirrung schien es ihm notwendig, eine Erklärung für seine Resultate zu finden, und immer wieder kam er auf den Magnetismus zurück. Diese „Sehnsucht nach Gesundheit“, die er bei den meisten seiner Kranken beobachtete, traf sich mit

seinem Wunsch zu heilen, und sein Magnetismus sollte dieses Verlangen bis zu seinem Höhepunkt steigern, der zu einem heftigen, krampfartigen Anfall führen konnte, aus dem die Heilung hervorging. Auch hier mußten Teufel, Religion und Besessenheit ausgeschlossen werden. Es handelte sich nicht um mittelalterlichen Exorzismus, der seine Methode kompromittiert hätte, sondern um jene Übertragung des Fluidums, das er zu erklären suchte, und einmal mehr blieb der Magnetismus als plausible Ursache.
Mesmer war zwar mit all seinen Fragen einsam, als praktizierender Arzt aber alles andere als das. Sein Ruf lockte Tag für Tag Kranke in Scharen herbei, die, von den therapeutischen Erfolgen angezogen, kaum erwarten konnten, die neue Methode auszuprobieren. Ein großer Zustrom von Menschen drängte sich an den Pforten der Landstraße. Daraus ergab sich zweierlei: Einmal mußte Mesmer sich darauf einrichten, viele Menschen zu behandeln, zum anderen sein Fluidum erhalten und schützen, indem er seinen Magnetismus bewahrte und nötigenfalls verstärkte.

Panigai Gogul hatte schon immer einen roten Seidenkragen getragen. Wenn er in einem festlich gekleideten Orchester Violine spielte, so schob er zwischen Hals und Perücke einen zweiten Kragen aus weißer Seide darüber, und im Viertel der Goldschmiede, wo er wohnte, nannte man ihn „den roten Gogul". Er war einer der besten Musiker in Mesmers kleinem Orchester, und Mozart hatte ihn bei seinem letzten Konzert in der Landstraße für das Violinsolo im Divertimento in D bestimmt. Panigai spielte das Adagio vollendet, und Leopold, der ihn beglückwünschte, fragte ihn nach dem Grund für seinen berühmten roten Kragen. Einmal mehr erklärte Gogul, seit einem Gewitter in seiner Kindheit drückte ihm jeden Morgen gleich beim Erwachen ein Krampf die Kehle zu und verrenke ihm den Hals, und einzig und allein ein roter Stoff, den ihm ein Zigeuner aus seiner

Familie einst empfohlen, habe ihn davor bewahrt, für immer den Kopf zur Schulter gedreht tragen zu müssen.
War er es selbst, der darum bat, magnetisiert zu werden, oder trug Mesmer ihm nach Franziskas Heilung seine Hilfe an? Das Resultat war verblüffend, und der von seinem roten Tuch befreite Hals Panigai Goguls bewirkte, daß es fortan alle lahmen Goldschmiede in die Landstraße zog. Sie waren reich, und sie hatten wohlhabende, vornehme Kunden, die wie sie Mesmers Patienten wurden. Die Sängerin Antonia Bernasconi, die in Mailand als erste die Aspasia in „Mitridate, Re di Ponto“ gesungen hatte und Mesmer während eines Aufenthaltes in Wien von Mozart vorgestellt worden war, befiel eines Tages ein Stottern, das sie mehrere Monate von der Bühne fernhielt und erst durch ein Dutzend magnetischer Massagen beseitigt werden konnte. Nach dieser Heilung kamen viele Sänger, die Schwierigkeiten mit ihrer Stimme hatten, viele Schauspieler mit Lampenfieber und Tänzer mit ihren Wadenkrämpfen zu Mesmer.
Doch auch alle die Freunde und Gäste in der Landstraße wurden zu Mesmers frühen Patienten; nach und nach wurden aus den Veranstaltungen, die ihnen im Verlauf der üppigen Empfänge zuvor die Zeit vertrieben hatten, therapeutische Feste. Der Park, das Naturtheater, die Pavillons wurden zum Rahmen eines luxuriösen magnetischen Spektakels.
Alles mußte mit Fluidum gesättigt, alles mußte magnetisiert werden; die Wände des Pavillons und Zimmer, die Möbel, die Gegenstände, die Vasen, das Geschirr. Man trank magnetisiertes Wasser oder magnetisierten Kräutertee aus magnetisierten Tassen. Die kostbaren Spiegel wurden bestrichen, damit die empfangenen und reflektierten Lichtstrahlen die nach der Krise zur Wiederherstellung des Gleichgewichts so notwendige Ebbe und Flut begünstigten.
In den Gärten wurden die Wasserbecken und Bäume mit Fluidum aufgeladen, und der Gedanke, man könne das magnetische Fluidum durch Leiter schicken, führte dazu, daß Mesmer all

diese magnetisierten Objekte untereinander durch Bänder, Stangen und Seile verband.
So konnte man Kranke auf dem Beckenrand sitzen sehen, die Hände durch Seile mit den magnetisierten Bäumen verbunden, die Füße ins Wasser der Bassins getaucht, das Diener mit Rohrstöcken bewegten. Gleichzeitig spielte ein Orchester auf magnetisierten Instrumenten eine ausgesuchte Musik, deren Schallwellen wie Lichtstrahlen das Fluidum zu den auf diese Weise für den universalen Magnetismus empfänglicher gewordenen Nerven trugen. Um sein therapeutisches Spektakel abzurunden, spielte Mesmer zuweilen inmitten seiner Kranken auf der Glasharmonika, und so brachte jeder Tag neue Wunder, jede Stunde neue Heilungen mit sich.
Wer in Wien hätte an all dem Anstoß nehmen, es belächelnd sollen? Solange Mesmer nicht von seinesgleichen Beifall erwartete, fand sich niemand, der ihm Betrug oder Scharlatanerie vorgeworfen oder sich über die magnetisierten Bäume und Spiegel lustig gemacht hätte. Einmal, weil die Wissenschaft nicht alles erklärte und in der Medizin noch viele mittelalterliche Praktiken angewandt wurden, schließlich und vor allem aber weil Mesmer die beste Absicht hegte und Kranke betreute, die an ihn, an seinen Magnetismus glaubten, an diese zuletzt entdeckte Behandlungsmethode, die man noch nicht kannte, und die Lähmungen, Zittern, Krämpfe, aber auch Schlaflosigkeit, Menstruationsstörungen, Magenschmerzen und Wechselfieber heilte.
Um sein Fluidum zu konservieren und zu konzentrieren, hatte Mesmer sich ein ledernes, mit Seide gefüttertes Hemd anfertigen lassen, das die magnetische Ladung daran hindern sollte, seinen Körper zu verlassen, und insgeheim trug er einen Magneten in einem Leinensäckchen um den Hals. Indem er, seinen Äußerungen zum Trotz, den Magneten weiterhin anwandte, schürte er nur noch seine Kontroverse mit Pater Hell, und sie wurden unversöhnliche Rivalen.

* * *

Pater Marino Salva Vargas war Schmied und Waffenmeister des befestigten Klosters von Quinto nahe Toledo gewesen. Er war ein kleiner, stämmiger Mann von erstaunlicher Kraft, der mit bloßen Händen einen Harnisch oder eine Turnierrüstung formen konnte. Er verstand es ebenso, Stahl zu härten und Eisen zu schmieden, wie Schwertknäufe oder Goldschmiedearbeiten aufs Feinste zu tauschieren. Infolge der Unterdrückung der spanischen Jesuiten im Jahre 1767 nach Wien verschlagen, hatte er bis zur Auflösung des Ordens im Jahre 1773 im Kloster Sankt Stephan die Position des Pater Prokurator innegehabt und dann in der Schmiede der Werkstätten Pater Hells Aufnahme gefunden. Er lieferte Doktor Mesmer, mit dem er befreundet war, die Magneten, und dieser, der ihm von den bei Franziska mit den Aderlaßgefäßen erzielten Resultate berichtet hatte, bat ihn, Magneten von gleicher Form und Größe herzustellen.
„Dieses Modell eignet sich schlecht zum Magnetisieren", erklärte Pater Marino.
Er schmiedete jedoch einen Magneten in sehr enger Hufeisenform, dessen Ränder er polierte, und schloß die Öffnung mit einer dünnen Stahlplatte. Die magnetische Kraft dieser Art Ring war bei dem sehr schwachen Volumen beträchtlich, und Mesmer bestellte bei ihm weitere Exemplare dieses Modells. Als er sich allmählich davon überzeugte, daß der Magnet nicht der einzige Vektor seines Magnetismus war, bat er Pater Marino, ihm auch in Gold und Silber sehr kleine, ebenso geformte Platten herzustellen. Der Pater war durchaus bereit, die Objekte mit den von Mesmer gelieferten Edelmetallen auszuführen, wobei er bemerkte, er könne doch, nachdem der Magnetismus aus den Metallstücken verschwunden sei, auf deren Vorderseite Heiligenfiguren gravieren, die – wie religiöse Amulette – vielleicht Wohltaten vollbringen würden. Mesmer, der in diesem Augenblick die Gefahr eines Irrwegs witterte, bat Pater Marino, von einer Gravur abzusehen.
Als der Jesuit kam, um Mesmer die bestellten Magneten zu lie-

fern, setzte er ihn davon in Kenntnis, daß Pater Hell sehr erzürnt sei und ihm befohlen hätte, jegliche weitere Fabrikation für Mesmer zu unterlassen. Vertrauensvoll fügte er hinzu, der Astronom bereite verschiedene Berichte an Akademien vor, und zwar über seine Entdeckung des „magnetischen Wirbels“ und die magnetischen Heilungen, die durch den alleinigen Gebrauch eines in Form des erkrankten Organs gestalteten Magnets erzielt worden seien.
Mesmer dankte Pater Marino für diese Information und eilte zum Astronomen. Eine lange Diskussion fand statt. Mesmer entwickelte seine Argumente über den „thierischen Magnetismus“, Pater Hell nahm als dogmatischer Wissenschafter Mesmers Eindrücke und Absichten mißtrauisch entgegen und beharrte auf seinem Standpunkt. Die Unterredung wurde zu einem heftigen Streit, dem Vorspiel des endgültigen Zerwürfnisses zwischen den beiden Männern. Pater Marino wurde des Treubruchs bezichtigt und aus dem astronomischen Laboratorium geworfen. Er hatte mehr aus Harmlosigkeit als aus Berechnung gehandelt. Wenig berührt von dieser Entlassung, legte er kurz darauf das Priestergewand ab und trat in Mesmers Dienste. Der richtete ihm in einem der Pavillons eine Werkstatt ein.

Pater Hell blieb von der Diskussion mit Mesmer unbeeindruckt. Er publizierte weiterhin Schriften über seine Entdekkung zur Anwendung des Magneten, wobei er insbesondere darauf hinwies, er sei der erste gewesen, der Magneten in Form der erkrankten Organe empfohlen habe. Der bereits beachtliche Bekanntheitsgrad Pater Hells überflügelte nunmehr den Franz Anton Mesmers, der darauf seinerseits mit dem Antrag reagierte, die Wiener medizinische Fakultät möge seine vom mineralischen Magnetismus zu unterscheidende Methode des tierischen Magnetismus untersuchen und überprüfen, und zunächst einmal nahm er mit dem Nachfolger van Swietens, Baron von Störck, Kontakt auf.

Anton von Störck, Berater bei Hofe, Kaiserlicher Erster Leibarzt, Protomediziner der Erbstaaten und oberster Direktor des Allgemeinen Krankenhauses zu Wien, war ein Gelehrter; er riet Mesmer zur Vorsicht, da er die Fakultät durch eine Neuerung, die er für unzureichend bewiesen hielt, nicht kompromittieren wollte. Mesmer war sehr enttäuscht von Störcks Ablehnung, von der zahlreiche Wiener Ärzte Kenntnis erhielten. Er beschloß, seine Entdeckung im Ausland bekanntzumachen, da man sie in Österreich nicht anerkennen wollte. Er veröffentlichte also einen „Brief an einen auswärtigen Arzt über die magnetische Behandlung", der in der Ausgabe vom 26. Jänner 1775 des „Neuen Altonaer Wissenschaftlichen Merkur" erschien. Dieser Brief hatte große Resonanz, ihm folgten Kommentare in verschiedenen Zeitungen Wiens, in denen Mesmer und Pater Hell ihre Kontroverse weiter austrugen. Zu diesem Zeitpunkt ereignete sich der Zwischenfall mit dem Impfarzt Jan Ingen-Housz. Seitdem Lady Montague, die Frau des britischen Botschafters in Konstantinopel, ihre eigene Tochter hatte „inokulieren" lassen, inokulierte man in England, dann auch in den meisten Ländern Europas, immer wenn Epidemien ausbrachen. Es handelte sich um einen heiklen Eingriff, bei dem man den Pockenvirus tatsächlich einimpfte; die Reaktionen waren nicht immer harmlos; manchmal brachen bei den Geimpften die Pocken, vor denen man sie gerade bewahren wollte, überhaupt erst aus. Der Impfarzt mußte sein Handwerk wahrlich gut verstehen.
Jan Ingen-Housz war von der Kaiserin Maria Theresia nach Wien gerufen worden, um ihre Kinder gegen die Pocken zu impfen. Der gebürtige Holländer hatte in England erfolgreich praktiziert, war Mitglied der Königlichen Akademie in London und residierte nun inWien. Als Arzt und Physiker befaßte er sich auch mit der Behandlung durch Elektrizität und wollte die Methode des tierischen Magnetismus überprüfen. Nachdem er sich zunächst bei Pater Hell informiert hatte, bezeichnete er Mesmers Experimente als „trügerisch". Dieser lud ihn ein, er

solle doch einer seiner Behandlungen der Franziska Österling beiwohnen. Jan Ingen-Housz hatte auf diese Weise Gelegenheit, die ganze Skala von Mesmers Manipulationen mitzuerleben: Berührungen, Bestreichen aus der Entfernung, Magnetisieren von Tassen, Hervorrufung und Beseitigung von Krisen. Der von Mesmer im Laufe der Demonstration befragte Ingen-Housz schien überzeugt zu sein; doch wenige Tage später mokierte er sich in den Wiener Salons über Mesmer, indem er erklärte, der tierische Magnetismus sei nur Vorspiegelung falscher Tatsachen, und er habe den Betrüger mit Hilfe von Magneten, mit denen er sich ohne Mesmers Wissen versehen und die er unter seiner Kleidung verborgen hatte, entlarvt. Als Pater Hell davon hörte, pflichtete er Ingen-Housz selbstverständlich bei, was erneut Mesmers Empörung hervorrief, der gegen die Verleumdung des Engländers und Beschuldigungen des Jesuiten Klage erheben wollte.

Das Opfer dieser leidigen Angelegenheit war die arme Franziska Österling, die durch die Versuche, denen man sie in aller Öffentlichkeit unterzog, schwer geprüft wurde. Von all den Manipulationen erschöpft, erlitt sie von neuem Krisen, die von Komplikationen wie Lähmungen und Fieber begleitet waren, und in dieser zweiten Phase ihrer Krankheit sollte Mesmers seltsame Kraft einen überzeugenden Beweis ihrer Wirksamkeit erbringen. Tatsächlich behandelte Franz Anton Franziska mehrere Wochen lang unermüdlich Tag für Tag mit seiner magnetischen Methode, durch Bestreichen mit den Händen und Gesprächen. Mit überzeugender Suggestionskraft impfte er ihr den Wunsch gesund zu werden ein, und nach und nach gelang es ihm, das seelische Gleichgewicht der jungen Frau wiederherzustellen, die sich einige Monate später mit Franz de Paula von Bosch offiziell verlobte. Später heirateten sie und bekamen Kinder.
Die Heilung Franziska Österlings war die beste Antwort, die Mesmer auf die Gehässigkeiten von Ingen-Housz und Pater

Hell geben konnte. Und ermutigt durch diesen sichtbaren Erfolg, ließ Mesmer sich bei Störck nicht abweisen und bat, eine Kommission der Fakultät einzuberufen, um das wirkliche Vorhandensein des tierischen Magnetismus zu bestätigen. Diesmal konnte Störck nicht ablehnen, und es wurde beschlossen, Mesmer dürfe seine Demonstrationen öffentlich vor Zeugen ausführen, jedoch müßten diese in Spitälern stattfinden.

Die Station des Doktor Reinlein, Arzt im spanischen Spital, wurde zu diesem Zweck auserwählt, und acht Tage lang führte Mesmer seine Talente in aller Öffentlichkeit und in Anwesenheit seiner Kollegen vor.

Die Versuche waren seinen Worten nach von Erfolg gekrönt, Reinlein konnte sich jedoch zu keinem Zeitpunkt zur Benennung einer Kontrollkommission entschließen, wodurch Mesmer Gerechtigkeit widerfahren wäre.

Enttäuscht, doch mehr denn je überzeugt vom Wert seiner Entdeckung, stürzte Mesmer sich in eine erstaunliche Aktivität. In seinen Pavillons in der Landstraße lösten die Kranken einander ab, und die Beweise seiner immer zahlreicher werdenden therapeutischen Erfolge ließen ihm weitere Patienten zuströmen. Einer war der berühmte Mathematikprofessor Bauer, der nicht zögerte, persönlich in seiner Gazette die Einzelheiten seiner Heilung zu veröffentlichen. Einer von Ingen-Housz, Pater Hell und auch von Reinlein, der Mesmers Prahlerei erlebt hatte, geführten Kampagne gelang es jedoch, die Verurteilung des tierischen Magnetismus durch den Wiener Erzbischof Migazzi zu erwirken, der der Methode „eine ungebührliche Mischung aus bizarren Szenen und Vergnügungen, die mit dem Ernst der medizinischen Kunst schlecht einhergehen", vorwarf.

Dekan Störck vermochte diese Ablehnung durch die Kirche nicht zu verhindern, verschlimmerte sie jedoch auch nicht durch eine Sanktionierung von Seiten der Universität. Er wußte von der Resonanz, die Mesmers in Zeitungen veröffentlichte Arbeiten im Ausland gefunden hatten. Doktor Hans-Christoph Unzer aus Hamburg und Doktor Harsu aus Genf hatten die Methode bestätigt. Die Berliner Akademie hatte sie diskutiert, ihr jedoch ein nicht unerhebliches Interesse entgegengebracht. Mesmer, der seinerseits von all den Diskussionen und Polemiken Abstand gewinnen wollte, unternahm eine Reise in sein heimatliches Schwaben und in die Schweiz, wo die Hospitäler von Bern und Zürich bereit waren, ihn zu empfangen, und wo er seine Methode demonstrierte.

Bei seiner Rückkehr nach Wien war ihm die Kunde von seiner erfolgreichen Auslandsreise schon vorausgeeilt, und er nahm seine Tätigkeit wieder auf, die ihm auf Grund seiner Erfolge einen Ruf an den Hof Maximilian Josephs, des Kurfürsten von Bayern, einbrachte, dem er den tierischen Magnetismus erklären sollte. In München begnügte Mesmer sich nicht damit, seine Entdeckungen vorzustellen, er heilte den Mathematiker und berühmten Akademierat Osterwald, der ebenfalls in einer Gazette die Details seiner von Augsburger Ärzten überwachten Heilung kundtat. Dieses glückliche Resultat trug, zusammen mit der Unterstützung von Seiten Maximilians, dazu bei, daß Mesmer einhellig zum Mitglied der kurbayerischen Akademie ernannt wurde.

Während dieser Reisen wurden die Behandlungen in der Landstraße fortgesetzt; doch während Mesmers Abwesenheit erzielten die Kranken, die ihre Beine in die Becken tauchten oder magnetisiertes Wasser tranken, unter Anleitung des ersten Dieners Anton und einiger besonders geschulter Lakaien nicht ebenso vollkommene Linderungen, als würde die Kur vom Erfinder der Methode selbst ausgeführt.

Seit seinem Verdruß mit Pater Hell hatte Mesmer beschlossen, niemandem mehr sein Geheimnis anzuvertrauen und keinen anderen Arzt in seiner Technik zu unterweisen. Um den zahlreichen Patienten, die häufig schon bei Morgengrauen an seiner Pforte warteten, gerechtwerden und auf die Kranken in seiner

Abwesenheit einwirken zu können, hätte er daher von seiner magnetischen Kraft einen Vorrat anlegen und sein Fluidum konzentrieren müssen, um nach Wunsch darüber zu verfügen. Er mußte ein Verfahren oder einen Apparat entwickeln, mit dem er sein magnetisches Fluidum aufbewahren und wohlbehalten wieder abrufen konnte.

Die Anziehungskraft des Magneten konnte er nicht verwenden, denn er sprach ihm jegliche spezifische Aktivität ab, und man kannte seine im Widerspruch zu Pater Hells Theorie stehenden Ansichten; was die Leydener Flaschen betraf, deren Wirksamkeit er im spanischen Spital erlebt hatte, so erzeugten diese nur Elektrizität, und ihre Anwendung verursachte schmerzhafte Schocks, während das magnetische Bestreichen mit den Händen von den Kranken als beruhigend und wohltuend, von manchen sogar als lustvoll empfunden wurde. Da er nicht sogleich eine Antwort auf sein Problem fand, beschloß er, es mit Pater Marino zu besprechen, der weiterhin die Magneten herstellte, die Mesmer noch immer heimlich unter gewissen Umständen anwandte. Zu seiner Überraschung ließ ihn sein „Dienstbotenantreiber" und vertrauter Majordomus wissen, Pater Marino sei nicht länger in Wien. Er habe den Pavillon, in dem Mesmer ihn beherbergte, verlassen, um bei einem Weinhändler zu wohnen, dann habe er Anton eines Tages mitgeteilt, er gehe nach Ungarn. Vor seiner Abreise habe er einen Vorrat an Magneten der verschiedensten Formen fabriziert und Anton gebeten, Doktor Mesmer seine große Dankbarkeit zu übermitteln. Anton hatte beim Abschied des Jesuiten dessen traurige, besorgte Miene bemerkt. Diese Abreise gefiel Mesmer ganz und gar nicht. Marino war wegen seiner manuellen Fähigkeiten und praktischen Kenntnisse auf allen Gebieten für ihn von unschätzbarem Wert. Als Mesmer Anton weiterhin befragte, erfuhr er, daß der Kaufmann, der den Jesuiten aufgenommen hatte, niemand anderes war als sein persönlicher Weinlieferant. Er beschloß, diesen aufzusuchen.

Mathias Gusdorf ließ seine Weine aus der Steiermark und dem Burgenland kommen, doch die aus dem Donautal und der Wiener Umgebung kaufte er persönlich ein. In seinen Kellern hatte er die edelsten Weine aus dem Veltlin, aus Retz und Oggau, und Doktor Mesmer war einer seiner besten Kunden. Als Franz Anton ihn wegen Pater Marino befragte, brach der Händler in Gelächter aus.
„Er ist mit einer Zigeunerin auf und davon. Er wird wohl seinen Rausch in Eisenstadt ausschlafen ..."
Mathias Gusdorf erklärte, er richte sich, wenn im Frühjahr die Fässer repariert werden müßten, immer an Zigeuner. Ganze Sippen lagerten dann rund um Wien und teilten die Arbeiten als Kesselflicker, Küfer und Schmiede untereinander auf. Pater Marino, der, wie alle übrigen Bediensteten Mesmers, keinen Anspruch auf den Wein des Hauses hatte, deckte sich für seinen persönlichen Bedarf bei Gusdorf ein. Dort war er den Zigeunern begegnet, die dem Kaufmann Fässer lieferten. Als Schmied in Toledo hatte Pater Marino die Fässer im Kloster von Quinto bereift. Bei den Fachgesprächen mit den Zigeunern hatte er eine „Shukar Nack", eine „hübsche Nase" – mit anderen Worten ein weibliches Zigeuner-Stammesoberhaupt – kennengelernt, in die er sich verliebte.
„Da er das Priestergewand abgelegt hatte", gestand Mathias Gusdorf, „willigte ich ein, ihm ein Zimmer über meinen Weinlagern zu überlassen, denn er konnte der Zigeunerin nicht in ihren Wagen folgen."
Als die Zigeuner im Herbst Wien verließen, um nach Ungarn weiterzuziehen, sei der ehemalige Mönch Marino seiner „Shukar Nack" gefolgt, doch an der Grenze hätten die Zigeuner ihn davongejagt. Zu beschämt, um nach Wien zurückzukehren, sei er in Rust geblieben, wo er bei einem der Weinlieferanten Gusdorfs Arbeit gefunden habe.
„Man sagt, er sei jeden Abend betrunken", schloß der Weinhändler.

Franz Anton war betrübt über das Mißgeschick Pater Marinos und überlegte, auf welche Weise er seinen Schützling wieder nach Wien zurückbringen könnte, als sich ihm durch seinen Freund Joseph Haydn, der gekommen war, ihn zu einem Fest zu Ehren Fürst Esterházys in Eisenstadt einzuladen, eine Gelegenheit bot.

Nikolaus I. Esterházy „der Prächtige" trug seinen Beinamen zu Recht. Die Feste, die anläßlich des Geburtstags des Fürsten im Schloß von Eisenstadt gegeben wurden, waren glanzvoll, und die von Haydn dirigierten Konzerte, bei denen unter anderen die „Abschiedssymphonie" und die „Cäcilienmesse" zur Aufführung kamen, bewiesen, daß der junge Komponist das Ansehen eines großen Meisters erlangt hatte. Mesmer, der im Schloß untergebracht war und dessen Ruf als Mediziner den Esterházy bekannt war, wurde vom Fürsten gebeten, einen Tag länger zu bleiben, um seine Mutter und verschiedene Mitglieder der Familie, die nicht nach Wien reisen konnten, zu untersuchen. Da ihm für seine Rückkehr in die Hauptstadt eine Kutsche zur Verfügung stand, reiste Franz Anton im Morgengrauen ab und ließ sich zunächst nach Rust an die Ufer des Neusiedler Sees bringen.

Der Kutscher schlug vor, am See entlangzufahren. Der Morgen war schön, eine blasse Sonne erhob sich hinter dem Schilfdikkicht und vergoldete die Hügel des Leithagebirges, das die Wasserfläche überragte. Die Pferde trabten im leichten Nebel durch Maisfelder und Obstgärten, die die Rebflächen von dem Weg trennten. Bald führte eine durch hohes Gras gebahnte Chaussée durch Sümpfe zu anderen Gefilden, wo Reiher, Krickenten, Wildgänse und Störche beim Vorüberfahren der Kutsche aufflogen. Hinter einem durch in den See gebaute Häuser verlängerten Anleger verbreiterte sich der Weg zu einer Straße, die in der Ortschaft Rust mündete. Zu dieser frühen Morgenstunde waren die Straßen menschenleer und die Fensterläden der Geschäfte noch geschlossen; die Keller von Durchel standen jedoch schon offen, und Franz Anton ließ seine Kutsche in den Hof vor die Weinlager fahren, wo die Winzer Fässer mit Wein füllten, den sie aus riesigen Tonnen abzogen.

Franz Durchel, Mathias Gusdorfs Freund, war in Mörbisch, doch der Kellermeister, den Mesmer befragte, erklärte, Marino Salva Vargas habe in seinen Kellern gut gearbeitet, doch habe man ihm den Laufpaß gegeben, da er zu oft betrunken gewesen sei. Er glaube, Vargas habe in einem anderen Keller der Stadt wieder Arbeit gefunden, doch könne er nichts Genaues sagen. Mesmer ließ sich nicht entmutigen und suchte alle Keller in Rust ab. Er war ein Kenner der edlen Weine des Burgenlandes; die Mörbischer, Oggauer und Ruster Weine waren häufig bei ihm zu Tisch serviert und auf seinen Banketts angeboten worden, doch die riesigen Lagerfässer, die dank einem königlichen Privileg aus dem Jahre 1364 mit den Wappen der Stadt geschmückt waren, hatte er noch nie gesehen. Gewöhnlich fand er den Kellermeister im Weinlager vor, wo er mit seinen Winzern seine Mischungen verfeinerte und die edlen Weine zusammenstellte. Mesmers Fragen nach einem einfachen Handlanger und die Equipage mit den Wappen der Esterházy lösten Erstaunen aus, doch gab man ihm ehrerbietig Auskunft und bot ihm zu trinken an. Nach einigen höflichen abschlägigen Bescheiden willigte er ein, und als der Vormittag zu Ende ging und er gerade bei Gerhart Pölten einen weißen Mörbischer trank, erfuhr Mesmer endlich, daß Marino Varga in der Faßbinderei der Gebrüder Otscher arbeitete.

In glühender Hitze kehrte er ans Ufer des Neusiedler Sees zurück, in der drückenden Luft der Sümpfe, denn die Faßbinderei stand auf dem östlichen Ufer nahe der Landestelle, wo man von Flößen die Eichenstämme des Urbacher Waldes in Empfang nahm. Vor den Gebäuden trockneten die schon behauenen, jedoch noch nicht entrindeten Stämme, auf Roste gestapelt, in der Sonne. Die Küfner trafen daraus ihre Wahl, um dann mit der

Axt entlang der Holzfaser die Dauben zu schneiden, aus denen sie ihre Fässer herstellten. Unter einem großen Schutzdach machten sich die Arbeiter zu schaffen, die einen behauten grob das Holz, andere rundeten die Dauben ab, und wieder andere bogen sie für das Aneinanderfügen und den Zusammenbau des Fasses. Im Hintergrund des Unterstandes senkte sich das Dach, um der Faßbinderwerkstatt neben der Schmiede Schutz zu bieten. Dort fand Mesmer Marino Salva Vargas. Er hatte soeben Faßbänder in einen kleinen Ausläufer des Sees neben der Schmiede getaucht; er trug sie auf seinen breiten, nackten Schultern, und mit seinen kurzen, muskulösen Gliedmaßen, seinem schweren, gedrungenen, mit eisernen Reifen gepanzerten Körper sah er aus wie ein über einer Spindel kreisender Mühlstein. Als er Mesmer erblickte, blieb er stehen, ließ einige Eisenreifen fallen, die sich um ihn legten, blieb reglos stehen und begann mit gesenktem Kopf zu weinen. Er umklammerte die Reifen auf seinen Schultern. Mesmer näherte sich ihm; mit seiner großen Gestalt überragte er den Jesuiten um einen ganzen Kopf; er legte die Hand auf die schwarze, zerzauste Mähne Pater Marinos, den er bis zum Schmiedeherd mit sich zog. Dort ließ er ihn seine Ringe und Faßbänder niederlegen, und während ein Lakai eine Decke um Marinos nackte Schultern legte und ihm die Schuhe anzog, verhandelte Mesmer mit dem Kellermeister über dessen Entlassung.

Als Mesmer und Marino Vargas Rust verließen, sprachen sie während der ganzen Rückreise, und selbst einige Tage nach ihrer Ankunft in Wien nicht miteinander. Mesmer hatte den ehemaligen Jesuiten seinem Diener Anton anvertraut, der sich darauf beschränkte, ihn in seinem einstigen Quartier im medizinischen Pavillon mit Kleidung und Nahrung zu versorgen. Dann bat der Jesuit eines Tages Mesmer um ein Gespräch.

„Zum zweiten Mal seid Ihr mir nun zu Hilfe gekommen. Ich weiß nicht, ob ich es verdiente, doch Ihr verdient meine Dank-

barkeit. Ich möchte nicht länger in Wien bleiben, eines Tages werde ich es verlassen, doch davor will ich Euch meine Dankbarkeit erweisen. Was kann ich für Euch tun?"
Mesmer antwortete, er könne Wien, wann immer er wolle, ohne jegliche Verpflichtung ihm gegenüber, verlassen. Marino blieb hartnäckig, und Mesmer verstand, daß der Jesuit nicht von seinem Vorhaben abzubringen war. Da erzählte er ihm von seinen Überlegungen bezüglich des tierischen Magnetismus, den er zu fördern, zu verstärken, zu speichern beabsichtigte, von seinem Wunsch, mehrere Kranke gleichzeitig und sogar in seiner Abwesenheit zu behandeln. Wieder einmal kam Marino auf den Magneten zu sprechen, jenen vom Himmel gefallenen Stern, den man nun herzustellen, zu formen und zusammenzustellen vermochte, Mesmer hielt ihm jedoch die Argumente entgegen, die er seit seiner Entdeckung des tierischen Magnetismus entwickelte, welcher sich von demjenigen des Magneten unterscheide und Heilungen vollbringe, zu denen letzterer außerstande sei. Der Jesuit machte sich Notizen und versprach, über all das nachzudenken. Er bat, bei den Behandlungen der Kranken anwesend sein zu dürfen, und eine Zeitlang beobachtete er die Magnetisierungen, die Kuren und Bäder in den Wasserbecken. Er näherte sich den Kranken, betrachtete deren Gesichter, ihre Hände, half Mesmer dabei, sie an die an den Bäumen befestigten Seile zu binden und mit magnetisiertem Gerät zu bestreichen. Der Kupferstab, mit dem Mesmer häufig den erkrankten Körperteil berührte, wurde von Marino vermessen und geeicht. Er stellte noch einige unterschiedlich geformte her, die Mesmer erprobte. Dann schloß sich der Jesuit eine ganze Woche lang in seiner Werkstatt ein. Anton brachte ihm sein Essen, und nur mit ihm sprach dieser am Abend. Aus einem Freund wurde nach und nach ein Vertrauter; er erzählte ihm sein Liebesabenteuer mit der Zigeunerin und seinAusreißen mit ihrer Sippe bis nach Mörbisch.
„Wenn du wüßtest, Anton, wie schön sie war! Sie hieß Gulia

Arkim, war dunkelhaarig, hatte grüne Augen, und ihre Haut war da, wo die Sonne sie liebkost, im Gesicht, an den Armen, den Knöcheln, zart und goldbraun, und unter ihrem Rock und ihrem Mieder, die sie des Nachts ablegte, war sie weiß wie Schnee."

Marino erzählte, wie er Gulia entdeckt hatte, schilderte die Freuden, die sie ihm geschenkt, die Nächte, die sie bei Mathias Gusdorf und im Wohnwagen, wo sie ihn beim Verlassen Wiens versteckt hatte, miteinander verbrachten. Er war dem Wagen gefolgt, wurde sogar einige Zeit von der Sippe aufgenommen, doch an der Grenze bei Mörbisch hatte ein Rat der Alten beschlossen, entweder müsse er gehen, oder aber Gulia würde aus dem Stamm, der die Anwesenheit eines „gorgio", das heißt Nichtzigeuners, nicht dulden könne, ausgestoßen. Dennoch hatte er versucht, sich während der Reise in dieses Volk einzufügen, indem er die Wagen herrichtete, den Kupferschmieden dabei half, das Kupfer zu schlagen, und die unterwegs gebrochenen Räder neu bereifte. Nach diesen Etappen seines Ausflugs bewahrte er unstillbares Heimweh.

„Ich weiß, Anton, auf den Straßen ist es im Sommer ein einziger Traum, und im Winter die Hölle. Doch ich möchte noch einmal dieses Leben führen, wie ich es mit Gulia erlebte, mit der Sonne, dem Mond und den Sternen; und dann die Straße auf dieser Erde, die endlose Straße, die unser so kurzes Leben verlängert."

Was ihm blieb, war die Erinnerung an die geschmückten Wohnwagen mit ihren an der Deichsel befestigten Hühnerkäfigen, an das Gebell der Hunde auf den Lagerplätzen. Er hatte auch dabei geholfen, Eier und Geflügel zu stehlen, Schweine vom Bauernhof zu töten, indem man ihnen speckgetränkte Schwämme zu fressen gab, um sie dann zu einem niedrigen Preis den Bauern abzukaufen. Wenn es gar nichts mehr zu essen gab, briet Gulia mit Tonerde umhüllte Igel in der Asche, die ihm köstlich schmeckten. Nach dem Entscheid des Ältestenrats hatte sie mit ihm fortgehen wollen, doch er hatte beschlossen zu fliehen.

„Bevor ich ging, habe ich ihren ‚Diklo' gestohlen, ganz sicher werde ich ihn ihr eines Tages zurückgeben."
Er zeigte Anton ein kleines rotes Tuch, den „Diklo", das Kopftuch der Zigeuner, das zu zwei Zipfeln geknotet wird. Er war entschlossen, sich auf den Weg zu machen, um Gulia wiederzufinden.
„Dieses Mal bin ich sicher, daß sie mich bei sich aufnehmen werden, sie sind Tchourary, Pferdehändler, und ich verstehe mehr von Pferden als die Zigeuner."
Er hatte bei den Jesuiten in Quinto gelernt, die Zähne alter Pferde zu verfälschen, um ihnen, indem man ihre Kronen mit Pech auffüllt, ein neues Gebiß zu geben; und er wußte, an welcher Stelle man die Haut über dem Auge einer alten Stute durchstechen mußte, um mit einem Strohhalm Luft hineinzublasen und sie jünger erscheinen zu lassen. Doch vor seiner erneuten Abreise wollte er anfertigen, was er Franz Anton versprochen hatte.
Marino Salva Vargas entwarf sorgfältig sein Projekt und legte es Mesmer vor, der ihm nach einigen Korrekturen zustimmte. Er fertigte daraufhin nach seinem Entwurf ein kleines Modell an, das Mesmer noch einmal korrigierte. Und als diese „macchietta" die endgültige Billigung des Meisters gefunden hatte, machte sich Marino an die Arbeit.
Es galt, einen vollkommen luft- und wasserdichten Bottich von zehn Fuß Durchmesser und achtzehn Zoll Höhe zu bauen, mit abnehmbaren Deckel, der durch Schrauben geschlossen gehalten werden konnte.
Marino bestellte sein Holz bei den Brüdern Otscher, wo er einst gearbeitet hatte. Man schickte ihm mit dem Böttcherbeil geschnittene, feinkörnige Eichendauben, die drei Jahre lang getrocknet hatten; er lehnte die mit der Säge geschnittenen Dauben ab, denn diese berücksichtigt die Holzfaser nicht, und es entstehen Fässer, die man erst verleimen muß, um sie undurchlässig zu machen. Er formte zunächst seinen Zuber auf einem eisernen Reifen, den er sich bei Mathias Gusdorf lieh, doch bau-

te er selbst seine Schraubzwingen, um die zwanzig Dauben zusammenzupressen. Um seinem Bottich eine neue Form zu geben und ihn zu biegen, erhitzte er ihn über einem mit den Abfällen seiner Dauben beheizten Kohlebecken. Als es an das Bereifen ging, errichtete er mit Antons Hilfe am Fuße des Belvedere eine kleine Schmiede und formte dort seine vier Eisenreifen, die er mit Kröseeisen und Hammer schloß. Als der Deckel angepaßt war, führte er Mesmer den Bottich vor und erbat von ihm noch zwei weitere Tage, um ihn zu präparieren. Zunächst ließ er jedoch Mesmer im Park ein Wasserbecken und einen Springbrunnen, dann einen Sack Sideritpulver und Wannen mit Eisenspänen, Sand und zerstoßenem Glas magnetisieren.
Zuerst füllte er das zerstoßene Glas in den Bottich und vermengte es mit dem Siderit, den Eisenspänen und dem Sand. In diesen Belag stellte er in konzentrischen Kreisen zwanzig miteinander verbundene Flaschen voll magnetischen Wassers aus dem Becken. Daraufhin schloß er den Deckel und befestigte ihn mit den Schrauben. In den Deckel waren neun Löcher gebohrt, in die er neun drei Fuß hohe Eisenstäbe steckte, die zwischen den Flaschen in die sandige Mischung des Bottichs eintauchten. Das äußere Ende der Stäbe war im rechten Winkel abgeknickt und endete in einer Kugel, an der rund um den Bottich miteinander verbundene Seile befestigt waren.
Als alles eingebaut war, rief er Mesmer herbei, der abschließend den Bottich mit magnetisiertem Wasser füllte. Er verharrte eine ganze Weile, wobei er die Hände auf die Eisenstäbe und Seile drückte, um seine magnetische Kraft auf sie zu übertragen.
Der Bottich wurde von Lakaien in den Empfangssaal des medizinischen Pavillons getragen. Auf den rund um ihn aufgestellten Stühlen nahmen neun Patienten vor den beweglichen Metallstäben Platz, deren Ende sie auf ihre kranken Körperpartien richteten. Die an den Stäben befestigten Seile verbanden so die Kranken untereinander wie mit den verschiedenen Elementen des Gerätes, in dem sich das magnetische Fluidum konzentrierte.

Die gemeinsame Vorstellungskraft von Pater Marino und Mesmer hatte ein Instrument geschaffen, das den Gesetzen der Physik trotzte. Mesmers Bottich war weder eine Leydener Flasche, noch ein riesiger Magnet, und auch nicht irgendein elektrischer Generator, sondern diente Mesmer lediglich als Vorwand, um seine Methode zu konkretisieren, die er mit Hilfe von Aufbauten und Objekten, ähnlich denen, welche bei wissenschaftlichen Versuchen verwendet werden, zu illustrieren beabsichtigte. Hatte man nicht erst vor kurzem Mesmers Methoden mit denen eines Exorzisten der Diözese Regensburg, des Paters Johann Gassner, in Verbindung gebracht, der Dämonen austrieb, aber auch viele Kranke heilte? Mußte auch er mit einer Rüge Kardinal Migazzis rechnen, der ihn beschuldigen könnte, Exorzismus zu betreiben, ohne die dritte niedere Weihe erhalten zu haben? Mesmer hatte Gassner besucht und an dessen Heilverfahren teilgenommen; er fand sie den seinen vollkommen vergleichbar, der Pater war lediglich ein einfacher Magnetiseur geworden. Bei diesem Vergleich bot der tierische Magnetismus keine Vorteile, es galt, ihn der Medizin wieder näherzubringen. Der Bottich, sein Zeremoniell, die Stabelektroden, die Seile, die die Kranken untereinander und mit dem Apparat verbanden, lieferten das Beispiel einer Prozedur, die vom Ritual der Teufelsaustreibung weit entfernt war. So konnten die durch Mesmers Bestreichen mit den Händen und Berührungen mit dem Stab ausgelösten Krisen mit den von Dämonen herrührenden Krämpfen nicht verglichen werden, denn sie wurden von einem der Elektrizität ähnlichen Fluidum hervorgerufen.

Nach der Herstellung des Bottichs hielt es Pater Marino nicht mehr lange in Wien. Er fabrizierte für Mesmer noch einen Vorrat an Magneten verschiedenster Größen und Formen, lederne Skapuliere und Etuis aus Metall, um darin Medaillen mit eingravierten Freimaurersymbolen aufzubewahren, sowie hermetische Siegel, von denen das kostbarste, nämlich das des Albertus

Magnus, Anspruch auf ein schwefelgelb plattiertes Biberpelzkästchen hatte.
Sobald alles ausgeführt war, verabschiedete sich Marino Salva Vargas von Mesmer, dem er ein kleines schwarzes Buch schenkte; es war die Abhandlung Danielo Morleys, der über London und Paris nach Spanien gekommen war, um in Toledo Alchimie zu lehren. Am anderen Morgen nahm Marino den Schleppkahn, der die Donau hinab bis Budapest fuhr. Er hatte gehört, daß die Zigeuner Lovaris von der Sippe Gulia Arkims auf dem Markt von Estergom Pferde verkaufen würden.
Doktor Mesmer genoß inzwischen beträchtliches Ansehen. Wenn auch in Wien in Universitätskreisen über seine Heilungen und Theorien debattiert wurde, so bestätigten doch die Öffentlichkeit und die große Zahl der Kranken, die nach seiner Behandlung verlangten, mit ihren Lobeshymnen die Vortrefflichkeit seiner erzielten Resultate. Im Ausland wurde Mesmer einhellig bewundert.
All diese Erfolge brachten es mit sich, daß er eines Tages von Baron Horka, einem steinreichen slowakischen Potentaten, gerufen wurde, der ein prächtiges Schloß am Ufer der Donau bewohnte.

VI

ELIE WIKSEL UND EUGEN KOLSCHITZKY

Franz Anton betrachtete sich im Thalener Spiegel, der auf einer Konsole in seinem Zimmer stand; bevor er das Hemd anzog, ließ er über die Haut seines nackten Oberkörpers eine Goldplakette voll hermetischer Zeichen an einer silbernen Kette gleiten. Er musterte seine athletische Statur, ließ die Muskeln seiner Arme und Schultern spielen, zog den Bauch ein und schwellte die Brust. Zwischen Hemd und einer ersten seidenen Weste steckte er in drei eigens dafür vorgesehene Innentaschen je eine von Marino Vargas hergestellten Magnetplatte. Über ein zweites goldenes Kollier, an dem ein Mondstein hing, schlug er ein Jabot aus gefälteltem weißem Linon, unter dem er die beiden schwarzen Schleifenenden seiner Perücke miteinander verknüpfte. Er war ganz in rosa, schwarze und weiße Seide gekleidet, seine Strümpfe wurden über den Knien mit roten Bändern gehalten, und seine langen, feingliedrigen Füße steckten in kurzhackigen, lachsfarbenen Wildlederschuhen, die unterhalb des Schafts eine Achatschnalle zierte. Wegen seiner Größe konnte er auf hohe Absätze verzichten, und die leichten Eskarpins mit den dünnen Sohlen verhalfen ihm zu einem geschmeidigen Gang und zur Möglichkeit zu behenden Bewegungen, ja Wendungen während seiner Seancen.

Nach einem letzten Blick in den Spiegel ging er in einen Winkel des Raumes, der mit einem Wandbehang verkleidet war. Als er ihn zur Seite schob, kam ein seltsames Möbelstück ans Licht. Es war eine Art Sessel mit starker, dicker Rückenlehne, ein recht hochbeiniger, ungepolsterter Stuhl mit massiven Armlehnen und einem Kasten, auf den man die Füße stellen konnte. Auf die Armlehnen ließen sich zwei Schubladen herunterklappen, die, wenn man saß, eine Tischfläche bildeten. Das Möbel bestand aus rot bemaltem Eichenholz; auf der Rückenlehne war über einer weißen Pyramide eine goldene Sonne dargestellt.

Bevor er sich setzte, drehte Mesmer an zahlreichen, in den verschiedenen Winkeln des Möbels verborgenen Haken und überprüfte mehrere Dutzend kleiner Geheimfächer, die alle Magnetstangen enthielten, auf ihren Inhalt. Dann ließ er sich auf diesem Thron nieder, setzte die Füße auf den Kasten, legte die Hände auf die verlängerten Armstützen, lehnte sich zurück, schloß die Augen und verharrte einen Augenblick regungslos, konzentriert, ganz und gar in das Fluidum der im Thron versteckten Magneten eingehüllt.

Der magnetische Sessel war eine Idee Pater Marinos, der ihn heimlich vor seiner Abfahrt hergestellt hatte. Mesmer hatte die Verwendung von Magneten, die sein Fluidum noch verstärken sollten, mit ihm nicht besprochen. Er benutzte den Stuhl, bevor er sich auf Reisen begab und immer dann, wenn er zahlreiche Kranke zugleich behandeln mußte. Nachdem er eine Weile regungslos in vollkommener Konzentration verharrt hatte, kleidete er sich fertig an. Er verstaute seine persönlichen Dinge und medizinischen Instrumente in einer Tasche und wurde dann von seinem Diener Anton abgeholt.

Die Equipage von Baron de Horka wartete bereits auf ihn. Vor die beiden bereits am Vorabend eingetroffenen und in den Wirtschaftsgebäuden untergestellten Wagen hatte man frische Pferde gespannt. Im ersten Wagen nahm Mesmer Platz, zusammen mit Doina Seyfert, dem früheren Hauslehrer und jetzigen Verwalter des Barons, den zweiten bestieg Anton mit dem Gepäck. Während der Reise von Wien an die slowakische Grenze hatte Doina Seyfert genügend Zeit, Mesmer in aller Ruhe die Krankheit des Barons zu schildern.

Seit nunmehr drei Jahren leide Hareczky de Horka an Erstikkungsanfällen, die von Kehlkopfkrämpfen noch erschwert würden. Aus heiterem Himmel und bei den unterschiedlichsten, ob schwerwiegenden oder unbedeutenden Anlässen, verspüre er mit einem Mal ein Prickeln im Hals, das trotz kühler Getränke immer stärker werde und schließlich heftigen Husten auslöse, der in wachsendem Maße zu Atemnot und Erstickungsanfällen führe. Der junge, kaum dreißigjährige Baron gerate im Verlaufe seiner Anfälle vor lauter Todesangst derart außer sich, daß man ihn häufig bändigen müsse, um ihn daran zu hindern, besinnungslos gegen Objekte, Möbel oder Wände anzurennen und sich dabei zu verletzen, oder aber wahllos Ausgänge anzusteuern und in die Tiefe zu stürzen.

Zweimal hatte er in Wien ein Gremium von Ärzten aufgesucht, die sich jedoch nicht zu seinem Fall geäußert hatten. Das Leiden des Barons schien ihnen von den Nerven herzurühren, „nicht von jenen des Halses oder der Kehle", wie sich van Swieten ausgedrückt hatte, „sondern von weiter oben: von den Kopfnerven". Und Anton de Haen hatte anscheinend hinzugefügt, er sei „ein Fall für Doktor Mesmer". Der eine wie der andere Arzt verschrieb Beruhigungsmittel in Form von Kräutertees, die jedoch keinerlei Wirkung gezeitigt hatten. Daraufhin ersuchte der junge Baron Doina Seyfert, der zugleich sein Ratgeber war, sich nach Doktor Mesmer zu erkundigen und ihn zum Zwecke einer Konsultation auf das Schloß nach Ropow zu bitten. Franz Anton hatte eingewilligt, denn Hareczky de Horka vermochte sich nicht mehr von der Stelle zu rühren: Den ganzen Tag lang saß er auf einem tragbaren Stuhl ohne Baldachin, den man nur mit allergrößter Vorsicht transportieren konnte.

Als die Equipage mit Mesmer zwei Stunden Wegstrecke von

Ropow entfernt im Dorf Sobotisch einfuhr, hatte sich eine neugierige Menge auf dem Kirchplatz versammelt. Seit dem Morgen erwarteten zwei Lakaien zu Pferde die Reisenden, um dann im Galopp dem Baron ihre Ankunft zu verkünden. Zuvor hatten sie den Einwohnern von Sobotisch berichtet, ein berühmter Arzt komme aus Wien, um den Baron zu heilen, von dessen schwerem Leiden jedermann im Dorf wußte.
Als die Wagen am Fuße der Schloßtreppe hielten, wurden die Ankömmlinge von einem doppelten Spalier livrierter Diener empfangen, die von einem Kammerherrn und zwei Knappen angeführt wurden. Im Namen des Barons bat der Kammerherr, Mesmer möge doch sogleich die genaue Tageszeit und Stunde seiner ersten Unterredung mit dem Baron angeben. Franz Anton bat sich zunächst Bedenkzeit aus, er müsse sich erst einmal säubern und von der Anstrengung der Reise erholen. Er wünsche, sich auf der Stelle in seine Gemächer zurückziehen zu dürfen, wo man ihm ein Mahl, dessen Zusammensetzung er bis ins geringste Detail beschrieb, auftragen, sowie ein Pianoforte und Violoncello zur Verfügung stellen solle. Er bat auch, man möge ihm Buchenasche durchsieben – für sein Bad, das er sogleich zu nehmen gedenke. Seyfert hatte ihm zugehört und nickte lächelnd mit dem Kopf; voller Spannung erwartete er die Untersuchung seines Herrn und Gebieters durch einen Arzt, der nicht die gleichen Methoden anzuwenden schien wie die berühmten Professoren Wiens.
Mesmer badete, wusch sich mit Buchenasche, nahm von neuem ein Bad, aß ein Hähnchen, zwei rohe Eier, Schafs-„Brenza“, trank ein Glas Spezialmischung, zwei Gläser Wasser, ging zu Bett und schlief sogleich ein.
Im Morgengrauen wurde er von Stimmengewirr geweckt, das von draußen kam und ihm um so lauter erschien, als er bei geöffneten Fenstern zu schlafen pflegte. Sein Zimmer führte auf die Freitreppe im Innenhof des Schlosses, der nur so wimmelte von lebhaft und laut sprechenden Menschen. Es war kein Zank und

auch kein wirklicher Streit, sondern ein lärmender, angeregter Wortwechsel zwischen einzelnen Gruppen von Dorfbewohnern, Männern und Frauen, von denen einige mit Karren gekommen waren, auf deren Grund man auf Stroh ausgestreckte Körper erkennen konnte... Franz Anton läutete nach einem Lakaien, ließ warme Milch, Brot und einen Apfel bringen und kleidete sich an, ohne seine diversen Halsketten, metallenen Plaketten und Seidenwesten zu vergessen. Zwei Kupferstäbe ließ er in eigens hierfür in das Futter seines Wamses genähte Taschen gleiten. Dann ging er hinunter in den Audienzsaal, wo er Seyfert antreffen sollte.

Der Verwalter des Barons unterhielt sich gerade angeregt mit dem ersten Kammerherrn des Schlosses, dem Landvogt und Bürgermeister von Sobotisch. Die Dorfbewohner hatten gehört, ihr Baron und Gebieter beherberge einen berühmten Wiener Arzt, und wollten diesem alle Lahmen des Dorfes vorführen. Sie waren schon am frühen Morgen mit ihren Kranken eingetroffen, die Gebrechlichsten hatten sie auf die Karren gebettet. Seyfert und der Kammerherr wollten die Menge abweisen, die im Ehrenhof bereits geräuschvoll wartete, der Bürgermeister bat den Baron jedoch um Audienz, denn dieser würde seiner Ansicht nach die Bitte der Leute aus dem Dorf nicht abschlagen. In diesem Augenblick erschien, von vier Lakaien auf seinem Stuhl getragen, Baron Hareczky de Horka, und alle schwiegen still. Seyfert stellte zunächst Mesmer vor, dann sprach er über das Ersuchen der Dorfbewohner. Auf dem Gesicht des Barons zeichnete sich ein Lächeln ab, wobei sein sorgenvoller Ausdruck einer entspannten Miene wich.

Er wandte sich an Mesmer: „Wäre es wohl zuviel verlangt, Doktor, wenn ich Euch bitten würde, Eure Kunst an einigen dieser Dörfler vorzuführen? So wüßte ich, was mich bei Eurer Behandlung erwartet."

Mesmer zögerte nicht. Er wußte von seiner Kraft, von seinem magnetischen Einfluß auf ganze Gruppen von Kranken, und ermaß schon damals die Bedeutung dessen, was er „die Weitergabe seines magnetischen Fluidums“ nannte, das, sobald er eine Gruppe vor sich hatte, eine Kettenreaktion von einem Kranken zum anderen auslöste. Er ging sogleich auf den Vorschlag des Barons ein.

„Ich werde Euch mit der neuen Theorie von den Krankheiten, wie mit der universalen Anwendbarkeit des Prinzips, mit dem ich ihnen begegne, bekanntmachen.“

Man ließ all die Lahmen, die vom Dorf gekommen waren, in den Audienzsaal treten, und Mesmer machte sich sogleich daran, sie einzuteilen und seine Auswahl zu treffen. Er ging von einem zum anderen, befragte den Kranken oder dessen Familie, rührte mit seinem Kupferstab hier einen Hals, ein Bein oder einen Arm an, dort einen aufgeschwemmten Leib, ein Geschwür oder den Kragen eines Lahmen mit Krücken, betastete eine Schwellung, schob das Lid eines hervorquellenden Auges hoch. Binnen kurzer Zeit teilte er zwei Gruppen ein. Die erste wollte er sogleich behandeln, auf die andere könne er, so entschuldigte er sich, erst am darauffolgenden Tage seine Methode anwenden.

„Ich muß meine Behandlung den schwersten Krankheiten zugute kommen lassen, die nicht mehr warten können“, sagte er. Unter denen, die vom ersten Tag ausgeschlossen waren, wurde einiges Murren laut, doch verlief alles so, wie Mesmer es mit seiner unwiderstehlichen Autorität angeordnet hatte. Die ausgewählten Kranken wurden alle in einer Reihe auf Stühle gesetzt. Diejenigen, die nicht sitzen konnten, wurden auf Decken neben die Stühle gelegt, und die Séance begann. Mesmer befaßte sich zunächst allein mit den sitzenden Patienten, die sich seinen Anordnungen gemäß an den Händen hielten und den Mondstein fixierten, der ihm vom Halse hing und den er von seiner Krawatte losgelöst hatte. Dann begann er rasch, an jedem einzelnen vorüberzugehen, ihn beim Namen zu nennen, seine Krankheit so zu beschreiben, wie er es aus dessen eigenem Munde vernommen hatte, und ihm noch einmal die Gesten vorzuführen, mit

Hilfe derer er Linderung erfahren oder geheilt werden würde. Er fuhr bei diesen Sätzen mit schnellen Handbewegungen über ihre Gesichter und Gliedmaßen, glitt mit weit ausholenden, erst waagrechten, dann senkrechten Strichen über all diese ihm zugewandten, vor lauter Hoffnung auf Heilung starr gewordenen Körper, die seinen Mondstein, das seidene Gewand und seinen Blick fixierten, mit dem er sie alle in Bann hielt. Seine Gesten wurden immer rascher und ausholender, seine Bewegungen immer ruckartiger, seine Worte immer schroffer, beinahe kläffend. Und der Kupferstab hämmerte nun über Thoraxe und Glieder, glitt von einem Körper zum anderen, über Röcke und Hände, über Gesichter und Beinkleider, während Mesmer mit der anderen Hand weiterhin unaufhörlich über all jene aufgereihten, in wachsendem Maße angespannten, stummen Körper strich, die diesen seltsamen Arzt mit dem Stab anstarrten, der plötzlich zu sprechen aufhörte, einen jungen, blassen Mann bei den Schultern packte, zu sich heranzog, damit aus der Menge der sitzenden Kranken aussonderte, um ihn dann, indem er sich von ihm losmachte, vier Schritte von den übrigen entfernt, erstarrt und reglos stehen zu lassen. Da erscholl ein schriller, von einem auf dem Boden liegenden Kranken ausgestoßener Schrei, dem weitere folgten, die immer weitere Kreise zogen. Innerhalb kürzester Zeit wurde die gesamte Gruppe der Lahmen von Krämpfen und Krisen ergriffen, die nach und nach in Freuden- und Jubelschreie umschlugen.
Familien und Freunde stürzten herbei, um die Verzückten aufzulesen und denen zu Hilfe zu kommen, die geheilt oder gebessert wieder aufbrachen, während weniger glückliche andere von dannen gingen, wie sie gekommen waren, jedoch zufrieden, einer wundersamen Darbietung beigewohnt zu haben.
Der Baron saß auf seinem Stuhl. Verblüfft über das Spektakel und zutiefst beeindruckt sperrte er Mund und Augen auf. Seyfert befragte die Familien, die ihre Kranken abholten, und konnte an ihren Antworten und Ausführungen den positiven

von Mesmers Methode ablesen. Da erregten mit einem Mal drei Menschen Aufsehen, die sich unbeachtet in den tumulthaften Aufbruch der geheilten Kranken gemischt hatten. Der blasse junge Mann, den Franz Anton so plötzlich aus der Reihe der sitzenden Kranken herausgelöst hatte, stand noch immer starr und reglos da und sah mit leeren Augen in die Weite; nun knieten zu seinen Füßen ein Mann und zwei Frauen und beteten in aller Stille. Sie murmelten Worte, die niemand verstand, selbst Seyfert nicht, der doch den slowakischen Dialekt sprach. Der Kammerherr erläuterte, es handle sich um die Familie des jüdischen sobotischen Schneiders Wiksel, dessen junger Sohn Elie durch eine im Alter von vierzehn Jahren überstandene Lungenentzündung derart geschwächt worden sei, daß er nicht zu gehen vermöge. Und nun stand er da, zum ersten Mal seit vier Jahren, und sein Vater, seine Mutter und Schwester, die um ihn herumknieten, weinten vor Freude und beteten leise.
Mesmer näherte sich dem jungen Mann, dessen angespannte Muskeln ihre Schwäche durch ein Beben verrieten, das seinen gesamten Körper schüttelte, während sein regloser Blick eine imaginäre Vision zu fixieren schien. Mesmer, der seine Augen aufmerksam beobachtete, glaubte ein leichtes Blinzeln wahrzunehme, und strich mit den Fingern über die Lider, die sich schlossen. Auf diese Weise ließ er sie wiederholte Male durch bloßes Streifen sich öffnen und schließen. Dann befahl er ihm zu gehen. Und man sah, wie der junge Mann ein paar Schritte andeutete und dann zu Boden fiel. Mesmer, der sich über ihn beugte, stellte fest, daß er trotz seiner geöffneten Augen noch immer zu schlafen schien. Derartige Phänomene, die er bereits bei anderen Patienten in Wien beobachtet hatte, ließen gewöhnlich von selbst wieder nach; hier jedoch dauerten sie an, und Mesmer, der darauf bedacht war, seine Methode in den Augen des Barons, der die Szene unverwandt verfolgte, nicht aufs Spiel zu setzen, befahl Elie Wiksel plötzlich, zu erwachen und sich zu erheben. Da kam der junge Mann wieder zu sich und versuchte

vergeblich, sich wieder aufzurichten, was ihm jedoch nicht gelang. Von seinen Eltern gestützt, konnte er schließlich wieder hingesetzt werden, und überglücklich berichtete er, er könne sich daran erinnern, eine ganze Weile aufrecht dagestanden zu haben. Er streckte Franz Anton seine Arme entgegen, wollte ihm die Hände küssen und flehte ihn inständig an, er möge ihn weiterbehandeln, denn er sei überzeugt, er würde schon sehr bald wieder laufen können.

Alle Anwesenden waren Zeugen dieser unverhofften Heilung gewesen. Doina Seyfert gab zu bedenken, unter den von Mesmer behandelten Dorfbewohnern verstehe allein der junge Elie deutsch, da seine Familie einst in Wien gelebt habe; daher hätten Mesmers Worte auf ihn stärker gewirkt. Mesmer nahm sich vor, in einer weiteren Sitzung diesen Zustand des Somnambulismus noch einmal hervorzurufen, der ihn einen Augenblick lang zum Herrn und Gebieter über Elie Wiksels Geist und Gedanken gemacht hatte.

Baron de Horka wünschte, daß Mesmer sein erstes Mahl mit ihm zusammen einnehme. Die kollektive Behandlung der Dorfbewohner hatte ihn stark beeindruckt, und im Scherz erklärte er, hiermit habe er seine erste Konsultation erfahren. Tatsächlich fühle er sich bereits wohler, seine ständige Angst habe ihn offenbar zur gleichen Zeit verlassen wie die Krankheiten die Einwohner von Sobotisch. Er ließ sich einige Einzelheiten zu Mesmers Verfahren erläutern und versicherte, er sei bereit für eine zweite Séance, die am folgenden Tag stattfinden sollte, bei der er jedoch wie zuvor lediglich als Zuschauer fungieren wolle. Mesmer willigte ein. Er war gespannt darauf, den jungen Elie Wiksel wiederzusehen und sein erste geglücktes Ergebnis zu vervollkommnen.

Das Gedränge war bei der zweiten kollektiven Behandlung noch größer, denn auch von den benachbarten Dörfern waren nun Kranke gekommen. Das Zeremoniell war das gleiche wie am Tag zuvor: Mesmer wählte die Kranken aus und reihte sie auf, dann erfolgten kollektive Bestreichungen, Schreie, wildes Gestikulieren sowie die Heilung eines Teils der Lahmen unter dem Beifall und Jubel der Familien.

Für den jungen Elie hatte Mesmer eine besondere Séance vorgesehen. Er war auf einer Bahre liegend eingetroffen, auf der er sich unter großer Mühe aufzurichten versuchte. Mesmer ließ ihn auf einen Stuhl setzen und fragte ihn, ob er wie am Vortage schlafen wolle, ob er sich wohlfühle, und begann mit seinen magnetischen Bestreichungen. Als er annahm, Elie Wiksel schlafe, befahl er ihm, sich zu erheben, doch war der Junge trotz größter Anstrengung dazu nicht in der Lage; er spannte sich vergeblich an und überließ sich schluchzend der Verzweiflung. Franz Anton vermutete, Elie schlafe nicht tief genug, und begann wieder mit seinen Bestreichungen, so lange, bis sich die von neuem geschlossenen Lider trotz aller Anstrengung nicht mehr öffnen ließen.

„Ihr werdet Eure Augen erst dann wieder öffnen können, wenn ich es Euch befehle", erklärte Franz Anton, „einstweilen will ich jedoch, daß Ihr aufsteht und lauft."

Da erhob sich Elie Wiksel vor den verblüfften Anwesenden und lief. An jenem Tage befiel Mesmer ungeheure Freude und riesiger Stolz, doch zugleich überkam ihn eine nicht zu beschreibende Verwirrung angesichts eines gewissermaßen übernatürlichen Phänomens, das er feststellte, ohne es jedoch deuten zu können. Der von Elie Wiksels Heilung beeindruckte Baron Hareczky de Horka war unschlüssig, und es bedurfte Mesmers ganzer Überredungskunst und seiner Erläuterungen zum animalischen Magnetismus, um ihn davon zu überzeugen, daß es sich hier nicht um Hexerei handelte. Auf jeden Fall fühlte er sich seit zwei Tagen bei weitem wohler und hatte nicht mehr unter Krämpfen gelitten. Er bat Mesmer, noch länger auf dem Schloß zu bleiben und seine Demonstrationen, die aus der Entfernung auf ihn einwirkten, fortzuführen.

Im Laufe seines Aufenthaltes auf Schloß Ropow entwickelte

Mesmer an dem jungen Elie Wiksel seine Methode des animalischen Magnetismus entscheidend weiter. Er hatte festgestellt, daß für einen Kranken während des künstlich hervorgerufenen Somnambulismus die Möglichkeit bestand, den Willen eines anderen auf sich einwirken zu lassen. Da er jedoch spürte, daß die zeitgenössische religiöse Einstellung und Denkweise eine derartige Behandlungsmethode, trennte man sie von der klassischen Schulmedizin, keinesfalls akzeptieren würden, war er entschlossen, weiterhin alles mit dem animalischen Magnetismus zu erklären.

So wurde Elie Wiksel in Tiefschlaf versetzt, zum Gehen gebracht, aufgeweckt, überzeugt, er sei im Traum umhergelaufen, von neuem etwas weniger tief eingeschläfert, im Laufen geübt, wieder aufgeweckt, und so ging es immer weiter, bis Elie, als Mesmer ihn, während er sich fortbewegte, wachrief, zu laufen fortfuhr. An jenem Tage erklärte sich auch Baron Hareczky de Horka für geheilt, denn seit Mesmers Ankunft auf dem Schloß hatten sich keinerlei Beschwerden, weder Husten noch Erstikkungsanfälle, ereignet. Der junge Baron hatte Elie Wiksels Behandlung tagtäglich mitverfolgt, hatte sich zu den Gehversuchen des jungen Juden wie zu einer Veranstaltung begeben und den Fortschritten und der Heilung Beifall gespendet, als handelte es sich um die seine, die sich tatsächlich zur gleichen Zeit einstellte. Er nahm Mesmer das Versprechen ab, sobald er einen Rückfall erleide, sofort zurückzukehren, und als er ihn beim Abschied reichlich belohnte, versprach der Baron, ihn in Wien aufzusuchen, was er auch wiederholte Male tat.

Seine Entdeckung der therapeutischen Möglichkeiten des künstlich hervorgerufenen Somnambulismus verbarg Mesmer, verschleierte sie, wünschte sie nie zu erklären, bediente sich ihrer jedoch sein Leben lang, und das mit Erfolgen, die ihn jeden Tag ein wenig mehr von seiner außergewöhnlichen Kraft überzeugten. Sein maßloser Ehrgeiz und vor allem die Hartnäckigkeit, mit der er zu rechtfertigen suchte, was allen anderen, und sogar ihm selbst, unerklärlich blieb, trugen ihm jedoch bittere Enttäuschungen ein, deren dramatischste zu einem Skandal führte, der ihn zwang, Wien zu verlassen.

Unter den berühmten Kaufleuten Wiens war die Dynastie der Kolschitzkys stadtbekannt. Ihren Anfang hatte sie mit Georg Kolschitzky genommen, dem berühmten Spion des Grafen Starhemberg während der Belagerung im Jahre 1683. Er, der in der Türkei gelebt hatte und die Sprache dieses Landes beherrschte, stahl sich heimlich in Kara Mustafas Lager, um Karl von Lothringen und dem Fürsten Informationen über Garnisonen und Kanonen der die Stadt belagernden Paschas zu überbringen. Er war es auch, der, nachdem er mit den Türken dieses seltsame Gebräuch aus schwarzen Bohnen, den „kahvé", getrunken, nach Abmarsch der Belagerer eilig die Hunderte von herrenlosen Kaffeesäcken zusammentrug, von denen keiner etwas wissen wollte. Und er war es auch, der, als er sah, daß die Wiener den bitteren Geschmack des türkischen Getränkes verschmähten, Zucker und Sahne hinzufügte und so die Wiener „Mélange" erfand.
Sein Enkel Eugen Kolschitzky ist jedoch vielleicht der noch Berühmtere gewesen: Er war der beste Konditor Wiens. Seitdem die Bäcker auf ihr Privileg der Herstellung von Hörnchen verzichtet hatten, waren die von Eugens Hand in unendlicher Vielzahl kreierten stadtbekannt. Er stellte tausend verschiedene Sorten her, ob mit Rosinen, Konfitüre oder Sahne, ob mit silbernen oder goldenen Enden oder mit Kristallzucker bestreut. Er hatte eine ganz spezielle Eierkuchenart mit Korinthen und Himbeerkonfitüre erfunden, die in mundgerechte Würfel geschnitten wurde. Er kristallisierte hauchdünne Pfannkuchen in Rumkaramell, soufflierte Omelettes mit Mandelcreme. Und sein Riesenguglhupf, seine Obsttorte, sein Baumkuchen und sein Zimtstrudel waren bei Hofe und unter den Aristokraten

ebenso beliebt wie bei den Großbürgern und übrigen Kaufleuten. Die vernaschten Wienerinnen, die der Patisserie nicht zu widerstehen vermochten, verwünschten nicht selten ihren lieben „Eugen“, wenn der Hofball bevorstand; um wieder in ihre Reifröcke zu passen, verbrachten sie zuweilen viele Stunden im Stehen, in Eisenkorsetts gesperrt, aßen Kreide, bestreuten ihre kalten Gerichte mit Schneckenpulver und tranken Terpentin, wie es ihnen die Abmagerungskuren Frau Amelias, der Perückenmacherin der Kaiserin, vorschrieben. Sobald die Feste vorüber waren, begannen die Feinschmeckerwallfahrten zu Eugen von neuem, mit englischem Tee und nachmittäglicher Schokolade.

Eugen Kolschitzky war blond, beleibt und pausbäckig, empfindsam und heiter, kurzum ein herzensguter Mensch. Sein Leben verlief ungetrübt im Kreise seiner Frau und seiner vier Töchter, die ihn verwöhnten; von Adel und Bürgertum geachtet, von seinen Kollegen beneidet, entbehrte er nichts, denn er besaß nahezu alles, vor allem aber die Anerkennung seiner Mitbürger. Als Largus von Paluer, Meister vom Stuhl der Loge „Wahrheit und Einheit“ ihm vorschlug, den Freimaurern beizutreten, schlug er daher das Angebot nicht aus, das er als eine Ehre empfand. Dieser Loge gehörte noch kein Konditor an, und sie wollte neue Adepten anwerben. Wie man ihm sagte, richtete sie sich an ausgewählte Profane, die man für würdig befand, „das Licht zu empfangen“. Eugen ließ sich erklären, was es mit den Logen auf sich hatte. Man erzählte ihm auch, daß über ihn bereits ein positiver Bericht vorliege und er demnächst zur Vorprüfung aufgefordert werde. Er bereitete sich mit Hilfe eines Freimaurerbruders vor, der ihm zur Seite stand und für ihn antwortete, und wurde zur eigentlichen Prüfung zugelassen, der er sich ganz allein zu unterziehen hatte.

Schon die schwarz bemalten Wände der „Dunklen Kammer“ und das Halbdunkel in dessen Umkreis versetzten Eugen in Erstaunen, der an seine hellen Küchen und blinkenden Geräte gewöhnt war. Die Wandbemalung mit ihren von Sicheln und

Schwertern umgebenen Tieren weckte seine Neugier: Auf einem kleinen Tisch, neben dem einzigen Leuchter im Raum, standen eine Schale, Brot und ein Krug mit Wasser; der Anblick eines Totenschädels hinter den zugespitzten Federn einer Schreibgarnitur ließ ihn auffahren. Als er den Leuchter ergriff, um die Winkel des Raumes zu erhellen, stieß er gegen ein Skelett, das an einem Haken hing, und wich vor Entsetzen zurück. Glücklicherweise trat ein Logendiener ein, der ihn beruhigte und ihn aufforderte, ihm alles, was er an Metallenem bei sich trage, auszuhändigen; und Eugen „legte seine Metalle ab", wie es die Zeremonie vorschreibt. Er sah seine Uhr, seine Dukaten, die Gürtelkette und seine vier Ringe in einem Kästchen verschwinden, das fortgetragen wurde. Ohne weitere Erklärungen zerriß man einen Teil seines Hemdes, um seine linke Brust freizulegen, zog seinen Strumpf herunter und krempelte das Beinkleid über dem linken Knie auf, zog ihm den rechten Schuh aus und verband ihm die Augen. Dann spürte er, wie man ihm eine Seilschlinge um den Hals legte, und hörte eine Stimme in sein Ohr sagen:
„Ich bin Bruder Schrecklich, ich werde dich blind aus dieser Kammer führen und der Prüfung der Luft, des Wassers und des Feuers unterziehen, bevor du das Licht empfängst."
Da begann Eugen Kolschitzky am ganzen Körper zu zittern. Er durchlebte plötzlich eine Art Alptraum, in dem er erstickt, ertränkt, verbrannt wurde. Die dicke, fest angezogene Augenbinde, die ihn am Sehen hinderte, begann in seinem Schädel einen heftigen Schmerz hervorzurufen. Er versuchte, den Stoff beiseitezuschieben, wodurch dieser nur um so stärker auf seine Lider drückte, und seine eingeschnürten Augen durchfuhren grelle Blitze. Die Verblüffung zu Beginn der Prüfung wich einer furchtbaren Angst, und ein entsetzliches Grauen ließ den Konditor nunmehr erstarren. Er verging vor Angst, schwitzte, zitterte, und eine erstarrte Jammergestalt wurde von drei Brüdern durch die drei „Prüfungsreisen" geschleppt, bis man ihn zwang, den „bitteren Kelch" zu trinken. Da all die Prüfungen in Gra-

besstille erfolgten, nahm Eugen Kolschitzky an, auch er sei tot. Schließlich führte man ihn, mit weichen Knien, an den Schultern gestützt, in den Ehrensaal, damit er den rituellen Spruch aufsage, den er gelernt, jedoch wieder vergessen hatte, und den man ihm einflüstern, ja sogar an seiner Stelle leise sprechen mußte. Sodann zogen alle anwesenden, den Logenmeister Largus von Paluer umstehenden Mitglieder der Loge „Wahrheit und Einheit“ ihre Degen und richteten deren Spitzen auf Eugen Kolschitzkys Stirn.

Mit lauter Stimme rief Largus von Paluer: „Eugen Kolschitzky, unser Bruder, empfange das Licht!“

Und er nahm ihm die Binde ab, die ihm die Augen verhüllt hatte. Zwanzig Degen funkelten im Lichtschein von zwanzig Kandelabern, und von ihren Klingen fuhr ein Blitz in Eugen Kolschitzkys Augen. Geblendet drückte der Konditor die Hand auf die Lider und brach zusammen. Man nahm sich seiner in aller Ruhe an, denn es kam häufig vor, daß Neulinge, beeindruckt von der Zeremonie, in Ohnmacht fielen. Man legte Eugen auf einen Diwan in einer Kammer, wo man ihm Wundklee zu trinken gab, während Musik erklang und man ihn beglückwünschte. Doch er blieb trübselig, verstört und stumm. Nach einer Weile verlangte er nach Licht. Seine Augen irrten ziellos durch den Raum. Er wollte sich erheben, brach jedoch erneut zusammen. Man begann sich zu beunruhigen, denn er verlangte noch immer nach Licht. Und schließlich verstand man: Eugen Kolschitzky war erblindet.

In nur wenigen Tagen verbreitete sich in Wien die Nachricht von Eugen Kolschitzkys Blindheit. In seinem Laden drängten sich Kunden wie Neugierige, es wurde dreimal so viel Ware wie gewöhnlich verkauft, denn sie war lediglich ein Vorwand, um sich nach der Gesundheit des guten „Eugen“ zu erkundigen, der von seinem Sohn Josef vertreten wurde. Im Zimmer des „Hauses mit der blauen Flasche“ auf dem St. Stefansplatz, in dem die

Kolschitzkys seit ihrem Vorfahren Georg wohnten, begann ein Defilee der bedeutendsten Ärzte der Hauptstadt, von denen jeder irgendwann einmal einen Kuchen des Konditors gekostet hatte.

Man sah Dekan Störck mit seinen Assistenten, und noch viele andere Professoren, doch mit Ungeduld erwartete man die Heimkehr des berühmten Professors der Anatomie, Augenspezialisten und Starstechers Professor Barth, der in Paris bei Jacques Daniel gelernt hatte, Linsen zu extrahieren. Wieder zurück in Wien, untersuchte Barth Eugen Kolschitzky ausgiebig und erklärte, die Augen des Konditors benötigten keine Operation, nur Kamillenbäder, und alles werde wieder gut. Man bereitete die Bäder, man wartete, doch der Konditor blieb blind. Barth kam erneut, verschrieb Eibischbäder, der Patissier sah jedoch noch immer nicht. Barth gab auf, erklärte, man könne nichts anderes tun als abwarten, eines Tages würde er wieder sehen. Die Tage vergingen, und Eugen blieb blind.

Largus von Paluer, Meister der Loge, in der die Erblindung des Konditors erfolgt war, besuchte ihn täglich. Von dem Vorfall zutiefst betroffen, der nicht nur seine Loge, sondern die gesamte Wiener Freimaurerei ohne Zweifel in Mißkredit gebracht hatte, vertraute er seinen Kummer Citrus Janus von Ellenberg an, dem Meister vom Stuhl der Loge „Wohltätigkeit“ und Rosenkreuzer achtzehnten Grades innerhalb der Wiener Hierarchie. Citrus Janus, der auch Arzt war, hatte Mesmer während dessen Famulatur zum Assistenten gehabt und ihn schon Jahre zuvor als Mitglied in seine Loge aufgenommen.

„Unser Bruder Franz Anton Mesmer, der einen guten Ruf als Arzt genießt, könnte uns auch als Freimaurer in dieser Angelegenheit beratend zur Seite stehen“, schlug Citrus Janus vor.

Franz Anton, den Citrus Janus und Largus von Paluer zu sich kommen ließen, hatte wie alle Wiener vom Schicksalsschlag des Konditors gehört und äußerte sogleich seine Bedenken. Bis dahin hatte er noch nie „Ophtalmien“ behandelt. Dieser Terminus bezeichnet alle nur erdenklichen Augenkrankheiten, ob es sich nun um Infektionen oder Störungen der Akkomodation oder der Retina handelt.

Mesmer war sehr bestimmt. „Der animalische Magnetismus heilt im menschlichen Körper viele Krankheiten, ich habe ihn jedoch an Ophtalmien noch nie erprobt. Ein Mißlingen würde nicht nur meiner Methode, sondern auch all meinen Freimaurerbrüdern schaden."

Citrus Janus beharrte, man müsse unbedingt einen Versuch wagen; man würde mit größter Diskretion vorgehen, da Ansehen und Ruf der Loge auf dem Spiel stünden. Er machte von seiner Autorität Gebrauch und verpflichtete Mesmer, Eugen Kolschitzky aufzusuchen. Mesmer konnte sich der Anordnung seines früheren Meisters, der überdies den höchsten Freimaurergrad Wiens bekleidete, nicht widersetzen. Er willigte ein, den Konditor zu untersuchen, stellte jedoch seine Bedingungen. Die Voruntersuchung solle nicht bei ihm in seiner Klinik in der Landstraße stattfinden, sondern in den Räumlichkeiten der Loge der „Wahrheit und Einheit"; man solle den Konditor des Nachts heimlich dorthin führen, wo Franz Anton ihn sodann befragen werde. Erst dann würde er darüber entscheiden, ob eine Behandlung durch den animalischen Magnetismus in der Landstraße vorgenommen werden könne.

Alles Geschehen in der Loge ist von Feierlichkeit geprägt und erfolgt nach festgelegten Regeln – so verlief auch diese Untersuchung sehr feierlich. Zwei Freimaurerbrüder kamen eines Abends gegen Mitternacht, um den braven Eugen abzuholen. Mesmer hatte verlangt, es müsse eine Vollmondnacht sein, und der Wagen, mit dem er gebracht werde, eine einfache Kalesche mit offenem Verdeck. Er bat auch, Eugen solle die Lehrlingskluft tragen, was einige Probleme stellte. Da Eugens Blindheit in diesem Augenblick eingetreten war, da man ihm die Binde abnahm, damit er „das Licht empfange", fragte sich der Logenmeister Largus, ob der Konditor auch vollständig initiiert sei und überhaupt ein Anrecht auf den Titel eines Lehrlings habe. Mesmer erwiderte, selbst wenn Zweifel bestünden, so verdiene Eugen dennoch, daß man ihm, der nicht mehr sehen könne, die freimaurerische Erleuchtung zuerkenne. Man band dem Konditor also einen weißen Lederschurz um die Hüfte und führte ihn in den Audienzsaal, wo sich alle Logenbrüder in Habit und Schurz, mit dem jeweiligen Band ihres Ranges versehen, um den Logenmeister Largus scharten, den die beiden anderen Brüder, Meister vom Stuhl Citrus Janus und Bruder Franz Anton Mesmer, flankierten. Letzterer hatte seine Schärpe und eine besondere Halskette angelegt, mit einer Stickerei, die ein aufgeschlagenes Buch darstellte, worin über einem Magneten das Wort „Gesetz" stand.

Gleich bei Eugens Ankunft war Franz Anton ihm entgegengeeilt und hatte seine Hände ergriffen. „Bruder Eugen, Ihr seid hier in dem Haus, wo Ihr Euer Augenlicht verlort. Unsere Brüder haben beschlossen, Euch meiner Obhut anzuvertrauen. Sie haben Euch bereits gesagt, daß ich Krankheiten behandle, und daß Ihr mir in meiner Eigenschaft als Arzt und als Freimaurer Vertrauen schenken könnt."

Er hatte in der Stille der Versammlung, in der man lediglich das Knistern der Kerzen in den Kandelabern hören konnte, mit seiner tiefen, eindringlichen Stimme gesprochen.

„Wo bin ich?" fragte der Konditor.

„Ihr seid im Audienzsaal, in dem Ihr Euer Augenlicht einbüßtet", erklärte Mesmer schonungslos und fuhr sogleich fort: „Und hier werden wir eine Erklärung für Eure Krankheit finden."

Kaum hatte er diese Worte ausgesprochen, da begann der Konditor am ganzen Leib zu zittern und schrie: „Ich will hier nicht bleiben, ein Abgrund ist dieses dunkle Kellerloch, wo mir der Blitz die Augen verbrannte!" Er versuchte zu fliehen und schrie: „Bringt mich nach Hause! Ihr habt mich hinters Licht geführt! Wo ist der Arzt, der mich heilen sollte?"

Mesmer ergriff ihn beruhigend bei den Schultern. „Ich selbst werde Euch nach Hause bringen, aber zunächst einmal werden wir miteinander sprechen."
Er nahm den Konditor beim Arm und ging mit ihm in entgegengesetzter Richtung vom Audienzsaal zur „Dunklen Kammer". Dort hieß er ihn auf einem Hocker Platz nehmen und bat ihn zu warten, bis er einen Wagen gerufen habe. Raschen Schritts ging er in den Audienzsaal, wo er den Brüdern, die dort geblieben waren, Anweisungen gab, und kehrte schon bald zum Konditor zurück.
Er begann mit ihm ein Gespräch: „In Wahrheit habt Ihr während der Initiation große Angst gehabt. Hatte man Euch denn nicht darauf vorbereitet?"
„Nein", gestand der Konditor.
„War die Augenbinde sehr stramm angelegt?"
„Ja."
„Wir wollen es mit meinem Taschentuch versuchen. Saß sie so fest?"
Mesmer hatte sein Taschentuch um Eugen Kolschitzkys Stirn gebunden.
„Sogar noch fester. Ich versuchte vergeblich sie abzustreifen."
„Etwa so?"
„Ja."
„Es muß Euch unter der Binde vor den Augen geflimmert haben."
„Ja."
„Etwa so?"
Mesmer drückte mit seinen Daumen in Eugens Augenhöhlen.
„Oh ja! Genau so."
„Steht auf und folgt mir. Ihr habt bestimmt Eure Uhr und Euren Schmuck ablegen müssen?"
„Das war noch vor der Augenbinde..."
Mesmer ging mit Eugen Kolschitzky noch einmal den gesamten Ablauf der Initiation durch, die der Konditor unter Angst und

Schrecken erlebt hatte. Mit seiner tiefen, feierlichen Stimme beschrieb er die Zeichnungen auf den Wänden, den Tisch mit dem Leuchter und den Totenschädel und erläuterte die Symbolik der Objekte wie der gesamten Zeremonie des Rituals, das den Konditor so tief beeindruckt hatte.

„Man hat Euch Eures Metalls entledigt wie die Göttin Astarte. Gebt mir Eure Uhr und Eure Ringe... So."

„Ja, genau so."

„Man hat Euch einen Ärmel und die Beinkleider zerrissen. Man hat Euch einen Schuh ausgezogen."

„Ja, das stimmt."

„Und Euch mit einem Seil um den Hals in einen Flur gestoßen."

„Ja! Ja!"

Und Mesmer illustrierte gleichzeitig seinen Bericht, indem er die Initiationsgesten nachahmte, den Konditor stieß, ihm die Kleider vom Leib riß, eine Schlinge um den Hals legte, ihn mit Wasser besprengte, zum Trinken zwang. Und Eugen ließ es mit sich geschehen, gab jedem einzelnen Handgriff des Arztes nach, durchlebte noch einmal die tragischen Augenblicke, die Szenen voller Angst, ohne jedoch seine Kräfte zu verlieren, ganz im Gegenteil, er war angespannt vor lauter Verlangen, sich an jede einzelne Etappe der Luft-, Wasser- und Feuerprobe zu erinnern.

„Und man hat Euch vor Bruder Largus geführt, und Ihr habt das Gelübde abgelegt?"

Dieses Mal wiederholte Eugen das Gelübde, ohne sich zu versprechen:

„Ja, ich schwöre, die Regeln zu befolgen..."

Mesmer stieß ihn in den grell erleuchteten Audienzsaal bis vor den Logenmeister und die Brüder, die ihre gezückten Degen auf Eugens Stirn richteten.

„Und man hat Euch die Augenbinde abgenommen, und Ihr habt das Licht gesehen?"

Mesmer hatte seine Daumen auf die Augenhöhlen des Konditors gesetzt und, bevor er ihm die Binde abnahm, zugedrückt. Eugen stieß einen Schrei aus, hielt die Hände auf seine Lider, wurde diesmal jedoch nicht bewußtlos. Er stand da und verdeckte sich weiterhin mit den Handflächen die Augen, denn er war tatsächlich vom Licht geblendet. Ganz langsam ließ er die Hände sinken und schrie von neuem, dieses Mal jedoch vor Freude, denn er konnte wieder sehen. Mesmer hatte ihn geheilt.

Diese Heilung wie auch jene des jungen Juden aus Sobotisch hatte Mesmer die durchschlagende Wirkung seiner Methode klar gemacht. Mit seinen Fragen ließ er die Kranken die Geschichte ihrer Beschwerden rekonstruieren, die sie mit all ihren Ängsten und Krisen noch einmal durchlebten, und durch eben jene noch einmal erlebten Krisen wurde die Heilung ermöglicht. In beiden Fällen hatte er auch festgestellt, daß sein durch die magnetischen Bestreichungen übertragenes Fluidum Körper und Seele der Kranken in einem solchen Maße durchdrang, daß sie seinem Willen ausgesetzt waren, und das während eines künstlichen Schlafs, auf den er Einfluß zu nehmen vermochte, indem er diesen je nach Belieben verlängerte oder unterband.
Diese Einflußnahme auf den Geist der Kranken, mit Hilfe derer er jene heilte, wollte er sich selbst jedoch nur in soweit eingestehen, als er sie in Form des „animalischen Magnetismus" realisierte. Er wünschte in seiner Kraft weder Übernatürliches noch Erleuchtung; er setzte seine Medizin mit seinem „animalischen Magnetismus" gleich, dessen Regeln er allmählich aufzustellen begann.
Die Kunde der gleichsam wunderbaren Heilung des Eugen Kolschitzky verbreitete sich in Wien ebenso schnell wie die von dessen plötzlicher Erblindung. Für Mesmer bedeutete dies, daß sein Ansehen nur noch wuchs und man ihn bei noch mehr Erkrankungen zu Rate zog. Zu all den Lahmen, Kränkelnden und Gelähmten gesellten sich nunmehr auch die, die schlecht oder überhaupt nicht mehr sahen, und trotz gewisser Vorbehalte, sich mit Augenleiden zu befassen, konnte Mesmer sich von nun

an nicht mehr weigern, eben jene Krankheit zu behandeln, von der er den berühmtesten Konditor Wiens hatte heilen können.

Seit Tagen schneit es über Wien. Unter einem grauen, tiefen Himmel ist die Stadt erstickt, in einer weißen Watteschicht versunken, die die Geräusche dämpft, das Tun und Treiben, die Arbeit und das Leben verlangsamt. Das Tageslicht bringt etwas Leben in die schläfrigen Gassen, die die Straßenfeger vom vereisten Schnee befreien, damit sich Kutschen und Passanten fortbewegen können. Die früh hereinbrechende Nacht läßt die Kälte wieder schärfer werden und bringt weitere Schneefälle, die Straßen und Gebäude einebnen.
Vor der Landstraße 261 reiht sich Wagen an Wagen, und trotz der Kälte erscheinen die Kranken unvermindert zahlreich in Doktor Mesmers medizinischem Pavillon. Sie steigen, in Pelzmäntel gehüllt, aus den Fiakern oder werden, in warme Decken gewickelt, auf Bahren transportiert. Oft sieht man bis tief in die Nacht die in ihre Pelerinen und Schals versunkenen Kutscher sich gleichsam in Statuen aus Schnee verwandeln. In einem Gärtnerhäuschen hat man ein Kohlenbecken aufgestellt, in dessen Nähe sie sich aufwärmen und Glühwein trinken.
Die beiden Krankenpavillons sind ganz besonders gegen die Kälte gewappnet. In allen Räumen brennen zahlreiche Öfen, vor allem aber in dem Saal, wo sich der magnetische Zuber befindet. In die Etagen, wo jeder Kranke sein eigenes Zimmer hat, werden nur Patienten aufgenommen, die einer täglichen Betreuung bedürfen.
Nach seiner morgendlichen Sprechstunde ist Mesmer hinaufgegangen, um zwei neue Pensionärinnen zu besuchen. Seit den spektakulären Heilungen, die mit Hilfe der Methode des animalischen Magnetismus erzielt wurden, interessiert sich der Hof für Doktor Mesmers Verfahren. Baron von Störck, erster Leibarzt und persönlicher medizinischer Berater der Kaiserin, hat in seinen Kommentaren dazu strikte Neutralität gewahrt. Er

kennt Mesmer seit dessen Doktorarbeit und hegt weiterhin angesichts der erzielten Resultate Vorbehalte, kann jedoch die Heilung des Konditors Kolschitzky nicht ignorieren, die ihn nachdenklich machte. Gegen den Vorschlag, junge Kranke, die in den von der Kaiserin ins Leben gerufenen staatlichen Einrichtungen untergebracht waren, mit dem animalischen Magnetismus behandeln zu lassen, hatte er daher nichts einwenden können. So empfing Mesmer die achtzehnjährige Jungfer Ossine, eine von Ihrer Kaiserlichen Hoheit in Pension gegebene Offizierstochter, sowie die neunzehnjährige Jungfer Zwelferinn, ebenso Pensionärin im Wiener Waisenhaus.

Laut Mesmers Diagnose litt Linda Ossine an einer mit Krämpfen, Erbrechen, blutigem Auswurf und Ohnmachten einhergehenden Schwindsucht. Was Jungfer Zwelferinn betraf, so war sie blind; das eine Auge hatte einen weißen Fleck auf der Hornhaut, das andere war verkümmert. Die einige Wochen zuvor verschriebene und seitdem durchgeführte Behandlung begann Wirkung zu zeitigen, und an eben jenem Tag kam Mesmer in Begleitung des Hofarztes Doktor de Ost, der als Beobachter geschickt worden war, um die Fortschritte der Heilung festzustellen. Trotz der Kälte hatte Mesmer in den Räumen der Kranken die Fenster öffnen lassen und die beiden jungen Mädchen aufgefordert, sich davorzustellen. Zwelferinn, die Blinde, hatte erklärt, sie sehe die Schneeflocken auf die Statue der Diana fallen, die vor dem großen Wasserbecken stand, und Jungfer Ossine hatte in der eiskalten Luft zwanzig Atemübungen durchführen können, ohne zu husten oder zu spucken.

Als Doktor Hermann de Ost diese beiden Resultate feststellte, beglückwünschte er Mesmer und übermittelte ihm im gleichen Zuge eine Einladung zum Weihnachtskonzert der Hofmusikkapelle. Nicht nur die Singschule des St. Stephansdoms und ein Symphonieorchester würden zu hören sein, sondern auch die jungen Virtuosinnen des Musik-Theresianums, Stipendiatinnen der Kaiserin.

Bis zu diesem Tage hörte es den ganzen Dezember über nicht zu schneien auf, und Wien, seine Paläste, Häuser und Kirchen waren nur noch eine einzige Eiskruste, die ein riesiger weißer Mantel bedeckte, der sich über den Straßenfurchen und der Krümmung der Donau, die allein die Stadt noch andeutete, in Falten legte.

VII

MARIE THERESE PARADIS

Für das Konzert in der Hofburg hat Maria Anna ein weißes, beinahe geradegeschnittenes Mousselinkleid gewählt, mit einfachem, kleinem Reifrock und sehr hoher, bebänderter Taille, die ihre Brust betont. Auf ihrem Kopf trägt sie gemäß der durch die Kaiserin eingeführten Mode eine leichte, mit zwei Spitzenschößchen verlängerte Schnabelkappe, die ein bemerkenswertes Haararrangement verbirgt, an dessen Aufbau ihre Kammerjungfer mehr als eine Stunde arbeiten mußte.
Franz Anton hat seinem gewohnten schwarzen, mit rosa Satin gefütterten Samtrock den Vorzug gegeben, den er über einer mit Goldfäden bestickten Weste offen trägt. Er pudert seine Perükke nicht, sondern glättet sie mit einem Baumwachs, das er selbst herstellt.
Bevor Mesmer und seine Frau in die Kälte hinausgehen, um dann ganz rasch in ihren Wagen zu steigen, haben sie Heiducken rufen lassen. Die Aufgabe dieser Domestiken in ungarischer Livrée ist es, den Equipagen vorauszulaufen und sich um Felle und Pelze zu kümmern. Maria Anna hat einen großen Hermelinmantel angelegt, Franz Anton einen mit Murmeltierfell gefütterten weiten Überrock aus Bärenpelz.
Angeführt von den Heiducken, die ihre Handstöcke mit goldenem Knauf kreisen lassen, ist die Schlittenequipage schnell auf

dem Michaelerplatz angelangt und hat die Mesmers vor der Treppe zum Rundbau abgesetzt, von wo sie ein Kammerherr mit anderen Geladenen zu den kaiserlichen Gelassen geführt hat. In den Wartesalons wurden die Ankömmlinge nach und nach in Gruppen eingeteilt und in den großen Audienzsaal geleitet, wo das Konzert beginnen sollte, sobald Maria Theresia und Joseph II. eingetreten waren.

Maria Anna und Franz Anton sind vom Grafen Mortau, dem Spielleiter des Konzerts, empfangen worden. Nachdem er Maria Anna zu ihrem Platz zur Linken der Fürstin Kaunitz geleitet hatte, hieß er Mesmer, ihm zur ersten Reihe vor der Bühne, wo die Musiker auftraten, zu folgen. Dort bat er ihn, sich in einen Sessel neben einem leeren Platz zwischen zwei Stühlen zu setzen. Kurz darauf schob man an diese freie Stelle den Rollstuhl Georg Christoph Wagenseils, des berühmten Komponisten und Pianisten, des Cembalo- und Klavierlehrers der Kaiserin und der Erzherzoginnen. Maria Theresia hatte aus gutem Grund angeordnet, daß Meister Wagenseil an Mesmers Seite sitzen sollte, und Mortau hatte lediglich ihre Anordnungen ausgeführt.

Franz Anton kannte Wagenseil gut. Er war einer der Lehrmeister der Wiener Musikschule, seit dreißig Jahren besoldeter Komponist und Organist in der Kapelle der Kaiserinwitwe. Auch er war mit den Mozarts befreundet. Wolfgang hatte schon von Kindheit an Werke von Wagenseil gespielt und ihm kürzlich sogar Kompositionen gewidmet. Der sehr betagte Musiker konnte seit mehreren Jahren nicht mehr gehen und auch nicht mehr spielen, doch er blieb der bevorzugte musikalische Berater Maria Theresias, die keine Gelegenheit versäumte, ihrem alten Lehrmeister ihre Hochachtung zu erweisen.

Mesmer war Wagenseil auch seit langem als Mäzen und Musikliebhaber bekannt, in letzter Zeit darüber hinaus auch wegen seiner medizinischen Erfolge. Da er von dessen freundschaftlichen Banden und seinem engen Kontakt zu den Mozarts wußte, erkundigte er sich bei ihm nach deren Ergehen und Wohlbefin-

den und ging davon sehr schnell über zur Darlegung des Ersuchens, das die Kaiserin an Mesmer richten wollte.
„Wie Ihr wißt", sagte er, „habe ich lange Zeit das musikalische Kollegium der Hofmusikkapelle geleitet, wo die jungen Virtuosen des Theresianums ausgebildet werden. Unter den zahlreichen hochbegabten Kindern, denen ich begegnete, habe ich eine junge außergewöhnliche Schülerin kennengelernt, die ich bereits im Alter von fünf Jahren Kozeluch für das Klavierspiel und vor einigen Jahren auch Abt Vogler für die Komposition anvertraute. Heute abend werdet Ihr sie hören. Sie ist eine bemerkenswerte Musikerin, deren Vater Berater bei Hofe ist. Ihre Majestät ist ihre Patin; sie hat ihr, weil sie blind ist, ein jährliches ‚Gnadengehalt' von zweihundert Golddukaten gewährt. Ihr habt bereits Augenkrankheiten behandelt, und die Kaiserin hat Euch kürzlich zwei andere Zöglinge ihres Theresianums anvertraut. Nun würde die Familie der jungen Blinden es sehr begrüßen, wenn Ihr Euch ihrer annehmen könntest, und ich habe den Auftrag, Euch im Namen Ihrer Majestät der Kaiserin darum zu bitten."
Franz Anton willigte nicht sogleich ein. Man müsse bedenken, daß Augenkrankheiten sich sehr voneinander unterscheiden (die Blindheit der Jungfer Zwelferinn sei ein Grenzfall), doch könne er der Kaiserin keine Absage erteilen. Er erklärte, er müsse zunächst das junge Mädchen untersuchen.
„Auf jeden Fall werdet Ihr sie sehen und spielen hören. Das allein wird für Euch das großzügige Geschenk eines überragenden Talents sein, das Ihr, wie ich hoffe, vielleicht durch eine Heilung wiedergutmachen könnt", schloß Wagenseil.
Mesmer ließ sich wie gewöhnlich von dem Konzert in Bann schlagen. Da er selbst ein brillanter Spieler war, hatte er außerordentliche Freude an der Virtuosität. Nach dem letzten Intermezzo waren Wagenseils Worte von ihm schon fast vergessen, und als er sich ihrer plötzlich wieder erinnerte, fragte er ihn, ob man die junge blinde Solistin schon gehört habe.

„Nein“, sagte Wagenseil, „sie wird jetzt mit dem Streichquartett spielen. Da ist sie.“
Eine junge Frau und ein kleines Mädchen, die einander bei der Hand hielten, betraten in diesem Moment die Stufen zur Bühne. Das kleine Mädchen ging der jungen Frau voraus, die sich mit sicherem Schritt vorwärtsbewegte, obgleich sie ihre Lider geschlossen hielt. Mit einem ganz leichten Lächeln auf den Lippen, den Kopf ein wenig zur Seite geneigt, ging sie etwas gebeugt, um mit einer Hand den weißen Tüll ihres mit Rosen festonierten Kleides zu raffen. Von dem Kind geführt, setzte sie sich an das nur einige Meter von Mesmer und Wagenseil entfernt stehende Klavier. Jetzt hob sie den Kopf zum Saal hin, öffnete ihre Lider, und Franz Anton erbebte. Mit seinen lebhaften, durchdringenden Augen war er jeder Bewegung der jungen Pianistin gefolgt, deren geschmeidiger Gang und Grazie ihn verblüfften. Sein Blick hatte sich auch auf ihre geschlossenen Lider geheftet und dabei die Zartheit der Züge und den ruhigen Ernst ihres Gesichts bemerkt. Doch sobald sie die Augen zum Saal hin aufschlug, empfand Mesmer ein unerklärliches Mißbehagen, denn, ganz im Gegensatz zu seinen sonstigen Versuchen, bei denen sich sein Blick des Blicks der anderen bemächtigte, entzog sich ihm der Blick der jungen Pianistin unerbittlich. Ihre Augen schienen über die seinen, über den Saal, über jegliche irdischen Räume hinweg, in die Weite zu schweifen.
Er hörte sie spielen, wie man im Traum einer Melodie lauscht, die man zu hören glaubt, und die in Erfüllung gegangene Wünsche oder sehnlichst erhoffte Freuden begleitet. Als sie ihr Konzert beendet hatte und sich vor ihm verneigte, fragte er, ohne sie aus den Augen zu lassen, nach ihrem Namen. Er erfuhr, daß sie Marie Therese von Paradis hieß.

Marie Therese Paradis kam am 15. Mai 1759 in Wien als einzige Tochter des Hofrats und Sekretärs Ihrer Kaiserlich Königlichen Majestät Joseph Anton Paradis zur Welt. Bei ihrer Geburt war ihre Sehkraft nach den Worten ihres Vaters normal. Dieser erklärte auch, man habe am 9. Dezember 1762 bei ihrem Erwachen bemerkt, daß sie nicht mehr sehen konnte. Ihre Eltern waren um so bekümmerter über dieses plötzliche Unglück, als seit ihrer Geburt nichts auf eine spätere Erblindung hingewiesen hatte.

Man glaubte, es handle sich um „amourosis perfecta" oder nervöses vollständiges Erblinden ohne Beeinträchtigung des Augapfels. Die Familie und die konsultierten Mediziner glaubten, die Ursache könne „eine zurückgeschlagene Feuchtigkeit" sein, oder aber Angst, von der das Kind durch ein nächtliches Geräusch an seiner Zimmertür befallen worden sei.

Die von diesem Unglück betrübten Eltern hatten Ärzte zu Rate gezogen, die die verschiedensten Maßnahmen und Mittel, wie Zugpflaster, Blutegel und Kauter gebrauchten und mißbrauchten. Monatelang war der Kopf des Kindes eine einzige, unter einem Pflaster eiternde Wunde; und da sich das Sehvermögen nicht besserte, gab man diese Folterqualen zugunsten von Abführmittel, Aderlässen und Verabreichung von Pulsatilla und Baldrianwurzel auf. All das machte die Krankheit wesentlich schlimmer, die durch Krämpfe in den Augen und im Körper nur noch erschwert wurde.

Ungeachtet dieses Zustandes hatten ihre Eltern, die auf ihre Erziehung bedacht waren und sie in ihrem Leiden zu zerstreuen wünschten, Marie Therese Musik studieren lassen. Ihr erstaunliches Talent hatte ihre Lehrmeister sogleich verblüfft, und sie machte derartige Fortschritte, daß die durch Wagenseil aufmerksam gewordene Kaiserin ihr die berühmtesten Dozenten verschaffte und zur Vervollkommnung ihrer musikalischen Ausbildung eine Pension von zweihundert Dukaten gewährte. So wurde aus ihr die Virtuosin, deren vollkommenes Spiel und meisterliche Interpretation Mesmer so sehr bewunderte.

Die ebenso um Marie Thereses Talent wie um ihre Gesundheit besorgte Kaiserin hatte häufig die berühmtesten Mediziner hinsichtlich der Blindheit ihres Patenkindes um ihren Rat gebeten. Infolgedessen hatte nicht nur Baron Störk, sondern auch der Spezialist Barth geäußert, Marie Therese Paradis sei unheilbar. Und noch vor kurzem war ihre Diagnose auch von Baron von Wenzel, dem berühmten Augenarzt aus Paris, während eines Aufenthalts in Wien bestätigt worden. Also setzten die Kaiserin und die Eltern der Kranken ihre letzte Hoffnung in Franz Anton Mesmers Talent.

Im medizinischen Pavillon ist man seit Tagen dabei, Marie Thereses Ankunft vorzubereiten. Dem größten Raum in der ersten Etage hat man eine Schrankkammer und ein Ankleidezimmer hinzugefügt und das Bett gegenüber dem Ofen aufgestellt, der vollständig neu mit verzierten Kacheln aus dem sächsischen Landau errichtet worden war. Mesmer hat angeordnet, zahlreiche Spiegeln und Lüster mit zwanzig Kerzen anzubringen, alles jedoch mit schwarzem Tüll zu verhängen. Vor die Einfassung eines Alkovens wurden ein Klavier und eine Harfe gestellt und auf einem Möbel kleine Triangeln, Flöten und eine Wasseruhr aufgebaut.
Maria Anna äußerte ihr Befremden über all dies Hinundhergeschiebe. Man habe schon weitaus bedeutendere Kranke empfangen, ohne daß derart großes Aufheben gemacht worden sei. Franz Anton wies darauf hin, die Kaiserin habe höchstpersönlich eine Behandlung gewünscht, und ein Erfolg würde nicht nur ihre Dankbarkeit, sondern auch die Anerkennung seiner Methode des tierischen Magnetismus von seiten des ganzen Hofes mit sich bringen. Dann könnten auch die allerhöchsten medizinischen Kapazitäten nicht umhin, seine Verdienste, sein Talent und seine Entdeckung zu würdigen. Maria Anna gab dem gegenüber zu bedenken, ihr erscheine die luxuriöse Ausstattung des Zimmers und all das Zubehör, mit dem man es geschmückt habe, überflüssig, zumal es sich doch schließlich um eine Blinde handle. Mesmer erwiderte, die Kranke werde Personen von

Rang und Namen empfangen, die empfindlich auf die Atmosphäre des Raumes reagierten, und sollte sie tatsächlich wieder sehen können, so würde ihr Blick auf Dingen ruhen, die dem Auge angenehm seien.

Am 17. Jänner 1777 traf Marie Therese Paradis in der Klinik der Landstraße ein. Sie wurde begleitet von ihrem Vater und dem Delegierten der Kaiserin, Doktor de Ost, und Franz Anton Mesmer erschien persönlich, sie zu begrüßen.
Trotz der scharfen Kälte wollte die junge Blinde im Park umherwandern und sich den Standort der Gebäude, der Wasserbecken, des Belvedere und seines Observatoriums zeigen lassen. Auf einmal fragte sie: „Wo befindet sich das Naturtheater?" Als sie erfuhr, daß sie genau gegenüber der Bühne stehe, vor dem Hauptbecken, zwischen den beiden Pavillons, sagte sie: „Hierher bin ich vor zehn Jahren gekommen, um das Singspiel ‚Bastien und Bastienne' von Wolfgang Amadeus Mozart zu hören. „Als die Oper zu Ende war, habe ich Wolfgang einen Blumenstrauß überreicht."
Franz Anton konnte sich an das kleine Mädchen erinnern, das Abt Vogeler ihm als eine seiner Schülerinnen vorgestellt hatte. Daß es blind war, hatte er damals jedoch nicht bemerkt.
„Ich wollte nicht, daß man es sagt. Ich war zu der Zeit schon recht kokett", gestand das junge Mädchen.
Es hatte wieder zu schneien begonnen.
„Das ganze Theater ist schneebedeckt, man kann es von den Busch- und Baumgruppen im Park kaum noch unterscheiden", sagte Mesmer.
Trotz allem setzten sie ihren Rundgang fort. Sie wollte noch durch die Alleen gehen, und es war kaum nötig, sie zu führen. Sie betrat die kleine Treppe zum Belvedere, bat, man möge sie mit dem Gesicht zur Donau plazieren und ihr die Umgebung, die Aussicht und das Naturschauspiel beschreiben. Der Tag neigte sich seinem Ende zu, und man sah beinahe nichts mehr in

dieser Dämmerung, die ein schon sehr schwaches Licht nach und nach verschwinden ließ. Nichtsdestotrotz schilderte ihr Mesmer den Verlauf der Donau, ihren Kanal und den Saum des Parks oberhalb des Praters. Dann umfaßte er ihre Taille und wendete sie zur Stadt, wo man im grauen Dunst die Glockentürme und Türmchen der Kirchen erahnte.
In diesem Augenblick erklang vom Stephansdom das Angelusläuten der großen „Pummerin".
„Ihr habt mir gar nicht gesagt, daß es schon dunkel ist", murmelte sie.
Doch hörte sie Franz Antons Worten weiter zu, der ihr, ohne diese sehen zu können, die Ringmauer der alten Stadt, die Denkmäler der Hofburg und die wichtigsten Gebäude, die unter dem Schnee begraben lagen, beschrieb.
Es war jetzt im Park sehr dunkel. Sonderbarerweise war sie es, die sich an den zurückgelegten Weg erinnerte. Sie fand nahezu allein zum Eingang des Pavillons zurück. In ihrem Zimmer, in das Franz Anton sie führte, legte sie den pelzgefütterten Mantel und ihren kleinen samtenen Muff ab und bat, man möge ihr zeigen, wo sie ihre Kleider und den Inhalt ihrer Koffer unterbringen könne. Daraufhin beschrieb er ihr jedes Möbelstück, jeden Gegenstand, ließ sie die Wände betasten und ihrem Verlauf folgen, die Winkel und Ecken erkunden. Er öffnete das Fenster.
„Hier in diesem Haus hat Mozart die ersten Proben zu ‚Bastien und Bastienne' dirigiert."
Trotz der Kälte beugte sie sich aus dem Fenster und wollte den genauen Standort von Bühne und Orchester erfahren; und da ihr dies nicht recht gelingen wollte, nahm er ihren Nacken in seine Hände, um ihrem Kopf die genaue Richtung zu geben. Sie ließ es dankbar geschehen, bat um nähere Angaben über Ort und Funktion jedes einzelnen Komplexes, verweilte dabei, sich die Informationen, die er ihr gab und durch eine Fülle von Details und Kommentaren in die Länge zog, immer wieder herzusagen und auf ihre Richtigkeit hin zu überprüfen.

„Ich stehle Euch Eure Zeit", sagte sie. „Ihr habt gewiß eine Menge anderer Dinge zu tun, doch ich wollte alles, was dieses Haus umgibt, kennenlernen, damit für mich die Wände meines Zimmers keine Gefängnismauern sind."
Ihr war nun sehr heiß geworden, und sie legte die crèmefarbene Seidenkorsage ab, die ihre Schultern bedeckte. Er wollte ihr beim Wegräumen behilflich sein.
„Nein, laßt mich nur machen. Ich weiß, wo sich der Alkoven befindet. Ihr habt mir ja alles erklärt."
Mit sicheren Griffen verstaute sie die Dinge aus einer Tasche in Schubladen, räumte Kämme und einige Salbentöpfe auf den Toilettetisch. Als sie zum Klavier zurückkehrte, schlug sie einige Tasten an und zupfte an der Harfe.
„Blockflöte spiele ich nicht, doch ich werde es versuchen."

Sie verharrte einen Augenblick reglos und ordnete dann, vor der Konsole stehend, auf der sich ein mit Trauerflor verhängter Spiegel befand, ihre Frisur. Franz Anton wieder zugewandt, wollte sie wissen, von welcher Farbe der Schleier sei. Durch die bloße Frage außer Fassung gebracht, war er noch zusätzlich verwirrt, als er gestehen mußte, er sei schwarz.
„Das ist mir einerlei", sagte sie und strich leise mit ihren Fingern über den Stoff. „Er ist so weich."
Daraufhin erklärte er, man habe sich seiner bedient, um zu vermeiden, daß, sollte sie wieder zu sehen beginnen, ein allzu schonungsloses Licht auf ihre Augen treffe, und die durch den Schleier entstehende Verschwommenheit des Bildes werde dem, was sie zuerst sehe, realere Konturen verleihen.
„Warum so viele Spiegel an den Wänden und auf den Tischen?"
Er verhedderte sich in seiner Antwort. Er habe geglaubt, sein Magnetismus, und zwar der, den er für sie verwenden wolle, dürfe sich nicht gleich zu Beginn der Behandlung verflüchtigen, sondern solle in seinem Körper und in seinen Augen konzentriert bleiben; sobald die Heilung eintrete, müsse jedoch alles

zur Vervielfachung seiner Kraft beitragen, und jede einzelne Spiegelfläche würde das ihre tun, ein möglichst vollkommenes Resultat herbeizuführen.

Sie hörte ihm aufmerksam zu, und behielt immer jenes Lächeln auf den Lippen, das Franz Anton in der Hofburg so gefesselt hatte, und diesen starr auf einen unsichtbaren Horizont gerichteten Blick, der allein durch eben dieses Lächeln zu leben schien, und den darüber hinaus die anmutigen Bewegungen des stets leicht zur Schulter geneigten Kopfes beseelten. Sie tat einige Schritte auf ihn zu.

„Erinnert Ihr Euch daran, wie Abt Vogler mich Euch am Tage von Mozarts Singspiel vorstellte? Ihr habt ihn damals gefragt, was ich spielen könne."

Er erinnerte sich nicht mehr an die Antwort des Abtes.

„Er sagte zu Euch, ich könne alles spielen, was ich je gehört hätte, worauf Ihr erwiderte: ‚Morgen werdet Ihr sie ‚Bastien und Bastienne' spielen lassen.' Und ich fügte hinzu: ‚Ja, Monsieur, morgen werde ich die Arien der Bastienne spielen können'." Sie hielt inne und fuhr dann fort: „Ich könnte sie Euch noch immer vorspielen."

Er blieb sprachlos vor ihr stehen, erstaunt über ihre Naivität, gerührt von ihrer heiteren Unbefangenheit.

„Morgen spiele ich Euch die Arie der Bastienne in F; ich erinnere mich sehr gut an sie."

Sie wirkte vollkommen glücklich und ruhig, als wäre der einzige Sinn ihres Aufenthalts Muße und Erholung. Plötzlich verhärteten sich ihre Züge über leicht verzerrten Lippen.

„Ich hatte vergessen, daß ich wegen einer Kur hier bin und Ihr versuchen wollt, mich zu heilen. Ich darf Euch nicht länger mit meinem Geschwätz zur Last fallen ... Ich muß Euch wieder all Euren Kranken überlassen."

Sie reichte ihm die Hand, die er ergriff. Nachdem sie nun ihr Lächeln wiedergefunden hatte, fügte sie hinzu: „Als ich Euch vor zehn Jahren verließ, habt Ihr mich geküßt."

Sie trat näher und streckte ihm wie das kleine Mädchen von einst ihre Stirn entgegen. Er wich zurück, und indem er ihre Hand in der seinen behielt, schob er sie behutsam, doch entschlossen von sich. Daraufhin erfaßte sie eine plötzliche, nicht zu unterdrükkende Neugier, und wie ein Kind, das ein wenig zitternd mit den Fingerspitzen nach einem unbekannten Gegenstand greift, berührte sie seine Stirn, streifte auch seine Lider, seine Schläfen, seine Lippen und das Oval seines Gesichts.

Was sie mit ihren Fingern liebkoste, war kein vom Alter gezeichnetes Gesicht, war nicht die kalte, runzelige Haut eines gelehrten Mediziners, der den Zenit seines Lebens bereits überschritten hatte. Ganz anders als sie erwartet hatte, war ihr Gastgeber ein kraftvoller, entschlossener Mann, dessen straffe, warme Haut und noch junge, faltenlose Züge sie unter ihren Fingern spürte. Sie errötete und schreckte verwirrt zurück.

Sie stammelte: „Verzeiht, ich wußte nicht... Ich wollte wissen. Versteht Ihr? Für mich sind zehn Jahre eine lange Zeit. Und dann, Eure Stimme, so leise und zugleich so dunkel! Und ich habe doch nur meine Hände, um ein wenig zu erkennen, um zu verstehen..."

Sie hatte ihre Augen geschlossen und sich etwas vor ihm aufgerichtet. Sie schüttelte den Kopf von rechts nach links, wobei sie mit über der Brust abgewinkelten Armen ihre Hände gegeneinanderpreßte. Franz Anton, den diese plötzliche Verzweiflung bewegte, ergriff ihre Handgelenke und zog sie sanft zu einem Diwan, auf dem er sie Platz nehmen ließ. Er betrachtete sie von Kopf bis Fuß, ihr Haar, ihr Gesicht, das sie zu ihm erhob, die noch immer geschlossenen Augen und ihre Brust, die sich im Rhythmus kleiner, zunächst noch unterdrückter und dann leise ausgehauchter Seufzer hob.

„Geht jetzt", sagte sie. „Bis morgen."

Bevor er sie verließ, drückte er ihr ein letztes Mal die Hände.

Um seinen immer zahlreicher werdenden Patienten nahe zu

sein, verbringt Franz Anton nun die Nächte in seinem Arbeitszimmer im Erdgeschoß des medizinischen Pavillons. In die Tiefe eines hinter Wandbehängen verborgenen Alkovens hat er ein schmales Eisenbett stellen lassen, das abends in den Hauptraum gezogen wird. Sein Diener Anton befestigt an den vier Ecken des Bettes eigens von Pater Marino angefertigte Lederetuis, die sich dank der magnetischen Eisenblöcke in ihrem Inneren an die metallenen Beine des Gestelles heften. Franz Anton wirft sich vollkommen bekleidet auf das mit Bärenfellen und Seidenkissen bedeckte Bett. Der Diener wartet, bis sein Herr eingeschlafen ist, was rasch geschieht, um dann Lüster und Leuchter zu löschen. Wann auch immer Mesmer zu Bett geht, Anton muß ihn um fünf Uhr morgens mit einer weiteren Zeremonie wecken, die darin besteht, die vier Lederetuis am Bett durch vier Räucherpfannen mit Narde, Weihrauch, Zimt und Myrrhe zu ersetzen, die Anton mit einem Eichenzunder ansteckt. Auch hierbei wartet er auf das Erwachen seines Herrn und hilft ihm dann, sich vollständig für seine Waschungen zu entkleiden, die er draußen auf einer kleinen, dachgeschützten Terrasse vornimmt. Zunächst schüttet Anton den Inhalt eines Tonkruges mit einem Aufguß aus Seifenkrautwurzel und -stielen über Mesmers Körper, und nachdem Franz Anton sich tüchtig mit der schaumigen Lösung eingerieben hat, übergießt sein Diener ihn mit einem zweiten Krug voll klaren Wassers und besprüht ihn schließlich mit parfümiertem Alkohol, den Mesmer in Köln bei dem italienischen Kaufmann Giovanni Maria Farina zu kaufen pflegt. Nun ist Anton seinem Meister dabei behilflich, frische Wäsche sowie das neue Gewand anzulegen, das er Tag für Tag vorbereitet, indem er auftragsgemäß und in strenger Reihenfolge in jedes Kleidungsstück die magnetisierten Platten schiebt, mit denen Mesmer sich wappnet. Seitdem es schneit, läßt Mesmer sich allmorgendlich nach der Waschung mit einem Sud aus Seifenkrautwurzel von Anton mit Schnee und danach noch mit einem Eau-de-Cologne-getränkten Seegrasballen abreiben. Bevor er seine Perücke aufsetzt, badet Mesmer seine Augen in einer Kamillenlösung und glättet seine Brauen mit einem in Öl getauchten Kohlestück, das deren wirres Haar in zwei tiefschwarze Bögen zusammenfaßt und so Kraft und Glanz seines Blicks noch mehr verstärkt. Nach einigen Konzentrationsübungen auf seinem magnetischen Stuhl begibt er sich dann zu den Zimmern der in Behandlung befindlichen Kranken, und nach Beendigung der Visiten geht er in den Baquet-Saal, wo ihn die Patienten, die zur Untersuchung gekommen sind, bereits erwarteten.

An diesem Morgen galt sein erster Besuch Marie Therese Paradis. Nachdem er die Treppe, die zu ihrem Zimmer führte, erklommen, blieb er, verwundert über seinen etwas kurzen Atem und das schnelle Schlagen seines Herzens, vor ihrer Tür stehen. Bevor er die Tür aufstieß, atmete er mehrmals tief durch.

In dem Raum mit den noch geschlossenen Läden verbreitete eine Kugellampe schwaches Licht. Im Halbdunkel näherte Mesmer sich dem Bett. Der Schein der Lampe reichte nur bis zu dessen Kante, und man sah lediglich eine Ecke der Matratze und die Spitze eines nackten Fußes. Mesmer ergriff die Lampe und trat leise näher. Marie Therese schlief, die Wange in eine Hand gelegt, den anderen Arm ausgestreckt. Sie hatte ihre Decken zurückgestoßen, und um sie herum und auf ihrem langen, weißen Nachtgewand, das sich an ihren Körper schmiegte und den Kurven ihrer Taille folgte, lag ihr aufgelöstes Haar ausgebreitet. Ihre Augen sahen ein wenig unter den geschlossenen Lidern hervor. Mesmer hielt reglos den Atem an und wollte gerade gehen, als er plötzlich ihre schmalen Augenbrauen sich heben und ihre Lippen sich einen Spalt breit öffnen sah.

„Geht nicht, ich schlafe nicht mehr."

Er wußte nicht, ob er sie aus ihrem Schlummer oder aus einer bloßen Träumerei gerissen hatte. Sie war aufgestanden, streckte sich am Fußende des Bettes, indem sie die Arme hob und ihre Taille bog.

„Heute nacht war es sehr heiß", erklärte sie, „ich konnte den Ofen nicht regulieren."
Mit einer Hand löste sie ein noch im Haar verbliebenes Band und schüttelte einen Augenblick lang genüßlich, wie um sich abzukühlen, ihr Haar, das auf ihre Schultern fiel. Dann atmete sie tief, und der lange Seufzer, den sie ausstieß, hob ihre Brust und wellte ihr langes Nachtgewand, das sie ohne Agraffe und Gürtel trug. Ihre Augen überflogen noch immer einen unsichtbaren Horizont; doch auf einmal wurden sie starr.
„Wird dies meine erste Behandlung sein?" fragte sie.
Da er bejahte, bat sie um etwas Geduld, um ein Negligé überzuwerfen und ihr Haar wieder zusammenzubinden. Eine herbeigerufene Zofe stieß die Fensterläden auf, ordnete die Möbel und half Marie Therese Paradis bei der flüchtigen Toilette.
Mesmer ließ das junge Mädchen sich ans Fenster setzen und nahm selbst auf einem Stuhl ihr gegenüber Platz. Er begann, sie über ihre Kindheit, die Familie und ihre musikalischen Studien am Theresianum zu befragen. Dann erkundigte er sich nach ihrer Krankheit, griff so weit wie möglich in ihre Kindheit zurück, um aus ihrem Gedächtnis jedes Detail eines Symptoms, den Bericht über alle ihre Leiden und Krisen zu Tage zu fördern. Während sie sprach, untersuchte er ihre Augen. Er betastete ihre Augäpfel durch die Lider hindurch, indem er sie sanft und langsam zwischen Stirn und Schläfen liebkoste. Mit aller Macht versammelte er, wie schon so oft, in seinen Gesten den ganzen angespannten Wunsch zu heilen, das gesamte Fluidum, das sich in dem Verlangen, das heikle Kräftespiel der Krankheit aufzuwühlen und zu erschüttern, konzentrierte, um schließlich die heilsame Krise auszulösen, die, war sie erstmal durch seinen Magnetismus unter Kontrolle gebracht, das gesunde Gleichgewicht durch endgültige Heilung wiederherstellen würde. Doch so oft ihm auch seine stattliche Erscheinung, sein Verhalten, seine feierlichen Gesten, seine Instrumente und vor allem sein faszinierender Blick, der den der Kranken zu durchdringen pflegte, ge-

holfen hatte, so fand er sich doch angesichts Marie Thereses eines beträchtlichen Teils seiner Kraft beraubt, denn er hatte lediglich seine Worte, um ihren Geist zu erreichen, und seine Hände, um zu ihrem Körper zu sprechen. Wenn auch seine tiefe, erregende Stimme überzeugende Sätze vortrug, die ihm mühelos zufielen, so schienen dennoch seine Hände eigenartig machtlos zu sein, da sie nicht wagten, das junge Mädchen zu berühren, obgleich deren Körper sich ihm in unschuldiger Naivität und heiterer Unbefangenheit darbot.

Sie hatte einfach gesprochen, alles erzählt, was sie erlebt, ertragen, erlitten hatte, ihre harmlosen, kindlichen Freuden, die beunruhigende Zeit der Reife, ihr Verhältnis zu Frauen, die sie mit Takt und Feingefühl analysierte, ihre Begegnungen mit Männern, die für sie gütig, hilfsbereit und erzieherisch bleiben, wie ihr Vater, ihre Lehrer oder die Ärzte, die sie behandelt hatten.

Sie gab ganz einfach zu: „Ihr seid nicht wie die anderen. Vielleicht werdet Ihr mich heilen."

Er glaubte, in diesem Ausspruch einen Appell an den Unterschied zu spüren, von dem er wußte, daß von ihm seine Kraft und sein Magnetismus herrührten, und er verdoppelte seine Bestreichungen, mit denen er gewöhnlich eine Krise herbeiführte. Doch Marie Therese blieb noch immer ruhig und fügsam, seinen Reden gegenüber aufgeschlossen, ohne Gemütsbewegung, unbeirrt. Es gelang ihm nicht, bei ihr die Erregung, das Zittern, die Krämpfe, die Kontraktionen der Kehle auszulösen, die gewöhnlich der Krise vorausgingen und ohne die er seine Behandlung nicht beginnen konnte. Ganz im Gegenteil, er wurde unruhig und steigerte sich in eine Gereiztheit hinein, die sie empfand.

„Ihr seid nicht zufrieden mit mir? Was kann ich tun? Erklärt es mir noch einmal. Ich werde alles machen, was Ihr verlangt."

Ohnehin enttäuscht über den Mißerfolg seines ersten Versuchs, stellte Mesmer verärgert fest, daß sie, trotz ihres Gebrechens, bei ihm Stimmungs- und Gefühlsschwankungen wahrzunehmen vermochte. Dennoch erklärte er, alles sei gut, dies sei schließlich die erste Sitzung, und es müßten noch viele weitere folgen. Er wollte Zeit zum Nachdenken gewinnen und gab vor, nachdem er dieses Mal in aller Frühe gekommen sei, wolle er beim nächsten Mal abends, wenn es schon dunkel sei, wiederkehren, nur müsse er den vollen Mond abwarten.

Sie hatte seinen Stimmungswandel empfunden und wagte keine weiteren Fragen zu stellen, weder über ihre zukünftige Behandlung noch über deren Dauer, doch an jedem folgenden Tag befragte sie die Zofen über den Stand des Mondes, seine Ausmaße und seine Form. Es schneite noch immer, und der bedeckte Himmel ließ nicht oft eine Antwort zu. Auf ihr Geheiß wurde ein Kalender gebracht, und sie bat ihre Kammerzofen, darin das genaue Datum des kommenden Vollmondes zu erkunden. Sie erfuhr, man müsse noch zwei Tage warten. Also begann sie mit sehr viel größerem Eifer Klavier zu spielen, und tatsächlich übte sie täglich viele Stunden, vor allem Fingerübungen, wiederholte jedoch auch Stücke, die sie auswendig kannte. Jeden Nachmittag erhielt sie den Besuch mehrerer konzertierender Kollegen vom Theresianum, die ihr neue Stücke oder alte Fragmente vorspielten, die sie zu hören wünschte und sogleich wiederholte.
Sie hatte sich eine Aufstellung der Werke ihres Repertoires auf mit der Schere eingekerbten Pappen angefertigt, die sie mit äußerster Geschicklichkeit handhabte. Sie konnte mit einer metallenen Führungsschiene, in die das Alphabet gestanzt war, schreiben. Und sie verstand es auch, mittels einer durchlöcherten Scheibe aus Buchenholz und kleinen Holzzapfen zu zählen. Für ihre Kompositionen hatte Abt Vogler sie gelehrt, ihre Melodien in einem vereinfachten System zu diktieren, das die Niederschrift erheblich erleichterte.
Sie hatte sich erkundigt, ob ihr ausgedehntes Klavierspiel die anderen Pensionsgäste des Pavillons und die Behandlungen der Kranken auch nicht störe. Man hatte ihr geantwortet, die Musik

gehöre ganz im Gegenteil bei gewissen Kuren dazu, und Mesmer habe angeordnet, ihre Zimmertür offenzulassen. Indem er ihrem Spiel lauschte, wollte er sie besser verstehen lernen, um sie daraufhin besser behandeln zu können.

Für Franz Anton war Musik eine wirkliche Sprache, dazu bestimmt, alle Nuancen menschlicher Empfindungen zu übersetzen. „Wenn du die Empfindungen erfaßt, die einen Komponisten inspirierte oder das Spiel eines Interpreten lenkt", hatte Johann Ziegler ihn gelehrt, „so hast du Zugang zu deren Seele und kannst alles über sie erfahren." Franz Anton war derart überzeugt von der Ausdruckskraft der Musik, daß er glaubte, sie sei imstande, einfach alles wachzurufen; so wandte er sie gleichzeitig mit dem Magnetismus bei den Kranken an, um die Impulse zu geben und die Reaktionen zu provozieren, durch die die therapeutischen Krisen ausgelöst wurden.

Diese melodische Sprache studierte er bei Marie Therese Paradis, um einen Seelenzustand zu ergründen, zu dem er, um sie heilen zu können, Zugang finden mußte. Ihr virtuoses Spiel, das lediglich ihre Leidenschaft für technische Vollkommenheit verriet, beobachtete er ebenso aufmerksam wie ihr Zögern bei der Wahl und Interpretation eines melodischen Werkes. Tatsächlich fand Mesmer bei Marie Therese in den Momenten des Verstummens und des Neubeginns in ihrem Spiel das, was er suchte. Und was er nach und nach erahnte, verursachte in ihm ein doppeltes Unbehagen, das ihn zugleich beunruhigte, an dem er jedoch auch Gefallen fand.

Nie hatte er bei seinen Kranken einen so naiven, unbefangenen und reinen Geist angetroffen, sondern stets nur gierige, verwirrte und gehetzte Wesen. Seine Kraft, seine Macht und sein Magnetismus beherrschten und korrigierten die Leidenschaften der einen, die oberflächlichen oder perversen Gemüter der anderen, alle lasterhaften Verhaltensweisen des Körpers und der Seele, wo immer sich die Krankheiten eingenistet hatten. Doch angesichts der stillen Klugheit Marie Therese Paradis' ahnte er, daß ohne eine entsprechende Vorbereitung seine Bemühungen und all die Kunstgriffe, die er bei anderen anwandte, die bei ihr durchzuführen ihm jedoch widerstrebte, nun vergeblich und unwirksam sein würden. Trotz allem wollte er, ganz abgesehen von der Notwendigkeit, seinen Ruf zu wahren und ihn bei Hofe zu untermauern, Marie Therese als Beweis der Empfindungen, die sie in ihm erweckt hatte, ihre Heilung zum Geschenk machen. In Gedanken wägte er die Erfolgsaussichten ab, die er mit den verschiedenen, gewöhnlich angewandten Prozeduren haben würde. Die Vorstellung eines Mißerfolges ließ ihn schaudern, die einer Heilung erfüllte ihn schon im voraus mit Stolz. Gewissenhaft bereitete er seine ganze körperliche magnetische Ausrüstung vor, verstärkte Tag für Tag sein Fluidum mit Hilfe seines magnetischen Stuhles, und am ersten Vollmondabend stattete er Marie Therese, wie versprochen, erneut einen Besuch in ihrem Zimmer ab.

Sie hatte ihn den ganzen Tag über erwartet und dabei eine sehr anspruchsvolle Sonate Abt Voglers geübt. Ganz gegen das Gebot des Abtes, der es lieber sah, wenn man seine „schwierigen" Sonaten langsam spielte, hatte sie das Tempo sehr rasch genommen. Ihre Wahl war auf dieses Werk gefallen, um so eine Gefühlsregung, die in Erwartung des versprochenen Besuchs ständig wuchs, leichter zu beherrschen. Seit dem Morgen fragte sie stündlich, wie es am Himmel aussähe, um zu erfahren, ob nicht Wolken das Gestirn, das Mesmer zu brauchen schien, um sein ganzes Können aufzubieten, verbargen. Man antwortete ihr, der Himmel sei noch immer bedeckt, es schneie jedoch nicht mehr. Schließlich wurde es schnell dunkel, und eine Zofe erschien, um ihr zu sagen, man könne den Mond sehen. Über diese Nachricht war Marie Therese derart beglückt, daß sie in die Hände klatschte und bat, man möge ihren Sessel ans Fenster rücken. Dort setzte sie sich nieder und wartete.
Kurz darauf erschien Franz Anton mit seinem Diener, der einen

kleinen Tisch trug, auf dem vier silberne Scheiben lagen und die vier Räucherpfannen mit Borstengras, Weihrauch, Zimt und Myrrhe, die Anton mit einem Eichenspan anzündete, worauf er sich vor seinem Herrn verneigte und verschwand.
Franz Anton lenkte seine Schritte zu Marie Therese, die sich nicht von ihrem Stuhl gerührt hatte. Er nahm ihre Hände und trat mit ihr ans Fenster, dessen beide Flügel er einen Augenblick lang öffnete.
„Atmet tief ein", befahl er, „Ihr habt den Mond vor Euch, und solange ich spreche, werde ich zwischen Euch und ihm sein."
Er schloß das Fenster wieder und ließ sie sich so in den Sessel setzen, daß ihr Gesicht dem Gestirn zugewandt war. Er legte ihr eine Silberscheibe in die rechte Hand, dann setzte er sich neben sie.
„Der Mond", sagte er, „und die anderen Planeten, jedoch auch die Sonne und die Sterne, werden von Kräften genährt, die mittels eines allumfassenden Fluidums wirken. Dieses Fluidum und seine Energie beherrschen die Welt so, wie die Kraft des Mondes die Winde und die Gezeiten beherrscht."
Er hielt plötzlich inne. Der strahlende Mond glänzte durch den Spalt zweier Bäume im Park hindurch, und gern hätte Mesmer geschildert, was er sah. Doch er hatte sich vorgenommen, von seinem Fluidum, vom Magnetismus, von jener wohltätigen Kraft zu sprechen, die er ihr übertragen wollte, die von fernen Sphären zu diesem Gestade, diesem Raum, diesem Zimmer, diesem Sessel strömen würde, bis zu ihr, zu ihren Augen, die zu neuem Leben erwachen und sehen würden, was auch er sah. Doch mit einem Mal verstand er, daß sein Vortrag ohne Echo bleiben würde, denn das heraufbeschworene Bild bedurfte eines Modells. Sie jedoch lebte in einer Welt voller Nebel und Schatten, die allein durch die Konturen dessen, was sie berührte, den Tonfall der Stimmen und die Harmonie ihrer Musik beschworen wurden.
Er blieb stumm und nachdenklich, bis sie ihn bat: „Sprecht doch zu mir. Ich möchte Eure Kraft verstehen."

Also vergaß er das Gestirn, von dem er Hilfe hatte erbitten wollen, und sprach von sich, seinen Entdeckungen, von jener geheimnisvollen Kraft, mit der er eine Heilung erwirkte. Sein Vortrag galt nicht länger einer Kranken, sondern richtete sich an eine Vertraute, der er ein Geheimnis verriet, in das er bis dahin niemanden eingeweiht hatte. Sie lauschte überrascht und schließlich neugierig. Seine Worte reihten sich aneinander, zuweilen überstürzt wie ein Beichtstuhlgemurmel, zuweilen immer lauter, mit bebender Stimme. Doch in dem Maße, wie sein Stolz ihn hinriß, seine Entdeckung kundzutun, verstand er auch, daß ihm die Mittel, sie zu heilen, endgültig entglitten.
Plötzlich merkte er, daß Marie Thereses rechte, um die Silberplatte verkrampfte Hand sich mit ihrer Linken vereinte und gemeinsam mit dieser die Scheibe heftig gegen die Brust drückte. Sie hatte ihren Kopf zurückgeworfen und atmete geräuschvoll; ihr immer noch ferner Blick schien jetzt den Mond zu fixieren. Mesmer hielt erstaunt inne, war jedoch noch mehr verblüfft, als sie sich erhob und, aufrecht vor ihm stehend, beide Hände auf der Brust verkrampft, zu sprechen begann.
„Franz Anton, Franz Anton, um mich herum sind lauter Stimmen, aber die Eure ruft mich. Ein glühend heißer Klumpen steigt in meiner Brust auf und erstickt mich. Ich glaube, ich werde sterben. Doch Eure Stimme ergießt sich über mich wie ein Mantel, der mich umhüllt; es ist, als lege sich jemand über mich, der mich zu beschützen trachtet."
Sie lief im Zimmer auf und ab, umging dabei alle Hindernisse, doch plötzlich blieb sie stehen, ließ die silberne Scheibe fallen und hob die Arme über ihren Kopf. Franz Anton faßte sie um die Taille und führte sie zu ihrem Bett, wo sie sich ausstreckte. Sie rührte sich nicht. Er strich ihr mit der Hand über die Stirn. Ihre Augen schienen jetzt Mesmers Augen anzustarren und seinem Blick zu folgen.
Er fragte: „Erkennt Ihr die Gegenstände? Seht Ihr irgend etwas hier im Raum?"

Lächelnd antwortete sie: „Ich rieche den Duft der Räucherpfannen. Ich spüre Eure Gegenwart. Ich fühle, was Ihr fühlt und werde sehen, was Ihr mich sehen laßt."
Er beschloß, das Gespräch sogleich zu beenden.
Sie hatte ihm soeben gesagt, was er jetzt zu tun habe, und darüber war er erschrocken.

Seit jener seltsamen, furchtbaren Nacht, in der sie das Augenlicht verlor, spiegelt sich Marie Thereses Welt allein in Stimmen, Tönen und in der plastischen Wirkung der Gegenstände wider. Während Klänge und Gerüche für sie vor allem menschliche Anhaltspunkte sind, erlauben ihr Tast- und Geschmackssinn, die Dinge einzuordnen. Das Rascheln der Kleider ihrer Mutter und ihr Bergamotteduft unterscheiden sich in ihrer Erinnerung von jedem anderen Frou-frou und Parfum einer Frau. Und das Hackenzusammenschlagen ihres Vaters, das Klirren seines Degens und besonders sein Geruch gehören zu keinem anderen Mann. Ihr Lehrer Kotzeluch schnupft geriebenen Priecher Tabak und lutscht Anisbonbons, Abt Vogler transpiriert stark und wäscht sich mit Kamille. Bevor Dual Richter sich an die Orgel setzt, zerbeißt er Kaffeebohnen; wenn Righini bei Hofe erscheint, begleitet ihn ein Geruch von frischgemähtem Gras. Salieri besteht aus einer Mischung von Kampfer und Melisse. Die Kaiserin bezieht ihr Parfum von Domenicho Sterchi in zwei Zusammensetzungen: einer leichten auf der Basis von Lavendel und Benzoë-Harz für den täglichen Gebrauch und einer länger anhaltenden und aufdringlichen auf der Basis von Jasmin, Zibet und wildem Majoran, die sie zu Festen und bei feierlichen Auftritten benutzt, und die mit ihrem Duft alle übrigen Parfums der Anwesenden überdeckt. Marie Therese weiß sehr wohl all diese Essenzen zu erkennen, und für sie vermögen die Duftwasser, die mit Essig versetzten Parfums, die Puder, Salben, Schminken und Crèmes ebenso gut die Personen und ihr Temperament zu unterscheiden, wie Gesichtszüge einen Charakter verdeutlichen.

Genauso ergeht es ihr mit dem Vater, der von jeher ihr guter Engel war, der sie das Alphabet lehrte, ihr die einzelnen Worte der Sprache erklärte und die Welt eröffnete, der sie mit der Musik vertraut machte; er war für sie das Muster eines Mannes schlechthin, eine unerschöpfliche Quelle guten Rates, ihr Schutzwall; für sie war der Vater eine warme, zärtliche Stimme, eine ständige Zuwendung voller behutsamer Gesten, doch auch ein ganz besonderer Geruch nach bitteren Mandeln, ein Geruch, der sie beide umhüllte, ein Geruch, der in ihrer Hand blieb, wenn er diese bei Spaziergängen gehalten hatte.
Um mit der Mode zu gehen, läßt Joseph Anton Paradis seine Handschuhe und Lederstulpen bei Benedito Carli, einem Schüler des berühmten italienischen Gerbers Frangipani, anfertigen. Wie sein Lehrmeister, der, vom Alaungeruch gestört, sein Parfum in das Gerbbad mengte, so parfümierte Benedito Carli seine Handschuhe mit Mandelcreme. Und den Geruch der Handschuhe ihres Vaters, diesen Mandelgeruch, den sie mit ihrem Vater gleichsetzte, verbindet Marie Therese stets mit ihrer Kindheit, ihrer Erziehung, ihrem Leben schlechthin, und noch heute mit den langen Besuchen, die Joseph Anton Paradis ihr in der Klinik Doktor Mesmers abstattet.
Doch vor ein paar Tagen hat Hofrat Paradis Wien den Rücken gekehrt. Er begleitet Fürst Kaunitz auf einer Ungarnreise und wird Wien mehrere Wochen fernbleiben.

Noch immer schneite es in Wien. Die Straßenkehrer vom Stephansplatz, die die Seitenschiffe und das Pflaster vor dem Dom freischaufelten, schoben den Schnee in die kleinen Gassen, wo vereiste Haufen die Eingänge der Häuser versperrten. Mathias Grienbaum, der Besitzer der Taverne „Die Glocken“, hatte sich nach erfolglosen Beschimpfungen mit ihnen geeinigt: für drei Kreuzer pro Tag sollten sie den Eingang und die Fassade der Taverne freihalten, um den Kunden ungehindert Zugang zu gestatten. Falls sie die drei Kreuzer bei Grienbaum verzechten, erhielten sie darüber hinaus einen Vorzugstarif, und zum Preis von einem Krug Wein konnten sie derer zwei trinken. Der Sakristan der Kathedrale, der die Verhandlungen geführt hatte, erhielt eine Vergütung von täglich zehn Kreuzern für seine Vermittlung, und wochenlang wurde er nicht wieder nüchtern. Jeden Morgen betete er, es möge ja nicht aufhören zu schneien, und allabendlich kam er, um sein Kochfleischgericht zu essen und zu trinken, bis das Gasthaus schloß. Nach dem zweiten Krug Wein schlief er, bis der Tavernenwirt ihn weckte und hinauswarf. Daher erkannte er auch Pater Geloni nicht, der an jenem Abend zu Grienbaum gekommen war. Der Pater hatte sich vorsichtshalber wie die Fuchspelzhändler, deren Messe gerade stattfand, Kniehosen und Fellwams angezogen. Der Wirt empfing ihn unauffällig und führte ihn in den oberen Stock, wo er ihm in einem kleinen Raum Glühwein mit Zimt kredenzte. Kurz darauf brachte er mit der gleichen Diskretion Mesmer zu dem Mönch.

Franz Anton hatte Pater Geloni mehrmals seit jener berühmten Séance, bei der Rudolf Stupfel, der Alchimist, einen Humunkulus herstellen wollte, wiedergesehen. Nach Erlangung der erforderlichen Freimaurergrade hatte Mesmer regelmäßig die Zirkel der „Erleuchteten Brüder Asiens" besucht, deren angesehenes Mitglied Geloni war. Ebenso hatte er Geloni bei verschiedenen Experimenten in dessen Laboratorium, das ihm Stupfel in seinem Wohnsitz in der Neulinggasse eingerichtet hatte, assistiert. Diese Begegnungen fanden unter großer Vorsicht und Geheimhaltung statt. Geloni, der zum Domkapitel von St. Stephan gehörte, wollte sich ebenso wenig von seinen kirchlichen Mitbrüdern hermetische Manipulation vorwerfen lassen wie Mesmer von seinen Arztkollegen.

Pater Geloni wartete, bis Mesmer seinen schneebedeckten Pelz ablegte und reichte ihm dann eine Schale Glühwein, die Franz Anton in einem Zuge leerte. Er hatte sich von seinem Kutscher auf dem Stephansplatz vor dem Westportal des Domes absetzen lassen und vorgegeben, er müsse an einem nächtlichen Gottesdienst teilnehmen: dann war er zu Fuß im Schneegestöber bis zur Taverne gegangen.

„Warum treffen wir uns hier in der Schenke und zu dieser Stunde?"

Der Mönch bemerkte Mesmers besorgte, verärgerte Miene und wollte ihn beruhigen.

„Mir fehlt ein Steingeist, den ich aus dem Dom entwenden muß, doch können wir erst dorthin gehen, wenn der Gottesdienst vorüber ist. Habt Ihr das Wasser?"

Mesmer holte aus einer Tasche einen mit Wasser gefüllten Flakon. Geloni entkorkte ihn, roch an der Flüssigkeit, betrachtete sie im Lampenlicht, tauchte einen Finger hinein, kostete und fragte:

„Seltsamer Geschmack und eigenartiger Geruch. Woher stammt das Wasser?"

„Aus dem Rotenmühlbrunnen. Es wurde mit einem Kupfergefäß geschöpft und dann magnetisiert. Ich tat ein paar Tropfen Parfum hinzu, was durchaus nötig war."

Geloni schien befriedigt über die Auskunft Mesmers, der erneut zu fragen begann:

„Warum wolltet Ihr mich um jeden Preis hier treffen? Ich hätte doch in Euer Laboratorium bei Stupfel kommen können."

„Ich brauche Euch hier", erklärte der Mönch. Dann schwieg er und fing wieder zu trinken an. Mesmer beharrte nicht weiter und trank ebenfalls noch einige Schalen Wein.

Durch die Fensterscheiben konnte man jenseits der Singerstraße den Dom noch immer für den nächtlichen Gottesdienst erleuchtet sehen. Dann hörte man die Glocken Mitternacht läuten. Nach dem zwölften Schlag der großen Pummerin verloschen die Lichter der Rosetten und der Glasfenster in den Seitenschiffen. Pater Geloni erhob sich. Von Mesmer begleitet stieg er in den Saal im Erdgeschoß der Taverne hinunter und sprach einen Augenblick mit dem Wirt. Grienbaum wies ihm den

Tisch, wo der betrunkene Sakristan seinen Rausch ausschlief: den ganzen Abend lang hatte Grienbaum ihm nachgeschenkt und in den letzten Becher die ihm von Pater Geloni anvertrauten Mixtur geschüttet.
„Wir müssen ihn nach Hause schaffen“, sagte der Wirt.
Der Mönch und Mesmer nahmen sich des Betrunkenen an und schleppten ihn durch die verschneiten Gäßchen bis zur Mesnerei in der Domgasse, wo die Laien wohnten, denen die Aufsicht und Pflege des Domes oblag. Vor der Tür ließen sie ihn fallen, um ein wenig zu verschnaufen und seine Taschen zu durchsuchen.
„Jetzt wißt Ihr, warum ich Euch brauchte“, erklärte Pater Geloni.
Er hatte den Hausschlüssel des Sakristans gefunden; sie traten mit dem Betrunkenen ein, und Mesmer legte ihn auf sein Bett, während der Mönch die Möbel nach dem Domschlüsseln durchsuchte. In der Tat war der Sakristan nicht wie die mit der Messe betrauten Priester im Besitz der Schlüssel für die Hauptportale, sondern besaß nur den zu einer kleinen, durch die Außenwand der Apsis gebrochenen Tür unter der Büste des „Zahnwehherrgotts“, so genannt wegen einer leichten Schwellung im geheiligten Antlitz, die der Bildhauer abzuschleifen versäumt hatte.
Pater Geloni und Mesmer drangen durch diese Pforte ein, gelangten bis zur Rückseite des Altars und standen schließlich in der rechten Seitenapsis vor dem Grab Kaiser Friedrichs III. Der Pater, der sich mit einer abgedunkelten Laterne ausgerüstet hatte, ließ einen Spaltbreit Licht auf das Monument fallen, ein riesiger, von Nikolas van Leyden behauener Block aus rotem Salzburger Marmor. Der Bildhauer wollte den Kampf zwischen Gut und Böse veranschaulichen, indem er die Missetäter durch schädliche Tiere, die ins Grab des Kaisers einzudringen suchten, um dessen Schlaf zu stören, symbolisierte, während die durch heldenhafte Gestalten dargestellten Guten jene daran zu hindern trachteten. Der Mönch suchte zwischen den Skulpturen

das Stück, das er sehnlichst wünschte. Schließlich blieb er vor ihm stehen. Es war ein „talpa caeca“, ein blinder Maulwurf mit seiner langgestreckten, spitzen Schnauze am Ende eines kleinen, rundlichen Körpers. Der Bildhauer hatte ihn nicht dicker als eine Ratte gestaltet und an der oberen rechten Ecke des Grabmals zwischen Schlangen und einer Eidechse angebracht. Geloni reichte Mesmer seine Laterne und löste von seinem Gürtel eine Tasche, aus der er eine alte Filzkappe, Holzblock und Meißel hervorholte. Er bedeckte den Maulwurf mit dem Stück Filz, schlug ein paar Mal mit dem Meißel an die Basis der Skulptur, dann löste er durch einen trockenen Schlag mit dem Holzblock den Maulwurf aus der Marmorwandung. Der Filz hatte das Geräusch erstickt, die Bruchstelle war sauber und kaum sichtbar. Alles geschah rasch im Halbdunkel. Der Maulwurf verschwand mit dem Werkzeug in Pater Gelonis Tasche. Die beiden Männer kehrten zur Mesnerei zurück und legten den Domschlüssel wieder ins Zimmer des noch immer schlafenden Sakristans.

Es hatte aufgehört zu schneien, und mit einem Mal trat der Mond, der erst seit einigen Tagen abnahm, aus den Wolken hervor. Als die beiden Männer auf den Stephansplatz hinaustraten, schlichen sie am Gemäuer entlang und bogen dann in die Essiggasse ein. Dieses Mal ging Mesmer voraus. Sie überquerten die Bäckerstraße, dann den Vorplatz der Jesuitenkirche, und an der Ecke der Schönlaterngasse fand Mesmer seinen Wagen und den Kutscher wieder vor. In dieser Nacht hatte er sich von Anton fahren lassen, dessen Diskretion und Ergebenheit er sicher sein konnte. Während er noch mit seinem Diener sprach, war Pater Geloni in den Wagen eingestiegen. Auf dem Sitz schöpfte er Atem und schüttelte den Schnee von seinen Stiefeln. Mesmer gesellte sich zu ihm. Es war schneidend kalt, und beide hüllten sich in warme Decken.

Als der Wagen vor Stupfels Wohnsitz hielt, öffnete ihnen Rudolf persönlich die Tür. Er hatte in der Halle vor dem Kamin Stühle aufstellen lassen und alle Bediensteten zu Bett geschickt.

Seit Mitternacht erwartete er voller Ungeduld die Ankunft seiner Freunde. Er schloß Mesmer in die Arme und fragte Pater Geloni, ob er jetzt schon ihrer bedürfe.
„Bis zum Korridor könnt Ihr mich begleiten, zum Kalzinieren werde ich Euch rufen."
Sie folgten dem Pater zur Treppe, die zum Korridor und damit zum Laboratorium führte. Er hieß sie hinten in der Galerie auf den Hockern des kleinen Saales Platz nehmen, wo er seine Vorführungen zu machen pflegte, und lief zu seinem Athanor, dessen glühende Feuerstatt und Retorten voll kochender Flüssigkeit man sehen konnte.
„Alles ist unter strengster Geheimhaltung vorbereitet worden, wie du es mir aufgetragen hattest", sagte Rudolf. „Geloni arbeitet seit einigen Tagen für dich, und heute nacht wird er sein Werk zu Ende führen."
Er schwieg eine Weile, schien zu zögern, entschloß sich aber dann doch zu sprechen.
„Franz Anton, deine Wissenschaft vollbringt mehr Wunder als seine Alchimie. Wozu brauchst du ihn?"
Mesmer antwortete nicht, zuckte nur leise mit den Schultern und schüttelte den Kopf.
Rudolf fuhr fort: „Du bist schon seit langem nicht mehr zu unseren Treffen des Kreises der Erleuchteten gekommen. Den Experimenten Pater Gelonis gegenüber bist du oft skeptisch gewesen, und jetzt wendest du dich an ihn. Warum das?"
Franz Anton wollte sich nicht erklären. Er ergriff die Hände seines Freundes und drückte sie kräftig. „Rudolf, versprich mir zu vergessen, worum ich Pater Geloni bat."
Rudolf drang nicht weiter in ihn. Er schwor, nichts zu verraten und versicherte den Freund seiner steten Hilfe und treuen Verbundenheit.
Der Mönch kam, sie zu holen, und führte sie zu den Tischen voller Gefäße, Retorten und Glaskolben. Er plazierte sie zu beiden Seiten eines auf einem hohen Fuß angebrachten Pultes. Ein mit

Skizzen und Zeichen ausgestattetes Buch stand aufgeschlagen und von einer mit Goldöl gefüllten Lampe erhellt auf dem Notenpult. Dieses nach einem alten Geheimrezept der Rosenkreuzer hergestellte Öl versorgte den Docht mit allen Verbrennungselementen auf nahezu unbegrenzte Zeit.
Der Mönch begann mit seinem Vortrag.
„Ich bin hier der einzige Eingeweihte, doch Ihr seid Freunde, Schüler. Und ich habe für Euch, insbesondere für Euch, Franz Anton, gewirkt. Es galt, die universale Weltseele in gewöhnlichem Gold zu binden und die starre irdische Seele zu läutern. Die Operation mußte den Kopf des Raben und den Grabgeruch vermeiden, mußte sauer bleiben und zum Vorschein kommen wie Fischaugen, denn alles mußte getan werden für die Frau mit den erloschenen Augen und dem langen, wie Flammen züngelnden Haar. Ich habe daher den Kompost mit schwarzem Pech, verbranntem Salz, geschmolzenem Blei, Magnesium und dem Raben des Johannes vorbereitet. Damit jedoch das Quecksilber gierig den Schwefel absorbiert und ihn bei sich behält, brauchte ich eine Schlange, ein gesättigtes Reptil. Und hier habe ich die Schlange."
Der Alchimist tauchte mit einer Hand in einen Sack und zog eine regungslose, durch die Kälte erstarrte Schlange hervor. Er legte sie in einen kleinen Korb, und um sie zu wärmen, stellte er diesen vor den Athanor. Dann fuhr er fort:
„Die Schlange ernährt sich von Ratten, Mäusen, Wald- und Spitzmäusen, die sie durch die hypnotische Kraft ihres Blickes lähmt. Doch in diesem Fall ist meine Kalzination blind, und ich habe den Maulwurf, der dem Blick der Schlange gegenüber unempfindlich ist, ausgewählt. Den Maulwurf, das Symbol aller Erdkräfte, den Maulwurf, den Bruder Äskulaps, den heilenden Maulwurf-Gott; den Maulwurf, diesen Bahnbrecher zu den Geheimnissen der Erde und des Todes; den Maulwurf, der vor Krankheiten schützt und diese heilt."
Pater Geloni schwenkte den kleinen Maulwurf aus rotem Mar-

mor, den er vom Grabmal Friedrichs III. abgetrennt hatte. Dann warf er ihn in einen Bronzemörser, zertrümmerte und pulverisierte ihn mit dem Stößel. Er ergriff die von der Wärme des Athanor wiederbelebte Schlange, die sich um sein Handgelenk wand, schlug ihr den Kopf ab und zermahlte sie im Mörser zusammen mit dem Maulwurfpulver. Diese Paste füllte er in einen Tiegel, fügte Schwefel hinzu und trug das Ganze zur Feuerstelle des Athanor. Nach wenigen Augenblicken zog er eine Kruste aus dem Ofen hervor, die er zerrieb. Dann füllte er ein Kristallei mit dieser Masse.

„Für dich, Franz Anton, werde ich jetzt die hermetische Kalzination durchführen", fuhr Geloni fort. „Ich habe kein gewöhnliches, sondern ein geheimes Feuer vorbereitet, das mehr dem Wasser gleicht als der Flamme. Dieses glühende Wasser ist der Funke, den der Schöpfer der leblosen Materie überträgt. Und in diesem Urwasser baden sich Sonne und Mond und lösen sich selbst wieder in ein Wasser auf, woraus sie ursprünglich hervorgegangen sind."

Der Mönch hatte das Kristallei tief in das Feuer des Athanor gelegt, und seltsamerweise zersprang und schmolz es nicht in den Flammen. Er holte es mit einer Zange wieder hervor und hielt es in die Höhe – es schien mit dichtem Nebel angefüllt zu sein.

„Der durch äußere Hitze zutage geförderte feurige Geist wird die Farben auflösen", sagte der Pater. „Es gibt derer drei, die von Schwarz über Weiß zu Rot reichen, doch wird es all die anderen Zwischentöne geben, die dazu dienen, die Welt zu sehen."

In dem Ei bewegte sich eine Wolke, die alle Regenbogenfarben annahm.

„Das Ei wird für das Auge die Sprache der Farben sprechen, aller Farben, die es in der Welt und auch in den Glasfenstern der Kathedralen gibt. Betrachtet das Auge der Welt."

Und sie sahen in dem Ei das Schwarz des Bleis und der schwarzen Henne, dann erschien das Schwarz des Osiris, der Ursprung aller Farben, dann das Gelb, das Rot und schließlich das Weiß.

„Da haben wir das Weiß“, rief Pater Geloni, „hier ist die von aller Unreinheit vollkommen geläuterte Materie.“

Er schwenkte das Kristallei, worin einige feste, kleine Körper und glänzende Partikel mit diamantenen Reflexen von strahlender Weiße schwebten.

„Weiß ist außerdem die Farbe der Reinheit, der Einfachheit und Unschuld. Die Erde ist schwarz, die Luft, die der Sonne nahe kommt, wird mehr und mehr gelb, der Äther ist vollkommen rot, allein Wasser ist weiß. Und die weiße Materie hier muß sich durch das Wasser der Schwäne sublimieren, denn die Wurzel unseres Körpers ist in den Lüften, und der Magnet ist im Leib Arles eingeschlossen, um dem irdischen Wasser die himmlischen und irdischen Tugenden zu verleihen.“

Pater Geloni nahm die kleine Flasche mit dem parfümierten Wasser, die ihm Mesmer gereicht hatte, und goß die Flüssigkeit in das Kristallei. Die glänzenden Partikel bildeten eine Masse, eine Art Milch, mit der Pater Geloni ein anderes Flakon füllte.

„Hier ist deine Materie, Franz Anton. Ich habe sie auf feuchtem Wege präpariert, indem ich zunächst den Schwefel vom Quecksilber trennte, doch ich habe die Urmaterie aus dem Essig der Philosophen, aus deinem parfümierten Wasser, das den Nostoc ersetzt, genommen.“

Rudolf Stupfel unterbrach Pater Geloni brüsk: „Ihr hattet also keinen Nostoc?“

Der Mönch schien verwirrt. „Ich nahm statt dessen drei Kalzinationen, den Maulwurf, die Schlange und das feurige Prinzip aus dem Buch des Averroes.“

Er wies auf die gebundenen Pergamentseiten, die offen auf dem Notenpult lagen. Stupfel nickte halbwegs überzeugt mit dem Kopf. „Und darüber hinaus hatte ich Franz Antons parfümiertes Wasser“, schloß der Mönch.

Diese Antwort schien Stupfel zufriedenzustellen.

Mesmer, dessen Neugier durch diesen Dialog geweckt war, fragte, was denn der Nostoc sei. Stupfel beruhigte ihn: „Ein Stoff, der im Frühling geerntet wird. Im Winter muß man sich anders behelfen. Und das hat Pater Geloni getan."
Jener schüttelte das Fläschchen, in das er die weiße Flüssigkeit gefüllt hatte, und man sah, wie sich darin milchige Strömungen mit roten und schwarzen Reflexen kreuzten, die sich jedoch nicht miteinander vermengten.
„Nimm deine Materie, Franz Anton, sie ist der Urstoff aller Materie. Doch vergiß nicht, daß sie nur die Formen annehmen kann, die du ihr verleihst. Du wirst sie auf die Stirn, die Lider und den Nacken der Frau mit den erloschenen Augen und dem wie Flammen züngelnden Haar legen, und sie wird die Scheibe mit dem Salamander, der im Feuer lebt und sich vom Feuer nährt, auf ihre Brust drücken. Diese weiße, parfümierte Materie ist wie Eisen und Magnet, sie zieht alle Einflüsse des Himmels, der Sonne, des Mondes und der Planeten an sich, um sie der Erde und dir, Franz Anton, zu übertragen, der du sie wiederum an andere weitergibst."
Mesmer nahm das Fläschchen aus Pater Gelonis Händen und reichte ihm eine Börse voller Dukaten, die der Mönch zunächst zurückwies, dann jedoch auf Franz Antons Bitte hin annahm.
Bevor Pater Geloni das Laboratorium verließ, riet Rudolf Stupfel ihm, all seine Künste nur ja schnell zu vergessen.
Der Mönch zuckte mit den Schultern: „Ihr wißt sehr wohl, daß ich kein gutes Gedächtnis habe", murmelte er. Doch nun war es an Stupfel, durch ein ironisches Lächeln seine Skepsis zum Ausdruck zu bringen. Er führte Franz Anton wieder hinunter ins Erdgeschoß und ließ ihn in ein an die Bibliothek grenzendes Kabinett eintreten. Die beiden Männer sprachen dort noch eine Stunde miteinander. Als es dämmerte, kam Anton, um seinen Herrn abzuholen. Rudolf und Mesmer umarmten einander herzlich, bevor sie sich trennten.
Als der Wagen die Neulinggasse verließ, wurde der aufgehäufte

Schnee zu einem unüberwindlichen Hindernis. Der Sturm hatte den starken Schneefall der Nacht wahrhaftig zu vereisten Mauern zusammengefegt. Die Kutsche machte kehrt und fuhr wieder zum Stephansplatz zurück. Mesmer ließ den Wagen vor dem Riesentor des Domes halten. Beinahe im Eilschritt verschwand er unter dem Portal, lief das Seitenschiff entlang bis hinter das Grabmal Friedrichs III. Als er zur oberen rechten Ecke des Mausoleums kam, schrak Franz Anton zusammen. Zwischen der Schlange und der Eidechse befand sich der kleine blinde Maulwurf an seinem Platz. Er näherte sich dem Tierchen, wollte es berühren, um sich von seinem tatsächlichen Vorhandensein zu überzeugen; seine Finger strichen über den kalten Marmor, doch zugleich spürte er auf seiner Brust starke Hitze, beinahe ein Brennen in seinem Wams, dort, wo er in einer Tasche das Fläschchen mit der eigens für ihn von Pater Geloni zubereiteten parfümierten Flüssigkeit trug. Er verließ die Chorkapelle, seine Hand umschloß verkrampft den glühend heißen Flakon auf seiner Brust, der sich in dem Maße, wie er sich vom Grabmal entfernte, nach und nach abkühlte.
Auf dem Vorhof nahmen die Straßenkehrer bereits ihre Arbeit wieder auf, und in ihrer Mitte gab der Sakristan seine Anordnungen. Mesmer beobachtete ihn einen Augenblick, dann bestieg er wieder seine Kutsche und bat Anton, ihn zurück zur Landstraße zu fahren.

Marie Therese empfing ihre Studienkameraden vom Theresianum, die einander ablösten, um mit ihr während ihres Aufenthalts bei Mesmer zu arbeiten. Der kleine Vergelin und die beiden Schwestern Patner spielten ihre neuen Lieder, zwei Sonaten und ein Konzert vor. Abt Vogler hatte ihr eine gestickte Geldbörse, ein Geschenk der Kaiserin, überbracht, eine eigens für sie zu diesem Anlaß komponierte Sonate gespielt. Am späten Nachmittag übte Marie Therese einige Passagen dieser Sonate, insbesondere das Finale, das bei Abt Vogler immer schwierig ausfiel. Eine Zofe trat ein und brachte, wie an jedem Abend, ein Gefäß mit magnetisierter Limonade, von der sie drei Tassen trinken mußte. Dann setzte sie sich ans Klavier und begann nach einer kurzen Einleitung, die Arie der Bastienne in F aus Mozarts kleiner Oper zu spielen. Doktor Mesmer hatte sie seit einer Woche nicht mehr aufgesucht.

„Da das Mysterium der Kathedralen im hermetischen Werk eingeschlossen ist, müßten die Symbole, die man in den Skulpturen der geweihten Tempel entdecken kann, die Erklärung gewisser Geheimnisse erleichtern.“

Das sagte sich Mesmer bei seiner Rückkehr aus dem Stephansdom. Trotz seiner Müdigkeit blätterte er fieberhaft in dem Buch mit den Satzungen der Londoner Großloge, das ihm der ehrwürdige Jäger geliehen hatte. Er suchte darin die Erklärung eines Problems, das ihn stark beschäftigte.

Nachdem seine Lektüre ihm aber keinerlei Deutung der Auferstehung des blinden Maulwurfs geliefert hatte, schloß Mesmer das Buch und stellte es zurück in die Bibliothek. Er griff nach einem anderen, als von Marie Thereses Klavier die ersten Takte von „Bastien und Bastienne“ herüberklangen. Mesmer hielt inne, stellte das Buch wieder an seinen Platz, ging zu einem Schrank und nahm daraus den Flakon, den ihm Pater Geloni zurückgegeben hatte. Er schüttelte ihn und prüfte den Inhalt im Lampenlicht. Dieselben vielfarbigen, milchigen Strömungen durchliefen die Flüssigkeit und kreuzten einander, ohne sich jedoch zu vermengen. Er öffnete das Fläschchen, roch an dem Parfum und holte aus einem Möbel, das im Alkoven seines Kabinetts stand, einen weiteren, viel größeren Flakon aus verziertem Glas. Er verglich den Duft beider Gefäße miteinander und baute sie auf dem Schreibtisch vor sich auf. Regungslos, mit halb geschlossenen Augen, konzentrierte er nun seine ganze Aufmerksamkeit auf die Musik, die aus Marie Therese Paradis' Zimmer drang. Die Arie der Bastienne in F wurde zum dritten Mal mit vibrierender, fast feierlicher, sodann noch rascherer und nahezu herzzerreißender Eindringlichkeit wiederholt. Mesmers Hände waren um die beiden Flakons verkrampft, er atmete so heftig, daß man es hören konnte. Er verstaute die zwei Gefäße dieses Mal Seite an Seite in einem Schrank und rief nach Anton.

Was Marie Therese nun spielt, ist nicht mehr die lebhafte, anmutige Romanze der Bastienne in F, sondern die Arie Bastiens in E, sodann das Rezitativ Bastien und Bastiennes in G, das Duett der beiden in H und schließlich das Schlußtrio in D, ein wahres Opernfinale, bei dem sie sich in eine Folge mechanischer Wiederholungen in ansteigenden Tonarten verbeißt, die wie Appelle kraftvoll und ohrenbetäubend klingen. Bei ihrem virtuosen, lauten Spiel hört nicht, wie der Diener Anton den Raum betritt. Er muß sie erst an der Schulter berühren, um sie in ihrem feurigen Vortrag zu unterbrechen. Sie schreckt zusammen.
„Doktor Mesmer bittet Euch, nicht mit dem Spielen fortzufahren, sondern sich auf den Besuch vorzubereiten, den er Euch morgen abstatten wird."
Mit einem Lächeln auf den Lippen zieht sie die Hände vom Klavier zurück und senkte den Kopf: sie hat erreicht, was sie so sehr ersehnte. Mozarts Musik und vor allem die Arie der Bastienne sind wie ein dringender Ruf gehört worden.

Mesmer ging an jenem Abend früh zu Bett und schlief, ganz gegen seine Gewohnheit, nicht vollständig bekleidet. Als Anton um fünf Uhr früh kam, um die Räucherpfannen zu entzünden, fand er seinen Herrn ganz nackt auf den Bärenfellen liegen; die eine Hand auf der Brust umfaßte eine goldene Scheibe, die an einer silbernen Kette befestigt war. Anton weckte ihn und half ihm wie gewöhnlich bei seinen Waschungen; anstatt jedoch seinen Herrn mit Kölnisch Wasser zu parfümieren, massierte er ihn mit dem beim Handschuhmacher und Parfumeur Carli gekauften Mandelextrakt.

Frisiert, geschminkt und mit seinen Magneten geharnischt, sammelte sich Franz Anton zunächst in seinem magnetischen Stuhl, dann ging er und legte seine Hände auf ein altes alchimistisches Pergament von Glauber, das mit Anmerkungen Pierre le Grands versehen war. Aus dem kleinen Schrank nahm er Pater Gelonis Fläschchen, das neben dem großen Flakon mit dem Mandelextrakt stand. Er bekreuzigte sich und stieg zu Marie Therese Paradis' Zimmer hinauf.

Zwei Zofen bereiten Marie Therese für die magnetische Sitzung vor. Nach der Toilette ziehen sie ihr nur ein Hemd aus weißem Seidenkrepp an, lösen ihr Haarband und betten sie auf den Diwan. Daneben setzen sie einen Stuhl, und als sie den Raum verlassen, bleibt die Tür geöffnet.
Mesmer ist lautlos gekommen und auf der Schwelle stehengeblieben. Er ist in rosa Satin gekleidet, trägt um den Hals seine Kette mit der goldenen Scheibe und eine zweite mit einer Plakette, auf der ein Salamander dargestellt ist. Er macht sich noch immer nicht bemerkbar und beobachtet die auf dem Diwan ausgestreckte Marie Therese. Plötzlich bewegt sie den Kopf, führt eine Hand zur Brust, dann zu den Lippen, um ihre Überraschung zu verbergen und den Schrei, der ihr entschlüpfen will, zu ersticken. Sie hat sich erhoben, steht da in ihrem Gewand, ihr Körper schwankt, zwei-, dreimal, findet dann sein Gleichgewicht. Mit festem, jedoch langsamem Schritt geht sie auf die Tür zu und bleibt von neuem reglos stehen. Ihr schneller werdender Atem hebt ihre Brust, ihr Mund ist hingegen weiterhin verschlossen, allein ihre Nasenflügel beben. Ihr rechter Arm hebt sich bedächtig, will Mesmers Weste berühren. Dieser jedoch ergreift ihre Hand, weist sie zurück, schließt hinter sich die Tür und führt Marie Therese zu ihrem Diwan, wo sie sich niederlegt und er an ihrer Seite Platz nimmt.
Er gibt seine Anweisungen. „Ihr müßt mir jetzt zuhören. Atmet langsamer."

Marie Therese hat sich, auf seinen Arm gestützt, wieder aufgerichtet. Sie will verstehen. „Warum? Warum?"
„Sagt nichts mehr. Ihr müßt mir zuhören. Ihr sollt einzig und allein auf meine Stimme achten. Schließt Eure Augen."
Marie Therese unterbricht ihn von neuem. „Aber dieser Geruch? Dieses Parfum?"
„Dieses Parfum kennt Ihr. Ich bin es doch, der bei Euch ist, und Ihr sollt mir zuhören. Nichts als mir zuhören. Schließt Eure Augen. Schließt Eure Augen!"
Franz Antons Stimme ist jetzt lauter, gebieterischer, überzeugender, sie befiehlt.
„Außer Euch und mir gibt es hier in diesem Zimmer nichts mehr. Nichts mehr außer Euch und mir, und nichts anderes darf mehr existieren, kein Geräusch, kein Klang, allein meine Stimme und die Eure, wenn Ihr auf meine Fragen antwortet. Nur Ihr und ich, und dieses Parfum, das Ihr wiedererkanntet und das zu mir gehört wie meine Stimme, wie meine Hände, die sich auf Eure Schultern, auf Eure Brust stützen und Euch daran hindern aufzustehen. Doch jetzt müßt Ihr mit mir zusammen atmen, mit mir, gleichzeitig mit mir, in meinem Rhythmus. Horcht, folgt meiner Atmung, atmet zugleich mit mir. Horcht auf Eure Atmung, folgt ihr, atmet mit mir. Ich streiche mit meiner Hand über Eure Stirn, Eure Schläfen, Eure Lider, über Euren Nacken, und Ihr spürt die Kühle meiner Hand auf Eurer Stirn, Euren Schläfen, Euren Augen."
Mesmer hat sich die von Pater Geloni zubereitete Essenz auf seine Hände gegossen und reibt Marie Thereses Stirn, ihre Lider und ihren Nacken damit ein. Der Geruch vermischt sich mit dem seinen, mit seinen Worten, Gesten, mit seinen Liebkosungen. Und Marie Therese hört nur noch diese Stimme, atmet nur noch diesen Duft. Sie fühlt sich nun von jeder anderen Empfindung ausgeschlossen. Sie nimmt nichts als den Rhythmus ihrer Atmung wahr, die der Mesmers folgt. Sie riecht nur ein Parfum, den Mandelduft ihrer Kindheit, und auf ihrem Gesicht und

Körper spürt sie leise Berührungen, ein Drücken, was sie auf ihrem Diwan, wo sie mit ausgestreckten Armen und Beinen liegt, von der Außenwelt abschließt. Schon überkommt sie Trägheit, Mattigkeit. Nicht mehr das Gewicht ihres Kopfes auf dem Kissen spürt sie, sondern den Druck der Daumen gegen Nacken und Schultern und die Stimme Mesmers, die fortfährt:
„Der Diwan unter Eurem Rücken wird Euch stützen; er stützt Euch, in ihn laßt Euch sinken. Und Euer Körper ist schwer, Eure Lider sind schwer, und der Schlaf wird Euch übermannen. Atmet langsam mit mir, damit Ihr nur noch an Eure Atmung denkt und sanft hier einschlaft. Ihr könnt Euch nicht mehr erheben, Euer Körper ist schwer, sehr schwer. Ihr atmet mit mir, wir atmen gemeinsam. Ihr werdet schlafen, Ihr schlaft."
Sie wußte nicht, daß sie schlief. Sie fand sich weit, sehr weit zurückversetzt, in einen langen Korridor, in dem sie rannte, wie ein Kind. Sie war wieder zum Kind geworden, die Hand in der ihres Vaters, im Brindelauer Park bei ihrem Onkel mütterlicherseits, bei warmem Sonnenschein, der ihr Gesicht erwärmte, dem Duft ihres Vaters, der sie in ihrem Universum eines kleinen blinden Mädchens umgab. Während sie mit ihrer Cousine Alberta Puppe spielte, erklang eine Musik, die plötzlich abbrach. Auf einmal hörte, spürte sie nichts mehr. Sie fand sich eingesperrt in den riesigen Rumpf eines Klaviers, ohne Boden, ohne Saiten, ohne Rahmen, ein stummes Klavier, aus dem sie stieg, um in einer unermeßlich tiefen Stille die Tasten anzuschlagen. Sie trat auch mit dem Fuß auf das Pedal des Klaviers, es blieb jedoch unendlich still. Da schrie sie, weinte, ohne Tränen, ohne Stimme, ohne sich, ohne ihren Vater zu hören, zu fühlen. Ohne unter ihren Fingern irgendeinen Gegenstand, einen Körper, ein Hindernis zu spüren. Und in dieser all ihre Sinne beherrschenden Leere erklang plötzlich eine Stimme, die ein fernes Echo zurückwarf; eine sanfte, ruhige und ernste Stimme, eine Stimme, deren Fülle und Schwingungen einen Raum formten, ein eindeutiges Volumen, in das das rhythmische Geräusch einer Atmung drang.

Und dieses Atmen verbreitete einen Hauch, von dem ein Geruch ausging, zunächst einschmeichelnd und sanft, dann stark und aufdringlich, ein Mandelgeruch, der sich bei jedem Ausatmen mit der dazugehörigen Stimme verstärkte. Diese Stimme war nicht länger die ihres Vaters, doch der Geruch war derselbe. Dieser Atem war vielleicht der seine, aber von wem kamen diese Liebkosungen auf ihrer Stirn, ihrer Brust, ihren Körper entlang, und die Stimme, die diesen Geruch verbreitete, die Atmung und die Liebkosungen rhythmisierte, diese Stimme, die Gesten vorschrieb, Anweisungen gab und plötzlich, ganz unvermittelt befahl: „Schlaft!"?

Sie war erstaunt, denn genau in diesem Augenblick glaubte sie zu erwachen und aus einem Traum aufzutauchen, denn jemand sagte zu ihr: „Öffnet die Augen, erhebt Euch, kommt mit mir. Nehmt diese Kette, legt sie Euch um den Hals, ein Medaillon hängt daran."

Sie stand auf, nahm die Kette aus den Händen des Mannes, der seit kurzem mit ihr sprach, eines mit Mandellikör parfümierten Mannes. Seltsamerweise empfand sie das Medaillon als sehr heiß, und sie betastete das Relief, das ein Tier darstellte.

Die Stimme erklang von neuem. „Ihr tragt jetzt auf Eurer Brust die Plakette des Salamanders, der im Feuer lebt und sich vom Feuer nährt."

Überrascht wich sie zurück und hielt die Plakette vor ihre Augen. Da nahm in ihrer vernebelten Sicht, in diesem grauen Dunst, der ihr gewöhnlich die Welt verbarg, ein Lichthof Gestalt an und bedeckte nach und nach eine Fläche, auf der sich Linien abzeichneten, die zu den Klängen der Stimme auftauchten und sich zu Konturen zusammenfügten.

Und die Stimme sagte: „Ihr seht einen Salamander, er ist schwarz mit gelben Flecken."

Sie wiederholte: „Mit gelben Flecken..."

Sie wurde ans Klavier geführt und wiederholte: „Tasten... Elfenbein... weiße... schwarze... Elfenbeintasten, schwarze."

Auf den Diwan wurden farbige Stoffe und Fächer gelegt. Wieder sagte die Stimme: „Schaut, es ist ganz leicht, Ihr müßt nur lernen, und dann werdet Ihr alles wiedererkennen und sehen können wie jedermann."
Und sie begann, wie jedermann zu sehen, weil man es ihr sagte, weil die Stimme, die Stimme es ihr sagte. Weil diese Stimme sie wiegte, sie überzeugte, durch ihre Autorität, doch auch durch ihr Timbre, ihre Wärme und den Duft ihres Atems. Sie begann auch den zu sehen, der für sie sah, der ihr die Formen vorschrieb, die sie vor ihren Augen unter dem Einfluß einer ruhigen, friedlichen, sie lenkenden und sie beherrschenden Kraft entwarf. Mesmers Anwesenheit rief in ihr ein ganz neues Wohlbefinden hervor, das sie zusammen mit dieser Stimme, die sie die Welt sehen lehrte, voll auskostete. Daher wollte sie jeder einzelnen Anordnung dieser Stimme Folge leisten. Ohne zu zögern und ohne gegen Möbel zu stoßen, lief sie in ihrem Zimmer umher. Man vertraute ihr ein Nähkästchen an, und sie fädelte ohne fremde Hilfe eine Nadel ein. Die Stimme, die ihr all ihre Gesten diktierte, sagte ihr, sie werde bald sehen können.
„Aber ich sehe doch", sagte sie, „weil Ihr es sagt und mich gewiß nicht zum Narren haltet. Heißt das ‚Sehen'? Ist es so etwas wie Riechen, was ich mit meinen Nasenflügeln erkenne, oder Empfinden, was ich mit meinen Fingern berühre?"
Sie streckte ihre Hände aus und begann nun ihrerseits, Mesmers Gesicht zu betasten, wobei sie flüsterte: „Ich sehe Eure Stirn, Eure Augen, Eure Nase, Euren Mund. Sprecht! Sprecht weiter! Was heißt, mich ‚aufwecken'? Ich schlafe ja doch nicht. Ich will Euch noch einmal sehen."
Sie hatte einen Befehl vernommen, den ihr die Stimme zugetragen: „Beim nächsten Mal legen wir gemeinsam die gleiche Strekke, nur etwas schneller, zurück, und Ihr werdet, sobald Ihr meine Gegenwart spürt, klarer sehen. Jetzt werde ich Euch behutsam wecken..."
Da überfiel sie eine Schwäche, die sie ihr ganzes Selbstbewußt-

sein verlieren ließ: eine zugleich innerhalb wie außerhalb ihrer selbst wirkende Kraft, ein von der Stimme diktierter Befehl zwang sie, ihr nachzugeben. Langsam verschwanden vor ihren Augen die Striche, die Zeichnungen, die Farben, die man ihr gezeigt, und an deren Stelle traten erneut der Nebel und der graue Dunst, die ihr gewöhnlich die Welt verhüllten. Sie warf sich auf den Diwan und blieb regungslos liegen.

Franz Anton betrachtete sie. Er stand mit vor der Brust gekreuzten Armen da. Sein Gesicht war schweißbedeckt, und erschöpft von der soeben vollbrachten gewaltigen Anstrengung atmete er geräuschvoll. Er nahm einen Leuchter vom Tisch und hielt ihn an Marie Thereses Gesicht. Das Licht der Flammen rief eine Bewegung der Lider hervor, und der Anblick des jungen Mädchens verstärkte mit einem Mal die Verwirrung, die er seit dem Konzert in der Hofburg empfand. Nie zuvor hatte er eine derart schöne Haut, eine so verführerische Taille und eine solche Zartheit der Finger gesehen, die das Licht zu durchdringen schien. Bis dahin hatten seine Gefühle ihn vornehmlich in Richtung solider Freundschaften getrieben, anstatt ihn stürmischen Leidenschaften auszusetzen. Dieses Mal bewirkte eine ungewohnte Erregung in ihm ein bisher nicht gekanntes Verlangen, dem er sich hingab, während er gleichzeitig von einer unbestimmten Furcht ergriffen wurde.

Er rief Marie Therese aus ihrer Trance zurück und erklärte ihr, sie müsse sich bemühen, seinen Weisungen zu folgen. Sie schien überrascht über das, was er ihr über die soeben beendete Séance erzählte, doch sie sah ihn noch immer und sagte lächelnd: „Wißt Ihr, daß Ihr mir ein wenig Furcht einflößt? Eure Nase ist seltsam über Eurem Mund eingepflanzt. Ist das bei allen Männern so?“ Ihre Unbefangenheit entzückte ihn um so mehr, als sie ihn aus Dankbarkeit umarmen wollte und über seine verlegene Weigerung in Staunen geriet.

So begann Marie Therese Paradis, in Mesmers Gegenwart nach

und nach die Welt zu entdecken. Zunächst drang das erste Licht nur unter seltsamen Schmerzen zu ihr, und die Fenster ihres Zimmers mußten mit schwarzen Vorhängen verhüllt und ihre Augen mit dicken Binden geschützt werden. Selbst das eilige Vorüberziehen einer Kerzenflamme vor ihren Augen ließ sie das Bewußtsein verlieren. Hunde gefielen ihr besser als die Menschen, und deren Anblick war ihr erträglicher. In den Gesichtern störten, ja schockierten sie die Nasen: „Mir kommt es so vor, als bedrohten sie mich und wollten mir die Augen ausstechen", gestand sie lachend.

Obgleich sie ein gutes Gedächtnis besaß, konnte sie sich die Namen der Farben nicht merken und verwechselte sie häufig. Schwarz neben Weiß oder jeder anderen Farbe ließ sie in tiefe Melancholie verfallen. Sie sah darin das Bild ihrer immerwährenden Nacht und brach oft grundlos in Tränen aus. In solchen Momenten riß sie sich die Binde von den Augen, warf sich auf den Diwan oder auf ihr Bett und vergrub ihren Kopf in den Kissen. Besuche erfreuten sie nicht sonderlich und erschöpften sie über alle Maßen, und häufig sagte sie: „Warum nur bin ich jetzt noch trauriger als zuvor? All das, was ich sehe, verwirrt mich noch stärker als mein Leiden. Die Welt wird mir immer fremder; alles, was ich wiederzuerkennen lerne, stürzt mich in Besorgnis, der ich allzu schnell erliege."

Eines Abends, als die Zofe kam, ihr Zimmer vorzubereiten und ihr ins Nachtgewand zu helfen, bat Marie Therese sie, den großen, zwischen den beiden Fenstern angebrachten Spiegel zu enthüllen. Als der schwarze Tüll, der ihn verhängte, gelüftet war, zog sie ihr Nachtkleid aus und musterte ihren nackten Körper im Spiegel. Was ihr Augenlicht zu erfassen vermochte, war noch immer ein sehr verschwommenes Bild der Kurven ihres Körpers, doch bereitete es ihr Vergnügen, dieses in den verschiedenen Bewegungen, die sie vollzog, den Posen, die sie einnahm, indem sie ihre Arme hob, den Oberkörper neigte, die Beine spreizte, zu verfolgen. Mit ihren Fingern fuhr sie nun die Konturen dieses bislang allein ihren Händen anvertrauten Körpers nach, betastete ihr Gesicht, ihren Hals, ihre Brust, ihren Leib, ihre Schenkel. Sie kauerte sich nieder und erhob sich von neuem. Sie war zutiefst erstaunt, verstand nicht, daß die Oberfläche des Spiegels ihren Körper zu erfassen und zu reflektieren vermochte. Sie machte einen Schritt nach vorne und hielt inne, im Glauben, der Spiegel bewege sich auf sie zu. Sie wich zurück, und der Spiegel tat es ihr gleich. Sie brach in Gelächter aus, und die Zofe, die sie beobachtete, stimmte in ihr Lachen ein. Da forderte Marie Therese sie auf, sich ebenfalls zu entkleiden, und als diese nackt neben ihr vor dem Spiegel stand, begann sie deren Körper mit ihrem eigenen zu vergleichen. Überrascht stellte sie fest, daß Form und Größe von Brust, Leib und Schenkeln keineswegs dieselben waren, und doch waren sie beide gleich groß gewachsen. An der Zofe war alles üppiger, und Marie Therese machte sich deswegen Gedanken.

„Ich bin älter als Ihr, Mademoiselle, und habe fünf Kinder geboren“, sagte die über diese Frage belustigte Frau.

Da fragte Marie Therese, wie das vor sich gehe, was man tun müsse, um Kinder zu bekommen, welche Teile des Körpers sich zuerst runden würden. Sie erinnerte sich an die Schwangerschaft ihrer Base Laetitia, deren Leib sie hatte befühlen dürfen.

Sie wollte von der Zofe wissen, ob diese wieder schwanger sei. „Ich hoffe nicht“, antwortete sie. „Aber nach den Kindern sieht man nicht mehr aus wie zuvor. Schaut her, die hier waren früher viel prächtiger aufgerichtet, und diese Runzeln auf den Oberschenkeln hatte ich ehedem auch nicht.“

Mit dem Unterarm und einer geöffneten Hand hob sie die schwere Masse ihrer Brüste und glättete mit der anderen die Fettschürze, die ihr vom Bauch herabhing.

Lachend fügte sie hinzu: „Aber all das gefällt Gustav Adolf noch immer, er hat seinen Spaß daran.“

Die Zofe beruhigte Marie Therese und erzählte ihr ohne Scham

und Skrupel, gewiß, die Männer würden junge Körper, wie den ihren, bevorzugen, müßten sich jedoch wohl oder übel mit dem ihrer Frau zufriedengeben, wenn diese ihnen Kinder geschenkt habe. Während sie sich wieder ankleidete, erklärte sie außerdem, viele Frauen kämen in die Klinik der Landstraße, um ihren Körper kurieren zu lassen, und Doktor Mesmer wende bei ihnen die verschiedensten Arten der Behandlung an.
Marie Therese wollte mehr über ihn erfahren, über sein Alter, seine Familie, und als sie die Zofe bat, ihn mit anderen Männern zu vergleichen, stellte diese fest:
„Er ist ein großer Arzt und ein sehr schöner Mann."

Betrat Mesmer nun ihr Zimmer, bereitete sie sich, sobald sie sein Parfum wahrnahm und seine Stimme hörte, auf die Sitzung vor, legte sich auf den Diwan und wartete darauf, daß er ihre Hand ergriff, um die Lektion zu beginnen, die sie sehen lehrte. Trug er ihr auf zu schlafen, dann lächelte sie über den ungewöhnlichen Befehl, so, wie sie erstaunt war, wenn er anordnete, sie solle erwachen, nachdem sie mit ihm stundenlang daran gearbeitet hatte, Lebewesen und Dinge zu erkennen.
Eines Tages sagte sie zu ihm: „Jedes Mal, wenn Ihr mir neue Objekte zeigt, überkommt mich eine seltsame Unruhe, und zuweilen wäre ich lieber wieder blind, als immerzu eine solche Angst verspüren zu müssen. Das Licht und der helle Tag sind derart erbarmungslos, daß ich gezwungen bin, eine Augenbinde zu tragen; und sobald Ihr nicht da seid, wage ich nicht einen Schritt mehr, ohne daß mich jemand führt, während ich doch zuvor viel sicherer ging und mich allein zurechtfinden konnte. Am Klavier vermochte ich die schwierigsten Konzerte zu spielen und dabei noch zu sprechen, und nun kann ich diese nicht mehr mit derselben Präzision vortragen, denn ich verfolge mit den Augen meine Finger und verfehle oft die Tasten..."
Um ihre Besorgnis zu mindern und ihr Mut einzuflößen, begann Mesmer wieder mit seinen Übungen, machte ihr erneut

Hoffnung und redete ihr ein, sie müsse doch mit ihren bisherigen Fortschritten schon sehr zufrieden sein. Schließlich ließ er sie sich eines Tages warm anziehen und nahm sie mit in den Park. Er führte sie vor die vereisten Wasserbecken und das schneebedeckte Naturtheater. Sie glaubte einen Schwächeanfall zu erleiden, obgleich ihr Kopf mit einem schwarzen Schleier verhüllt war. Als Mesmer sie zum Pavillon zurückbrachte, bildete sie sich ein, das Gebäude komme ihr entgegen und die Tür werde sie sogleich verschlingen. Zurück in ihrem Zimmer sank sie ohnmächtig in seine Arme.
Am darauffolgenden Tage wollte sie jedoch den Spaziergang wiederholen. Sie bemühte sich, alles wiederzuerkennen und hatte Freude daran, das Belvedere zu erklimmen und die Donau als ein langes, breites, weißes Band zu erkennen, auf dessen Anfang und Ende sie wies. Indem sie ihre Arme ausstreckte, glaubte sie, die Bäume in der Ferne berühren zu können, und war erstaunt, als Mesmer ihr die Distanz beschrieb.
An jenem Abend sagte sie Mesmer, sie fange an glücklich zu sein, und beim Abschied küßte er ihr zum ersten Mal die Hände.

Die Jenomé weilt seit acht Tagen in Wien. Ihr geht der Ruf voraus, nicht nur eine der berühmtesten virtuosen Pianistinnen Europas zu sein, sondern auch ein Leben zu führen, dessen Ausschweifungen zuweilen an Skandale grenzen.
Die Jenomé, das heißt auch Paris in Wien, Boulevard Saint-Germain und Palais Royal im Umkreis der Hofburg und des Michaelerplatzes, denn während ihres ganzen Aufenthaltes reißt man sich um die Konzerte der berühmten Pianistin. Sie hat bereits einmal bei Hofe gespielt, in Kürze soll sie zwei Konzerte mit dem Taulberg-Orchester im Hoftheater geben. Sie hat lediglich in drei Privatkonzerte eingewilligt; es ist stadtbekannt, daß sie eine „Akademie" bei Fürst Kaunitz und eine weitere im Palais Kinsky abhalten wird, sie hat jedoch nicht preisgegeben, bei wem das dritte Konzert stattfinden soll.

Die Jenomé lebt in Wien auf großem Fuße. Man erzählt sich, sie habe das Angebot des Hofes, in der kaiserlichen Residenz zu logieren, abgelehnt, und zwar zugunsten einer Herberge in der Vorstadt, wo sie sich ungezwungener ausschweifenden Festen hingeben könne, die nach ihren Konzerten nachts dort stattfänden. Es heißt, sie sei allabendlich betrunken, brauche täglich einen anderen Liebhaber, verlange von ihren Gästen, aus ihren, der Jenomés, Schuhen zu trinken, besitze zweihundert Taschentücher sowie eine sagenhafte Sammlung von Fächern, von denen so manch einer, mit ihrer Unterschrift versehen, die glücklichen Auserwählten belohnt, die mit ihr das Bett teilten. Man erzählt sich noch vieles andere, in Wirklichkeit sind dies jedoch bloße Erfindungen, weil man sich nur allzu gern mit den Eskapaden der französischen Pianistin vom eintönigen Wiener Gesellschaftsleben ablenken läßt. Wer hat die Jenomé seit ihrer Ankunft in Wien überhaupt zu Gesicht bekommen? Lediglich ein paar Privilegierte bei Hofe. Sie hat dort außerordentlich brillant gespielt, vor allem ein Konzert des jungen Wolfgang Amadeus Mozart.
Auf der Fahrt nach Wien hat sie in Salzburg Station gemacht, um ihn zu treffen, und er hat ihr ein eigens für sie komponiertes Konzert in e-moll überreicht. Das Konzert ist geheimnisumwittert. Sie gibt zu verstehen, Wolfgang habe es ihr spontan gewidmet, es heißt jedoch, sie habe es bei ihm in Auftrag gegeben, um es zu Ostern beim geistlichen Konzert in den Tuilerien vorzutragen. Die Mozarts haben ihr darüber hinaus eine ausführliche Botschaft an den Doktor übergeben sowie die Abschrift des Divertimento in D, das Wolfgang für Mesmers Orchester in der Landstraße geschrieben hatte.

Eines Morgens erschien die Jenomé unerwartet bei Mesmer. Sie ließ sich durch ihren Kutscher bei Mesmers Kammerherrn ankündigen und blieb im Wagen sitzen. Der Kammerherr benachrichtigte Anton, der wiederum Mesmer, der den Wagen vor seinem medizinischen Pavillon vorfahren ließ, wo er die Jenomé persönlich in Empfang nahm.

Sie erklärte, sie habe eine Nachricht von den Mozarts für ihn und solle ihm eine Partitur überbringen. Die Mozarts hätten ihr viel vom berühmten Doktor Mesmer erzählt, dem bekannten Arzt und nicht weniger bekannten Musikliebhaber, und sie habe ihn an seinem Arbeitsplatz und in der Atmosphäre seiner therapeutischen Tätigkeit sehen wollen. Franz Anton fühlte sich geschmeichelt und führte sie durch seine Behandlungsräume mit den Zubern und magnetisierten Instrumenten. Sie erlebte magnetische Bestreichungen und Krisen, wollte die Eisenstäbe der Baquets ergreifen, tauchte ihre Fingerspitzen in die Eimer mit dem magnetisierten Wasser, erklärte, das alles sei seltsam, befremdend und bemerkenswert, und sie würde sich gern ebenfalls einer magnetischen Kur unterziehen, wenn sie nur länger in Wien bliebe.

„Was fehlt Euch?“ fragte Franz Anton.

„Ihr werdet es erfahren, sobald wir den Rundgang beendet haben.“

Sie wollte sich überdies die von ihm behandelten Krankheiten erläutern lassen und schien sich für die verschiedenen klinischen Fälle der ihr vorgeführten Patienten zu interessieren. Sie half sogar einer Gelähmten, neben dem Zuber Platz zu nehmen und sie an ihre Nachbarn und die Metallstäbe festzubinden.

Nach einer Weile fuhr sie sich plötzlich mit der Hand an die Stirn, erklärte, sie sei müde und wolle sich ausruhen. Er führte sie in sein Kabinett. Sie ließ sich für einige Minuten in einen Sessel fallen und erhob sich nur, um ihren Pelz abzulegen, schließlich auch den kleinen weißen Filzhut mit dem unter ihrem Hals gebundenen schwarzen Spitzenschal. Sie warf ihre Handschuhe auf Mesmers Schreibtisch und nahm wieder in ihrem Sessel Platz. Franz Anton, der vor ihr stand, sah sie, durch ihre Ungezwungenheit ein wenig aus der Fassung gebracht, an.

Er fragte: „Womit kann ich Euch nun noch dienen?“

Die Mozarts hätten ihr so viel von ihm, seinen Fähigkeiten, von den Wundern, die er vollbringe, erzählt, daß sie ihm ihren Fall unterbreiten wolle. Oh! Sie habe bereits in Paris und London namhafte Ärzte zu Rate gezogen, die jedoch nichts bei ihr hätten ausrichten können. Er, Mesmer, sei ihre letzte Rettung, er müsse sie unbedingt heilen.

Je länger sie sprach, desto stärker fiel Franz Anton das Mißverhältnis zwischen ihren Worten und dem Fehlen wirklicher Besorgnis in ihrem Gesicht auf, das ganz im Gegenteil von einer belustigten Indifferenz, von der Neugier gezeichnet war, die Wirkung ihrer Worte auf Mesmer zu beobachten. Er ließ sich nicht beirren und wiederholte lediglich seine Frage: „Was fehlt Euch?"

Da gestand sie jene recht verbreitete Furcht ein, unter der all jene zu leiden haben, die vor ein Publikum treten oder eine Prüfung bestehen müssen, und sie begleitete ihr Geständnis mit Gesten, überschwenglichem Gebaren und provozierender Mimik. „Seht, vor jedem meiner Konzerte empfinde ich eine entsetzlicher Angst, die mir die Kehle zuschnürt. Es ist wie ein Klumpen, der mir den Atem raubt und zum Halse aufsteigt, um mich zu ersticken."

Sie hatte Mesmers Hände ergriffen und führte sie an ihre Brust. Dann zeigte sie ihm die ihren. „Ich habe dann das Gefühl, meine Finger würden erlahmen und könnten die Tasten nicht mehr anschlagen."

Er lächelte: „Und dann plötzlich, wenn Ihr zu spielen beginnt, verschwinden, indem Ihr handelt, Eure ganzen Sorgen, und Ihr denkt an nichts anderes mehr als an Eure Musik. So wie Euch ergeht es vielen Künstlern."

Da verstand sie, daß ihre List erfolglos war. Sie ergriff Mesmer beim Arm, begann mit ihm zu plaudern, im geräumigen Büro auf und ab zu wandern und gab unumwunden zu: „Ihr müßt wissen, ich langweile mich überall. Und hätte ich nicht meine Musik, meine Konzerte, die langen Stunden der Arbeit, so würde ich nicht mehr leben wollen. Zuweilen weckt mich des Nachts, trotz der Freude über meine Erfolge, der Trunkenheit der Feste, ein Gefühl des Ekels und lähmt mich. Deshalb will ich nicht allein sein. In mir ist ein Überdruß, der meine Seele zuschnürt, und der Kraftaufwand, mit dem ich mich von ihm zu befreien suche, kommt größter körperlicher Anstrengung gleich. Die Mozarts sagten mir, ich würde bei Euch wertvollen Rat finden."

Sie war stehengeblieben und umfaßte seine Handgelenke. „Tut etwas für mich."

Er wollte antworten, doch mit einem Mal erklang Klaviermusik und ließ die Jenomé aufhorchen, die sogleich die Virtuosität des Vortrags erkannte. Sie lauschte einen Augenblick und fragte dann, wer denn so bemerkenswert spiele. Als sie hörte, es handle sich um Marie Therese Paradis, legte sie sogleich großes Interesse an den Tag. Man hatte ihr bereits von der jungen Blinden erzählt, und sie erinnerte, daß Wagenseil ihr berichtet hatte, das talentierte Mädchen sei bei Doktor Mesmer in Behandlung. Die Jenomé fragte, ob es möglich sei, sie kennenzulernen.

Als Marie Therese Paradis erfuhr, die Jenomé wolle ihr einen Besuch abstatten, zeigte sie sich hocherfreut und ließ sie bitten, doch sogleich auf ihr Zimmer zu kommen.

Marie Therese ging auf die Französin zu, und noch bevor sie sie umarmte, sagte sie zu ihr: „Wie schön Ihr seid!"

Der Raum lag im Halbdunkel, die Schleier vor den Fenstern ließen nur sehr schwaches Licht ins Zimmer, nach und nach gewöhnte man sich jedoch an dieses Zwielicht.

Die Jenomé war erstaunt, von einer Blinden bewundert zu werden.

„Ihr könnt also sehen?" fragte sie.

„Doktor Mesmer lehrt es mich jeden Tag, und ist er in meiner Nähe, so kann ich alles, was er sieht, auch sehen."

Marie Therese hatte die Jenomé neben sich auf dem Diwan Platz nehmen lassen, und während sie miteinander sprachen, hielten sie sich bei den Händen. Dann wünschte sich das Mädchen, sie möge ihr doch etwas vorspielen, und die Jenomé setzte sich ans Klavier. Dann war Marie Therese an der Reihe, und es folgte ein Gespräch über ihrer beider Kunst, das Mesmer schweigend mitanhörte. Als sie nach einer Weile seine stumme Gegenwart bemerkten, baten sie um Verzeihung.

„Wir stehlen Euch Eure Zeit; aber wir müssen uns wiedersehen.“

Er verwahrte sich dagegen, von ihrem Gespräch gelangweilt worden zu sein. Ihre Worte hätten ihn interessiert, wo er doch selbst Musikliebhaber sei und auch leidlich spiele. Da kam ihnen die Idee, ein gemeinsames Konzert vorzubereiten, das für einen kleinen Kreis von Freunden in Mesmers Haus gegeben werden sollte, und Franz Anton willigte sogleich ein.

„Dies wird meine dritte Wiener ‚Akademie‘ sein“, sagte die Jenomé.

Sie baten Mesmer, ebenfalls daran mitzuwirken, und er erklärte sich dazu bereit, Glasharmonika zu spielen, was die Jenomé vorgeschlagen hatte, die von den Mozarts wußte, daß Mesmer ein sehr schönes solches Instrument besaß. Das Orchester der Mesmers sollte ebenfalls auftreten. Man würde einige Mitglieder des Hofes und des Theresianums dazu bitten.

Im Handumdrehen war alles organisiert: das Programm des Konzerts, die Aufgabe eines jeden sowie das endgültige, sehr baldige Datum, da die Jenomé Wien bereits in zwei Wochen würde verlassen müssen. Sie beschloß, das Konzert zu spielen, das Mozart ihr gewidmet hatte, und Marie Therese gestand, sie wäre überglücklich, wenn Wolfgang Amadeus eines Tages für sie ein Werk komponierte. Die Jenomé beteuerte, sie würde den jungen Maestro darum bitten, und Mesmer versprach, an Wolfgang in diesem Sinne zu schreiben. Dann dankte er ihnen für die Bereitschaft mitzuwirken, und beide betrachteten ihn, beeindruckt von seiner imposanten Ruhe und stattlichen Erscheinung.

Als die Jenomé ihren Wagen bestieg, zog sie Mesmer zur Bank hinauf und ließ ihn neben sich Platz nehmen.
„Ich bin glücklich, Euch kennengelernt zu haben und für Euch, in Eurem Haus, mit der kleinen Paradis zu spielen. Das junge Mädchen vergöttert Euch, Ihr erweckt sie zu neuem Leben. Ich möchte, daß Ihr auch etwas für mich tut. Für Paula Jeunhomme. So ist mein wahrer Name, den man im Ausland verunstaltete: Jenomé in Österreich, Jenomi in Italien. Für Euch möchte ich ganz einfach ‚Paula' sein. Franz Anton, sagt Paula zu mir."
Mesmer sah sie lächelnd an, küßte ihre Hand und stieg aus dem Wagen. Er blieb vor seinem Pavillon stehen und wartete, bis das Kabriolett am Ende der Allee verschwand, um dann in seinen Arbeitsraum zurückzukehren.

Das dritte Privatkonzert der Jenomé fand am zweiten Sonntag im Februar im großen Salon der Mesmerschen Residenz statt. Das auserlesene Publikum bestand aus Mesmers Freunden und Bekannten, Mitgliedern des Hofes und Lehrern des Theresianums. Wegen der Mitwirkung der Marie Therese Paradis wurde das Orchester durch einige Schüler Wagenseils und Abt Vogelers ergänzt.
Der Vortrag der Werke war meisterhaft. Die Jenomé zeigte sich von ihrer besten Seite, und Marie Therese Paradis, die das wunderbare Spiel der französischen Pianistin mitriß, erwies sich als ihrer beinahe ebenbürtig und wurde an diesem Tag zu Recht aufs höchste gelobt. Mit Erstaunen sah man auch, wie sie sich ohne fremde Hilfe fortbewegte und ihr eingeschränktes Sehvermögen zu meistern begann. Ein Triumph wurde jener Abend auch für Franz Anton, der zwei Stücke von Ditters von Dittersdorf auf seiner Glasharmonika vortrug. Nachdem sie das erste angehört hatte, setzte sich die Jenomé ans Klavier, um das zweite Stück mit improvisierten Variationen zu begleiten, und mit anhaltendem Applaus bejubelte die Zuhörerschaft die wahre Meisterleistung des Hausherrn und der französischen Virtuosin.

Mit diesem Konzert bestätigte, ja, verstärkte die Jenomé nur noch ihr großes Ansehen: für Marie Therese Paradis ergab es sich, daß man ihr die Ehre des Artikels vor ihrem Familiennamen zuteil werden ließ, denn von da an nannte man sie ‚die Paradis'. Was Mesmer betraf, so erntete er, abgesehen von den Sympathien derjenigen, die ihm ohnehin Zuneigung oder Freundschaft entgegenbrachten, das übliche Lob kriecherischer oder eifersüchtiger Schmeichler.

Als sich die Gäste gegen Ende des Empfangs, mit dem das Konzert abschloß, zurückzogen, stellte man fest, daß der Fiaker der Jenomé in der Reihe der Equipagen fehlte. Sie sagte, da sie nicht gewußt habe, wann das Konzert vorüber sein würde, hätte sie ihn fortgeschickt und bat nun Mesmer, ihr einen Wagen zur Verfügung zu stellen.

„Begleitet mich", sagte sie, „dann können wir noch ein wenig über dieses schöne Fest plaudern."

Die Herberge, in der die Jenomé logierte, befand sich auf den Hängen des Kahlenberges, oberhalb der Grinzinger Weinberge. Die von Anton kutschierte Kalesche fuhr die Donau entlang und bezwang trotz Dunkelheit und schlechter Wege ohne große Schwierigkeit den Hügel. Vor dem Haus angelangt, wunderte sich Mesmer über die zahlreichen wartenden Kutschen. Die Jenomé erklärte, auch sie habe ein Fest geben wollen und hoffe sehr, daß er daran teilnehme. Als er höflich ablehnte, beharrte sie nachdrücklich auf seinem Bleiben.

„Man hat mir erzählt, Ihr hättet Feste, viele Feste in Wien gegeben, mit Konzerten, Opern. Die Mozarts vergöttern, die Musiker preisen Euch, Ihr seid der Schutzengel der Künstler, die Euch achten. Daher habe ich mir gedacht, einmal verdientet auch Ihr ein Fest, Euer Fest, und zumal die Wiener es Euch noch nicht gegeben haben, will ich es Euch ausrichten."

Ohne eine Antwort abzuwarten, zog sie ihn mit sich, und er ließ sich in die Herberge führen.

Im Erdgeschoß hatte man für die Lakaien und Kutscher der

Equipagen Tische aufgestellt, damit diese essen und trinken konnten, während sie auf ihre Herrschaft warteten.
„Schließlich muß man von Zeit zu Zeit auch an sie denken", sagte die Jenomé mit lauter Stimme.
Und alle spendeten ihr Beifall.
Eine Dienerin schlug einen Vorhang zur Seite, hinter dem sich eine Treppe verbarg, und schon auf der ersten Stufe hörte man die Musik eines kleinen Orchesters. Auf dem Treppenabsatz im ersten Stock wurden sie von einem jungen Mann begrüßt, in dem Mesmer den kleinen Vergelin vom Theresianum erkannte. Dieser verneigte sich tief, küßte der Jenomé die Hand, und indem er einen Vorhang zur Seite schob, rief er aus: „Unsere schöne Gastgeberin, Jenomé, die Herrliche, und der berühmte Doktor Mesmer."
Die Musik hatte aufgehört, statt dessen erklang Applaus und Vivatrufe: dann ertönten vom Klavier her Akkorde, und die Violinen spielten ein Volkslied, in das die Gäste im Chor einstimmten.
Franz Anton hatte, von den Lüstern geblendet, zunächst nur unter kugelförmigen Lampen an Tischen, auf Sesseln sitzende oder auf Sofas liegende Paare erkannt. Man trank und rauchte in Erwartung der Jenomé, die sich mit Franz Anton an der Hand einen Weg durch die Gesellschaft bahnte. Sie ließ ihn an einem für sie neben dem kleinen Orchester reservierten Tisch Platz nehmen. Sie bat um Ruhe und verkündete, es werde nun getanzt und getrunken und später zu Abend gegessen. Dann bat sie Mesmer, er möge sie einen Augenblick entschuldigen, und verließ den Saal. Während er auf sie wartete, beobachtete Franz Anton die Anwesenden. Da waren Sänger vom Theater und Leiter der musikalischen Zirkel Wiens. Vergelin war gekommen mit der älteren der Schwestern Patner, der Sekretär des Fürsten Fürstenberg mit den Sängerinnen Niclos, Duschek und Baranus. Graf Dietrichstein und Baron Dalberg hatten den jüngeren Bruder Doktor Laugiers und die Ärzte Biehle und Tabar beglei-

tet. Mehrere junge Schauspielerinnen aus den Theatern oder Opernhäusern Wiens waren eingeladen worden, um den allein erschienenen Männern Gesellschaft zu leisten.
Das Orchester stimmte einen Ländler im Dreivierteltakt an, und die Gäste wünschten zu tanzen. Vergelin zog Louisa Patner mit sich: schon bald folgten ihm Dietrichstein, Dalberg und andere, die die jungen Frauen zu diesem Volkstanz aufforderten. All die Paare, die in Franz Antons Nähe immer schneller umherwirbelten, amüsierten und interessierten ihn zugleich, auf Grund der Trunkenheit, die von diesem Reigen ausging, dessen mitreißender Wirkung er sich nicht entziehen konnte. Beim letzten Akkord des Ländlers tauchte die Jenomé wieder auf. Sie trug ein gerade geschnittenes, sehr einfaches Kleid aus weißem Linon, mit einem Gürtel, der ihre Taille unterstrich und ihre Brust in einem weiten Spitzendekolleté darbot.
„Franz Anton“, sagte sie, „tanzt Ihr nicht?“
Er lächelte und ließ sich in den Reigen, der von neuem begann, hineinziehen. Ein weiteres Mal wollte er verstehen, warum das ungekannte Gefühl, das ihn an Marie Therese Paradis' Seite überkommen hatte, sich bei dieser so anziehenden Frau wieder einstellte, die ihn in den Rausch und Wirbel des Ländlers mitriß. Er umfaßte ihre zarte Taille, deren nackte Haut er durch die Bluse hindurch spürte, er betrachtete ihren karmesinrot geschminkten Mund, ihre Augen mit den durch Antimon betonten Brauen. Sie tanzte hingebungsvoll, Oberkörper und Kopf auf Arm und Schulter geneigt; und anders als bei den übrigen Tänzern, deren Wangen von Schweiß trieften, blieben ihr Gesicht und ihre Stirn unter dem Puder vollkommen frisch.
Nach einer Weile wurde nicht mehr getanzt. Die Paare nahmen wieder in den schummrigen Winkeln des Saales Platz, wo man sie flüstern und lachen hörte. Die Jenomé wollte Franz Anton in einen Erker ziehen, wo neben einem Tisch mit einer Flasche und mit Gläsern ein Diwan stand, doch er gab vor, er müsse nach Hause zurückkehren, um sich auf die Arbeit des nächsten Tages

vorzubereiten. Aber sie bestand darauf, er dürfe erst aufbrechen, wenn er zu Abend gegessen habe, und hieß den Trompeter des Orchesters, der die militärischen Signale kannte, zu Tisch blasen.

Das Souper wurde in einem Nebenraum, nicht weit von den Zimmern und Gemächern, aufgetragen, der kleiner war als der Ballsaal. Er wurde von einem riesigen Lüster üppig beleuchtet, der sein strahlendes Licht auf eine Tafel warf, in deren Mitte auf einer großen Platte ein ganzes gebratenes Lamm angerichtet war. Rundherum waren auf Tellern bereits Maisfladen und dikke Salzgurken aufgelegt.

Da Doktor Biehle Chirurg war, bat man ihn, das Lamm zu tranchieren, was er auch geschickt tat. Graf Dietrichstein goß die Getränke ein, wobei er die einzelnen Flaschen vorstellte, denn er besaß Weinberge in der Wachau, und zum Dessert schnitt Vergelin den gigantischen Guglhupf an und übergoß die Stücke mit Fruchtmus, das er mit einer silbernen Kelle aus einer großen gläsernen Kompottschüssel schöpfe. Die Jenomé ließ Champagnerflaschen öffnen, die sie von ihren Konzerttourneen mitgebracht hatte, und Baron Dalberg erhob sich mit dem Glas in der Hand zu einem ersten Toast. Er dankte zunächst der Jenomé für den Empfang und ihre Gastlichkeit, von der alle Geladenen begeistert seien, dann beglückwünschte er sie zur Organisation der von ihr veranstalteten Feste, bei denen sich allabendlich, außer den vertrauten Freunden, neue Gesichter einfänden, die zum allgemeinen Vergnügen und zur Zerstreuung beitrügen. Schließlich bat er alle, ihre Gläser zu erheben und Hochrufe zu Ehren der Gastgeberin anzustimmen. Er wartete, bis wieder Stille eingetreten war und fügte seiner Ansprache einen kurzen Satz hinzu: „Leider werden wir heute abend nicht auslosen, wer die Ehre haben soll, Euren Fächer entgegenzunehmen. Wünschen wir dem Glücklichen, daß er Eure Erwartungen so befriedigt, wie Ihr die unseren in reichem Maße erfüllt habt."

Wieder erhoben die Gäste ihre Gläser, dieses Mal jedoch in

Richtung Mesmers, der zutiefst überrascht in den Augen der Jenomé eine Erklärung suchte. Sie aber wandte sich ab und entzog sich seinem Blick. Er verstand sogleich, doch bevor er noch Zeit fand, sich zu fassen, stellte die näselnde Stimme Baron Dalbergs die Frage in den Raum:
„Wird der glückliche Auserwählte unsere Gastgeberin wohl ebensogut in Schwingung versetzen wie seine Glasharmonika?"
Sogleich ertönten weitere ausgelassene Bemerkungen weinseliger Mäuler. Man machte sich über den animalischen Magnetismus lustig, über dessen Kraft und die Wunder, die er zu vollbringen vermochte. Mesmer hörte schweigend zu; innerlich angespannt, ließ er sich seine Verärgerung, die er zu beherrschen und hinter einem Lächeln zu verbergen suchte, nicht anmerken und wartete auf das Abklingen dieser spöttischen Ironie der neidischen Gäste.
Da erklang die boshafte Stimme Doktor Biehles: „Um der schönen Augen der Jenomé willen wird Franz Anton die zum Weinen bringen, die er der Paradis zurückzuschenken trachtet!"
Daraufhin erlebten die Gäste eine Folge recht ungewöhnlicher Szenen. Zunächst hörte man Mesmer Biehles Namen brüllen, und in der darauf eingetretenen absoluten Stille sah man, wie Franz Anton von seinem Platz neben der Jenomé aus stehend seinen Blick in den des Mannes versenkte, den er eben noch so lauthals angeschrien hatte. Und Biehle, der erstarrt, reglos, mit beiden Händen auf dem Tisch und vorgebeugtem Oberkörper dasaß, rührte sich nicht mehr. Er verharrte so, bis Mesmer neben ihn trat und ihm befahl, aufzustehen und sich für seine Worte zu entschuldigen. Biehles Gesten waren derart mechanisch, seine Worte, die lediglich die Mesmers wiederholten, so jammervoll vorgetragen, daß er mit einem Mal Mitleid erregte und sein Tischnachbar, Doktor Tabar, dieser peinlichen Posse ein Ende setzen wollte. Als dieser sich an Biehle richtete und der keine Reaktion mehr zeigte, fuhr Tabar Mesmer heftig an, der jedoch

die Stimme auch dieses Kollegen übertönte, indem er dessen Namen brüllte und ihn dabei mit seinem Blick lähmte. Dann befahl er den beiden – vor den vor Erstaunen verstummten Anwesenden – sich reglos und erstarrt vor eine Wand des Raumes zu stellen, und indem er mit der Hand über ihre Lider fuhr, schloß er ihnen die Augen.

Er ging zurück zur Jenomé, nahm sie bei der Hand und zog sie aus dem Saal. Da er mit ihr zu sprechen wünschte, führte er sie in ihr Zimmer. In ihrer Gegenwart legte sich sein Zorn; er ließ sich in einen Stuhl fallen.

„Warum all das?“ sagte er. „Dieses Fest ist ein übles Schauspiel. Die Leute sind Spötter. Ihr verdient ihre versteckte Beleidigungen nicht. Man sollte sich nicht über Euch, mich, über meine Kranken mokieren. Man sollte den animalischen Magnetismus nicht lächerlich machen. Warum habt Ihr mich heute abend eingeladen? Was hattet Ihr nur gegen mich? Was habt Ihr ihnen über mich erzählt? Was wollt Ihr von mir? Mein Auftrag, mein Beruf, meine Pflicht, sie lassen mir so wenig Zeit...“

Er hatte seinen Kopf zwischen die Hände genommen; sie stand neben ihm, strich ihm mit den Fingern über Stirn und Schläfen und massierte ihm unter der Schleife seiner Perücke den Nakken. Er erhob sich, und wieder bewunderte sie seinen stattlichen Wuchs und in seinem Gesicht das Leuchten seiner Augen, deren lebhafter Glut sie standhielt. Sie wollte ihn umarmen, doch er löste sich behutsam von ihr.

„Wie ich schon sagte, ich muß nach Hause zurückkehren.“

Sie bestand darauf, daß er noch ein wenig blieb. Sie bot ihm Champagner an, den sie hatte bereitstellen lassen, und kandierte Mandeln aus einer vollen Bonbonniere. Dann zeigte sie ihm die in Leder gebundene Partitur des ihr von Mozart gewidmeten Konzerts, und schließlich breitete sie auf ihrem Bett ihre Fächersammlung aus.

Es gab da welche in allen Größen und Formen, sogar sehr alte, mit Lamellen aus Elfenbeinsplittern, die ihr Missionare aus Chi-

na mitgebracht hatten. Mit ihren Fingern bewegte die Jenomé die nägelverzierten Bügel mit Perlmuttplättchen auf Schildpattgrund, entfaltete die Bespannung aus bemalter Hühnerhaut und ließ die mit Intarsien oder gefärbtem Stroh verzierten Bügel aufeinanderschlagen. Sie besaß auch Lorgnette-Fächer, bei denen in der Nietung eine kleine Lupe verborgen war, und „peeping fans" aus London, deren Sprossen auseinandergeschoben werden konnten und durch deren transparente Partien man alles zu beobachten vermochte. Sie erläuterte ihm, in der verschlüsselten Welt, in der sie sich bewege, besitze sie einen Fächer für jeden Anlaß, für Ballettabende, Konzerte, Besuche oder Spaziergänge, und für all die Orte, wo es angebracht sei, sich in Pose zu setzen. Er wollte den schwarzen Fächer sehen, der beinahe so groß war wie ein Sonnenschirm, und den sie im Sommer über ihrem Kopf entfaltete, um sich vor der Sonnenglut zu schützen, und dann die kleinen, büschelförmigen Fächer, die sie bei Frühlings- und Herbstspaziergängen an ihr Mieder heftete.
Als er erneut den Wunsch äußerte aufzubrechen, wollte sie ihn nicht gehen lassen, ohne daß er einen Fächer mitnähme. Entgegen ihrer sonstigen Gewohnheit bestand sie darauf, daß er seine Wahl treffe, doch er weigerte sich entschieden. Da wählte sie einen zusammengefalteten Fächer mit elfenbeinfarbenen Bügeln und streublumenverzierten Rippen. Auf der Vorderseite der Papierbespannung sah man eine galante Szene in einem Park, auf der Rückseite eine junge Frau vor einem Herrenhaus, die einem ihr zuwinkenden Reiter Adieu sagt. Sie schrieb in das Blumenornament ihren Namen, Paula Jeunhomme, küßte den Fächer und überreichte ihn Mesmer.
Er dankte ihr mit den Worten: „Ich habe ihn nicht wirklich verdient."
Als er den Raum verlassen wollte, fand er sich Vergelin gegenüber. Er war gekommen, um von der Besorgnis der Gäste zu berichten, denen es nicht gelingen wollte, Biehle und Tabar wieder zu sich kommen zu lassen. Die beiden Ärzte seien noch immer

bleich und verstört, sie stünden unverändert reglos und mit geschlossenen Augen da. Nichts vermöge sie aufzuwecken. Bevor er aufbrach, kehrte Mesmer deshalb in den Eßsaal zurück. Er bahnte sich einen Weg durch die Gäste, sprach die beiden zu Puppen erstarrten Männer an, trug ihnen auf, sich an den Tisch zu setzen und sich zu trinken einzuschenken. Er befahl ihnen dann, ihre Gläser in einem Zuge zu leeren und, sich an den Händen haltend, wieder zu erwachen. Er wartete darauf, daß sie seine Anordnungen ausführten, was sie zur Verblüffung aller auch taten; und beim Verlassen des Saales rief er den vor Erstaunen verstummten Anwesenden zu: „Man sollte sich über den animalischen Magnetismus nicht lustig machen."

Als er aus der Herberge trat und eben in seinen Wagen steigen wollte, hörte er seinen Namen rufen. Es war Vergelin, der ihm, atemlos vom schnellen Laufen, mit vielsagendem Lächeln den Fächer der Jenomé übergab.

„Den haben Sie fallenlassen, doch keiner hat gesehen, wie ich ihn aufhob."

Mesmer schätzte weder Vergelins Bemerkung noch dessen Lächeln, dankte ihm aber dennoch.

Als Vergelin einige Tage nach dem Konzert der Jenomé kam, um mit Marie Therese Partituren von Wagenseil durchzuarbeiten, erzählte er ihr, was in der Herberge am Kahlenberg vorgefallen war. Er schilderte Mesmers Eintreffen mit der Jenomé, das vorbereitete Fest, das Zechgelage, die Auseinandersetzung mit Doktor Biehle und Doktor Tabar und die außergewöhnliche Szene, die darauf folgte.

„Er schrie ihre Namen, und seine Augen sprühten Feuer und lähmten die beiden, wie es nur der Blitz hätte tun können. Danach blieben sie reglos stehen, wie Statuen, konnten nicht sprechen, und Doktor Mesmer befahl ihnen, sich, wie gestrafte Kinder, an die Wand zu stellen."

„Was hatten sie denn so Beleidigendes gesagt?"

Vergelin war keineswegs um Diskretion besorgt. Er erklärte, Biehle habe, eifersüchtig auf die Gunst, die die Jenomé Mesmer zu gewähren trachtete, diesen in seiner Selbstachtung und medizinischen Kompetenz angegriffen; er habe sich über dessen Methoden und sogar über seine Kranken mokiert.
„Indem er sich vor Euch stellte, wollte er sich an Biehle rächen."
„Und was hatte ich mit der ganzen Geschichte zu tun?" fragte Marie Therese.
Vergelin flüchtete sich in Anspielungen, doch hörte sie ihm nicht länger zu. Sie stellte sich mit einem Male vor, auch sie könne, wie in den Märchen, die man ihr vorgelesen, Gefühle erwekken, ja sogar Leidenschaften, auf Grund derer man die Gefahr auf sich nahm, ihretwegen zu kämpfen: und der Gedanke an das Duell, bei dem es um sie gehen würde, erregte sie auf eine bisher ungeahnte Weise. Vergelins erneutes Geplauder holte sie jedoch aus ihrer romantischen Vision zurück. Er erzählte nun die Episode mit dem Fächer, diesem Geschenk, das die Jenomé all denen zu machen pflegte, die ihr Herz zu berühren wußten. Vergelin beschrieb das Objekt, den schönen Elfenbeinbügel, die galante Szene, die die Bespannung schmückte, und unter dem Blumenornament die Widmung der Pianistin.
„Sie hat ihn mit ihrem wahren Namen signiert: Paula Jeunhomme."
„Woher wissen Sie all das?"
„Er selbst hat mir den Fächer gezeigt."
Vergelin log, mehr aus Wichtigtuerei denn aus heuchlerischer Bosheit. Er ergötzte sich daran, Zeuge eines Vorfalls gewesen zu sein, bei dem angesehene Wiener Persönlichkeiten handgreiflich geworden waren, wobei ihn die Gefühle der einzelnen Beteiligten nicht weiter interessierten. Hingegen überraschten ihn die zahlreichen Fragen Marie Thereses, die plötzlich Einzelheiten über das mitternächtliche Fest, dessen Ablauf, die Namen der Gäste, die Kleidung eines jeden erfahren wollte. Sie ließ sich den Disput wortwörtlich wiedergeben, und Mesmers Eingreifen,

sein Sichdavonstehlen mit der Jenomé, die Dauer ihres Fortbleibens und Franz Antons Rückkehr mit dem Fächer genauestens schildern. Und Vergelin mußte ihn noch einmal beschreiben, diesen schönen Fächer mit der galanten Szene und kostbaren Widmung. Da verstand der junge Mann, daß sein Bericht von Marie Therese womöglich nicht als amüsante Episode, sondern voller Aufmerksamkeit und mit größter Beherrschung aufgenommen wurde, und seine freundschaftlichen Gefühle zu der Studienkameradin vom Theresianum ließen ihn hellhörig werden. Er schloß mit den Worten, alle hätten Mesmer um Verzeihung gebeten, der sich als Mann voller Autorität, Ansehen und Wissen gezeigt und davon im Laufe jener denkwürdigen Nacht einen Beweis geliefert habe.

Marie Therese hörte ihm nicht länger zu. Ihre Gedanken beschäftigten sich noch immer mit dem Fächer, den die Jenomé Franz Anton überreicht hatte, und der Beweggrund zu diesem Geschenk, dem die Bewunderer der Konzertpianisten so viel Wichtigkeit beizumessen schienen, irritierte sie und ging ihr nicht mehr aus dem Sinn.

Vergelin setzte sich ans Klavier und spielte eine Suite von Wagenseil, deren Partitur er bis in alle Einzelheiten zergliederte. Als er geendet hatte, fragte er sie, ob sie wünsche, daß er die Suite noch einmal wiederhole. Ohne ihm zu antworten, nahm Marie Therese seinen Platz ein und spielte sogleich aus dem Gedächtnis, was sie soeben gehört hatte. Er beglückwünschte sie zur Vollkommenheit ihres Vortrags, und nachdem sie gemeinsam über ihre Übungen gesprochen hatten, verabschiedete er sich.

Als er aufbrach, fragte sie: „Bleibt die Jenomé noch länger in Wien?“

Er versicherte, sie habe die Hauptstadt bereits vor zwei Tagen verlassen.

Hermann de Ost, der als Beobachter zu Mesmer geschickte

Franz Anton Mesmer.

Die romanische St.-Georgs-Kirche in Oberzell. Hier erlebte der junge Franz Anton seine einschneidende Begegnung mit den Fresken des heilenden Christus.

Der Detailausschnitt zeigt die Heilung des Blinden.

Leopold Mozart musiziert mit seinen Kindern Wolfgang und Nannerl.

Gerhard van Swieten. Der große Reformator der Medizin und Leibarzt Maria Theresias.

Im Wien der Herrscherin Maria Theresia (1740–1780) begann Mesmers steiler Aufstieg.

Die zeitgenössische Karikatur zeigt einen mesmerischen Scharlatan, der eine hilflose Schöne betört.

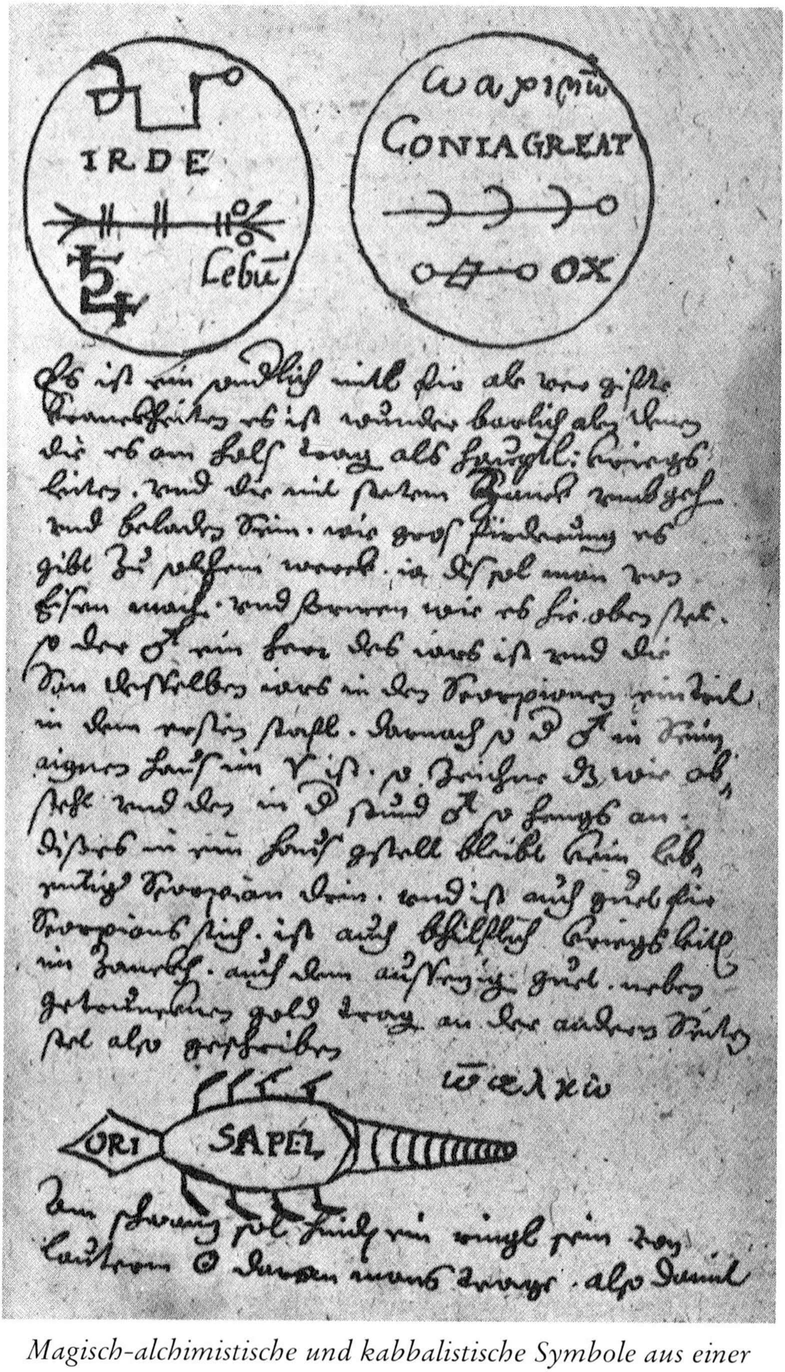

Magisch-alchimistische und kabbalistische Symbole aus einer Paracelsisten-Handschrift von 1649.

Gott und Natur, Transzendenz und Immanenz –
Das Weltbild der Alchimisten.

Alchimistischer Arzt. Ausschnitt aus dem Studienblatt von Albrecht Dürer.

Paracelsus – Vorbild und Feindbild für Jahrhunderte Medizingeschichte.

Die „dunkle Kammer" der freimaurerischen Initiation.

Der Schwur auf die Bibel, niemals die Mysterien der Freimaurer zu verraten.

Mit verbundenen Augen wird der zukünftige Freimaurer durch die Prüfung geführt.

Über bewegliche Eisenstäbe und Seile wird das Fluidum rund um das Baquet verteilt.

Benjamin Franklin schwingt den Bericht der Königlichen Kommission. Die Mesmeristen stieben in alle Winde.

Die Adoptionsmaurerei erlebte vor der Französischen Revolution eine Hochblüte.

Cagliostro. Vor der Explosion von 1789 war Paris das ideale Pflaster für alle Erscheinungsformen der Auseinandersetzung mit Geist und Seele.

Marie-Antoinette.

Nicolas Bergasse war Mesmers eifrigster Schüler und Propagandist.

Die Guillotine des Tobias Schmidt setzte vielen Hoffnungen und Lebenswegen ein jähes Ende.

Leibarzt bei Hofe, kam regelmäßig in die Landstraße, wenn dort Pensionäre der kaiserlichen Institutionen behandelt wurden. Er war ein höflicher, liebenswürdiger, diplomatischer Mann, der sich auf seine Mission sehr gut einzustellen wußte. Seine Beziehungen zu Mesmer, dessen menschliche Qualitäten und medizinische Autorität er hoch schätzte, waren hervorragend.

Einige Wochen nach dem Konzert der Jenomé, zu dem er von Mesmer eingeladen worden war, bat er, ihn sehen zu dürfen.

„Ihr wißt“, sagte er zu ihm, „ich habe Euren musikalischen Nachmittag und die ‚Akademie‘, die Ihr an jenem Tage abhieltet, sehr genossen. Dadurch hatte ich die Gelegenheit, die berühmte Jenomé, Euch selbst an der Harmonika und ein weiteres Mal das Talent der Marie Therese Paradis zu erleben, an deren Sehvermögen ich erst vor kurzem einen außergewöhnlichen Fortschritt feststellen konnte. Als ich dem medizinischen Komitee bei Hofe davon Bericht erstattete, verkündete mir unser Präsident Anton von Störck, er wünsche, diese Heilung von einer von Professor Barth ernannten Kommission bestätigen zu lassen. Ich bin beauftragt, Euch davon in Kenntnis zu setzen.“

Mesmer zeigte sich verwundert, daß die Kontrolle durch de Ost nicht ausgereicht habe, letzterer erklärte jedoch, Dekan Störck habe Marie Therese Paradis über Jahre hinweg mit Arzneitränken, Kräutertee, ja sogar mit Elektrizität behandelt, und da der Augenarzt Barth sie von ihrer Unheilbarkeit überzeugt habe, stünden beide, Störck wie Barth, dieser Heilung äußerst skeptisch gegenüber.

„Ich verwahre mich gegen die Kommission“, rief Mesmer. „Dies wird die Kranke nur erschöpfen und meiner Behandlung hinderlich sein. Ich werde Störck aufsuchen und ihm meine Methode wie das von Euch konstatierte Resultat auseinandersetzen. Ihr werdet mich begleiten, um es zu bestätigen.“

Hermann de Ost, den dieser Einspruch peinlich berührte, erwiderte, die Kommission bestehe lediglich aus drei Mitgliedern:

Barth, Umlauer, beides Augenärzte, und ihm selbst, der auf seiner Teilnahme bestanden habe. Außerdem werde die Prüfung nur von kurzer Dauer und für Marie Therese wohl kaum strapaziös sein. Trotzdem weigerte sich Mesmer beharrlich und wies darauf hin, Joseph Anton Paradis, der Vater der Pianistin, habe in den Wiener Zeitungen einen von ihm verfaßten Bericht über die Heilung veröffentlicht, und das müsse zusammen mit seinen, Hermann de Osts, des vom Hofe gesandten Beobachters, gemachten Feststellungen, ausreichen. Er verwahre sich gegen einen Besuch der Kommission.
De Ost verwandte ein weiteres, persönlicheres Argument. Er brachte seine Freundschaft zu Franz Anton ins Spiel und riet ihm nachdrücklich, zumindest in den Besuch von Barth einzuwilligen.
„Ich werde ihn begleiten, und alles wird sich in Eurem Beisein abspielen. Ihr müßt Euch darauf einlassen, ich bitte Euch in Eurem eigenen Interesse."
Als Mesmer sich über die letzten Worte erstaunt zeigte, gestand ihm de Ost: „Vielleicht wußtet Ihr noch nicht, daß Doktor Biehle mit Dekan Störck verwandt ist?"

Der namhafte Starstecher und Professor der Anatomie, Gustav Barth, kam also, um Marie Therese Paradis im Beisein Hermann de Osts und Mesmers zu untersuchen. Er stellte ein gewisses Wiederaufflackern der Sehkraft fest, dessen Ursache er sich jedoch nicht erklären konnte; er vermerkte außerdem, die Kranke könne die Gegenstände nur mit großer Mühe identifizieren, und anders als die am Star Operierten, die mit einem Mal wieder sehen würden, verwechsle sie die Dinge häufig. Mesmer gab daraufhin zu bedenken, Marie Therese sei seit ihrem dritten Lebensjahr blind und könne die Objekte gar nicht genauso bis in ihre Einzelheiten kennen, wie diejenigen, die ihr Augenlicht erst in fortgeschrittenem Alter durch einen Star eingebüßt hätten. Dieses Argument schien Barth nicht zu überzeugen, der Mesmer nichtsdestotrotz zu dem bisher erzielten Resultat beglückwünschte. Der Besuch trug dem animalischen Magnetismus jedoch nichts ein, denn Barth erstellte daraufhin für die medizinische Hofkommission einen tendenziösen Bericht über seine Untersuchung. Vor allem ließ er verlauten, die Kranke könne Gegenstände wie Farben allein in Mesmers Beisein benennen, und sobald er nicht an ihrer Seite sei, erkenne sie nichts mehr wieder. Er habe ebenfalls beobachtet, daß ihre Pupillen unbeweglich blieben. Trotz de Osts Einwand, man habe aber doch schließlich eine Wiederbelebung des Sehvermögens feststellen können, und die Behandlung müsse doch unbedingt fortgesetzt werden, ließ man es dabei bewenden.

Als man Mesmer von diesen Äußerungen berichtete, beschloß er wutentbrannt: „Ich werde Marie Therese der Kaiserin vorführen. Sie wird die Heilung ihres Patenkindes bestätigen."

„Das könnt Ihr nicht ohne die Billigung Dekan Störcks", erwiderte de Ost.

„Ich werde Joseph Anton Paradis bitten, bei Ihrer Kaiserlichen Majestät zu intervenieren, damit sie mir Gerechtigkeit widerfahren läßt."

„Ich bezweifle, daß dieser sich dazu bereiterklärt."

„Und warum das?" fragte Mesmer erstaunt.

De Ost erläuterte, auf Anregung Doktor Biehles hin sei ein Komplott geschmiedet worden, und das mit der Absicht, ihn, Mesmer, in Verruf zubringen, indem man behauptete, die Heilung der Marie Therese Paradis sei ein Schwindel.

„Ihre Eltern haben doch selbst die Heilung bestätigt, ihr Vater hat sogar persönlich in den Gazetten darüber berichtet", verteidigte sich Mesmer.

De Ost erzählte, Paradis sei dabei, das Gesagte zu widerrufen. Von Biehle gedungene Verleumder und Denunzianten hätten das Gerücht in Umlauf gebracht, wenn seine Tochter geheilt würde, verlöre sie das vom Hof gewährte Gnadengehalt sowie das Privileg einer musikalischen Ausbildung bei den Kapazitä-

ten des Theresianums. Es heiße auch, der Vater stelle sich aus purer Habgier gegen eine Anerkennung der Heilung und beabsichtige sogar, die Herausgabe seiner Tochter zu verlangen.
„Das ist unmöglich. Ihre Behandlung ist nicht abgeschlossen, ihre Heilung noch nicht endgültig!“ rief Mesmer.
„Was habt Ihr nur Biehler angetan, daß er Euch so feindlich gesinnt ist?“ fragte de Ost.
Mesmer konnte weder über die Nacht in der Kahlenberger Herberge sprechen, noch sich der Lektion rühmen, die er Biehler erteilt hatte: genausowenig konnte letzterer die ihm zugefügte Demütigung eingestehen.
„Ich wollte ihm lediglich die Kraft des animalischen Magnetismus vorführen.“
„Das hat er ganz offensichtlich nicht verstanden“, folgerte de Ost.

Der Frühling war sehr plötzlich gekommen und mit ihm schöne, sonnige Tage. In Marie Thereses Zimmer standen die Fenster weit offen und ließen das Tageslicht ungehindert herein. Kein Schleier aus schwarzem Krepp verhängte mehr die Spiegel, und die Schirme um Lüster und Lampen waren durch Glaskugeln ersetzt worden. Auf dem Klavier stand eine aufgeschlagene Partitur, und über den ganzen Raum verstreute Gegenstände schufen ein ungewohntes Durcheinander.
Mesmer erkundigte sich, wo Marie Therese sei, und die Zofe antwortete, das Fräulein habe sich, um das milde Wetter zu genießen, in den Park fahren lassen. Franz Anton trat aus dem Pavillon, überquerte die Allee, die zum Naturtheater führte und schlug den Pfad zum kleinen Belvedere ein. Von weitem sah er Marie Therese mit einem Pudel zu ihren Füßen auf einer Bank sitzen. Er näherte sich langsam. Durch das Blattwerk einer Kamelie hindurch tanzten kleine Sonnenflecken auf ihrem Kleid. Der Pudel lief Mesmer entgegen; sein Auffahren ließ Marie Therese aufhorchen, die Franz Anton erkannte. Sie hieß ihn neben

sich Platz nehmen, und bevor er ihr noch den Grund seines Kommens auseinandersetzen konnte, hob sie zu sprechen an, als fürchtete sie sich vor dem, was er ihr zu sagen hatte. Sie erklärte, es ginge ihr vortrefflich in diesem herrlichen Park, und sie genieße das Alleinsein in Gesellschaft all dessen, was sie mit jedem Tag neu entdeckte. Sie wolle noch lange Zeit bei ihm bleiben, damit Mesmer sie ganz und gar heilen könne. Doch mit einem Mal berichtete sie besorgt über einen Besuch ihrer Mutter, die ihr eröffnet habe, ihr Vater wolle ihre Entlassung bewirken. Angesichts ihrer Einwände und offen gebliebenen Fragen habe ihre Mutter beschlossen, seinem Begehren nicht stattzugeben. Der über diese Neuigkeiten verblüffte Mesmer teilte Marie Therese, während er sie zum Pavillon zurückbegleitete, mit, wie erstaunt er hierüber sei.
Als sie zu dem Gebäude gelangten, wurden sie von lautem Stimmengewirr überrascht, das von der Eingangshalle herüberdrang. Der Diener Anton versperrte einer Gruppe, zu der die Eheleute Paradis und deren Kutscher gehörten, den Weg. Sie drängten in den Flur, der zu den Krankenzimmern führte. Einer der Patienten, Graf von Pellegrini, verhandelte an Antons Seite ebenfalls mit ihnen. Als die Paradis ihre Tochter an Mesmers Arm herannahen sahen, stürzten sie herbei und verlangten auf der Stelle deren Entlassung. Sie seien gekommen, um sie mit ihrem Wagen abzuholen, und beabsichtigten, sie sogleich mitzunehmen. Mesmer erwiderte, über dieses unerwartete Eindringen höchst verärgert, scharf, sie würden, indem sie derart rücksichtslos und gegen seinen Rat handelten, eine sehr große Verantwortung auf sich nehmen und ihre Tochter der Gefahr eines ernsten Rückfalls aussetzen. Gegen seinen Rat wollten sie sich Marie Thereses bemächtigen, um sie mitzunehmen; die jedoch war, verstummt und ganz plötzlich von panischer Angst ergriffen, ohnmächtig in Graf Pellegrinis Arme gesunken, der der Szene beigewohnt hatte. Da stürzte sich die Mutter wie eine Furie auf ihre Tochter und ohrfeigte sie, während Paradis mit gezücktem De-

gen über Mesmer herfiel, um Marie Thereses Herausgabe gewaltsam zu erwirken. Die Mutter schlug weiterhin auf ihre Tochter ein, Pellegrini stellte sich vor sie, Anton und Mesmer hatten Paradis gepackt, der lauthals schrie. Es kam zu einem allgemeinen Streit mit Handgreiflichkeiten und heftigen Beschimpfungen, der schließlich bei den Paradis eine Konfusion bewirkte: Die Mutter fiel in Ohnmacht, während der bezwungene Vater vor Wut in Tränen ausbrach. Graf Pellegrini protestierte mit anderen Patienten, die sich für den Fall eines gerichtlichen Verfahrens als Zeugen gegen die Eheleute Paradis zur Verfügung stellten.

Man hatte Marie Therese auf ihr Zimmer zurückgeführt, wo sie, vollständig verstört, mit verdrehten Augen, wild um sich schlagend, umher taumelte, gegen Möbel stieß, die Dinge von den Tischen warf und schließlich auf ihrem Diwan zusammensank. Inzwischen hatte Mesmer die Mutter wiederbelebt und den Vater beschwichtigt. Die Eltern hatten vorübergehend wieder Vernunft angenommen, und als sie feststellten, daß ihre Tochter die Kur nicht abzubrechen wünschte, beschlossen sie, sie in der Klinik zu lassen und zogen sich in der allgemeinen Verwirrung zurück.

Diese Auseinandersetzung war jedem in der Landstraße nahegegangen. Maria Anna und deren Angehörige, Franz de Paula und Franziska, die Bediensteten wie die Patienten, alle waren von der Vehemenz, mit der die Eheleute Paradis vorgegangen waren, erschüttert. Die Nachricht von dem Handgemenge verbreitete sich wie ein Lauffeuer in Wien, und da begriff Mesmer die Tragweite des gegen ihn geschmiedeten Komplotts. Mit dem alleinigen Gedanken, eine Wahrheit ins rechte Licht zu rücken, die ihm persönlich ganz selbstverständlich war, startete er einen heftigen Gegenangriff, der jedoch erfolglos blieb.

Graf Pellegrini, der bei ihm in Behandlung war und den Disput erlebt hatte, bot ihm seine Zeugenschaft an, und man brachte

den Zwist vor ein Ehrengericht, das sich unter den Auspizien der Loge „Wahrheit und Einheit“ formiert hatte. Vergeblich, das Gremium fand zu keinem Urteil, und Mesmer wurde sich bewußt, daß die Lage ernster war, als er vermutet hatte. Er war mit bei Hofe sehr angesehenen Personen aneinandergeraten, die sich aus Neid, Feindschaft, ja sogar aus bloßem Zeitvertreib gegen ihn verbündeten. Wenn er Marie Therese in seiner Klinik zurückgehalten hatte, so war dies allein in der Absicht geschehen, ihre Heilung zu Ende zu führen; die vom Haß Doktor Biehles noch geschürte üble Nachrede stellte die Dinge jedoch ganz anders dar. Man munkelte, er interessiere sich allzu sehr für die hübsche Blinde, als daß er sie hätte gehen lassen wollen, die beiden hätten ein Verhältnis miteinander; und die allerbösesten Zungen gaben zu verstehen, nicht nur die Liebe, auch reines Interesse diktiere Mesmers Verhalten.
Joseph Anton Paradis hatte sich einerseits, im Vertrauen auf seinen Posten als Berater bei Hofe, bei Dekan Störck beklagt, der, durch Barths Bericht bereits vor Mesmer gewarnt, nur auf eine Gelegenheit wartete, gegen einen Arzt vorgehen zukönnen, dessen Ansehen von medizinischen Prinzipien herrührte, die die offizielle Medizin verdammte. Hinterhältig wie er war, alarmierte er die kaiserlich-königliche Sittenpolizei und ließ deren Präsidenten, Kardinal Migazzi, mitteilen, er solle einen der medizinischen Kontrolle unterworfenen richterlichen Befehl aussprechen.
So geschah es, daß durch ein am 2. Mai 1777 am Hofe von Schönbrunn erlassenes Edikt die Order erging, „dieser Betrügerey ein Ende zu machen“ und Marie Therese ihren Eltern auszuliefern. Um Rechtskraft zu erlangen, mußte diese Empfehlung der hohen, ehrwürdigen Sittenkommission der Kaiserin vom Leibarzt gegengezeichnet werden. Störck schreckte jedoch davor zurück. Da manche Zeugen, und insbesondere de Ost, bestätigt hatten, daß die Behandlung wirksam zu sein schien, empfahl der Dekan den Eltern, „ihre Tochter nur dann zurückzuho-

len, wenn dies ohne Gefahr für ihre Gesundheit geschehen könne". Dieses Ausweichen Störcks, der sich weigerte, Mesmer als einen gewöhnlichen Scharlatan abzutun, ermutigte diesen, Marie Therese bei sich zu behalten; er ließ verlauten, sie sei nicht transportfähig, und sollte man weiterhin darauf beharren, „sie trotz seiner Warnung mitzunehmen", so übernehme er für die schwerwiegenden Zwischenfälle, die sich daraus ergeben könnten, keinerlei Verantwortung.

Die Eheleute Paradis lenkten ein. Man beschloß, die Eltern sollten nicht mehr in Erscheinung treten und der ehrenwerte Doktor Ost täglich die Behandlung überwachen.

Die krampfartigen Anfälle, die durch das Einschreiten der Eltern bei Marie Therese ausgelöst worden waren, wurden durch Mesmer innerhalb von neun Tagen zum Verschwinden gebracht, die erneut aufgetretenen Sehstörungen bedurften hingegen einer dreiwöchigen Behandlung.

Mesmer hatte seine Frau gebeten, ihm bei der Wiederherstellung der Kranken zur Seite zu stehen, und Maria Anna, die sich in der Klinik in der Landstraße um bestimmte Patienten kümmerte, kam ihrem Mann bei Marie Thereses Behandlung zu Hilfe und trug durch ihre Teilnahme an diesem speziellen Fall dazu bei, daß so manche üble Nachrede verstummte.

Joseph Anton Paradis, den de Ost in regelmäßigen Abständen über den Gesundheitszustand seiner Tochter unterrichtete, wurde versöhnlicher gestimmt und schrieb einen Brief an Frau Mesmer, um „ihr für ihre mütterliche Sorgfalt zu danken" und bat sie, „die vergangene Heftigkeit gütigst zu entschuldigen". Er ließ sie außerdem wissen, im Einverständnis mit Doktor Mesmer werde er seine Tochter am 7. Juni 1777 abholen.

Wie an jedem Morgen ließ Marie Therese sich vom Tageslicht wecken. Sie wollte nicht, daß man die Fensterläden schloß, und sobald sie die Sonnenstrahlen spürte, sprang sie aus ihrem Bett.

Sie lief zum Fenster und öffnete es. Jenseits des Wasserbeckens, das die Gärtner reinigten, berankten seit einigen Wochen Efeu, Geißblatt und Klematis das Gebälk des Naturtheaters. Um die trockenen Weinranken schlangen sich Winden. Marie Therese lehnte sich mit geschlossenen Augen aus dem Fenster, um die morgendliche Luft einzuatmen. Eine Zofe kam, um ihr bei der Toilette und beim Kofferpacken behilflich zu sein. In Erwartung des Wagens, der sie abholen sollte, setzte sie sich auf den Diwan. Die Zofe ging wieder. In der Stille des Raumes ließen die Dinge in ihrer Umgebung, die ihr Augenlicht nur undeutlich wahrzunehmen vermocht, jede einzelne Phase ihrer Heilung wieder lebendig werden: das Klavier, die kleine Blockflöte, das geflammte Necessaire, der silberne Kamm – Dinge, die auf Franz Antons Veranlassung hin für sie bereitgestellt worden waren. Und dann, mit einem Mal, die Erinnerung an jemandes Gegenwart, an ein Parfum, eine Stimme. Sie wandte sich nicht um, die Präsenz war jedoch so wirklich wie das Parfum, und noch immer herrschte Stille.

Er nimmt neben ihr Platz, und wieder kommt dieser Schauder, den sie immer in seiner Nähe empfindet, über sie. Sie hat ihn noch einmal sehen wollen, doch ihre Augen sind tränenfeucht. Er steht auf, nimmt sie bei der Hand und führt sie zum Fenster. Sie betrachten das Naturtheater, dann wendet er sich ihr zu. Er hält etwas in der Hand, einen Fächer, einen schönen, gefalteten Fächer mit elfenbeinernem Bügel, mit streublumenverzierten Sprossen. Er öffnet ihn. Die Bemalung stellte eine galante Szene dar, eine junge Frau, die einem Reiter Adieu sagt, der ihr zuwinkt. Unter der Dekoration ist eine Signatur. Sie vermag die Buchstaben nicht zu erkennen, sie muß den Fächer vor ihre tränennassen Augen halten. Sie rät. „Das ist der Fächer ..."
Er sagte lediglich: „Sie hat ihn mir für Euch gegeben."
Als er sie verläßt, ist er überzeugt, nur zur Hälfte gelogen zu haben.

Marie Thereses Eltern nahmen ihre Tochter mit in ihr Haus auf dem Lande. Und, wie zu erwarten war, folgte auf die Entlassung aus der Klinik schon sehr bald ein Rückfall. Mesmers Widersacher triumphierten, denn dieser Rückfall brachte den animalischen Magnetismus erneut in Mißkredit. Franz Anton reagierte erneut, indem er geheilte Kranke und Zeugen seines Erfolges anführte, insbesondere den Kaiserlich Königlichen Herrn Hofrath und Staatskanzleidirektor Spielmann, den Kaiserlich Königlichen Rath von Militor, den Kaiserlich Königlichen Arzt von Umlauer und weitere Honoratioren. Wie immer wollte er unbedingt von Störck überzeugen; an dessen Meinung lag ihm am allermeisten. Dieser verweigerte jedoch jegliche Unterredung und jedes weitere Experiment.
Mesmer war enttäuscht und machte eine Reise nach Schwaben, kehrte nach Wien zurück und führte seine Behandlung in der Landstraße fort. Der Zulauf war jedoch nicht mehr so stark wie zuvor. Der Skandal und Rückfall der Jungfer Paradis hatten Mesmers Ruf und Ansehen stark geschadet. Mit seiner Frau, der seine Methode vertraut war, organisierte er die Einrichtung einer kleinen Krankenstation, auf der noch einige Monate lang Patienten behandelt wurden. Baron de Horka und sein ehemaliger Hauslehrer Seyfert besuchten ihn in den letzten Monaten des Jahres 1777, und wieder einmal waren sie von seiner Überzeugungskraft, seinem Können und Talent tief beeindruckt.
Seyfert führte Tagebuch.
Nach Sobotisch zurückgekehrt, schloß er den Bericht über seinen Besuch bei Mesmer mit den Worten:
„Wir trafen unseren Freund von den kürzlichen Ereignissen zutiefst betroffen an, die in ihm Entrüstung über die menschliche Natur hervorgerufen hatten. Er gestand uns, er finde dieRuhe nicht mehr, um zu vernünftigeren Gefühlen zurückzukehren, und habe beschlossen, Wien zu verlassen."
Mesmer hatte bereits mit den Vorbereitungen für seine Abreise nach Paris begonnen.

PARIS

I

VON DER PLACE VENDÔME NACH CRÉTEIL

Zamor hätte am liebsten das kleine Kabriolett mit dem gelben Verdeck genommen, das einzig und allein der Herzog zu kutschieren pflegte, der Verwalter Morin wollte jedoch nichts davon wissen. Zamor sollte, wie alle anderen Lakaien auch, auf den Wagen des Gemüsehändlers aus Louveciennes steigen, der allmorgendlich zum Markt von Saint-Honoré fuhr. Der Verwalter Madame du Barrys mochte den bengalischen Pagen seiner Herrin nicht, die jährlich mehr als zweihundert Pfund ausgab, um ihn in Samt und Seide zu kleiden; er mochte diesen „Neger" nicht: Seit sie ihn taufen ließ, hat ihn die Herzogin an sich gebunden und aus ihm einen Günstling gemacht.

Zamor fuhr wütend los, zusammen mit den Tafeldienern und Küchenhilfen. In dem großen gedeckten Karren, der nach Paris fuhr, war es kalt, und Zamor wickelte sich in eine Decke. Es war noch dunkel; er hätte schlafen können, wenn nur der Wagen nicht so geholpert und die Diener nicht so gerochen hätten. Als sie am Schlagbaum von Saint-Honoré anlangten, begann es Tag zu werden, und als sie den Sumpf von Gourdes durchquerten, löschten die Wirtshäuser gerade ihre Laternen. Der Wagen hielt in der Vorstadt, nahe dem Hôtel d'Evreux', und Zamor lenkte seine Schritte in Richtung Place Vendôme.

Die Händler stellten bereits ihre Tische auf und stritten sich um die Stände in der Nähe der Statue Ludwigs XIV., denn im Umkreis des Sockels war in einem Radius von 10 Klaftern gepflastert worden; jenseits davon hatten die Regengüsse des März die gestampfte Erde in einen einzigen Morast verwandelt. Zamor ging die korinthische Säulen an den Fassaden entlang bis zur Nummer 16, dem Hotel der Gebrüder Bourret, die Wohnungen etagenweise vermieteten. Vor der Haustür versperrte eine Menschenansammlung den Zugang. Zamor wollte sich einen Weg bahnen, wurde jedoch unter Beschimpfungen zurückgedrängt. Die Leute um ihn herum waren ärmlich gekleidet, und viele von ihnen waren lahm. Einige hielten einen Prospekt in Händen. Er erkundigte sich nach dem Grund dieser Warteschlangen und erfuhr, daß die Menschen auf ärztliche Behandlung warteten. Ein ausländischer Arzt, der sich vor kurzem im Hotel Bourret niedergelassen habe, versorge die Armen unentgeltlich. Zamor kam aber nicht, um behandelt zu werden, sondern er wollte für seine Herrin einen Termin erbitten. Er wollte durchgelassen werden; man versperrte ihm den Weg, und seine Hautfarbe rief spöttische Bemerkungen, ja sogar Drohungen hervor. Er las einen Prospekt von der Erde auf und setzte sich ins Café Royal, das soeben seine Pforten geöffnet hatte. Er bestellte warme Milch und Kaffee und nahm unter einer Öllampe Platz, um den Prospekt in Ruhe zu lesen.
Auf rosafarbenem Papier war eine Annonce gedruckt, um die Verdienste „Doktor Franz Anton Mesmers, Mediziner an der Wiener Fakultät in Österreich und Erfinder des ‚thierischen Magnetismus'" zu preisen, einer Methode, die zahlreiche Krankheiten, wie Wassersucht, Lähmungen, Gicht, Skorbut, Blindheit und durch Unfall hervorgerufene Taubheit zu heilen imstande sei. Es wurde dort erklärt, die Methode bestehe in der Anwendung eines Fluidums, das Monsieur Mesmer, sei es mit seinen Fingern, sei es mit einem Eisenstab, auf die erkrankten Körperpartien der Hilfesuchenden lenke.

Zamor beendete gerade seine Lektüre, als ihm jemand auf die Schulter klopfte. Es war Adolphe, der Kutscher der Madame de la Malmaison, der ihn wiedererkannt hatte. Sie waren einander oft in Louveciennes begegnet. Zamor setzte ihm seine Schwierigkeiten auseinander, und Adolphe bot ihm sogleich seine Hilfe an. Er erklärte ihm, daß die Schlange vor dem Hauptportal der Gebrüder Bourret für die Armen sei. Adelige und wohlhabende Bürger hätten über das Hôtel du Perron Zutritt, das die Gebrüder Bourret erst vor kurzem erworben hatten; und die den ganzen Tag über wartende Menschenmenge vor dem Hôtel Bourret solle auch die Neugier der Passanten erwecken, die, sobald sie sich zu informieren wünschten, sogleich von den Händlern, die die Prospekte austeilten, informiert würden. Es hieß sogar, ein großer stattlicher Mann, dessen Gesicht unter einem Wollschal verborgen sei, gebe den Gauklern und kleinen Kaufleuten auf dem Platz Geld, damit sie über die durch den tierischen Magnetismus erzielten Heilungen redeten.
Zamor folgte Adolphe und erreichte über das Hôtel du Perron die erste Etage des Hôtel Bourret. In einem weiten Korridor saßen auf zwei langen Stuhlreihen lauter Patienten. Adolphe durchquerte den Korridor so selbstverständlich, als gehöre er dort zum Hause, und trat mit Zamor in das Vorzimmer ein. Dort standen bequeme Sessel, in denen Männer und Frauen miteinander plaudernd in aller Ruhe warteten. Adolphe näherte sich einer jungen Frau, in der Zamor die Gesellschafterin Madame de la Malmaisons erkannte. Adolphe sprach mit ihr und wies auf Zamor, dessen Kleidung und Hautfarbe alle Blicke auf sich zog. Die Gesellschafterin stand auf, ging zu einer Tür, in der sie verschwand. Einen kurzen Moment lang drang Musik aus dem Raum, bevor sie die Tür hinter sich schloß. Adolphe teilte Zamor mit, die Gesellschafterin würde ihre Herrin unterrichten.
Ein Mann erhob sich mit Hilfe eines Lakaien, der nicht von seiner Seite wich, aus seinem Sessel. Er rief Zamor zu:
„Seid Ihr nicht der Page der Herzogin du Barry? Ich erkenne

Euch wieder. Ich bin Chevalier du Haussay. Ich sah Euch bei dem Fest, das Eure Herrin vergangenen Winter für Brissac gab. Entsinnt Ihr Euch meiner? Ich kam in einem Tragsessel, den Brissac mir geschickt hatte. Ich konnte nicht mehr laufen. Seht nur, Doktor Mesmer hat mich auferstehen lassen."
Du Haussay ging noch immer mit großer Mühe, doch Zamor erinnerte sich, daß der Freund des Herzogs de Brissac sich einige Monate zuvor überhaupt nicht mehr hatte bewegen können. Die Gesellschafterin Madame de la Malmaisons war wieder in den Vorraum getreten und gab Zamor ein Zeichen, er möge ihr folgen. Sie gingen durch einen Korridor, von dem aus man nur schwach von Lampen erleuchtete Zimmer mit geschlossenen Fensterläden sehen konnte. Alle Türen standen weit offen. Man konnte Männer und Frauen erkennen, die auf Kanapees, Diwans oder in Sesseln lagen; manche schienen zu schlummern, während andere miteinander sprachen. Das laute Stimmengewirr wurde von Musik übertönt, die von einem Klavier und zwei Geigen aus der Tiefe eines Alkovens herüberklang. Am Ende des Flurs schloß ein hell erleuchteter, größerer Raum die Wohnung ab. Madame de la Malmaison saß in einem Lehnsessel versunken, ihre Füße ruhten auf einem Polster, ihr Kopf wurde von einem grünen Seidenkissen gestützt. Rechts und links von ihrem Stuhl stand jeweils ein Mann, ein dritter saß an einem Tisch. Obgleich erst achtunddreißig Jahre alt, atmete Madame de la Malmaison kurz und sprach mit leiser Stimme. Sie ließ ihre Gesellschafterin nähertreten und flüsterte ihr ein paar Sätze ins Ohr. Die Gesellschafterin bat einen Diener, den Musikern mitzuteilen, ihr Spiel zu beenden. Die Stille wurde jedoch von Stöhnen und Schreien aus den Zimmern und Salons unterbrochen.
Madame de la Malmaison kannte Zamor. Sie fragte ihn, was ihn denn nach Paris zu Doktor Mesmer führe. Er beugte das Knie vor ihr und gab Auskunft. Als er geendet hatte, wandte sich Madame de la Malmaison an Mesmer, der neben ihr stand.
„Monsieur", sagte sie, „Ihr habt heute großes Glück. Kaum habt

Ihr Euch hier niedergelassen, ist Euer Ruf auch schon bis zur Herzogin du Barry vorgedrungen, die Euch aufzusuchen wünscht. Diese Dame wird Euch in unserer Gesellschaft weiterhelfen. Ihr solltet sie so bald wie möglich empfangen."
Und ohne Mesmers Antwort abzuwarten, wandte sie sich an Zamor: „Sag deiner Herrin, Monsieur Mesmer ist ein Genie, sein Fluidum hat mir die Fähigkeit, frei und ohne Hilfe zu gehen, wieder geschenkt. In meine Beine ist wieder Leben und Wärme zurückgekehrt. Ich bin von der Lähmung und meinen übrigen Beschwerden vollständig geheilt." Sie wies auf den Mann, der hinter ihr am Tisch saß, und fuhr fort: „Dies ist Monsieur Le Roi, mein Arzt, Direktor der Akademie der Wissenschaften, dessen weisen Rat ich befolgte. Ich ließ mich mit dem tierischen Magnetismus behandeln. Und das dort ist Charles Deslon, Dozent an der medizinischen Fakultät und Leibarzt des Grafen d'Artois, der die Wundertaten Monsieur Mesmers ständig miterlebt. Geh und sag deiner Herrin, die Medizin sei auf dem besten Wege, uns mehr noch als alle anderen Wissenschaften in Erstaunen zu versetzen."
Mesmer hatte geschwiegen, auf seinem Gesicht lag noch immer jener melancholische Ernst, der nicht von ihm gewichen war, seitdem er Wien verließ. Seine Augen hatten aufgeleuchtet, als der Name der du Barry fiel. Er sah, wie die Doktoren Le Roi und Deslon verblüfft und voller bewunderndem Erstaunen auf den bevorstehenden Besuch der Herzogin reagierten. Mit dem kleinen vergoldeten Stab, den er in der Hand hielt, schlug er leicht gegen einen silbernen Humpen, der auf Le Rois Tisch stand. Am Ende des Raumes öffnete sich ein Wandbehang, und Anton erschien. Er sprach zu Mesmer in Deutsch, und dieser zog aus seiner Westentasche ein gefaltetes Papier, das er ihm überreichte. Anton ging auf Zamor zu und forderte ihn auf, ihm zu folgen, während Mesmer der Gesellschafterin Madame de la Malmaisons erklärte, alle Maßnahmen würden in die Wege geleitet, um die Herzogin du Barry zu empfangen.

Anton zog Zamor in einen mit Seilen, vollen Weinflaschen und Eisenstangen überfüllten Raum, der in einen Saal führte, in dem sich ein recht seltsames Schauspiel darbot. Auf drei im Halbkreis um ein Faß angeordneten Stuhlreihen saßen Kranke, Männer und Frauen, die untereinander durch Hanfseile verbunden waren, von denen ein jeder ein Ende in der Hand hielt. In der Menge waren Frauen mit Hauben zu erkennen, Männer in ihrer Arbeitskleidung, wieder andere in Lumpen, manche trugen Verbände, Pflaster oder Schienen, alles Leute aus dem einfachen Volk. Durch ihre Reihen gingen Lakaien mit Kelchen voll magnetisierten Wassers, aus denen sie ihnen zu trinken gaben, während ein weiterer Diener sie mit einem Stab an Rücken, Kopf oder Seite berührte, wobei er rief: „Nehmt das Fluidum Monsieur Mesmers in Euch auf, trinkt das heilende magnetisierte Wasser." Zuweilen drang aus dieser Versammlung Geschrei oder unbeherrschtes Gebrüll; oder ein Lahmer brach auf einmal aus der Reihe und schrie: „Ich bin geheilt!" woraufhin ein anderer seinen Platz einnahm.
Zamor durchquerte diesen Tempel schnellen Schrittes und stieg die Treppe hinab, ihm voran Anton, der ihm einen Weg durch die vor dem Eingang zum Hôtel Bourret wartende Menschenschlange bahnte. Auf dem Platz übergab er ihm das gefaltete Papier, das Mesmer aus seiner Westentasche gezogen hatte. Es war ein weiterer, dieses Mal blauer Prospekt, in dem Doktor Mesmer seine Patienten davon in Kenntnis setzte, er habe entschieden, sich in einem Schloß in Créteil niederzulassen, um seine Kuren mit dem tierischen Magnetismus leichter durchführen zu können. Die Adresse werde zu gegebener Zeit kundgetan. Zamor wollte noch um einige Erläuterungen bitten, doch Anton, der noch immer nur Deutsch sprach, konnte sie ihm nicht geben.

Nach seinem Aufbruch aus Wien im Februar 1778 hatte Mesmer auf der Durchreise durch das Elsaß in Straßburg haltge-

macht, wo er die Baronin von Oberkirch kennenlernte, die ihm dabei half, seine Ankunft in Paris vorzubereiten.
Man hatte Prospekte über den „thierischen Magnetismus“ verfaßt, „über das Fluidum, das das Nervensystem durchströme, über die Kraft Monsieur Mesmers, dieses Fluidum zu lenken und in einem durch Krankheit aus dem Gleichgewicht gebrachten Körper wieder Harmonie herzustellen. Madame Oberkirch kannte das Haus Bourret an der Place Vendôme, zu dem sie die Elsässer zu schicken pflegte, die Paris besuchen wollten. Man konnte dort Wohnungen mieten, und von Straßburg aus hatte man für Mesmer eine ganze Etage reservieren lassen. Im *Journal de Paris*, einer erst kürzlich ins Leben gerufenen Tageszeitung, waren mehrere Annoncen zum bevorstehenden Eintreffen des „Erfinders des animalischen Magnetismus“ in der Hauptstadt zu lesen. Anton hatte als Vorbote alles Notwendige im Hôtel der Gebrüder Bourret in die Wege geleitet, so daß Mesmer bei seiner Ankunft in Paris bereits voller Ungeduld erwartet wurde.
Mit einem Brief des österreichischen Staatsministers Fürst Kaunitz versehen, machte Mesmer Mercy d'Argenteau, Maria Theresias Botschafter in Paris, seine Aufwartung und eilte dann zur Place Vendôme. Die Menge erwartete ihn bereits. Nicht nur das gemeine Volk, auch Boten und Haushofmeister von Großbürgertum und Adel, die um einen Termin für ihre Herrschaft baten.

Um das Interesse zu verstehen, das Mesmer gleich bei seinem Eintreffen in Frankreich erweckte, muß man wissen, daß nie zuvor die Neugier der Pariser in einem solchen Maße erregt war; man begeisterte sich für die Naturwissenschaften, doch gleichzeitig für die Geheimnisse von Alchimie und Aberglauben.
Die Entdeckung der Chemie und Astronomie waren ebenso gefragt wie Theatervorstellungen. Alle Welt drängte sich in die Akademie der Wissenschaften, um die Versuche Lavoisiers mitzuerleben, der vor einer Zuhörerschaft „von Welt“, die gekom-

men war, um seine geglückten Experimente zu beklatschen, hantierte. Gutsituierte Sonntagsspaziergänger durchsuchten ihre Taschen nach den zwölf Livres, die eine Ballonfahrt über die Mühle von Javelle kostete. Man interessierte sich für alle Entdeckungen der Wissenschaft und glaubte weniger und weniger an die Heiligen der Kirche. Man suchte sich neue unter den Philalethen, Alchimisten und bei den Rosenkreuzern. Da es neue Heilige aber nicht gab, verfiel man auf Scharlatane. Die Pompadour ließ sich bei Madame Bontemps die Zukunft aus dem Kaffeesatz lesen. Der rätselhafte Graf von Saint-Germain erzählte, er habe zusammen mit Jesus an der Hochzeit von Kanaan teilgenommen, und man schenkte ihm Glauben, so wie man an die Liebestränke und geheimnisvollen Mittel des Sizilianers Balsamo glaubte, der sich Graf Cagliostro nannte. Man redete über die Wunder Christi, doch als bekannt wurde, daß unerklärliche Heilungen am Grab des Diakons Pâris auf dem Friedhof von Saint-Médar stattgefunden haben sollten, stürzte die Pariser Meute zum kleinen Beinhaus der Kirche, wo Frauen Fußtritte erduldeten, wo man ihnen die Zunge durchstach, während andere glühende Kohle schluckten, sich kreuzigen ließen oder ganz einfach auf das Grabmal des Diakons sanken und dort von Krämpfen geschüttelt wurden.
Im gleichen Atemzug, wie man die Wissenschaft bewunderte, wurde alles, was ihr widersprach, alles, was unwahrscheinlich war, begeistert aufgenommen. Mesmer konnte keinen günstigeren Zeitpunkt, kein geeigneteres Podium für die Verbreitung seiner Entdeckung in Paris finden; um so mehr, als die Medizin keinerlei Fortschritte zu machen schien. Noch immer fielen Tausende den Pocken, der Pest, dem Kindbettfieber und der Lungenentzündung zum Opfer; und die Ärzte mußten ohne zu spotten mitansehen, wie man in Gegenwart der wichtigsten Mitglieder der Fakultät Ludwig XVI. am Tage seiner Krönung zweitausendvierhundert Skrofulöse „touchieren" ließ.
Hingegen fand die Elektrizität in der Medizin Verwendung:

Jean-Paul Marat hatte eine Boutique für „medizinische Elektrizität" eröffnet, wo er Krankheiten durch Elektrisieren zu heilen suchte. Mauduit, ein späteres Mitglied der Medizinischen Gesellschaft von Paris, behandelte ebenfalls Kranke mit Elektrizität. Das universale Fluidum, der tierische Magnetismus und das gewandte Auftreten Franz Anton Mesmers, Doktor der Medizin der berühmten Wiener Fakultät, deren Wissenschaftler in Paris hohes Ansehen genossen, mußten eine Neugier und Faszination erwecken, die Mesmers, wenn auch etwas übertriebene, Reklame nur noch steigerte.

Ganz im Gegensatz zu den Scharlatanen zielte Franz Anton nicht so sehr auf kommerziellen Erfolg und den sagenhaften Gewinn, den er so sehr bald erreichte, ab, sondern vielmehr auf die Anerkennung seiner Entdeckung durch die Kollegen. Mehr noch als die Begeisterung seiner geheilten Patienten und das Renommé, zu dem ihm der Adel, den er teuer bezahlen ließ, oder das gemeine Volk von Paris, das er unentgeltlich behandelte, verhalfen, mehr noch als alle Lobreden Hunderter, die er wie durch ein Wunder heilte, bedeutete ihm das anerkennende Urteil eines einzigen Mitglieds der Akademie.

Gleich in den ersten Tagen an der Place Vendôme kamen Ärzte aus dem Viertel, um seinen Magnetismus-Séancen beizuwohnen. Einige stellten ihm sogar Fragen. Daraufhin händigte er ihnen zusammen mit seinem Prospekt ein Exemplar des Briefes aus, den er in den deutschen medizinischen Gazetten veröffentlicht hatte, doch die Wirkung des Fluidums, die ausgelösten Krisen und Phänomene von künstlich hervorgerufenem Somnambulismus waren für die Pariser Ärzte auch nicht begreiflicher als für die Kollegen in Wien. Was die Erklärungen Mesmers, der seine Entdeckung geistig niemals wirklich verarbeitet hatte, betraf, so fielen diese in den dogmatischen Bereich jener siebenundzwanzig Lehrsätze, die, wie im Katechismus, das Mysterium als „Wahrheit, die man glauben müsse, auch wenn man sie nicht verstehen könne" definiert.

Nichtsdestoweniger hatte Monsieur Le Roi, Präsident der Akademie der Wissenschaften, mehrmals an den Magnetismus-Séancen teilgenommen und höchst interessiert vorgeschlagen, Mesmer solle doch kommen und der illustren Gesellschaft einen Eindruck seiner Arbeit vermitteln. Am vereinbarten Tag begab sich Mesmer in die Akademie der Wissenschaften, doch die Stimmung im Raum und die reservierte Haltung der anwesenden Mitglieder irritierten ihn in einem solchen Maße, daß er sich weigerte zu sprechen. Auf Le Rois Drängen hin fand ein weiteres Treffen der Akademiemitglieder in dessen Kabinett statt, doch auch dort wurde eine nur unter größten Schwierigkeiten durchgeführte Demonstration an einem seiner Patienten von Spott und anzüglichen Bemerkungen begleitet. Während einer weiteren Séance bei einem anderen Mitglied der Akademie, Monsieur de Maillebois, und in Gegenwart von Monsieur und Madame Le Roi gelang es Mesmer, Gelähmte zu magnetisieren sowie einen Wassersüchtigen vor aller Augen an- und abschwellen zu lassen. Trotz dieser Erfolge war eine hochmütige, skeptische und unliebenswürdige Haltung der Akademiemitglieder die einzige Antwort auf Mesmers Bemühen, ihre moralische Unterstützung zu erlangen.
Da wandte er sich an die Königliche Medizinische Gesellschaft von Paris, die sich soeben erst konstituiert hatte, vor allem aber an eines ihrer Mitglieder, Monsieur Mauduit. Dieser war „für die Elektrizität zuständig“. Das wußte Mesmer bereits aus den Wiener Zeitschriften und den veröffentlichten Mitteilungsblättern. Nach seinem Scheitern an der Akademie der Wissenschaften stattete Mesmer ihm einen Besuch ab. Mauduit, der an der Methode des animalischen Magnetismus interessiert war, kam in Begleitung der Doktoren Andry und Desperrières sowie des Abbé Tessiers, alle drei Mitglieder der Königlichen Medizinischen Gesellschaft, und wohnte den Séancen im Hôtel Bourret bei. Unter Mesmers Patienten befand sich eine gewisse Mademoiselle L . . ., deren Fall eine heftige Diskussion zwischen Mau-

duit und Mesmer auslöste, denn nachdem das Mädchen einige Wochen lang geheilt schien, erlitt sie, zur Erholung in ein Kloster geschickt, einen Rückfall. Mesmer war der Ansicht, er hätte Mademoiselle L..., wäre sie nur weiterhin regelmäßig von ihm behandelt worden, endgültig heilen können. Es galt einen geräumigeren Ort zu finden als die Etage bei den Gebrüdern Bourret, die Mesmer an der Place Vendôme zur Verfügung stand, um so mehr, als sich die Königliche Medizinische Gesellschaft, trotz seiner Kontroverse mit Mauduit, dazu bereiterklärt hatte, seine Kuren von einer Kommission überwachen zu lassen. Als er sich Anfang Mai 1778 im Schloß von Longy in Créteil niederließ, fand Mesmer in dieser ländlichen Umgebung für ein paar Wochen etwas Ruhe, bald holte ihn jedoch die Heerschar der Kranken wieder ein. Nicht nur Angehörige des Adels begaben sich in ihren Kutschen und Kaleschen dorthin, sondern manch weniger begüterter Kranker kam sogar mit der Postkutsche.

Wundersame Heilungen ließen Mesmer erneut an die Königliche Medizinische Gesellschaft herantreten, die wieder eine Kontrollkommission vorschlug, die sich im August nach Créteil begeben sollte. Nachdem er der Kommission zunächst zugestimmt hatte, schlug Mesmer sie mit durchaus anfechtbaren Spitzfindigkeiten aus, die einen schneidend scharfen Brief Monsieur Vicq d'Azyr, des ständigen Sekretärs eben jenes Gremiums zur Folge hatte, woraufhin jegliche Beziehung zu Mesmer abbrach.

Mesmers Verhalten war nur schwer begreiflich, denn die Anstrengungen, die er unternahm, um seine Methode zu verbreiten, verletzten die dogmatischenVorurteile der hochrangigen Mediziner und offiziellen Kreise; aus Ungeschicklichkeit und Starrsinn wollte er sich nicht der wissenschaftlichen Disziplin beugen, die man ihm aufzuzwingen versuchte. Gewiß, der tierische Magnetismus eignete sich nicht für Demonstrationen mit den herkömmlichen Methoden, und die konfusen Erklärungen des Erfinders machten die Dinge nicht einfacher. Es mußte anders vorgegangen werden, und dies versuchte Doktor Charles Deslon Mesmer klarzumachen.

Die Gräfin du Barry war in Créteil in einer geschlossenen Kutsche angekommen, der eine Kalesche mit aufklappbarem Verdeck vorausfuhr, so daß sie in der starken Augusthitze auf der Fahrt von ihrem Schloß in Louveciennes zur Klinik Doktor Mesmers mehrmals von einem Wagen zum anderen hatte wechseln können.

„Monsieur, Ihr wohnt am Ende der Welt! Ich muß schon sehr krank sein, daß ich bis hierher komme, um wieder gesund zu werden."

Diesen Vorwurf hörte Mesmer nicht zum ersten Mal, und wie allen anderen Patienten von Adel antwortete er Madame du Barry, er habe sich eigens Mont-Mesly auserkoren, um hier seine Methode in aufschlußreicher Weise vorzuführen. Er geleitete die Gräfin in den Saal mit dem Baquet, und diese fragte erstaunt: „Aber, Monsieur, hier ist ja niemand!"

Mesmer hatte alle übrigen Kranken hinausgeschickt, damit Madame du Barry nicht durch unpassende Nachbarschaft inkommodiert würde. Die du Barry war damit gar nicht einverstanden. Man hatte ihr erzählt, es sei sehr amüsant, mit allen anderen das Seil und den Eisenstab zu halten, und man würde unsagbaren Spaß dabei haben. Also wurden Madame Pratin und Vermondais, der Marquis de Presles, Madame Janson und die Weinhändler Perucard und Simeon wieder hereingerufen, und Madame du Barry ließ sich mit ihnen gemeinsam magnetisieren. Sie spürte, wie das Fluidum sie von Kopf bis Fuß durchdrang, sie hatte ein seltsames Gefühl, bis eine Hitzewelle sie überkam. Da sah sie zur Praslin hinüber, die glucksend außer sich geraten war und das Bewußtsein verlor, zog an dem Seil in ihrer Hand, und die Praslin ließ sich, die Röcke über den Kopf gestülpt, zu Boden fallen. Es war schrecklich, die Gräfin bekam Angst. Doch Dok-

tor Mesmer ließ sie holen, in eine Kammer führen und vor sich niedersetzen. Er bestrich ihren ganzen Körper, erst vertikal, dann horizontal, wobei er sie über ihr Leiden, ihren Kummer, ihre Furcht, die nächtlichen Schrecken und jene Angst befragte, die sie in ihren Träumen überwältigte, wenn sie sich wieder in den kalten vier Wänden der Abtei Pontaux-Dames sah, wo man sie nach dem Tode Ludwigs XV. so gut wie gefangengehalten hatte.
Sie schrie: „Nein, nur das nicht mehr! Ich will nicht! Fort mit Euch! Fort mit Euch!"
Mesmer strich ihr mit den Fingern über die Augen, und Madame du Barry schlief ein. Sie sprach von ihrer Verbannung nach Pont-aux-Dames, von den Nonnen, diesen Gefängniswärterinnen, die sie für eine Teuflin hielten und sie wie eine Verdammte behandelten. Noch einmal durchlebte sie die zwei langen Jahre der Bestrafung dafür, die bevorzugte Maitresse des Königs gewesen zu sein, bevor man sie amnestierte, wieder in ihre Privilegien einsetzte und dank der Fürsprache des Fürsten Ligne und des Herzogs de Brissac in ihr geliebtes Louveciennes zurückkehren ließ.
„Monsieur, Ihr habt mich sehr schmerzliche Augenblicke, die die Zeit aus meinem Gedächtnis getrieben hatte, wieder durchleben lassen. Wie soll ich sie jemals vergessen?"
Mesmer antwortete nicht. Er wußte auch nicht, was er hätte sagen sollen. Er wußte nur, daß die Gräfin sich verhielt wie alle Welt, wie all seine Patienten. Sein Fluidum hatte jenseits des somnambulen Schlummers den auf dem Grund der Seele der Kranken vergraben liegenden Torf zu Tage gefördert, um ihn in der heilsamen Krise zu verbrennen. Madame du Barry würde jene Alpträume, die sie in schrecklichen Krämpfen aus ihrem Bett warfen und den armen Brissac so entsetzten, nicht noch einmal erleben. Madame du Barry würde sich nicht mehr in ihrer Zelle in Pont-aux-Dames von Mutter Saint-Paul wecken hören, die ihr ins Ohr schrie: „Jeanne Bécu, es ist Zeit für die Mor-

genandacht!" Madame du Barry würde überall erzählen, Monsieur Mesmer habe sie „auf erhabene Weise magnetisiert". Sie würde außerdem sagen, es habe sie ein Vermögen gekostet, damit er sein Fluidum verströme, und seinetwegen wäre sie beinahe ruiniert. Sie würde dies jedoch lächelnd sagen, und das Lächeln der du Barry würde darüber hinaus ein herrliches Lob zu Mesmers Ehren sein.

Als Madame du Barry das Ruhekabinett verließ, traf sie im Empfangssalon auf Charles Deslon. Sie kannte den Leibarzt des Grafen von Artois. Therese von Savoyen hatte sie mehrfach in Louveciennes besucht und mit ihr über den Dozenten der medizinischen Fakultät gesprochen, der nach den berühmten allmonatlichen Festen in ihrem Haus die Leberschmerzen ihres Mannes kurierte. Charles Deslon verneigte sich vor der Gräfin, die ihm ihre Hand reichte.
„Behandelt Monsieur Mesmer auch Euch, Monsieur?"
Charles Deslon lächelte: „Ein Höflichkeitsbesuch, Madame, bei einem Kollegen, dessen Genie mich in Erstaunen versetzt."
Madame du Barry vertraute Deslon an, Mesmer habe bei ihr ein Wunder vollbracht. Sie sprachen eine Weile über die von ihrer Blindheit geheilten Madame de Berny und von Madame de la Malmaison, die nach sechsmonatiger Lähmung wieder behend lief wie ein Hase. Mitten im Gespräch trat Zamor hinzu, um zu fragen, ob die Gräfin den Landauer oder die Kalesche vorziehe.
„Den Landauer, Zamor, den Landauer, und daß man nur ja das Verdeck zurückschlägt, ich möchte Landluft atmen."
Doktor Deslon sah mit einem verträumten Lächeln die Equipage der Gräfin davonfahren. Er verglich die du Barry mit der noch so jungen Therese von Savoyen. Sein Gönner, der Graf von Artois, der Bruder des Königs, hatte ihn nach seiner Meinung über diesen Doktor Mesmer gefragt, von dem bereits der ganze Hof sprach. Nachdem er ihm zufällig bei einem kranken Freund begegnet war, hatte Deslon Mesmer mehrfach aufge-

sucht, um dessen Methode des animalischen Magnetismus, die ihn brennend interessiert, zu studieren. Charles Deslon war ehrgeizig, leidenschaftlich und schnell entflammbar. Mesmer faszinierte ihn durch seine Kraft, seine Autorität und seine außergewöhnliche Fähigkeit, den Willen anderer in Bann zu schlagen und die Gedanken, das Verhalten, ja sogar die Taten der Menschen durch Suggestion zu beeinflussen. Deslon hatte sich in den Kopf gesetzt, sein Schüler, sein Jünger zu werden, doch ganz plötzlich hatte Mesmer Paris verlassen, war dem Ansturm der Kranken von der Place Vendôme und einem unerhörten und schnellen Erfolg davongelaufen, um sich in Créteil zu „vergraben". Die Kranken, die sich nicht aufs Land begeben konnten, verlangten schon nach ihm, und Deslon kam ganz offiziell, um Mesmer davon in Kenntnis zu setzen, daß die Gräfin von Artois, Fürstin Polignac und Fürstin Lamballe, die über Ruf und Verruf eines jeden in der Pariser Gesellschaft entschieden, wünschten, ein Arzt, der solche Wunder vollbringe, solle zurückkehren und dies in Paris tun.

Anton hatte Charles Deslon in Mesmers büroartigen Salon geführt, der im Parterre des Schlosses auf den großen Park von Longy hinausging. Franz Anton empfing Charles Deslon nicht ungern. Das Lächeln und der natürliche Charme dieses großgewachsenen, eleganten, blassen, blonden Arztes, dessen schmale weiße Hände, zart wie die einer Frau, unaufhörlich mit farbigen Spitzentaschentüchern spielten, amüsierten ihn zunächst, bezauberten ihn aber später auf seltsame Weise durch die oft leidenschaftlichen, stets jedoch klugen und vernünftigen Reden, die er führte. Deslon sprach für die verlassenen Pariser, über ihr Bedauern, nicht mehr von Mesmer behandelt werden zu können. Er schilderte das Bild der täglich von dem vergeblichen Warten enttäuschten Menge vor dem Portal des Hôtel Bourret mit rührendem Realismus.

Mesmer unterbrach ihn: „Ich weiß, ich weiß, Monsieur, daß das Volk mich erwartet, und man mir vorwirft, ich zöge meine Ab-

geschiedenheit in Créteil vor, um dort den Adel und die reichen Leute zu behandeln. Es ist wahr, daß in Frankreich die Heilung eines Armen nichts bedeutet. Vier bürgerliche Kuren wiegen nicht die eines Marquis oder eines Grafen auf, diese wiederum nicht die eines Herzogs, und vier Kuren eines Herzogs sind nichts gegen die eines Fürsten. Nach meiner Vorstellung, Monsieur, verdiente ich die Beachtung der ganzen Welt, selbst wenn ich lediglich einen Hund geheilt hätte. Hierher, Monsieur, hat mich jedoch der Neid Eurer Kollegen verschlagen, die mir in den Akademien versagten, den Beweis für den Wert meiner Methode zu erbringen. Monsieur Le Roi, den Ihr ja kennt, ist von der Akademie der Wissenschaften für mich nicht eingetreten, und Monsieur Vicq d'Azyr von der Medizinischen Gesellschaft hat sich meinem Antrag, die Gutachten zu überprüfen, blind widersetzt. Ich habe mich hierher zurückgezogen, um über meine Situation in Eurem Land nachzudenken."
Ohne sich durch diese Tirade entmutigen zu lassen, plädierte Deslon noch einmal für Mesmers Rückkehr in die Hauptstadt. „Monsieur, Ihr braucht Paris wie die Luft und das Wasser, wie Wärme und Licht, und Eure Methode und Euer Fluidum, das Ihr über Eure Patienten ergießt, können in ihrer ganzen Tragweite nur innerhalb der Mauern dieser Stadt wirklich geschätzt werden. Paris ist ein liebenswertes Pflaster, wo ein Mann schon dann, wenn er Talent besitzt, Geist und Wissen mitbringt, enthusiastisch aufgenommen wird, ganz zu schweigen von einem, der Genie besitzt wie Ihr. Die Kraft Eurer Überzeugung, die Wirksamkeit Eurer Methode, die Ideen, die sie entwickeln, die Erfolge, die Heilungen, die sie erzielt, müssen den Sieg davontragen über Euren Groll und die Ungefälligkeiten der tauben, neiderfüllten Mediziner. Kommt nach Paris zurück, Monsieur, dort wird man Eure Größe und Verdienste um Eure Entdekkung zu würdigen wissen."
Im Verlauf seiner Rede erbot sich Deslon an, für Mesmer einen geeigneten Ort zu suchen, um eine Klinik einzurichten, dic viele

Patienten zur Konsultation und bei Bettlägrigkeit aufzunehmen imstande wäre. Man müsse auch an Räume für die Geräte denken, die Mesmer bisher noch nicht habe anwenden können, insbesondere seine Zuber, die der Faßbinder Rumeau in Vincennes angefertigt hatte. Schließlich versprach Deslon, Mesmer durch seine Verbindungen zum Hof und zur medizinischen Fakultät, deren Dekan er war, weitere Konsultationen bei Leuten von Rang und Adel zu verschaffen, die seinen Ruf noch weiter festigen würden.
Während Deslon sprach, hatte Mesmer ihn nicht aus den Augen gelassen; und unter diesem Blick hatte Deslon den seinen abgewandt, indem er bald die Wände, bald Mesmers Knie, bald den Fußboden anstarrte und dabei das Taschentusch zerknitterte, mit dem er herumspielte und das er zuweilen in die Manschette seines Hemdes steckte. Jedesmal, wenn er von Mesmers Verdiensten, dessen Talent und dem Ruhm, der ihn erwartete, sprach, sah er diesem flüchtig in die Augen und suchte nach einem Zeichen wortlosen Einverständnisses. Er schloß mit dem Bekenntnis, das Motiv für all diese Schritte sei einzig und allein die große Bewunderung und Achtung, die er für ihn hege, und nur um dem Ausdruck zu verleihen, sei er gekommen. Dieses Mal sah er Mesmer fest in die Augen und hielt lange dessen Blick stand.
Mesmer hatte sich erhoben und war zu Deslon gegangen, er nahm ihn am Arm und zog ihn zu den großen, weitgeöffneten verglasten Türen des Salons: „Kommt, Monsieur, wenn Ihr wollt, gehen wir ein wenig in den Park."
Die drückende Wärme dieses Augusttages wich kühlerer Luft. Mesmer, der Deslon noch immer am Arm hielt, bog mit ihm in eine Kastanienallee ein. Sie plauderten eine ganze Weile und kehrten dann in der Dämmerung ins Schloß zurück. Mesmer lud Deslon zum Abendessen ein und forderte ihn auf, die Nacht in Créteil zu bleiben. Nach dem Mahl setzten sie ihr Gespräch bis tief in die Nacht fort, und bevor sie zu Bett gingen, hatten sie

Mesmers Rückkehr nach Paris bereits bis in alle Einzelheiten durchdacht.

II

DAS HÔTEL DE BULLION

Anton nahm jeweils vier Stufen auf einmal, als er die kleine Geheimtreppe erklomm, die zum ersten Stock des Hôtel de Bullion führte, wo Mesmer sich ein Büro eingerichtet hatte. Eine Menschenansammlung hatte sich vor dem Haus um zwei Kutschen gebildet, in denen singende Frauen und ein kleines Violinorchester saßen. Ein Kutscher war gekommen und hatte ausgerichtet, diese Damen wollten Doktor Mesmer sehen, um ihm ein Geschenk zu überreichen. Anton hatte die Beweggründe dieser geräuschvollen Delegation nicht recht verstanden. Mesmer bat ihn, Doktor Chalier, der für den Saal mit dem ersten Baquet zuständig war, zu schicken, um nähere Einzelheiten zu erfahren.

Der junge Arzt kehrte schon bald darauf lächelnd zurück. „Die Dame Jane Miotte und ihre Mitschwestern von den Markthallen sind gekommen, um Doktor Mesmer zu danken, der sie geheilt hat."

Franz Anton zog einen Gehrock über und ging hinunter, das Geschenk in Empfang zu nehmen. Die Seefischhändlerinnen legten, angeführt von den Fischweibern und gefolgt von den Violinspielern, auf den Tisch des Empfangsraums im Hôtel de Bullion einen sechs Fuß langen Stör, den sie mit Bändern geschmückt und mit Blumen besteckt hatten. Chalier erklärte, dieser kostbare Fisch werde nur im Herbst nach Paris geliefert und zuweilen der königlichen Familie überreicht, wenn eins ihrer Mitglieder von einer schweren Krankheit genesen sei. Die Geste der Händlerinnen sei ganz besonders galant und schmeichelhaft. In Begleitung von drei Fischweibern hielt die schöne Jane Miotte eine Flasche und ein Glas in der Hand und wollte mit Mesmer, Anton und den verfügbaren Helfern anstoßen. Die Ärzte bekamen blau-weiße Kokarden und eine riesige Fischpfanne geschenkt, um darin den Stör zu kochen. Mesmer umarmte Jane Miotte, und beim Klang der Geigen ging man glücklich und gerührt wieder auseinander.

Seit Mesmers Übersiedlung von Créteil ins Hôtel de Bullion hatte Jane Miottes Heilung mehr zu dessen Popularität beigetragen als die dreitausend Prospekte und die zehn sechs Monate zuvor im *Journal de Paris* erschienenen Annoncen. Sämtliche Kunden der Hallen, ob von Adel oder bürgerlich, hatten durch ihre Dienerschaft von der wunderbaren Heilung der Jane Miotte, der bekanntesten Fischverkäuferin auf dem Markt, erfahren. Ganz Paris kannte das Töchterchen der Desmarets, die nach dem Tod ihrer Mutter die beste Fischbank in den Hallen erbte, doch niemand konnte je verstehen, warum die Jane sich in Jean-Marie Miotte, den neuen Aufseher des Cimetière des Innocents, vernarrt hatte. Ihre Heirat gab viel Anlaß zum Klatsch. Jean-Maries Tätigkeit, die darin bestand, das tägliche Defilee der Toten aller Pariser Pfarreien, die über keinen Friedhof verfügten, zu registrieren und das Massengrab, worin die Körper ungeordnet aufgeschichtet wurden, zu überwachen, war nicht gerade angenehm; und die zwischen Gebets- und Beinhaus eingezwängte Unterkunft des jungen Paares hatte nichts von einem bescheidenen, doch behaglichen Heim für Liebesleute. Gewiß, der Ehemann war ein hübscher Kerl und stolz auf seine Arbeit, und an Wein fehlte es nie, den er für jedes Begräbnis innerhalb von Paris bekam, denn der Transport der Verstorbenen aus der Stadt heraus unterlag hohen Gebühren. Außerdem wurde er von den

Gaunern aus dem benachbarten Ganovenviertel reichlich bestochen, damit er unbequeme Leichen verschwinden ließ. Die Erde des Cimetière des Innocents hatte, was die Zersetzung der Körper anbetraf, nicht ihresgleichen, sie pflegte „eine Leiche in nur neun Tagen zu verschlingen", das jedoch um den Preis eines Gestanks, der sich von den Gräbern bis zu den Arkaden ausbreitete, wo in den Beinhäusern die Knochen aus den frisch ausgehobenen Gräbern gestapelt wurden. Trotz des widerlichen Geruchs flanierte die Menge tagtäglich an den Läden unter den Arkaden vorüber, und öffentliche Schreiber verfaßten dort Briefe, Bittschriften oder Vorladungen, für ein paar Sous manchmal sogar Liebesbriefe.

Jane und Jean-Marie hatten bereits als Kinder im Quartier miteinander gespielt, und die Hochzeit hatte eine zärtliche Freundschaft besiegelt, die ganz wie von selbst entstanden war. Noch nicht einmal drei Monate nach der Hochzeit wurde die Fischhändlerin von nicht zu unterdrückender Übelkeit befallen. Man glaubte, sie erwarte ein Kind. Jean-Marie warf sich in die Brust, bald jedoch wurde er ganz kleinlaut; Jane war nicht schwanger, und sie aß auch nichts mehr. Sie siechte dahin. Sie war nicht länger drall, sondern platt und dürr wie eine Fischgräte. Man begann, sich Gedanken zu machen, welche Grabplatte ihr Ehemann für sie aussuchen und an welcher Stelle er sie wohl bestatten würde. Sie stand schon mit einem Bein im Grabe. Und dann suchte eines morgens die Quincaud, eins ihrer Fischweiber, Miotte auf und erzählte ihm, im Hôtel de Bullion vollbringe ein neuer Arzt Wunder. Er behandle mit einem Stab, mit Seilen, Kübeln und einem magischen Fluidum. Auf rätselhafte Weise Geheilte würden in Scharen ausströmen und ihre Wohltäter preisen. Jean-Marie machte sich auf und meldete seine Frau zur Untersuchung an. Vor lauter Kummer ganz durcheinander, bot er Mesmer, um dessen Gunst zu erwirken, sogar an, für seine Patienten und Helfer eine große Grube zu reservieren.

Die Ärzte, die versucht hatten, Jane Miotte zu behandeln, dia-

gnostizierten sogenannte „Vapeurs". Die Vapeurs-Theorie hatte sich seit der berühmten Abhandlung des Doktor Pomme über „Vaporeuse Anwandlungen" allgemein durchgesetzt. Nach Ansicht der Ärzte litt Jane Miotte an einer Reizung der Eingeweide des Unterbauches, die, ausgehend von der Gebärmutter, über den Nervenkanal zum Magen und sogar bis zum Gehirn ausstrahlte. Man hatte die Hydrotherapie in allen nur denkbaren Formen an ihr erprobt: Wechselbäder, feuchte Wickel, stundenlange Sitzbäder. Nichts hatte geholfen.
Als Mesmer Jane Miotte sah, die man ihm auf einer Bahre brachte, ließ er sich alles über ihr Leben, ihren momentanen Zustand und ihre Krankheit berichten. Der Ehemann wollte zu sprechen anheben, doch die Quincaud erzählte die ganze Geschichte. Nach einigem Bestreichen war es der Miotte möglich, auf einem Stuhl zu sitzen. Man plazierte sie vor dem Baquet, richtete den gekrümmten Griff des Eisenstabes auf ihre Magengrube und ließ sie gemeinsam mit ihren Nachbarn das Seil in Händen halten. Im Halbdunkel mit der Musik, dem Skunkparfum, dem Stab und unter den Augen Mesmers stellte sich die Krise rasch ein. Hoch aufgebäumt, steif und aus vollem Halse schreiend wurde sie ins Krisenzimmer gebracht, wohin Mesmer ihr folgte. Als sie eine ganze Weile mit den Beinen gestrampelt hatte, ließ er sie nicht einschlafen, sondern sprach lange mit ihr und schickte sie dann wieder nach Hause. An diesem Abend aß sie eine Scholle, und behielt sie bei sich. Am folgenden Tage begann alles wieder von neuem, bis zur nächsten Baquet-Sitzung, und allmählich besserte sich ihr Zustand. Mesmer verlangte nach dem Ehemann, den er durch seine Ratschläge verblüffte. Jean-Marie ließ sich die Haare schneiden, kleidete sich in Blau und betrank sich nicht länger allabendlich. Er verbot den Ganoven, nachts mit den aus den Beinhäusern geraubten Knochen Feuer zu machen. Mesmer verpflichtete auch ihn dazu, sich behandeln zu lassen. Er wurde durch transversales Bestreichen magnetisiert, und man ließ ihn einhundert Livres für die Seile des magnetisierten

Baumes in der Rue de Bondy bezahlen, die Mesmer in Bälde anzubringen gedachte. Jane genas innerhalb eines Monats, und zu Allerheiligen nahm sie ihren gewohnten Platz an ihrer Bank in den Markthallen wieder ein. Die Fischweiber empfingen sie mit freudigem Geschrei, und mit anderen, denen der Baquet ebenfalls geholfen hatte, legten sie zusammen, um Mesmer den Stör als Zeichen ihrer Dankbarkeit zum Geschenk zu machen.

Wie der Wiener Konditor, so hatte das Fischweib von den Markthallen mit ihren „Vapeurs" in Franz Anton und seinem ausstrahlenden Fluidum eine heilende Kraft gefunden. Der Wille des Patienten, der „seine Krankheit nicht aufgeben wollte", wurde durch Mesmers Willensakt erschüttert, der „mittels eines sehr subtilen Fluidums, eben jenes Fluidum, das den Körper durchdrang, verwandelte und im Verlauf einer Krise die wohltätige Harmonie wiederherstellte". Wie immer man das verstehen mochte, so war es eben. Man wurde gesund. Sie alle waren Zeugen dieser spektakulären Resultate: an erster Stelle die Kranken, aber auch die verschiedenen Beobachter und Helfer, Ärzte oder einfache Lakaien, die Mesmer unterstützten, und allen voran der in wachsendem Maße überzeugte und begeisterte Charles Deslon. „Ich möchte mir Eure Methode zu eigen machen, Monsieur, ich möchte durch die Anwendung und Wirksamkeit Eurer Entdekkung helfen, Kranke zu heilen, und Euch die Dankbarkeit eines respektvollen Freundes und ergebenen Schülers entgegenbringen."

Mesmer blickte Charles Deslon an. Seitdem er von Créteil weggezogen war, hatte sich der Leibarzt des Grafen von Artois mit vollen Händen dafür eingesetzt, das Hôtel de Bullion in der Rue Coquillière nahe Saint-Eustache einzurichten. An Geld hatte es nicht gefehlt, es wurde ein Großteil der beträchtlichen Summen, die man im Hôtel Bourret wie in Créteil eingenommen hatte, ausgegeben. Die Organisation der Säle wurde Anton überlassen, der sich bereits vor langer Zeit in Wien alle Details zurechtgelegt

hatte. Die Aufeinanderfolge der Säle, die Nebengebäude, die Krisenzimmer, die Korridore mit den Nischen für die kleinen Orchester und sogar die Liste der Musikstücke, die während der Krisen gespielt werden sollten. Die ersten an der Place Vendôme und in Créteil provisorisch aufgestellten Baquets waren lediglich abgesägte Fässer gewesen. Im Hôtel de Bullion wurden sie von Lieferanten wie den Gebrüdern Rumeau in Vincennes nach den Plänen Pater Marinos hergestellt: 10 Fuß Durchmesser, 18 Zoll hoch, mit zerstoßenem Glas, Sand, Siderit und dazu noch Eisenspänen angefüllt. Anton und Deslon hatten alles nachgeprüft. Helfer und junge Medizinstudenten wurden angeworben, und die Kranken strömten von überall herbei.
Charles Nicolas Deslon wollte sich aktiv an Mesmers Pariser Wagnis beteiligen. Eines Tages fragte er ihn: „Monsieur, ich möchte an der Behandlung der Kranken, die von Euch behandelt werden wollen, mitarbeiten."
Deslon wirkte seit einiger Zeit erschöpft. Er war blaß, zuweilen war sein Teint aschfahl, er hatte blaue Ringe um die Augen, seine Lider waren gerötet, und wenn er nach etwas griff, zitterten seine Hände leicht. Mesmer war all das nicht entgangen. Seitdem er Deslon kannte, und vor allem seit Créteil, empfand er große Sympathie für Charles Nicolas, von dem er sagte: „Ein wirklicher Mensch ... eine reine Seele und ein aufrichtiges, wahrheitsliebendes Herz." Deslons' zarte Züge, seine Blässe unter der blonden Perücke mit der schwarzen Haarschleife, ließen ihn jünger, zerbrechlicher erscheinen.
„Monsieur, Ihr wirkt erschöpft, und solltet Ihr es tatsächlich sein, so müßt Ihr Euch, bevor Ihr mir helfen könnt, behandeln lassen. Die magnetische Kur kann nur von einem sehr gesunden Menschen verabreicht werden."
Deslon gab zu, sich seit Jahresbeginn unpäßlich zu fühlen; sein Vorgesetzter, der Chirurg Jean-Louis Petit, habe eine Leberschwäche konstatiert und ihn an Tronchin weiterempfohlen. Doch der Genfer Arzt, der durch seine zahlreichen Patienten in

Paris und seine Sorge um den sterbenden Voltaire allzu sehr in Anspruch genommen war, hatte ihn nicht empfangen können. Mesmer war mit Petits Diagnose nicht einverstanden. „Ich sehe, Monsieur, daß Ihr nicht an einer Defizienz leidet, sondern an Verstopfung und Magenbeschwerden, die auf einer schlechten Zirkulation des lebenswichtigen Fluidums beruhen. Euer Magen ist nicht krank, doch ist dies der Ort, wo sich in krankhaftem Widerstreit die Energie, die das Zirkulieren des Fluidums wieder herzustellen trachtet, und die Verstopfung, die dies zu verhindern sucht, bekämpfen. Eure Krankheit, Monsieur, verkörpert all jene Leiden, die ich mit Hilfe des Magnetismus behandle. Solltet Ihr mir mit einigem Erfolg helfen wollen, so müßtet Ihr bereit sein, Euch magnetisieren zu lassen, damit Ihr die Wirkung des Magnetismus besser versteht und Eurerseits in guter gesundheitlicher Verfassung zu magnetisieren imstande seid." Und Mesmer fuhr fort: „Der animalische Magnetismus sollte in meinen Händen wie ein sechstes, künstliches Sinnesorgan betrachtet werden. Die Sinne lassen sich nicht definieren und beschreiben: man empfindet sie. Man kann einem von Geburt an Blinden die Farben nicht erklären. Um sie zu empfinden, müßte er sie sehen. Genauso verhält es sich mit dem animalischen Magnetismus. Man muß ihn erfahren, ihn fühlen, um ihn zu verstehen und seine Theorie begreiflich machen zu können. Deshalb fällt es denen, die die von mir hervorgebrachten Wirkungen an sich selbst zu erfahren gewohnt sind, leichter, mich zu verstehen, als allen anderen Menschen."

Mesmer erklärte außerdem, auf die Behandlung müsse eine möglichst perfekte Krise folgen, die dann die Heilung herbeiführe.

Charles Deslon war ein wenig verwirrt durch Mesmers Ausführungen, der soeben unumwunden zugegeben hatte, man könne den animalischen Magnetismus nur dann praktizieren, wenn man ihn von Grund auf verstehe, und dahin führe nur ein Weg: sich zunächst selbst magnetisieren zu lassen. Dieses Vorgehen stand im Widerspruch zu allem, was die Medizin lehrte, sowohl auf therapeutischem Gebiet als auch, was das Verhältnis zwischen Arzt und Patient betraf. Denn würde man dies verallgemeinern, so müßte man ja doch alle Krankheiten, bevor man sie behandelte, erst selbst über sich ergehen lassen, und alle Verordnungen, bevor man sie verschrieb, auch an sich selbst erproben. Außerdem würden der enge Kontakt und die Gespräche, die sich zwischen Arzt und Patient während der magnetischen Séancen entwickelten, die Barrieren niederreißen, die seit Jahrhunderten die Schüler Äskulaps durch ihren professoralen Tonfall, ihre verschlüsselten Reden und ihre geheimnisvollen Heilverfahren errichtet hatten. Hier gab es keinerlei Mysterium, sondern allein die Kraft eines heilenden Fluidums, eines Fluidums, das sich durch Magnetismus ausbreitete und in Zubern, im Wasser und in magnetisierten Gegenständen konserviert wurde, sowie einen genialen Geist, der all das spendete, nämlich Doktor Mesmer, der die Menschheit an seiner „grandiosen Entdeckung“ teilhaben lassen wollte und darüber hinaus bereit war, Schüler auszubilden; und er, Charles Nicolas Deslon, würde der erste sein.

Deslon willigte ein, Mesmers Empfehlung nachzukommen. Er fühlte sich von diesem imposanten, kräftigen, verführerischen Mann hingezogen, der ihn zutiefst beeindruckt hatte, in dessen Nähe er sich wohlfühlte und an dessen Erfolg er teilhaben wollte. Er ließ sich von Mesmer magnetisieren, doch seine mangelnde Ausdauer und womöglich auch seine bevorzugte Stellung beim Meister brachten ihm nur vorübergehend Linderung. Eine Weile ging es ihm besser, er erlebte jedoch mehrere Rückfälle, was ihn nicht weiter verwunderte, da Mesmer ihm dies prophezeit hatte.

Der Erfolg des tierischen Magnetismus in Paris war beträchtlich und mit dem Wiener Abenteuer in keiner Weise zu vergleichen. Ein Sturm der Begeisterung ergriff das Viertel, in dem sich das

Hôtel de Bullion befand. Geheilte Patienten beteten zum Dank in Saint-Eustache und brachten ihre Votivbilder in den Kapellen an. Tatsächlich war es das Volk aus den Markthallen, das Mesmers Ruf begründete. Gleich bei seiner Ankunft hatte er das Erdgeschoß des Hôtels, wo er nahezu unentgeltlich behandelte, mit einem Saal für die Armen und einem Baquet weit geöffnet. Darüber hinaus suchte man ihn dort auch des Nachts auf, denn, wie Mercier sich ausdrückte, waren „die Hallen ein Ort, wo Morpheus noch nie seine Mohnkapseln ausstreute". Je nach Uhrzeit wurden vor Morgengrauen die Gemüsegärtner, dann die Seefisch- und Fischhändler magnetisiert, am späten Vormittag die Eier- und Geflügelhändler, mittags dann die Börsenspekulanten. Den ganzen Tag über kam die erste Gesellschaft, ob von Adel oder bürgerlich, und manchmal verabredete man sich abends nach dem Theater mit Freunden zum Baquet. In der Nacht kamen ruinierte Spieler und Freudenmädchen, um ihren Kummer, der ihnen auf den Magen geschlagen war, lindern zu lassen.

Mesmer hatte das Ganze vorbildlich eingerichtet. Vom frühen Morgen an sorgten Angehörige der Schweizer Garde aus der Kompagnie des Königs für Ordnung. Sie regelten die Aufstellung der Wartenden. Sie leiteten die Wagen und Karossen der wohlhabenden Patienten, denen ein besonderer Eingang mit direktem Zutritt zu den Salons mit den Baquets vorbehalten war, auf einen eigens für sie reservierten Platz hinter dem Hotel. Um den Zustrom des Volkes, das in die Säle zur unentgeltlichen Behandlung drängte, zu mindern, hatte Mesmer beschlossen, den Zuber durch etwas anderes zu ersetzen. Im Verlaufe einer spektakulären Zeremonie war er in großem Pomp nahe der Pforte Saint-Martin erschienen, um einen Baum zu magnetisieren. Er hatte auf den Boulevards am unteren Ende der Rue de Bondy einen herrlichen Kastanienbaum auserkoren, den er unter großem Zulauf magnetisierte und an dessen Ästen er Seile befestigte. Das *Journal de Paris* berichtete, man habe gesehen, „wie mehr

als hundert Personen, nachdem sie den Baum umfaßten, die magnetische Wirkung verspürten und Ausscheidungen sowie beträchtliche Resultate verzeichnen konnten". Das Journal fuhr im Ton der allgemeinen Begeisterung fort: „Läßt sich Mesmers Tun überhaupt noch übertreffen? Könnte man die Armen auf noch wohlfeilerem Wege heilen?" Es wurde sogar darauf hingewiesen, der Kastanienbaum bewahre sein Laub bis in den Dezember hinein und trage im Frühling als erster neue Blätter.
Selbst als Mesmer durch die magnetisierten Bäume und öffentlichen Salons von einem Teil seines volkstümlichen Kundenkreises entlastet war, entwickelte er dennoch in einem „höllischen Rhythmus" von sechs Uhr morgens bis spät in die Nacht eine schier unvorstellbare Aktivität. Gleich nach dem Erwachen und Ankleiden, bei dem ihm noch immer Anton behilflich war, empfing er zwei Milchhändlerinnen aus der Rue des Prouvaires, die ihm seine „Bavaroise" brachten, eine Cremespeise, die sie nach dem Rezept herstellten, das ihm ein Münchner Café-Besitzer einst gegeben hatte. Es handelte sich um einen besonders starken, gezuckerten Kaffee, dem ein geschlagenes Eigelb und kochende, mit Kirschwasser parfümierte Milch zugesetzt waren. Fand er keine Zeit für eine Mahlzeit, so trank er davon im Laufe des Tages zuweilen mehrere Becher. Er bezahlte den beiden Milchhändlerinnen auch zwei mit Milchkaffee gefüllte Blechbehälter, die sie auf ihrem Rücken trugen und aus denen sie gratis an die Patienten ausschenkten, die wartend in der Schlange standen. Das war allgemein bekannt, und trotz des Eingreifens der Schweizer Gardisten schlug man sich zuweilen im Winter darum, als erster bedient zu werden.
Im Hôtel de Bullion war der Saal für die Armen bescheidener ausgestattet, doch Mesmer zeigte sich oft dort und bevorzugte diesen Raum für seine eingehenden Beobachtungen magnetischer Phänomene. Seine Vertrautheit mit den Kranken wurde von allen anerkannt, und eine Porzellanschale nahm den Obulus auf, den die Hand aus Diskretion denen gegenüber, die nichts

geben konnten, unter ein weißes Tuch gleiten ließ. Die vermögenden und adeligen Patienten wurden in Etagen empfangen, in denen Salons und kleine Kabinetts durch von der Hand Blanchards und Simon Vouetes mit mythologischen und galanten Szenen prunkvoll ausgestattete Galerien miteinander verbunden waren.

Das Hôtel war möbliert gemietet worden, und in seinen geräumigen Sälen ließen sich sogar Kranke unterbringen. Es gab nicht viel, jedoch gut eingespieltes Personal – außer Deslon noch einige Medizinstudenten, die die Räume mit den Baquets beaufsichtigten, und Anton, der bewährte Dienstbotenantreiber; er wachte über die Lakaien, die man brauchte, um aus den magnetischen Ketten die Patienten herauszulösen, die sich in Krämpfen wanden und in die Krisenzimmer getragen wurden. Die „Krisenlakaien" waren mehr nach ihrer liebenswürdigen Miene und angenehmen Gestalt ausgesucht worden als auf Grund ihrer Muskelkraft. Sie mußten auch gute Manieren haben und leise sprechen. In den Krisenzimmern, deren Wände und Fußböden mit Matratzen belegt waren, sollten sie die Kranken besänftigen und geduldig ihr Erwachen mit beruhigenden Worten und Gesten begleiten. Täglich kamen zwei kleine Orchester und lösten einander während der Séancen in den Korridoren und Galerien ab. Die Saaltüren waren weit geöffnet, und Geiger und Flötisten gingen von einem Baquet zum anderen oder hielten sich in den Nischen auf, wo sie leise musizierten.

Zwei Säle ließ Mesmer stets für die Wißbegierigen offen, die kamen, um die magnetischen Séancen mitzuerleben. Man mußte ihn zuvor um Besuchserlaubnis bitten und von einem angesehenen Bekannten oder adeligen Patienten wärmstens empfohlen worden sein. Doch war man erst einmal eingeführt, so konnte man nach Belieben im ganzen Hôtel de Bullion umherschweifen. Mesmer rühmte sich, den Magnetismus wie ein höchst wissenschaftliches Experiment vor aller Augen auszuüben. Er entschied in jedem einzelnen Fall die Art der Behandlung. Nach einer gründlichen Befragung entschied er sich für das „kollektive Baquet" oder den „individuellen Magnetismus" durch Bestreichen, wobei „der individuelle Magnetismus besonders befähigten Menschen, sensiblen Wesen vorbehalten war, denjenigen, deren Fall zu überzeugenden Beobachtungen Anlaß geben konnte".

Dem Kranken gegenüber sitzend, ihn mit Knie und Bein berührend, den Rücken nach Norden gewandt, um den Gesetzen der „allumfassenden Polarität" zu gehorchen, fixierte Mesmer ihn, während er mit dem „Bestreichen" begann, mit seinen durchdringenden, starren, unbeweglichen Augen. Die Daumen legte er ohne zu starken Druck auf die Magengrube und strich mit den übrigen Fingern über Brust, Seiten und Unterleib. Das Streichen erfolgte je nach Art der zu behandelnden Erkrankung. Stirn, Schläfen, Augen, Schädel bei Migräne, Augenleiden und Schwindel. Brust und Rücken bei Krankheiten der Lunge oder Wirbelsäule, und Unterleib sowie Eierstöcke bei Frauenleiden und „Vapeurs". Es gab auch die „weitausholende Magnetisierung", die vertikal erfolgte, wobei die zusammengefügten Hände von Kopf bis Fuß über den ganzen Körper wanderten, und die „Längsbestreichungen", wo, da das Fluidum aus der Entfernung wirkte, ein Berühren des Kranken nicht notwendig war.

Wer sich dem individuellen Magnetismus unterzog, konnte auch vom „Kollektiven Magnetismus" in den Sälen mit den Zubern profitieren. Hier begegnete man sich häufig wieder. Man verabredete sich zu den Baquet-Séancen, und es gehörte zum guten Ton, sich dort zu zeigen. Die Séancen fanden nur statt, wenn zahlreiche Bedingungen erfüllt waren. Zunächst einmal geschah an Gewittertagen gar nichts. Zu diesem Zweck wurden nicht nur Barometer, sondern auch Thermometer und Hygrometer ständig sorgfältig überwacht. Wenn behandelt wurde, stand der Saal lediglich den Musikern offen, die erst bei Mesmers Eintreffen zu spielen begannen. Bei geschlossenen Vorhängen war der Saal in Halbdunkel getaucht, doch warfen zahlreiche, geschickt angebrachte Spiegel die Bilder der Anwesenden und der in den Ecken des Raumes plazierten Kandelaber unendlich vielfältig zurück. Die in der Mitte des Saales aufgestellten Zuber waren von Stühlen umringt, auf denen die Kranken, ob Mann oder Frau, Platz nahmen. Man setzte sich vor einen Metallstab, den man auf den kranken Körperteil richtete. Darüber hinaus war jeder mit seinen Nachbarn durch ein Seil verbunden, oder er hielt sie bei den Händen, so daß eine magnetische Kette entstand, die dem Fluidum erlaubte, durch alle Patienten hindurch zu zirkulieren. Der Assistent forderte vollkommene Stille, und so verharrte man eine ganze Weile mit zusammengebissenen Zähnen, hielt wegen der wachsenden, um sich greifenden, von Seufzern unterbrochenen Beklemmung den Atem an und erstickte auf diese Weise eine Angst, die nach und nach riesenhaft, schrecklich und erdrückend wurde. Einige von Schauder Gepackte zitterten und gaben ihr Beben an andere weiter, die nun, ihrerseits erschreckt, von Furcht ergriffen wurden und die Selbstbeherrschung verloren und ihre Nachbarn entsetzten, die nunmehr auf die gesamte Kette eine ungeheure kollektive Angst übertrugen. Oft erklangen in einem solchen Augenblick Akkorde einer bestimmten Musik, die, sorgfältig ausgewählt, genau zum richtigen Zeitpunkt kam, um eine erschlaffte Atmosphäre zu beleben oder eine maßlose Panik zu besänftigen. Die Helferlakaien, die bislang reglos dagestanden hatten, näherten sich einem Wandbehang, dessen Schöße sie zurückschlugen – und in einer Türöffnung erschien Mesmer.

Sein majestätisches, imposantes, ernstes und feierliches Auftreten ist durch die große Gelassenheit, die von seiner Person ausgeht, um so erstaunlicher, als es zu der allgemeinen Erregung unter den Anwesenden in starkem Kontrast steht. In eine mit Brüsseler Spitzen verzierten Tunika aus lila Seidenvelours gehüllt, die in Paris berühmt ist, nähert er sich den Kranken und der magnetischen Kette, durch die ein langanhaltendes Raunen läuft. Indem er seinen Geist und seine Kräfte konzentriert, um sein Fluidum zu sammeln, schreitet er von einem Kranken zum anderen, wobei er in seiner weit ausgestreckten Hand einen dünnen vergoldeten Stab hält. Er bleibt stehen, beugt sich zu dem einen, befragt ihn, spricht in sein Ohr, berührt mit dem metallenen Stab einen Körperteil und taucht gleichzeitig seinen Blick in den flehenden Blick eines anderen. Er kommt und geht im Umkreis des Zubers, wiederholt seine Bestreichungen, seine Berührungen und schlägt nach und nach alle versammelten Patienten, die schwitzen, seufzen oder stöhnen, in seinen Bann. Und plötzlich dringt aus einer Kehle ein Schrei, ein Körper, dessen Arme ausschlagen, richtet sich steif auf und bricht, von Zittern und Krämpfen geschüttelt, zusammen. Und wie eine Welle der anderen folgt, entsteht ein weiterer Schrei, eine weitere Krise beim Nachbarn, der seinerseits zu Boden sinkt. Mesmer gibt mit seinem Stab ein Zeichen, und die beiden verkrampften Körper werden in die Räume gebracht, wo die Krisen abklingen können. Inzwischen tritt bei anderen Individuen aus der Kette ein seltsames Gebaren auf. Einige lachen, andere weinen, einer wirft sich Mesmer zu Füßen und sagt, er sei geheilt; eine andere scheint unbeweglich, mit weit aufgerissenen Augen und versteiftem Körper darauf zu warten, daß man sie weckt. Jetzt herrscht ein Stimmengewirr, das von der Musik des Orchesters übertönt wird, und ein reges Durcheinander, das die Helfer nach Mesmers Abgang zu beruhigen trachten.

Ganz Paris weiß von diesen erstaunlichen Szenen, die Gazetten berichten darüber, die Chansonniers schildern diese in ihren Couplets; erregte Pamphlete neidischer Ärzte werden sogar an die in langer Schlange vor dem Hôtel de Bullion Wartenden verteilt. Doch gegen diesen immensen Erfolg, den riesigen Zustrom und die märchenhaften Honorare, die Mesmer einstreicht, ist nichts auszurichten.

Um zwei Uhr nachmittags kommen Limonadenverkäufer und Kaffeehaus-Kellner und bringen Mesmer eine Mahlzeit, die er in seinem Zimmer einnimmt. Nach einer weiteren „Bavaroise" erscheint gegen drei ein Perückenmacher mit Kamm und Brenneisen, um seine Frisur in Ordnung zu bringen. Von neuem mit einer sorgfältig gebügelten lila Tunika angetan, nimmt er in den Salons mit den Zubern, den gesonderten Kabinetts, wo er verabredet ist, den Sälen im Erdgeschoß, und in der warmen Jahreszeit, bei den Becken im Garten seine Visiten wieder auf. So geht es bis in die Nacht, wo er nach dem Abendessen in einem seiner Privaträume, das ihm als Büro dient, sein „kleines Gremium" versammelt.

Zum „kleinen Gremium" gehören Deslon, die Assistenzärzte Aubin-Gauthier, Sesmaisons und Giraud, die „touchieren" und Trancezustände lenken, und der Sekretär Bachelier d'Agès. Die Ergebnisse des Tages werden besprochen, Berichte diktiert, und Bachelier d'Agès liest die zahlreichen Briefe vor, die täglich eintreffen und von Mesmer unverzüglich beantwortet werden.

Nach der Sitzung zieht sich der eine Teil des Gremiums für die Nacht zurück, während der andere bei den in den Behandlungsräumen und Krisenzimmern verbliebenen Patienten wacht.

Gegen Mitternacht trinkt Mesmer eine letzte „Bavaroise", zuweilen geht er, angetan mit einem Houppelande, unerkannt durch benachbarte Straßen bis zum Cimetière des Innocents oder zur auch nachts geöffneten Kirche Saint-Eustache, und manch einer hat behauptet, er habe ihn dort beten sehen. Erst spät in der Nacht kehrt er zurück, wenn die Bauern vom Land, die aus sieben oder acht Meilen entfernt liegenden Dörfern kommen, auf ihren von müden Kleppern gezogenen Karren eintreffen, um Gemüse, Früchte und Blumen zu den Markthallen zu bringen. Die Dirnen in der Rue Plâtrière erwarten sie schon mit entblößtem Busen, erhobenem Kopf und gerötetem Gesicht und versuchen, einige von ihnen zu verführen. Dies ist auch die Stunde, da Lebemänner blaß und aufgelöst aus den Betten ihrer Maitressen und noch bleichere Tricktrack-Spieler aus obskuren, verrufenen Spielhöllen taumeln.

Mesmer kehrt ins Hôtel de Bullion durch eine niedrige Tür in der Rue de Coquillière zurück. Er hat einen Blick auf den Haupteingang geworfen, wo sich schon jetzt eine Schlange gebildet hat. Er wird ein paar Stunden schlafen, bis Anton erscheint und ihn weckt. Und wieder bricht ein Tag an, an dem erneut Magnetismus an diese gewaltige Pariser Menschenmenge verteilt wird, die herbeiströmt, um ihn zu bitten, anzuflehen, zu beschwören wie einen Zauberer oder Gott, der mit übernatürlichen Kräften heilt. Doch Mesmer selbst weiß sehr wohl, daß er lediglich in Übereinstimmung mit natürlichen Gesetzen wirkt, mit einem magnetischen Fluidum, das anzieht und abstößt, und dessen Kraft aufzufangen er imstande ist, um Harmonie und Gesundheit wiederherzustellen. Und eben das wünscht er zu verkünden, damit sein Genie endlich Anerkennung findet.

III

DIE ABHANDLUNG VON 1779

Vor allem anderen trachtete Mesmer nach der offiziellen Anerkennung seiner Entdeckung des animalischen Magnetismus. Erfolg und Wohlstand waren die unweigerliche Konsequenz einer genialen Entdeckung, deren Gültigkeit er aber von Vertretern seines Berufsstandes bestätigt wissen wollte.

„Weder ein Pülverchen noch einen Liquor habe ich anzumelden", waren seine Worte, „weder ein Patent noch ein Privileg zu beantragen, ich halte eine Wahrheit in Händen, die für die ‚Glückseligkeit des Menschen=Geschlechts' von höchster Wichtigkeit ist. Ich bin auf der Suche nach denen, deren Urteil in der Öffentlichkeit einiges Gewicht hat... damit sie die heilsamen Resultate meiner Entdeckung bezeugen, eben diese Entdeckung ‚in das vollste Licht setzen'... und auf diesem so einfachen Wege die Anerkennung aller Nationen erwirken..."

Deslon teilte diese Ansicht nicht. Er hielt es für besser zu warten, bis die große Zahl der Geheilten die öffentliche Meinung so weitreichend beeinflußt habe, daß sich die Fakultät den Tatsachen beugen mußte. Nichtsdestotrotz versuchte er auf Mesmers Drängen hin, seinem Freund zu helfen. Man sammelte alle Notizen und Beobachtungen, und Mesmer diktierte seinem Sekretär Bachelier d'Agès eine „Abhandlung über die Entdeckung des thierischen Magnetismus" von Monsieur Mesmer, „Doktor der

Arznei-Gelahrtheit und Mitglied der Wienerisch-Medicinischen Fakultät".

Das fertige Buch wurde am 30. März 1779 in Genf und Paris bei Didot zum Verkauf angeboten. Mesmer verschickte Exemplare an verschiedene wissenschaftliche Kapazitäten in Frankreich und im Ausland, unter anderem an den amtierenden Dekan der medizinischen Fakultät, Desessarts. Das breite Publikum konnte die Broschüre im Buchhandel erstehen, und beim Graveur Civil in der Rue d'Angivéler No. 5 im Quartier du Louvre war neben dem Buch ein bemerkenswertes farbiges Portrait Mesmers zu sehen, unter dem man das folgende kleine Gedicht lesen konnte:

Viel tausend Neider suchten dir zu schaden
Doch, Mesmer, durch dein edles Trachten
Ist unser Leid verflogen, die Menschheit atmet auf
Verfolge weiter deinen Ruhmespfad
Wenn auch die Eifersucht dir grollen mag
Wie gut, wie edel, wenn lauter Mißgunst dich umgibt
Und dennoch du der Welt zum Glück gereichst

Die fünfundachtzig Seiten umfassende Abhandlung rief alle Phasen derEntdeckung in Erinnerung: die Wiener Episoden, die Kontroversen mit Hell und Ingen-Housz, schilderte einzelne Fälle, vor allem den der „Jungfer Paradis", sodann Ankunft und Niederlassung in Paris, wie die hier erzielten Erfolge. Der Text schloß mit siebenundzwanzig fettgedruckten, numerierten und in verschiedene Abschnitte unterteilten „Lehrsätzen". Sie gründeten sich auf die Existenz eines „wechselseitigen Einflusses der Himmels=Körper in einander", der seinen Ausdruck in einem „alles durchdringenden Fluidum" fände, wobei eine „Ebbe und Fluth eben dieses Fluidums" in Permanenz auf Materie und organische Körper einwirke. Auf den „thierischen Körper" habe es Einfluß, „indem es die Substanz der Nerven durchdringt", und die Eigenschaft des „thierischen Körpers", dieses Fluidum

„anzuhäuffen, von einem Ort an den andern zu bringen, durch Spiegel zurückzuwerfen“, sei eben der „thierische Magnetismus“. Wer das Fluidum im Überfluß besitze, vermöge es weiter „mitzutheilen“ und den Magnetismus aller lebendigen oder leblosen Körper, die nur in geringem Maße oder gar nicht über ihn verfügten, zu verstärken. Das Fluidum ströme aus, „ohne ein merkliches von seiner Thätigkeit zu verliehren“. Der Magnetismus wirke „in der Entfernung, ohne Beihülfe eines andern vermittelnden Körpers“. Das Fluidum lasse sich „durch Spiegel zurückwerfen“ und „durch den Schall fortpflanzen und vermehren“. Da der „thierische Magnetismus“ dieses Fluidum lenke, könne „diß Principium Nerven=Krankheiten unmittelbar, andere mittelbar“ heilen. Die Konklusion schließlich forderte, man müsse die „27 Lehrsätze“ ausnahmslos annehmen, um sich die Methode zu eigen zu machen. (Siehe Anhang.)
Mesmers mangelhaftes Französisch oder Bachelier d'Agès' mißratene Abfassung standen zwar einer interessanten Schilderung der einzelnen Geschichten nicht im Wege, sie beließen jedoch den theoretischen Teil im Dunkel. Das breite Publikum interessierte sich für die Beschreibung der behandelten und geheilten Kranken und strömte in noch größerer Zahl zum Hôtel de Bullion. Die Gelehrten verhielten sich zurückhaltender. Die Fakultät hatte auf die Zusendung der Abhandlung noch nicht reagiert, da wurde das Traktat bereits von so manchem Arzt als „unverständlich“ abgetan. Hinter der Schrift schien sich ein Geheimnis zu verbergen. Drei Ärzte, die als Beobachter ins Hôtel de Bullion gesandt worden waren, die Herren Bertrand, Malloët und Sollier, wohnten sieben Monate lang alle vierzehn Tage den magnetischen Séancen bei. Als Mesmer sie zu einer Stellungnahme aufforderte, wagten sie nicht, sich zu äußern und reihten sich lieber in die Schar der Skeptiker ein.
In der Zwischenzeit hatten ungeschliffene, laienhafte Imitatoren, die ihre Kenntnisse aus der Abhandlung bezogen, zu magnetisieren begonnen. Sie praktizierten nicht nur auf öffentli-

chen Plätzen wie dem Pont Neuf, sondern auch privatim. Manche bauten sich sogar Zuber. Andere veröffentlichten Berichte mit Zeugnissen geheilter Patienten. Der berühmteste unter ihnen, ein Scharlatan aus der Rue des Moineuaux, beantragte eine medizinische Kommission der Fakultät, die bestätigen sollte, daß er Blinde heilen könne. Eine Gegenprobe im Hospiz Quinze-Vingts entlarvte den Schwindel. So schlug der durch Hochstapler kompromittierte animalische Magnetismus für die Methode selbst unfreiwillig die Werbetrommel, entfesselte jedoch im gleichen Zuge den Zorn der Mediziner, ließ die Pamphletisten ihre Federn zücken und führte zu mißgünstigen Artikeln in den Gazetten. Die Karikaturisten kosteten dies zum großen Vergnügen der Gaffer weidlich aus.

Mesmer zeigte sich ob der Wendung, die die Dinge nahmen, tief betroffen. Er glaubte fest an seine Entdeckung. Er hätte es ertragen können, daß sie in den Salons zum allgemeinen Gesprächsthema gemacht wurde und man sich für oder gegen den animalischen Magnetismus und ihn persönlich entschied, wie man es einst mit Rousseau oder Voltaire gehalten hatte; aber mitansehen zu müssen, wie man ihn mit den Possenreißern und Scharlatanen verglich, die ihn imitierten, war Mesmer unerträglich; um so mehr, als manche Schriften aufgrund der geistreichen Ironie ihrer Verfasser, Ärzte, Gelehrte und Journalisten, einen gewissen Vergleich mit seinen Nachahmern durchaus rechtfertigten. So waren die Broschüre des Leibarztes des Herzogs von Orléans, Doktor Jacques de Hornes, der Artikel Jean-Jacques Paulets in der *Gazette de la Sante* sowie Thourets Buch *Recherches et doutes sur le magnétisme* die erbarmungslosesten und zugleich sachkundigsten unter den gegen ihn gerichteten Kritiken. Charles Nicolas Deslon fühlte sich von diesen Attacken ebenfalls angegriffen. Seine Eigenschaft als Dozent der medizinischen Fakultät und als Leibarzt des Grafen von Artois machte es ihm möglich, im gleichen Zuge den animalischen Magnetismus wie seine Verbundenheit mit Mesmer zu vertreten. In Übereinstimmung mit letzterem verfaßte er eine Serie von Artikeln über seine eigene Vergangenheit als Arzt, seine Behandlung durch Mesmer und alle Beobachtungen, die er hatte anstellen können. Er veröffentlichte das ganze in einer Broschüre mit dem Titel *Observations sur le magnétisme animal*, die ein Jahr nach Mesmers Abhandlung 1780 bei Didot dem Jüngeren in London und Paris veröffentlicht wurde.

Deslon hatte, ganz im Gegensatz zum Traktat seines Lehrmeisters, das so unnötig kompliziert, konfus und anmaßend abgefaßt war, die Fakten mit großer Klarheit, präzise und gemäßigt geschildert. Mesmer selbst erkannte dies und erklärte: „Er hat seine ganze Kunst darauf verwendet, in seinen Berichten die Wahrheit aufzupolieren, die ich in den meinen so unverblümt vermittelte."

Gewiß, Deslon beschrieb, was er gesehen hatte, was er sah, jene erstaunlichen Heilungen von Körper und Seele, die Mesmer so häufig, und zuweilen auch er vollbrachte. Wie sein Lehrmeister verkündete er zwar die Vorteile und Erfolge der Methode, den Schlüssel hierzu gab er jedoch nicht preis. „Der Magnetismus ist eine neue Wissenschaft, die erstaunt und verwirrt, und interessiert man sich für sie, so muß man es wie Deslon anstellen, man muß sie studieren." Außerdem erfährt man aus Deslons' Abhandlung, daß Mesmer bei den im Hôtel de Bullion stationär aufgenommenen Patienten Naturheilmittel und Aderlässe anwendete: reines Kaliumbitartrat, Mandelmilch, Limonade, Orangeade, Johannisbeersaft; sehr seltene Brechmittel würden zuweilen mit Karabérauch, Kaffeedampf und Haselwurzpulver verabreicht. Kurz und gut, die fünfhundertseitige Abhandlung Deslons versuchte, dem animalischen Magnetismus zu einem Platz innerhalb des anerkannten medizinischen Therapiekanons zu verhelfen.

Die Reaktion auf die Schrift war jedoch erneut nachteilig. Die medizinischen Zeitschriften, allen voran die *Gazette de la santé* mit ihrem Chefredakteur Paulet, diskutierten Deslons Beobachtungen Punkt für Punkt. Hier wurden auch Artikel Doktor de Hornes und Doktor Bachers veröffentlicht, die Mißerfolge zitierten und Mesmer und Deslons Texte interpretierten, indem sie sie durch Montagen verdrehten und verfälschten, die ihre Schlußfolgerungen widersprüchlich und paradox erscheinen ließen. Trotz allem hatte Paulet in seinen Kritiken weniger Boshaftigkeit als vielmehr Ungeniertheit an den Tag gelegt, wobei er sich damit brüstete, er würde lediglich seiner Pflicht als medizinischer Journalist nachkommen, wenn er seinen Lesern die zeitgenössischen, in Mode befindlichen Behandlungsmethoden vorstelle, als Arzt behalte er sich jedoch das Recht vor, an ihnen Kritik zu üben.

Mesmer reagierte ein weiteres Mal mit größter Heftigkeit, vor allem, da unbekannte Widersacher durch Kolporteure gehässige und verleumderische Artikel verteilen ließen.

Mesmers Wutausbrüche ließen sich auch durch das aufreibende Leben erklären, das er vom frühen Morgen bis spät in die Nacht inmitten all dieser nervösen, wehleidigen, weinenden, lachenden, schreienden Patienten führte, wie durch die verschiedenen Attitüden, die er sich jeweils auferlegte, je nachdem, ob er mit in Lumpen gekleideten Personen aus dem einfachen Volk oder mit anspruchsvollen Aristokraten zu tun hatte. Die Begegnungen, die sich vom Sprechzimmer über den Baquetsaal bis hin zum Krisenraum erstreckten, rissen einfach nicht ab. Sein oft überlaufenes Büro wurde nicht nur von Kranken, sondern im gleichen Maße von schaulustigen Besuchern belagert, so daß er „einen feurigen Kopf und einen stählernen Körper“ benötigte. War er krank, so magnetisierte er sich selbst, und anscheinend ertrug er die körperliche Anstrengung gut; Kritik, Spott und Verleumdung ließen ihn jedoch außer sich vor Zorn geraten. Deslon hielt dem eine Weile stand, als er aber von den direkten Angriffen und Schmähungen der Journalisten in die Enge getrieben wurde, beschloß er, die Angelegenheit der Fakultät zu unterbreiten und richtete sich an den amtierenden Dekan Vacher de La Feutrie,

um dessen Schiedsspruch zu Mesmers „Neun Lehrsätzen" bezüglich des „thierischen Magnetismus" einzuholen. Sogleich bildeten sich in der Fakultät zwei Lager, das eine war Deslon und Mesmer wohlgesonnen, das andere war beiden zutiefst feindlich gesinnt. Der mit der Untersuchung der von Deslon unterbreiteten Mesmerschen Lehrsätze betraute Referent wurde vom gegnerischen Lager benannt.
Es handelte sich um den sechsundzwanzig Jahre jungen Arzt Augustin Roussel de Vauzesmes, der sich auf boshafte, hinterhältige Weise einiger Passagen aus Deslons Bericht bediente, um zu beweisen, daß jener „zwar den animalischen Magnetismus wärmstens empfehle, über dessen eigentliche Natur jedoch im Dunklen tappe und dies sogar einzugestehen wage". Und damit hatte er recht. Der gute Deslon war nämlich ein aufrichtiger Mensch, der nicht verhehlen konnte, daß ihn angesichts der Probleme des animalischen Magnetismus Schwindel ergriff, und daher schrieb: „Man weiß, daß Manna und Rhabarber abführend wirken, weder meine Kollegen noch ich selbst vermögen aber zu sagen, auf Grund welcher Mechanismen dies geschieht... So verhält es sich auch mit dem animalischen Magnetismus; ich weiß nicht, wie er wirkt, ich weiß nur, daß er wirkt."
Roussel de Vauzesmes verlas am 18. September 1780 seinen Bericht vor der Hauptversammlung der medizinischen Fakultät. Er kam zu dem Schluß: „Ich werde, Messieurs, erst ruhen, wenn es mir gelungen ist, Euch einen Beweis für Monsieur Mesmers Machenschaften und Monsieur Deslons skandalösen Bund mit Scharlatanen zu erbringen... wenn ich Euch gezeigt habe, daß vor allem diese Fakultät von ihm beleidigt wurde... und wenn ich Euch einen Begriff von der Lächerlichkeit, der Anfechtbarkeit seiner Prinzipien, der Absurdität, Unmöglichkeit und Unaufrichtigkeit seines Tuns und Treibens, das er Eurer Prüfung überläßt, geliefert habe. Mein Angriff gilt allein seiner lächerlichen und höchst gefährlichen Doktrin, die ich für eine Bedrohung des Allgemeinwohls halte, die dieses Institut kompro-

mittiert, zumal er seine Thesen in seiner Eigenschaft als Mitglied unserer Fakultät vertritt.
Ich überlasse es Euch, Messieurs, über Monsieur Deslons Werk zu befinden; denn, ich sage es noch einmal, gegen seine Person hege ich keinen Groll."
Die Zuhörerschaft war von der Heftigkeit, mit der Roussel de Vauzesmes seine Äußerungen vorbrachte, erschüttert. Deslon war persönlich anwesend und ließ tapfer den Zorn des Redners über sich ergehen. Als er an der Reihe war, verteidigte er über eine Stunde lang den animalischen Magnetismus, die Abhandlung und Mesmers „Neun Lehrsätze" zur Anstellung vergleichender Versuche sowie die „Beobachtungen" seines eigenen Traktats. Voller Inbrunst und Verve trug er seine Verteidigung vor und versicherte den Anwesenden, wenn sie auf seinen Antrag eingingen, so würden sie den Glanz ihres Ruhmes noch verstärken, indem sie den gegenwärtigen und künftigen Generationen einen Beweis ihres Bemühens um die Wahrheit, ihrer Liebe zu den Menschen und ihrer Erkenntlichkeit dieser Nation gegenüber erbrächten, die sie mit der kostbaren Aufgabe ihrer Erhaltung betraut habe.
Nachdem er geendet hatte, zog Deslon sich während der Beratung der Fakultät zurück. Sein Plädoyer blieb ohne Echo. Als er wieder in den Saal trat, war der Schiedsspruch hart und schonungslos.
Der Dekan verlas folgenden Beschluß:

„1. Nachdrückliche Ermahnung, in Zukunft in seinen Schriften hinsichtlich der Fakultät größere Umsicht walten zu lassen.
2. Einjährige Suspendierung seines Stimmrechts in den Versammlungen der Fakultät.
3. Mit Ablauf des Jahres Streichung seines Namens von der Tafel der Mitglieder der Fakultät, sollte er bis dahin nicht seine „Beobachtungen zum animalischen Magnetismus" widerrufen haben.
4. Monsieur Mesmers Lehrsätze werden verworfen."

Die Sanktion war furchtbar für Deslon; seine eigenen Kollegen hatten ihn verurteilt. Gewiß, die Streichung würde nur vorübergehend sein, und für einen endgültigen Ausschluß bedurfte es zweier weiterer Resulutionen, in seiner Überzeugung, seinem Stolz, seiner gesellschaftlichen Stellung war er jedoch zutiefst verletzt.

Mesmer war nur über Deslon von der Angelegenheit betroffen. Er war nicht von der Pariser Fakultät abhängig, sondern von der in Wien. Recht eigennützig erklärte er: „Meine Auseinandersetzung mit der medizinischen Fakultät dauerte nur einen Tag, und alles übrige zwischen uns wurde schriftlich erledigt." Er vergaß darüber, daß der 18. September in Deslons Leben und Karriere einer der schmerzlichsten Tage war.

IV

DER APPELL DER KRANKEN

Das Scheitern vor der Fakultät beeinträchtigte Mesmers Popularität in keinster Weise. Diese illustre Gesellschaft verdammte ihn, während er Herzöge und Fürsten und selbst Mitglieder der Fakultät, wie Doktor Busson, den Leibarzt der Gräfin d'Artois, behandelte. Deslon hatte seinerseits ein Behandlungskabinett im Temple eingerichtet, wo er unentgeltlich wirkte. Er hatte dies durch eine Annonce im *Journal de Paris* bekanntgemacht, was ihm die allgemeine Mißbilligung seiner Kollegen eintrug. Franz Anton hingegen verdiente weiterhin beträchtliche Summen, die er zum großen Teil dazu verwandte, sein Ansehen zu untermauern. Da die Presse auf seine der Fakultät durch Deslon unterbreiteten „Neun Lehrsätze" nicht reagierte, veröffentlichte er diese, mit Kommentaren zu seiner Methode versehen, am 18. September im *Journal de Paris.* Und wieder gab es eine Flut von Fragen, die unzählige Leser nicht nur an ihn, sondern ebenso an ihre Ärzte richteten. Auch die Kritiker schlugen von neuem zu, Anspielungen auf skandalöse Szenen, die den guten Sitten abträglich seien, flochten sie in böswillige Attacken ein, die Mesmer vorwarfen, neben Adel und Bürgertum auch die „Kanaille" zu behandeln. Zahlreiche angesehene Personen, wie die Montmorencys, die Nesles, die Chevreuses, die Puységurs, Offiziere wie Kurtisanen zögerten hingegen nicht, sich im Hôtel de Bul-

lion behandeln, ja sogar unterweisen zu lassen.
Das Jahr 1780 endete in einiger Konfusion. Deslon gab Mesmers ständigem Drängen nach und bemühte sich, bei Monsieur de Lassonne, dem Leibarzt des Königs, erneut eine Kommission zu erwirken, die den animalischen Magnetismus untersuchen sollte. Mesmers Beharrlichkeit kannte keine Grenzen; er wollte nichts als die Anerkennung seines Genies. Das Unterfangen scheiterte erneut an seinem Verhalten, denn seine Forderungen waren nicht akzeptabel. Diesmal war Deslon verärgert, ein lebhafter Disput entspann sich zwischen den beiden Männern, und Mesmer schien plötzlich ratlos zu sein. Später schrieb er:
„Die Abneigung, die man mir entgegenbrachte, schmerzte mich zutiefst. Nach drei Jahren öffentlicher Streitigkeiten keinen Schritt weiter zu sein, als am ersten Tage, war mir unerträglich. Ich überließ mich meiner Entmutigung, und an nichts anderes denkend als an Ruhe, teilte ich Monsieur Deslon meinen Entschluß mit, gleich am nächsten Tag meine Kranken aufzugeben. Unser Disput war ebenso heftig wie langwierig. Er endete damit, daß jeder dem anderen einen Schritt entgegenkam. Ich willigte ein, bis zum Frühjahr die mir anvertrauten Patienten zu behalten, unter der Bedingung, daß sich deren Zahl nicht erhöhte und keine weiteren Konsultationen stattfänden. Monsieur Deslon war der Ansicht, ich sei zu letzteren verpflichtet. Er berief sich dabei auf die Tatsache, meine Konsultationen hätten... wahrhaft interessante Heilungen... vollbracht..."
Zum Erstaunen Deslons und aller anderen sollte Mesmer eingestehen: „Ich finde, meine Konsultationen deuten zu sehr auf Scharlatanerie hin. Ich untersuche die Kranken, berühre sie, lasse sie nichts verspüren, löse keine Reaktionen aus... nenne ihnen nach besten Kräften den Ort, wo sich ihr Leiden angesiedelt hat, und sollte ich ihre Heilung für möglich halten, muß ich ihnen verkünden, ich könne eben diese aus Mangel an Raum nicht vornehmen... So geht es bei meinen Konsultationen zu... was mir kaum befriedigend für meine Kranken zu sein scheint, und

mich selbst sehr viel Kraft kostet. Übrigens sind wirkliche Heilungen dieser Art sehr selten... Wieviele kamen, mich zu konsultieren, in dem Glauben, ich könne sie im Handumdrehen heilen, und gingen ärgerlich von dannen, weil ich ihre Hoffnung nicht zu erfüllen vermochte! Ich bestreite ja nicht, daß die Konsultationen an sich eine bemerkenswerte Sache sind, und gebe auch zu, daß die Medizin sie durchaus schützen sollte. Es handelt sich nämlich um eine wahre Goldmine; von allen Seiten fließt das Geld herbei, und wie die Dinge liefen, hätte ich, wäre ich bei diesem vortrefflichen Gewerbe geblieben, nicht gewußt, was anfangen mit all dem Gewinn..."
Mesmer war klargeworden, daß er für einen Wundertäter gehalten wurde, während er doch so ernsthaft danach trachtete, nicht als Scharlatan zu gelten. Enttäuscht, wenn auch reich, ließ er verlauten, er habe die Absicht, Paris am 15. April 1781 zu verlassen. Diese Nachricht wirkte auf die Menge, die im Hôtel de Bullion ein- und ausging, wie eine Katastrophe. Völlig überrascht, verunsichert, schließlich niedergeschlagen und verzweifelt, schlossen sich die Kranken, je näher der Tag der Abreise rückte, zu Gruppen zusammen, um Mesmer von seinem Entschluß abzubringen. Da Franz Antons Hartnäckigkeit als unerschütterlich galt, mußte auf die wirksamsten und listigsten Mittel zurückgegriffen werden. Unterstützt von weiblicher Diplomatie und freimaurerischer Brüderlichkeit, schaltete sich die königliche Autorität ein.

Herzog de Chaulnes, nicht nur Offizier, sondern auch Wissenschaftler, behandelte seine Frau wie sein Mikroskop, mit sehr viel Sorgfalt, jedoch wie ein Instrument. Seinen Entdeckungen bezüglich des Brechungsexponenten auf gläsernen Objektträgern und seiner Entwicklung neuer astronomischer Fernrohre widmete er sich weitaus mehr als seiner Frau, die sich, seit Marie Antoinette ihr die Herzogin de Cossé-Brissac vorgezogen hatte, zu Tode langweilte. Dabei war Madame de Chaulnes eine intelligente, geistreiche Frau, die dank Mesmer und ihrer Besuche im Hôtel de Bullion eine Beschäftigung gefunden hatte, die ihrem Körper und ihrer Seele wohltat. Als Madame de Chaulnes von Mesmers schier unabänderlichem Entschluß, seine Tätigkeit aufzugeben, erfuhr, versammelte sie alle Betroffenen dieser Katastrophe und bat in deren Namen bei der Königin um Audienz.

Marie-Antoinette, deren freundschaftliche Gefühle zu Madame de Chaulnes weiterhin ungetrübt waren, empfing diese mit Wohlwollen. Sie wußte von Mesmers Heilungen, viele ihrer Bekannten waren erfolgreich magnetisiert worden. Sie selbst hatte bereits mit dem Gedanken gespielt, Franz Anton nach Versailles kommen zu lassen, um ihn nach der Geburt ihrer Tochter Marie-Thérèse zu konsultieren, momentan erlebte sie jedoch ihre zweite Schwangerschaft, und ihr guter Fersen ließ sie nicht aus den Augen. Heiter gestimmt, hörte sie sich an, was Madame de Chaulnes berichtete, und versprach, sich sogleich für die Sache einzusetzen. An ihren Arzt, Monsieur de Lassonne, konnte sich Marie-Antoinette nicht wenden, damit er bei Mesmer interveniere, denn die Königliche Medizinische Gesellschaft und die Fakultät hatten bereits ungünstige Urteile über den Magnetismus abgegeben. Nach Madame de Chaulnes' Besuch ließ sie die Herzogin von Polignac zu sich bitten, die von Mesmers Vorhaben fortzugehen ebenfalls zutiefst niedergeschlagen war. Nach einem langen Gespräch kam man überein, Prinzessin de Lamballe zu Mesmer zu entsenden, um ihn zum Verbleib in Paris zu veranlassen. Die Wahl fiel auf Prinzessin de Lamballe, weil sie sich von Mesmer hatte behandeln lassen und so einigen Druck auf ihn ausüben konnte. Marie-Antoinette beauftragte die Herzogin von Polignac, die Prinzessin über den Plan in Kenntnis zu setzen, die seit ihrer Witwenschaft bei ihrem Schwiegervater, dem Herzog de Penthièvre, lebte.

Montag, elf Uhr vormittags. Im Hôtel de la Vrillière herrscht

allgemeine Aufregung. Das ganze Haus ist von einer ungewöhnlichen Panik ergriffen. Man eilt von den Amtsräumen zu den Salons, es wird um Hilfe gerufen. Der stets so beherrschte Haushofmeister Mollien hat sogar in eigener Verantwortung an die Zimmertür des Herzogs gepocht, der noch nicht nach seinem Frühstück gerufen hat. Der Herzog ist eben erst erwacht. Er pflegt lange im Bett zu lesen und spät aufzustehen. Wortlos hört er seinen Haushofmeister an: „Madame la Princesse de Lamballe hat soeben in ihrer Badewanne einen Anfall erlitten."
Der Herzog de Penthièvre zuckt mit den Schultern, seine Schwiegertochter ist hierfür bekannt, Mollien jedoch fährt fort: „Madame die Herzogin von Polignac ist in der ‚Galerie dorée' ohnmächtig geworden."
Das ist schon ärgerlicher. Die Gouvernante der Kinder Ihrer Majestät darf nicht auf dem Boden liegenbleiben, selbst nicht auf einem Savonnerie-Teppich. Der Herzog schlüpft eilig in einen Morgenmantel und folgt Mollien. In der „Galerie dorée" ist Madame de Polignac auf einem Kanapee inzwischen wieder zu Bewußtsein gekommen, fällt beim Anblick des Herzogs jedoch erneut in Ohnmacht. Wieder zuckt Herzog de Penthièvre mit den Schultern und lenkt seine Schritte zum Gemach seiner Schwiegertochter. In dem von Wasserlachen überschwemmten Raum versuchen eine Gesellschafterin und zwei Kammerzofen vergeblich, Prinzessin de Lamballe aus der Sitzwanne voll Mandelmilch zu heben. Der Herzog gibt Mollien ein Zeichen, beide treten an die Stelle der Kammerzofen und ziehen Marie-Thérèse aus der Wanne. Sie legen sie auf ihr Bett, wo sie sich unter den Händen ihrer Kammerjungfern wieder belebt. Nachdem er sich Stirn und Hände getrocknet, kehrt der Herzog in die „Galerie dorée" zurück, wo Madame de Polignac Riechsalz einatmet und Melissengeist trinkt.
Er erkundigt sich bei ihr: „Welches Unglück hat Euch, Madame, denn nur in solche Verzweiflung gestürzt?"
Madame de Polignac sieht den Herzog mit tränennassen Augen

an und erwidert mit von leisen Schluchzern unterbrochener Stimme: „Oh, Monsieur, ja, es ist wahrhaftig ein sehr großes Unglück. Monsieur Mesmer wird uns verlassen."
Der Herzog schüttelt mehrmals den Kopf. „Das, Madame, ist in der Tat ein sehr großes Unglück."
Er verneigt sich und kehrt in sein Gemach zurück, um die Gazetten zu lesen, während er auf sein Frühstück wartet.
Marie-Thérèse Louise von Savoyen-Carignan, Prinzessin de Lamballe, blieb den ganzen Tag auf ihrem Bett liegen. Sie jagte die Zofen und selbst Madame Morel, ihre Gesellschafterin, aus dem Gemach. Nachdem der Herzog sie aus der Wanne gezogen, fühlte sie sich gedemütigt und verwirrt. Sie glaubte vor Scham in den Armen ihres Schwiegervaters zu sterben, der für seine fünfzig Jahre noch immer sehr stattlich aussah und dessen stille Kraft sie stets erstaunte, ihr oft sogar Angst einflößte. Marie-Thérèse von Savoyen-Carignan hat nie den Irrtum eingestanden, der ihr ihren ersten Schwächeanfall eintrug. Als man ihr bei ihrer Verlobung den Herzog und den Prinzen vorstellte, fiel ihr Blick sogleich auf den schönen Vierzigjährigen mit der ernsten Miene, der majestätisch auf sie zuschritt, aber er trat sogleich zur Seite, um ihr den Prinzen Louis Alexandre, seinen Sohn und Erben, zu präsentieren, der, kaum siebzehnjährig, bereits venerisch erkrankt war und sie ein Jahr später verwitwet zurücklassen sollte.
Marie-Thérèse de Lamballe ist die reichste Frau Frankreichs, das ist wahr, sie ist aber auch eine der frivolsten, kapriziösesten, verschwenderischsten, eine der impulsivsten, treuelosesten und aufbrausendsten im Lande. Ihr, der Favoritin Marie-Antoinettes, war nach einem Kartenspiel, das sie gewonnen und das die Königin 2000 Livres gekostet hatte, Yolande de Polignac vorgezogen worden. Marie-Thérèse de Lamballe ist zwar nicht sehr raffiniert, doch versteht sie, zur rechten Zeit in Ohnmacht zu fallen, und hat sorgsam die zwei Tage ihrer Nervenkrise ausgewählt: montags um elf und freitags um acht Uhr abends, noch

vor dem Souper. Alles ist geeignet, eine Ohnmacht hervorzurufen: „Der Anblick eines Veilchensträußes, ein Krebs oder Hummer auf der Tafel, die Pinselführung Madame Vigée-Lebruns, die Handschuhe ihres Schwiegervaters." Doch mehr noch als diese Modekrankheiten, diese „vapeurs", die sie fast zum Erstikken bringen, hält Langeweile ihre Seele gefangen. Madame de Lamballe trägt ihren Überdruß überall mit sich herum. Schon damals in Versailles, im Kreis um die Königin, pflegte man sie „Madame Griesgram" zu nennen. In Rambouillet schenkte ihr der Schwiegervater, trotz der vielen Verehrer, zur Zerstreuung „bekleidete Mandragore", und im Hôtel de Vrillière vermochten allein die abendlichen Trinkgelage Fürstin Gazinis, die Hunderte von Lambrusco-Flaschen aus Italien mitzubringen pflegte, Marie-Thérèse vor Vergnügen Tränen vergießen zu lassen.

Marie-Thérèse hat sich von der Hermelindecke befreit, die sie bedeckt hat. Vollkommen nackt ist sie aufgestanden, nur in ihr blondes Haar gehüllt, das ihr bis zu den Knien reicht. Sie betrachtet sich eine Weile im Spiegel, tritt dann rasch zu einem in der Täfelung verborgenen Wandschrank, ergreift eine Flasche Barolo und schenkt sich ein Glas ein. Sie wird noch weitere trinken, bevor sie zu ihrem Bett zurückkehrt und sich erneut mit ihrem Hermelin bedeckt. Marie-Thérèse erinnert sich zurück, wie damals die kleine Nichte Madame de Chaulnes ihr erzählt hatte, ihre Tante sei „durch den animalischen Magnetismus wieder auferstanden"; sie hatte ihr diesen Wiener Arzt beschrieben, dessen Blick die Kranken fesselt und dessen Stab so große Wunder vollbringt. Daher hatte auch sie diesen erhabenen Magnetiseur kennenlernen wollen, und eines Tages hatte sie Madame Morel zu Mesmer geschickt, um sie für einen Freitag um acht Uhr abends zur Konsultation anzumelden.

Für ihr erstes Zusammentreffen mit Doktor Mesmer hat Madame de Lamballe zunächst in Anwesenheit der Marquise Jaquelin ein zweites Bad in Mandelmilch genommen, sich dann vor ihren Frisiertisch gesetzt und gebeten, man möge ihr eine „phantasievolle Frisur“ machen. Sie wurde nach „Gärtnerinnenart“ so hoch wie nur irgend möglich aufgetürmt, was bei ihrem langen blonden Haar, das sie weiß zu pudern pflegte, keine Schwierigkeiten bereitete. Auf das mit Schönheitswasser gereinigte Gesicht wurde zinkweiße, allerfeinste Paste aufgelegt, schließlich ein Rouge für die Wangen. Nach einigem Zögern entschied sie sich für das Rouge der Königin, das am längsten haftete. Erst gegen sieben brachte sie ihr Schönheitspflästerchen, eine einzige sogenannte „galante“, mitten auf der linken Wange an. Dann benetzte sie sich mit einem Parfum aus Grasse, das die du Barry dem Maler Fragonard verdankte. In ihr Korsett geschnürt, streifte sie einen Reifrock über und setzte sich einen Marlborough auf.

Pünktlich um ein Viertel vor acht wurde die Prinzessin de Lamballe im Hôtel de Bullion am Eingang von der Rue Plâtrière von Franz Anton Mesmer höchstpersönlich begrüßt. Die Prinzessin durchschritt den Salon mit dem kleinen Zuber und wurde in dem für private Konsultationen vorbehaltenen Kabinett empfangen. Madame Morel begleitete sie.

„Monsieur, wenn ich Eurem Ruf Glauben schenken darf“, sagte sie zu Mesmer, „dann müßtet Ihr mich heilen können. Ich bin gekommen, Euch meine Krise vorzuführen. Heute ist der Tag und bald auch die rechte Stunde dafür. Morel! Stützt mich!“

Marie-Thérèse sank in Madame Morels Arme und stieß dabei einen leisen Schrei aus; sie erstarrte, blieb regungslos, wurde bleich und atmete schwach. Mesmer half Madame Morel, sie auf ein Kanapee zu legen und beurlaubte dann die Gesellschafterin... Franz Anton betrachtete die Prinzessin. Er wußte alles über sie, er hatte sich ihre Lebensgeschichte, ihre Ränke, ihre Affären erzählen lassen. Man hatte ihm gesagt, er könne nichts für sie tun, ihr blaues Blut, in dem „permanente Harmonie“ herrsche, sei durch das magnetische Fluidum nicht zu beeinflussen. Ihm war auch bekannt, daß die Prinzessin „venerisch" war. Fürst Louis Alexandre, ihr Ehemann, der in jungen Jahren von der Krankheit dahingerafft worden war, hatte seine Gemahlin infiziert. Franz Anton sagte immer wieder, gegen Geschlechtskrankheiten sei er machtlos. Deslon ließ jedoch durch versteckte Anspielungen durchblicken, die Prinzessin komme aus Neugier, um ihn „zu sehen", „zu fühlen" und „auf die Probe zu stellen".

Als Madame Morel nach der magnetischen Séance bei Mesmer, von Anton gerufen, herbeieilte, um ihre Herrin in Empfang zu nehmen, fand sie diese in großer Verwirrung, mit aufgelöstem Haar, zerknittertem Reifrock und verstörtem Blick vor.

Die Prinzessin richtete sich auf und wies ihre Gesellschafterin auf Mesmer hin: „Madame Morel, Doktor Mesmer hat mir meine Krise genommen und mir dafür die seine gegeben. Durch seine magnetische Kraft bin ich weit über mich hinausgewachsen." Und zu Franz Anton sagte sie: „Monsieur, am Dienstag um elf Uhr werde ich wiederkommen und mich bei Euch erneut einer Krise unterziehen."

Die Besuche der Prinzessin de Lamballe im Hôtel de Bullion wurden immer häufiger. Sie bereitete sich gründlich darauf vor. Ganz anders als bei ihrer ersten Séance, begab sie sich schlicht gekleidet dorthin, ohne Kopfputz, mit einer einfachen Haube und in einem Kleid ohne Reifrock. Keinerlei Schminke, dafür jedoch Parfum. Madame Morel begleitete sie bis zur Tür des Kabinetts, wo Franz Anton sie empfing. Sie verbrachte eine Stunde mit ihm, und wenn sie zum Hôtel de la Vrillière zurückkehrte, warteten ihre Freundinnen schon gespannt auf ihre vertraulichen Mitteilungen. Gräfin d'Artois, Fürstin Polignac, Prinzessin de Croy, Herzogin de Chaulnes und manchmal auch die du Barry, alle kamen sie, um den Bericht von Louise, wie Mesmer zu ihr sagte, anzuhören.

„Er nennt mich, wie meine Mutter mich in Turin einst nannte.

Er wünscht, mich in einem schlafähnlichen Zustand zu sehen, in dem ich träume. Eines Tages hat er mir ein Viertel eines Granatapfels zwischen die Lippen geschoben, und ich erlebte einen wirklichen Traum. Er schläfert mich ein und weckt mich wieder auf. Sein Magnetismus und sein Fluidum ziehen mich an und stoßen mich ab. Ich weiß, meine Krankheit wird immer weiter bestehen. Er hat mir gesagt, mich zu heilen sei unmöglich. Ich habe ihn gebeten, die ganze Medizin zu vergessen, um mich zu kurieren, er entdeckt jedoch unaufhörlich wirksame Kräfte, die den Verstand übersteigen. Selbst in den Planeten und im Mond sucht er nach ihnen. Ja, meine Damen, im Mond. Und jetzt habe ich auch den Einfluß dieses Gestirns auf mich festgestellt. Nimmt er ab, so schwinden mir die Kräfte. Sieche ich tagsüber dahin, so lebe ich abends auf. Ich erinnere mich sehr wohl daran, daß ich während der letzten Mondfinsternis zu sterben meinte. Monsieur Mesmer glaubt fest an die Gestirne und Planeten und schöpft aus ihnen den animalischen Magnetismus."

Prinzessin de Lamballe besuchte Mesmers Sprechstunden während mehrerer Monate. Sie mußte die Behandlung unterbrechen, als sie sich mit ihrem Schwiegervater nach Rambouillet begab, und nun, bei ihrer Rückkehr nach Paris, da sie die Konsultationen wieder aufzunehmen gedachte, erwartete sie eine sehr große Enttäuschung. An diesem Morgen war Yolande de Polignac erschienen, um mit ihr die Zeremonie zu besprechen, bei der sie zur Großmeisterin der Schottischen Adoptions-Mutterloge ernannt werden sollte. Bevor sie die diesbezüglichen Einzelheiten mit den anderen Freimaurer-Schwestern regelte, empfing sie Yolande de Polignac in ihrem Bad. Das Gespräch kam auf Mesmers bevorstehenden Aufbruch und die Mittel und Wege, wie man ihn, unter Umständen sogar durch ein Intervenieren der Königin, in Paris zurückhalten könnte. Marie-Thérèse de Lamballe hatte, bewegt und zugleich von der leidenschaftlichen Unterredung gefesselt, nicht bemerkt, wie die Zeit verging und daß die Stunde ihrer Krise gekommen war, so daß diese sie in ihrer Badewanne überraschte.

Seit 1770 war in Paris für Frauen eine Freimaurerloge unter dem Namen „Loge de la Candeur" zugelassen worden. Der Herzog von Chartres hatte seine Frau und seine Schwester, die Herzogin von Bourbon, installiert, die Großmeisterin der „Adoptionslogen" wurde. Später waren die Herzogin von Polignac und Prinzessin de Lamballe dieser Damenloge beigetreten, zu deren Großmeisterin Madame de Lamballe am 20. Februar 1781 ernannt wurde.
Die Zeremonie fand mit großem Prunk statt und endete mit einem Bankett von 113 Gedecken. Es wurde der von Monsieur Robineau de Beauvoir komponierte „Freimaurergesang auf die durchlauchtigste Schwester von Lamballe" gesungen, in den die anwesenden vornehmen Damen, die kokett ihre Schärpen, Insignien und Schürzen angelegt hatten, im Chor einstimmten. Marie-Thérèse suchte unter den Gästen nach Doktor Mesmer, den sie eingeladen hatte, konnte Franz Anton jedoch nicht entdecken. Es wurde üppig gespeist, reichlich getrunken, viel geredet und gesungen. Als der Abend zur Neige ging, trat Marie-Thérèse zu Yolande de Polignac; ihrer beider Gesichter waren von der Erschöpfung des langen Tages, doch auch von einer großen Enttäuschung gezeichnet. Sie hatte geglaubt, Mesmer durch dieses Fest anlocken und ihm die vom Komitee der Königin erarbeiteten Vorschläge unterbreiten zu können. Bruder Mesmer hatte seit seiner Ankunft in Paris von seinem Freimaurerstand nur wenig Gebrauch gemacht. Gewiß, er kannte zahlreiche Brüder, besonders in der „Loge des amis réunis" in der Rue Royale, doch nie erbat er irgend etwas von ihnen. Auf einmal erinnerte sich Yolande de Polignac, daß Savalette de Langes eines Tages mit ihr von Mesmer gesprochen hatte, und Savalette war an jenem Abend anwesend. Er stand in der Nähe des großen Tisches unter dem „flammenden umgekehrten Stern".

Ein seltsamer Mann, dieser Savalette de Langes, Freimaurer, jedoch auch Begründer der Philalethen, der „Sucher der Wahrheit“ innerhalb der „Loge des amis réunis“. Dieser hermetischen Zelle war es gelungen, Franz Anton eine gewisse Zeit lang für sich zu interessieren. Bei den Philalethen hatte man eine außergewöhnliche Bibliothek seltener Bücher über Okkultismus zusammengetragen, die Mesmer von Zeit zu Zeit einsah. Ein naturgeschichtliches Kabinett und ein physikalisches Laboratorium waren auch sehr gut bestückt, und Franz Anton führte dort gern Versuche durch. Die Verantwortung für dieses Laboratorium und die kostbare alchimistische Bibliothek oblag Savalette de Langes, diesem rätselhaften Mann mit den vielfachen Aktivitäten, der für die Korrespondenz mit den Erleuchteten und Freimaurern „des amis réunis“, den Empfang „reisender Brüder“ wie Mesmer, die Suche nach seltenen alchimistischen Schriften und die Konstruktion physikalischer Geräte sorgte. Doch Savalette hatte zusätzlich von seinem Vater das Amt eines Königlichen Schatzmeisters geerbt, und in dieser Eigenschaft handhabte er beträchtliche Summen, die er anlegte, verbarg, verlieh und von einem Land zum anderen transferierte. Seine Beziehungen zu Mesmer waren seltsamerweise in dem Augenblick enger geworden, als der Erfolg mit dem tierischen Magnetismus Franz Anton viel Geld einzubringen begann.
Als Madame de Polignac Savalette de Langes fragte, warum Mesmer, trotz der Einladung der beiden Regentinnen, dem Fest der Prinzessin de Lamballe ferngeblieben sei, antwortete dieser, der Doktor erscheine niemals bei Versammlungen oder Konventen der Brüder, obgleich er regelmäßig dazu aufgefordert würde. Savalette fügte hinzu, Franz Anton lehne selbstverständlich niemals ab, Freimaurer bei sich zu empfangen oder ihnen zu helfen.
„Morgen werde ich ihn treffen, Madame. Was kann ich für Euch tun?“
Yolande und Polignac und Thérèse de Lamballe sprachen lange

mit Monsieur de Lange, der immer Rat wußte. Er war sich darüber im klaren, daß man Franz Anton einen Plan vorlegen müsse, worin die Frage des Geldes zwar von Wichtigkeit wäre, der jedoch dem Rechnung tragen sollte, was Mesmer vor allem anderen begehrte: die Anerkennung seiner Entdeckung und seines Genies.

Zunächst kam die Prinzessin de Lamballe, um Franz Anton davon zu unterrichten, Ihre Majestät die Königin halte es für unmenschlich, daß er seine Patienten verlassen wolle und sie wünsche nicht, daß er auf diese Weise aus Frankreich fortgehe. Mesmer erwiderte, er habe „aus den verschiedensten Gründen" beschlossen, seine Zelte abzubrechen, und eventuelle Vorschläge müsse man ihm noch vor dem 15. April unterbreiten.

Wenige Tage nach diesem ersten Schritt wurden Mesmer und Deslon für den 14. März zu einer Zusammenkunft berufen, bei der man vier Stunden lang die Grundlagen einer Vereinbarung besprach, die endgültig von der Kanzlei des Königs gebilligt werden sollte.

Diese Übereinkunft sah voraus, daß die Regierung fünf Beauftragte benennen würde, die Mesmers Vorgehen und die von ihm behandelten Patienten untersuchen sollten. Sollte der Bericht der Beauftragten günstig ausfallen, so würde die Regierung folgende Punkte anerkennen:

1. Franz Anton Mesmer habe eine nützliche Entdeckung gemacht;
2. der König werde ihm einen Ort oder eine Institution zuweisen, oder ihm gestatten, eine solche zu erwerben, wo Mesmer die Kranken behandeln und wo er (ein geschickter Schachzug Savalette de Langes') sein Wissen an Schüler und Ärzte weitergeben könnte;
3. Mesmer würde in den Genuß einer Leibrente von zwanzigtausend Livres kommen;
4. Seine Majestät würde hingegen darauf bestehen, daß Mesmer

in Frankreich bleibe, bis er seine Doktrin begründet habe, und das Land nur mit Erlaubnis des Königs verlassen dürfe. Mesmer schien diese Vorschläge am 14. März 1781 zu akzeptieren, doch nur unter der Bedingung, daß die Vereinbarung definitiv noch vor dem 15. April unterzeichnet würde.

So verhandelte Mesmer trotz aller Ränke, trotz der Mißbilligung der Fakultät, der Mediziner, der spottlustigen Widersacher und Pamphletisten mit der Regierung. Königin Marie-Antoinette hatte die ersten Schritte unternommen, Mesmers Stolz blieb gewahrt. Von da an ging alles sehr rasch. Prinzessin de Lamballe und die Herzogin von Polignac wünschten, daß die Königin nach Absprache mit dem König die Vereinbarung unterzeichnete, Marie-Antoinette war jedoch in Trauer um ihre Mutter, Kaiserin Maria Theresia, die einige Monate zuvor verschieden war, und die Hofetikette untersagte jegliche Besuche, Verabredungen und Begegnungen, außer mit Günstlingen und engen Vertrauten. Die definitive Entscheidung wurde daher in Vertretung der Königin dem Staatsminister und Vorsitzenden des Königlichen Rats Maurepas übertragen, der Mesmer bereits am 28. März empfing.

Jean Frédéric Phélipeaux, Graf von Maurepas, hatte soeben sein achtzigstes Lebensjahr vollendet und wußte, daß er bald sterben würde. Er, der ehemals gehätschelte Minister, der durch die Pompadour in Ungnade gefallen, dann von Ludwig XVI. wiederernannt worden war, beendete nun seine Karriere auf dem höchsten Posten des Staates und sein Leben in vergoldeten Invalidensesseln. Er war nur noch ein Skelett, an dem die Gicht nagte. Seiner Brust entrangen sich vor dem letzten Seufzer noch einige letzte Atemstöße. Mesmers Akte war vor ihm aufgeschlagen, seine Brille lag darauf, er drückte sie auf seine Nase, sein Kinn berührte beinahe die Seiten. Er hatte den Entwurf gelesen, die Vorschläge, die man Mesmer unterbreitete, und die Übereinkunft, die er billigte; wie ihm geheißen, hatte er jedoch drei Tage zuvor die Akte dem Kabinett des Leibarztes Monsieur de Lasonnes weitergeleitet, und nun stand am Rand ein Vermerk, nur dieser einzige. Alles übrige war in Ordnung und angenommen. Da hob er den Kopf und betrachtete seinen Besucher. Was für ein Blick! Was für eine Haltung! Marie-Antoinette hatte ihm von Mesmer gesprochen; ihr Bruder, Joseph II., nun der österreichische Kaiser, kannte ihn. Ein unmöglicher Charakter. Er sollte Wunder vollbringen. Maurepas glaubte jedoch nicht, daß er ihm Erleichterung verschaffen konnte.

„Hier, Monsieur. Der König billigt Euch zu, was in der voraufgehenden Vereinbarung vorgesehen war: die lebenslängliche Leibrente von zwanzigtausend Livres, die Summe von zehntausend Livres für das Haus, wo Ihr Euch niederlassen werdet, all das schon jetzt. Doch was die Gewährung der übrigen Privilegien anbetrifft, und in Kenntnis eures Widerwillens, von einer Kommission untersucht zu werden, wird die Regierung unter den Ärzten, die von Euch ausgebildet werden, drei ernennen, die die Zweckdienlichkeit Eurer Entdeckung bestätigen sollen."

Über seine Augengläser hinweg sah Maurepas, wie sich ein Gewitter zusammenzog und schließlich zum Ausbruch kam. Mesmer schlug sämtliche sozialen und finanziellen Privilegien, die der König ihm zu gewähren bereit war, aus, weil man ihm eine Kontrolle durch drei Ärzte aufzuzwingen trachtete.

Maurepas hörte sich zwei Stunden lang das herausfordernde Plädoyer aus dem Munde des Advokaten für den animalischen Magnetismus an. Alles kam zur Sprache, seine Verbitterung, die Ungerechtigkeit unter den Menschen, die Dummheit der Neider, die Mißachtungder Ignoranten, das Schicksal der Menschheit, die Selbstgefälligkeit der größenwahnsinnigen Gelehrten... Nicht weniger als fünfunddreißig Gründe lieferte er Maurepas für seinen Entschluß zur Rechtfertigung seiner Ablehnung.

Der alte Minister betrachtete diesen Mann, der unaufhörlich in schlechtem Französisch auf ihn einredete. Er hörte ihm nicht mehr zu; jetzt, in seinem hohen Alter und am Ende seines Le-

bens, zog er seine Schlüsse aus der Erfahrung: ein Erleuchteter, ein Verfolgter, der Verkünder eines unausführbaren Kreuzzuges, ein Wahnsinniger, der aus Ehrgefühl Geld ausschlug... aber Maurepas fühlte sich zu alt und zu krank, um zu insistieren. Seine Einwände waren liebenswürdig, und Mesmer wußte dies in seiner Schilderung zu schätzen: „Ich weiß, daß meine Antwort Empörung hervorrufen wird... ich bin es gewohnt, der Hoffart, des Starrsinns und der heuchlerischen Selbstlosigkeit bezichtigt zu werden. Meinem ungezügelten Verhalten will ich hier das löbliche Beispiel des Staatsministers entgegenhalten, vor dem ich zu erscheinen hatte. Man kann eine Lektion erteilt bekommen, ohne sich zu erniedrigen. Aus seinem Munde kam kein einziges hartes Wort. Ruhig und mit sanfter Stimme brachte er seine Einwände vor und lauschte aufmerksam den meinen. Die Unterredung währte in diesem Ton zwei Stunden... Ich verließ den Minister, von seiner Güte durchdrungen und von einer gewaltigen Last befreit. Meine Angelegenheit hatte zwar schlecht geendet, doch sie hatte geendet, und jedwedes Ende ist eine große Wohltat."
Deslon hatte der Unterredung stumm und niedergeschlagen beigewohnt. Sobald er wieder im Hôtel de Bullion angelangt war, diktierte Mesmer Bachelier d'Agès einen Brief an die Königin, den er am folgenden Tage, dem 29. März, an sie absandte. Er war überzeugt, einen Dankesbrief geschrieben zu haben, doch sein Hochmut und seine verblendete Sicht der Dinge machten daraus beinahe eine kränkende Schmähschrift.

„Madame,
nichts als zutiefste Befriedigung hätte ich empfinden sollen, als ich erfuhr, daß Eure Majestät geruhten, Euer Augenmerk auf mich zu lenken: indessen ist mein Herz zutiefst bedrückt durch meine Lage. Man hat Eurer Majestät zuvor meinen Entschluß, Frankreich zu verlassen, als der Menschlichkeit abträglich geschildert, indem ich Kranke, die noch meiner Betreuung bedürf-

ten, ihrem Schicksal überließe. Heute hege ich keinen Zweifel daran, daß man meiner unumgänglichen Zurückweisung der Bedingungen, die mir im Namen Ihrer Majestät übermittelt wurden, gewinnsüchtige Motive unterstellt.
Meine Beweggründe, Madame, sind weder Unmenschlichkeit noch Habgier. Ich wage zu hoffen, daß Eure Majestät mir gnädigst Gelegenheit geben werden, Euch die Aufrichtigkeit meiner Worte vor Augen zu führen; vor allem jedoch muß ich mir ins Gedächtnis rufen, daß Eure Majestät mich getadelt haben; und es muß vor allem meine Sorge sein, meine respektvolle Ergebenheit in dero geringsten Wunsch zum Ausdruck zu bringen.
In Anbetracht dessen und einzig und allein aus Ehrerbietung für Eure Majestät biete ich Euch die Gewißheit, meinen Aufenthalt in Frankreich bis zum kommenden 18. September zu verlängern und bis zu diesem Tage meine Betreuung all jenen angedeihen zu lassen, die mir weiterhin ihr Vertrauen schenken wollen.
Ich beschwöre Eure Majestät inständig, zu bedenken, daß man dieses Angebot vor jeglicher Mißdeutung bewahren sollte. Ich habe die Ehre, es Eurer Majestät zu unterbreiten, dies jedoch ungeachtet aller Gnade, aller Gunst, aller Hoffnung, außer der einen, nämlich unter dem Schutz der Macht Eurer Majestät die Ruhe und Sicherheit weiterhin genießen zu dürfen, die mir, seit ich in dero Staat weile, zuteil wurden. Schließlich erkläre ich hiermit Eurer Majestät, daß ich auf jegliche Hoffnung, mit der französischen Regierung zu einer Einigung zu kommen, verzichte, und bitte dero Gnaden, den Beweis meiner demütigsten, respektvollsten und uneigennützigsten Ehrerbietung entgegenzunehmen.
Ich bin, Madame, auf der Suche nach einer Regierung, die die Notwendigkeit anerkennt, nicht länger leichtfertig eine Wahrheit in die Welt dringen zu lassen, die durch ihren Einfluß auf den Körper des Menschen Veränderungen hervorrufen kann, die von Anbeginn durch Weisheit und Macht gezügelt und auf

der rechten Bahn zu einem heilsamen Ziel geführt werden müssen. Die mir im Namen Eurer Majestät unterbreiteten Vorschläge erfüllen diese Absichten nicht, die Strenge meiner Prinzipien verbietet mir ausdrücklich, diese anzunehmen.

In einer Angelegenheit, bei der es um die ganze Menschheit geht, darf Geld nur von zweitrangiger Bedeutung sein.

In den Augen Eurer Majestät sind vier- oder fünfhunderttausend Francs mehr oder weniger, an einen solchen Zwecke gewendet, ein Nichts: Das Wohl des Volkes steht an erster Stelle. Meine Entdeckung und ich müssen mit einer Großzügigkeit aufgenommen und vergütet werden, die der Größe des Monarchen würdig ist, an den ich mich binden werde. Was mich widerspruchslos von jeder Mißdeutung freispricht, ist, daß ich, solange ich mich in dero Gnaden Land befinde, keinem Eurer Untertanen zur Last gefallen bin. Seit nunmehr drei Jahren erhalte ich tagtäglich finanzielle Angebote. Meine Zeit reicht zu deren Lektüre kaum aus, und ich kann sagen, daß ich obendrein mit vollen Händen beträchtliche Summen den Flammen übergeben habe. Mein Vorgehen ist in dem Lande Eurer Majestät immer gleich geblieben. Gewiß habe ich mich weder aus Habgier noch aus schnöder Ruhmessucht der Lächerlichkeit ausgesetzt, mit der Eurer Majestät Akademie der Wissenschaften, Königliche Gesellschaft und Medizinische Fakultät vorgaben, mich stets von neuem überhäufen zu müssen. Und ließ ich es über mich ergehen, so nur, weil ich glaubte, dazu verpflichtet zu sein.

Nach deren Ablehnung nahm ich an, es sei an der Zeit, daß die Regierung mich nunmehr mit eigenen Augen sähe. In meiner Erwartung getäuscht, beschloß ich, andernorts nach dem zu suchen, was hier zu finden ich nach reiflicher Überlegung nicht mehr erhoffen konnte. Ich habe mich darauf eingerichtet, Frankreich im kommenden August zu verlassen. Und so etwas nennt man Unmenschlichkeit; als sei mein Schritt nicht erzwungen gewesen.

Auf der Waage der Menschlichkeit wiegen zwanzig oder

fünfundzwanzig Kranke, wer immer sie auch sein mögen, nichts, verglichen mit der ganzen Menschheit. Und um das Prinzip auf eine Person, die Ihre Majestät mit dero Zuneigung beehren, anzuwenden, erlaube ich mir zu sagen, Madame, der Herzogin von Chaulnes allein den Vorrang vor der gesamten Menschheit zu geben, wäre im Grunde ebenso verwerflich, als würdigte man meine Entdeckung nur meiner persönlichen Vorteile wegen.

Ich habe mich schon einmal gezwungen gesehen, Kranke, die mir teuer waren und auf meine Betreuung noch nicht verzichten konnten, ihrem Schicksal zu überlassen. Nämlich dereinst, als ich den Geburtsort Eurer Majestät verließ. Er ist auch meine Heimat! Warum klagte man mich damals nicht der Unmenschlichkeit an. Warum, Madame? Weil dieser schwere Vorwurf überflüssig wurde; denn man hatte durch noch simplere Intrigen erreicht, mich in den Augen dero erhabener Mutter und dero erhabenen Bruders in Ungnade fallen zu lassen.

Jemand, der wie ich, Madame, das Urteil der Völker und der Nachwelt stets vor Augen hat, der sich unaufhörlich bemüht, vor diesen seine Handlungen zu verantworten, wird wie ich, ohne Stolz, doch voller Mut, einen derart harten Rückschlag hinnehmen. Er wird nämlich wissen, daß es zahlreiche Umstände gibt, wo Könige die Meinung ihres Volkes lenken müssen, es jedoch viel häufiger vorkommt, daß die öffentliche Meinung unumstößlich die der Könige überstimmt. Heute, Madame, hat man mir im Namen Eurer Majestät versichert, Euer Bruder empfinde für mich nichts als Verachtung. Nun gut! Wenn einst die öffentliche Meinung zu ihrem Urteil gelangt sein wird, wird auch er mir Gerechtigkeit widerfahren lassen. Sollte dies nicht mehr zu meinen Lebzeiten geschehen, so wird er meinem Grab seinen Respekt erweisen.

Zweifellos wird der 18. September, den ich Eurer Majestät als Zeitpunkt nannte, Euch ungewöhnlich erscheinen. Ich bitte Eure Majestät inständig, sich ins Gedächtnis zu rufen, daß vor

einem Jahr an eben diesem Tage die Ärzte Eures Staates sich nicht scheuten, einen ihrer Kollegen, dem ich alles zu verdanken habe, meinetwegen zu entehren. An jenem Tage wurde die Versammlung der Medizinischen Fakultät Paris abgehalten, anläßlich derer meine Lehrsätze zurückgewiesen wurden. Eurer Majestät sind diese ja bekannt... Ich habe immer angenommen, Madame, und bin auch heute noch fest davon überzeugt, daß nach einem für die Mediziner Eurer Stadt derart unwürdigen Eklat jeder aufgeklärte Mensch nicht mehr umhin kommen wird, sein Augenmerk auf meine Entdeckung zu richten, und jener fraglos der Schutz jeder einflußreichen Persönlichkeit zufallen müßte. Wie dem auch sei, am kommenden 18. September wird es ein Jahr her sein, daß ich meine einzige Hoffnung auf die umsichtige und väterliche Fürsorge der Regierung setzte.
Ich wünsche mir, daß Eure Majestät dann meine Opfer für lange genug ertragen befinden und mir Glauben schenken werden, daß ich Euch diese Frist weder aus Wankelmut noch aus Prahlerei, weder aus einer Laune heraus noch aus Unmenschlichkeit setzte. Schließlich und endlich wage ich mir einzubilden, daß dero Schutz mich an jedem Ort, wohin das Schicksal mich fern von dero Gnaden auch verschlagen mag, begleiten wird, und Eure Majestät als würdige Verfechterin der Wahrheit es nicht verschmähen werden, auf die Gesinnung eines Bruders wie eines Gemahls einzuwirken, um mich deren Wohlwollens zu vergewissern.
Ich bin mit meiner tiefsten Ehrerbietung Eurer Majestät sehr demütiger und sehr gehorsamer Diener.

Mesmer
Paris, den 29. März 1781.

Deslon versuchte vergeblich, Mesmer davon abzuhalten, diesen Brief abzusenden. Die Königin, die den meisten seiner Wünsche zu entsprechen pflegte, gewährte ihm außerordentliche Gunst. Er reagierte als Verfolgter und beschuldigte vergeblich Verfolger, die es nur in seiner Einbildung gab. Einmal mehr verblendete ihn die Bedeutung seiner Entdeckung, alle Welt sollte diese willkommen heißen, wie er es gehalten hatte, ohne sie wirklich zu verstehen. Er ließ seinen Gefühlen, seiner verletzten Würde freien Lauf und beklagte sich über die Geringschätzung seiner Person, während er doch von jedermann Achtung erwartete. Der anmaßende Tonfall seines Briefeshätte ihn in die Bastille bringen können. Die Königin reagierte nicht, und Mesmer bereitete seinen Aufbruch aus Paris vor.

V

SPA UND DIE „HARMONIE-GESELLSCHAFT“

Warum zog sich Mesmer ausgerechnet nach Spa zurück? Weil er der Mode folgte: Alle Welt fuhr zur Kur nach Spa, dessen Thermalquellen seit der Römerzeit bekannt waren. Schon Königin Margot hatte den Kurort gesellschaftsfähig gemacht, und später suchte Zar Peter der Große immer wieder eine Quelle auf, die ihm nach seinen Ekzessen bei Tisch „seine Eingeweide zu entleeren“ half und heute seinen Namen trägt. In Spa wurden alle Sprachen Europas gesprochen, vor allem Deutsch. Mesmer quartierte sich in einer Herberge nicht weit von der Source de la Sauvenière in der Nähe des Waldes von Francorchamps ein. Dort wollte er eine Zeitlang die Medizin, die schwere Bürde all dessen, was er beobachtet und erfahren hatte, vergessen.

„Ein glühender Eifer bemächtigte sich meiner Sinne. Nicht länger mit Leidenschaft, sondern voller Rastlosigkeit suchte ich nunmehr nach der Wahrheit. Allein das Land, die Wälder, die größte Einsamkeit übten noch Reiz auf mich aus. Dort fühlte ich mich der Natur ganz nahe. Oh Natur, rief ich, was willst du nur von mir?... Glücklicherweise waren die Bäume die einzigen Zeugen für die Heftigkeit meiner Schreie, die sich in der Stille der Wälder verloren.“

An der Kreuzung bei der Source de la Sauvenière schlug er den

Chemin des Fontaines ein, und ohne an der Source de la Reine, die im Gehölz verborgen lag, Halt zu machen, geriet er auf den Pfad des Picherotte-Tales. Auf einem Felsen hoch über dem von großen Bäumen überschatteten Bach beschloß er ein weiteres Mal, „ohne Sprache zu denken". Diese Behauptung Mesmers, es stünde in seiner Macht, während er denke, „auf den Gebrauch einer inneren Sprache zu verzichten", schien recht ungewöhnlich.

Er versuchte, dies zu erläutern: „Als ich gewahr wurde, daß wir jedesmal, wenn uns ein Gedanke kommt, ihn sogleich und ohne zu überlegen, in die Sprache übertragen, die uns am vertrautesten ist, beschloß ich, mich von dieser Knechtschaft freizumachen. Ich dachte ohne Sprache."

Später vertiefte er diese Ausführung: „Ihr allein, Leser, werdet die Heimsuchungen zu ermessen wissen, die der durchzustehen hatte, den Ihr vielleicht allzu leichtfertig verurteiltet ... Wenn es nur eine unmerkliche Nuance zwischen dem höchsten Grad der Begeisterung und Wahnsinn gibt, so glaube ich, Euch als Arzt warnen zu müssen: sich derartigen Exzessen hinzugeben, heißt, die Organe des Gehirns unmittelbaren Gefahren auszusetzen ..."

Wenn er aus seinen Träumereien erwachte, blickte Mesmer „erstaunt um sich, seine Sinne täuschten ihn nicht länger wie früher; die Dinge hatten eine neue Gestalt angenommen." Unmerklich kehrte in seinen Geist wieder Frieden ein.

„Die Wahrheit, der ich so inbrünstig nachgestellt hatte, ließ mir keinen Zweifel mehr an ihrer Existenz. Sie hielt sich immer dort in der Ferne von einigen leichten Nebelschwaden verschleiert, doch sah ich deutlich die Spur, die zu ihr führte, und ich entfernte mich nicht mehr von ihr."

Wieder einmal hatte Mesmer im Kontakt zur Natur neuen Mut gefaßt und Vertrauen zu sich selbst gefunden. Seine Entdeckung war für ihn noch immer unerklärlich, doch voller Zuversicht verfolgte er weiterhin seine Mission, sie der Welt zu unterbreiten.

In Spa mußte Mesmer sich vor den neugierigen Kurgästen verbergen, die von der Ankunft des Pariser Magnetiseurs erfahren hatten. Im Badeort weilten zahlreiche ehemalige Klienten aus dem Hôtel de Bullion. Die Herzogin von Fleury, eine Patientin Mesmers, die dort ein Anwesen besaß, hatte den Plan geschmiedet, an Ort und Stelle eine Klinik zu eröffnen. Ihr blieb keine Zeit, mit ihm darüber zu sprechen, denn ganz unerwartet faßte Franz Anton den Entschluß, nach Paris zurückzukehren.

Bevor er ehedem Paris verließ, hatte Mesmer gebeten, niemand möge an seiner Statt die individuellen Magnetisierungen vornehmen; allein die kollektiven Séancen rund um die Baquets hatte er bewilligt, und sie wurden von Anton und Deslon überwacht. In Spa erfuhr er jedoch, daß Deslon, der im Temple zu magnetisieren begonnen hatte, dies nun auch im Hôtel de Bullion tat. Bei seiner Rückkehr nach Paris führte Mesmer mit seinem Schüler ein äußerst heftiges Gespräch, das aber mit einer Versöhnung endete. Mesmer schenkte Deslon sogar eine prachtvolle goldene Tabatière, die er in der Rue Royale bei Böhmer & Bassenge, den Juwelieren der Königin, erstanden hatte. Deslon wiederum überreichte ihm zwei Karfunkelnadeln für seine Pantoffeln.

Die Konsultationen wurden im gleichen höllischen Rhythmus im Hôtel de Bullion wiederaufgenommen. Mesmer verlor jedoch sein Interesse daran und befaßte sich nur noch mit den schwierigen Fällen. Unterdessen gab er viel Geld aus, um die Salons und Baquetsäle prachtvoll ausstatten und die Wände mit zahlreichen Freimaurersymbolen versehen zu lassen. Mesmer empfing auch bedeutende Persönlichkeiten, die seine Methode würdigen und studieren wollten. Saint-Martin stattete ihm, wenn er nicht gerade auf Reisen war, häufig Besuche ab. General La Fayette wollte Baquetséancen beiwohnen, die Puységurs, allen voran Amand-Marie-Jacques de Chastenet, interessierten sich für die Patienten mit Somnambulismus-Krisen. Der junge

Brissot de Warville, der Marat kannte und mit dessen wissenschaftlichen Theorien vertraut war, wünschte ebenfalls, Mesmer aufzusuchen, und freundete sich mit ihm an. Das behagte Marat nicht, der keine sehr hohe Meinung von der, wie er sie zu nennen pflegte, „Wissenschaft des Magnetismus“ hatte, „einer Theorie ohne Prinzipien oder Gesetzmäßigkeit, deren Gegenstand sich den Sinnen entzieht, bei der alles ans Wunderbare grenzt ... und die nichts anderes darstellt, als einenHaufen zusammenhangloser Beobachtungen ... und lächerlicher Hypothesen“. In Wirklichkeit waren diese Angriffe Marats, die einen Vorgeschmack auf sein späteres so heftiges Einschreiten im Konvent vermittelten, nicht gegen Mesmer gerichtet, sondern gegen den Magnetismus Abbé Bertholons, der in der Frage der elektrischen Behandlungen sein Rivale war. Auch hier ging es einzig und allein um Wissenschaft, in einer Zeit, in der alles aufgeklärt zu sein hatte.
Ebenfalls im Namen der Wissenschaft erfolgte Deslons erneuter Ausschluß aus der Fakultät. Er hatte seine Überzeugungen hinsichtlich des animalischen Magnetismus nicht zurücknehmen wollen und sich geweigert, das Gesagte zu leugnen.
Das Jahr ging mit diesem Ausschluß zu Ende, der Mesmers Popularität jedoch nicht im geringsten abträglich war.

Die Herzogin de Fleury blieb bei ihrer Ansicht, in Spa eine Klinik ins Leben zu rufen. Sie unterbreitete Mesmer erneut ihr Angebot, und der willigte ein, Paris noch einmal für eine Weile zu verlassen. In den von der Herzogin zur Verfügung gestellten Räumlichkeiten konnte ein großes Kurhaus eingerichtet werden, und im Juni 1782 brach Mesmer in Begleitung mehrerer Patienten auf, die sich von dem neuen Etablissement eine Fortsetzung ihrer Kur erhofften. Unter ihnen waren zwei Personen, die Mesmer bei seinem Abenteuer nicht nur begleiten, sondern bestimmte Etappen eben desselben auch betreuen sollten.
Der junge, begüterte Nicolas Bergasse hatte nach Beendigung

seines Jurastudiums in Lyon im Parlament von Paris, wohin er 1775 übergesiedelt war, das Amt eines Advokaten übernommen.
Die Möglichkeiten, die ihm die Hauptstadt bot, schöpfte er weidlich aus: Er knüpfte Kontakte, besuchte die Salons, nahm an den feierlichen Zusammenkünften der Akademie teil und wurde ganz unerwartet Anfang des Jahres 1780 von Schwäche und Hypochondrie befallen. In seinen Briefen nach Lyon beklagte er sich über die Schwierigkeiten, sich trotz seines persönlichen Vermögens eine Position zu schaffen, seine Abneigung dagegen, um Unterstützung zu bitten, wie über seinen schlechten Gesundheitszustand. Da geschah es eines Tages, daß ihm einer der Prospekte Mesmers in die Hände fiel. Bergasses lebhafte, schwärmerische Phantasie war beim Anblick der Séancen im Hôtel de Bullion sogleich entflammt; er ließ sich von Mesmer behandeln und kam von da an regelmäßig wieder, zum monatlichen Tarif von zehn Louis. Seine Gespräche mit dem Meister wurden auch des Abends während der dienstlichen Versammlungen fortgeführt, und zuweilen beantwortete er anstelle des Sekretärs Bachelier d'Agès Mesmers umfangreiche Korrespondenz oder verfaßte die anfallenden Berichte. Da Bergasse Politiker, Ideologe und Anwalt in einem war, wurden seine vielfältigen Kenntnisse hoch geschätzt, mit der Feder ging er ebenso leicht um wie mit dem gesprochenen Wort. Äußerst gewandt hatte er einen „Brief eines Arztes von der Pariser Fakultät an einen Mediziner des Londoner College" verfaßt. Es handelte sich um einen zwanzigseitigen, in Den Haag gedruckten Text, der großen Anklang fand. Er enthielt seine Kritik an dem animalischen Magnetismus, die in wachsendem Maße derart widersprüchlich abgefaßt war, daß sie paradoxerweise zum Plädoyer, schließlich sogarzur Eloge wurde. Dieses subtile, rhetorische Exposé, das ein Erfolg im Buchhandel wurde, vermittelte einen Eindruck vom Talent des Advokaten.
Nicolas Bergasse gehörte also zur „Schar" der vertrauten Pa-

tienten und Schüler des Meisters, und als Mesmer sich zum zweiten Mal nach Spa begab, verstand es sich von selbst, daß er ihm folgte.
Eine weitere Person gesellte sich zu ihnen, der Bankier Guillaume Kornmann. Armer Guillaume! Er ist mit einer unmöglichen Frau verheiratet, die sich mit ihrem Liebhaber Daudet de Jaussan, einem Abenteurer im Dienste Beaumarchais', öffentlich zur Schau stellt und ihrem Mann die Sorge um den kränklichen Sohn überläßt, den Mesmer, so gut es eben geht, zum üblichen Abonnementstarif von zehn Louis im Monat behandelt. Kornmann hat seinen Kummer Bergasse anvertraut, der ihn gegen die Gauner und gegen Deslon verteidigt, die allesamt über ihn herfallen.
Da waren sie nun alle beide in Spa und standen Mesmer bei der Verwirklichung von Madame de Fleurys Projekt zur Seite. Die Klinik wurde eingerichtet, und auch hier in Spa lief alles zum besten. Die Klienten kamen in Scharen, außerdem wurden Spaziergänge in der Natur unternommen, die so wohltuend auf die Seelen der beiden Verängstigten wirkte, und Pläne wurden geschmiedet. Mesmer stellte mit seinem Magnetismus eine wahre Goldmine dar. Wo immer er auftauchte, entstand eine Flut der Begeisterung, und das Geld begann zu fließen. Mesmer war ein Prophet, ein Mann mit Ausstrahlung und Einfluß! Er sollte Bergasse und Kornmann unterweisen, ihnen seinen Gedanken, sein Geheimnis preiszugeben. Das wünschte auch er sich, nur wollte er das Ganze auch in klingende Münze umsetzen. So wurde der Grundstein für eine künftige Schule des Magnetismus gelegt, deren Leiter Mesmer und deren Verwalter seine Freunde sein sollten. Mesmer, der sich einen Augenblick lang von diesem Gedanken einer Magnetismus-Schule, die seiner Entdeckung als einer „erlernbaren Wissenschaft" endgültig Glaubwürdigkeit verleihen würde, mitreißen ließ, zögerte noch mit seiner Antwort, da traf aus Paris eine Nachricht ein, die ihn zur Entscheidung zwang.

Deslon hatte wieder einmal gehandelt. Sobald Mesmer Paris verlassen hatte, war alles zu Deslon geeilt, der sich, umgeben von lauter Kranken, Bewunderern und sogar Eleven, zum Leiter einer Schule des Magnetismus erklärte. Hatte ihn nicht in Abwesenheit des Meisters sogar die Prinzessin de Lamballe aufgesucht? Deslon, der mit jedem Tag an Selbstsicherheit gewann, schrieb einen Brief an den neuen Dekan der Medizinischen Fakultät, Doktor Philip. Er forderte eine Wiederaufnahme des Prozesses, den ihm die Fakultät auf Vauzesmes' Beschuldigungen hin einst gemacht hatte, und beantragte die Einberufung einer Versammlung, um einen Beschluß zu erwirken, damit er seine Lizenz zurückerhielte. Die Versammlung fand am 20. August 1782 statt, und erneut wurden Deslon und der Magnetismus einstimmig verdammt. Man gab ihm zwei weitere Jahre, um seinen Irrtum einzusehen, dann jedoch würde man ihm endgültig die mit seinem Titel eines Dozenten der Medizinischen Fakultät verbundenen Privilegien entziehen.
In Spa geriet Mesmer außer sich vor Wut. Über Deslons Verurteilung machte er sich lustig, doch wurde ja auch der tierische Magnetismus, „sein" Magnetismus, verdammt, den Deslon mit monatlichen Kuren zu fünf Louis verhökerte, halb so viel, wie Mesmer von seinen privilegierten Freunden verlangt hatte.
Er schrieb einen Brief nach Paris an Dekan Philip, um ihn darauf hinzuweisen, daß Deslon mit unglaublicher Dreistigkeit vorgegangen wäre.
„Er hat sich eines zweifachen Vergehens schuldig gemacht: er verrät mich, indem er ohne meine Zustimmung über etwas verfügt, das ich als mein Eigentum betrachte, und drängt es dem Publikum auf, gibt vor, mich ersetzen zu können. Darüber hinaus vermittelt er den Eindruck, ich würde nicht nach Frankreich zurückkehren, dabei ist meine Abwesenheit doch nur vorübergehend." In seinem Brief setzte Mesmer dem Dekan bis in alle Einzelheiten auseinander, daß er bis zum heutigen Tage faktisch *niemanden* unterwiesen habe: „Zu keinem Zeitpunkt habe

ich Monsieur Deslon die sehr umfassende und meiner Ansicht nach tiefgreifende Theorie enthüllt, die man studiert haben muß, um sich mit einiger Rechtmäßigkeit Sachwalter meiner Doktrin und Entdeckung nennen zu dürfen."

Dieser Brief erklärte vielleicht noch deutlicher als jedes andere Dokument, warum Mesmer trotz aller Demonstrationen seines Magnetismus nie daran dachte, seine Botschaft ganz und gar preiszugeben. Für ihn sind die, die er unterwies, lediglich „Mitarbeiter", eine Energiequelle des Fluidums stellten sie jedenfalls nicht dar.

Mesmer bat Dekan Philip, seinen Brief anläßlich einer Sitzung der Fakultät zu verlesen. Nach dieser Richtigstellung, die seinen Zorn und die Empörung seiner Freunde besänftigte, konnte man dem Ende der Badesaison gelassener entgegensehen. In der angenehmen herbstlichen Atmosphäre von Spa entwickelten Bergasse, Kornmann und Mesmer vor ihrer Rückkehr nach Paris gemeinsam den Plan einer allgemeinen Schule des Magnetismus.

Sobald Deslon von Mesmers Rückkehr nach Paris erfuhr, schrieb er ihm einen Brief, in dem er ihm seine Feindseligkeit ihm gegenüber vorwarf und sich darüber beklagte, daß man Mesmers Brief an Dekan Philip „vor versammelter Fakultät" verlesen worden sei. Von diesem wenig freundschaftlichen Schritt zutiefst betroffen, erinnerte er Mesmer „an den Tag, da ich Euch ausdrücklich erklärte, Eure Entdeckung erfaßt zu haben, und Ihr ausdrücklich den Gebrauch, den ich davon zu machen beabsichtigte, billigtet und mich dazu zwangt, zum Zeichen unserer Freundschaft eine goldene Tabatière anzunehmen". Deslons Erregung war in seinem Brief deutlich zu spüren, als er hinzufügte: „Ich möchte mir nicht anmaßen, die Tabatière fürderhin zu behalten, daher sende ich sie Euch zurück. Nicht daß ich von ihr Gebrauch gemacht hätte, doch war sie mir teuer, insofern, als sie mir auf Grund der besonderen Umstände, unter

denen sie mir zum Geschenk gemacht wurde, ein Unterpfand unserer Einigkeit und Freundschaft zu sein schien."
Mesmer antwortete Deslon sogleich. Sein Brief war schonungsloser als der seines ehemaligen Freundes, dessen Verhalten und Niedertracht er ausdrücklich mißbilligte.
„Oh! Monsieur, ich vermag nicht zu sagen, wieviel Kummer Ihr mir bereitet... auf welche Seite Ihr Euch jedoch auch schlagen mögt, und welches Schicksal mir auch vorbehalten sein mag, so glaube ich kaum, daß es Euch in Zukunft je besser ergehen sollte als mir..."
Der Dialog zwischen den beiden Männern war trotz der gegenseitigen Vorwürfe wiederaufgenommen worden, und der Streit wurde beigelegt. Deslon behielt die Tabakdose. Mesmer erzählte ihm von seinem Plan einer allgemeinen Schule des Magnetismus, deren Statuten und Regeln von Bergasse noch immer studiert und entwickelt würden. Da wäre es beinahe zu einem Quiproquo gekommen. Einerseits besprach Mesmer mit Bergasse die Gründung einer Gesellschaft, deren Satzungen in Kürze bei einem Notar deponiert werden sollten, andererseits jedoch legte er mit Deslon den Grundstein zur Realisierung eines von letzterem gemachten Vorschlags, dank begüterter Freunde 100.000 Écus sowie sechzig Patienten Deslons zu sammeln und eine Schule des Magnetismus zu gründen, vorausgesetzt Mesmer würde sein Geheimnis offenbaren. Mit der Freundschaft zwischen Mesmer und Deslon sollte es nun endgültig vorbei sein. Der eine wie der andere wollte die starken Bande zwischen ihnen beiden nicht zerreißen, der Versuch scheiterte jedoch an dem mangelnden Glauben an das Projekt sowie auf Grund der privaten Auseinandersetzungen, die durch Mesmers weiter bestehende Vorbehalte, Deslon sein Geheimnis preiszugeben, nur geschürt wurden.
Das Zerwürfnis verschärfte sich noch mehr, als am 10. Jänner 1784 im *Journal de Paris* eine Anzeige der Öffentlichkeit mitteilte, Doktor Deslon habe sich in einem Haus in der Rue Mont-

martre niedergelassen, wo er den Magnetismus allein zu praktizieren beabsichtige. Dieses Mal war der Bruch endgültig, und damit hatte Bergasse freie Hand.

Nicolas Bergasse sah die vorübergehende Annäherung zwischen Mesmer und Deslon mit Unwillen, aber er unternahm dagegen nichts. Seine Diplomatie, die Gewandtheit, mit der er Texte verfaßte und Gedanken vortrug, bewirkten Wunder. Ohne Deslons in seinen Augen zum Scheitern verurteiltem Versuch, ihn von Mesmer abzubringen, Beachtung zu schenken, hatte er den mit Kornmann und Mesmer in Spa gemeinsam erarbeiteten Plan geprüft und weiterentwickelt. Er hörte Mesmer zu, wenn dieser von Deslons konkurrierendem Projekt berichtete, und fragte ihn gleichzeitig bezüglich der geplanten Magnetismusschule um Rat, die er als mögliche Alternative vorschlug. Tatsächlich hatte er sich mit ganzer Seele in das Vorhaben gestürzt. Zuerst wählte man einen Namen: „Gesellschaft der universellen Harmonie." Mesmer hatte mit seiner ganzen Autorität entschieden: „Harmonie" sollte das Schlüsselwort der Mesmerschen Revolution sein. Krankheit rühre von dem Durcheinander, dem Chaos, der Unordnung des Fluidums her, von dessen disharmonischer, anarchischer Verteilung im Körper. Behandlung bedeute die Wiederherstellung des Strömens und die harmonische Verteilung dieses Fluidums durch magnetische Bestreichungen, Musik und das harmonische Fluidum des Magnetiseurs, das bis in die Spitze seiner Finger, bis an das Ende seines Kupferstabes und seines Willens reiche.
Und unter „Harmonie" verstand man zu jener Zeit auch die Harmonie der freimaurerischen Ordnung, deren Symbolik den Mesmerismus geradezu durchflutete, die Rousseausche Harmonie von Mensch und Natur, wie auch die transzendentale Harmonie des damals in Mode befindlichen Journalisten Lepautre.
Die „Gesellschaft" der Harmonie, die sich zunächst „Schule"

und dann in Anlehnung an die freimaurerische Institution, die ihr als Vorbild diente, „Loge“ nannte, war weder ein Ritus noch ein Orden, und schon gar nicht eine Freimaurerloge. Bergasse war kein Freimaurer, und die Gesellschaft richtete sich an Aktionäre, die nicht unbedingt Logenmitglieder waren. Hundert Aktionäre mußten je einhundert Louisdor einzahlen. Der Louisdor war damals vierundzwanzig Livres wert. Es galt, zweihundertvierzigtausend Livres für Mesmer aufzubringen, der sich verpflichtete, den hundert Aktionären das Geheimnis des animalischen Magnetismus zu offenbaren und sie in einem gesonderten Lehrgang in dessen praktischer Anwendung zu unterweisen.

Die Statuten der Gesellschaft und der Mustervertrag, der zwischen Mesmer und den Aktionären abgeschlossen werden sollte, wurden am 10. März 1783 bei Maître Margantin, einem Notar in der Rue St. Honoré, hinterlegt. Auf die Liste der Aktionäre hatte Bergasse an erster Stelle seinen eigenen Namen sowie den seines Bruders und den Kornmanns gesetzt; noch im ersten Monat kamen zwanzig Subskribenten zu Maître Margantin. Zum Jahresende, als sich Deslons Projekt endgültig zerschlug, hatten bereits achtundvierzig Personen bei der „Harmoniegesellschaft“ viertausendachthundert Louisdor eingezahlt, was einhundertfünfzehntausendzweihundert Livres entsprach, d. h. sechsmal soviel, wie Minister Maurepas veranschlagt hatte. Auf der Liste der achtundvierzig Aktionäre figurierten die Gebrüder Puységur, Pater Gérard, Superior der Charité, die Herren de Noailles, de Montesquiou, de La Fayette, de Choiseul sowie die Gelehrten Cabanis und Berthollet. Manche der Mitglieder und vornehmen Damen hatten es vorgezogen, anonym zu bleiben und allein mit ihren Initialen angeführt zu werden.

Im Laufe des Jahres 1789 führte eine Ausweitung der „Harmoniegesellschaft“ auf die Provinz zur Gründung von Niederlassungen in Straßburg durch den Marquis de Puységur, einen Schüler Martinez Pasqualis’, in Bordeaux durch Mocet und Pa-

ter Hervier, der eines Tages während seiner Predigt in der Basilika St. André von seiner Kanzel herabstieg, um ein von Krämpfen geschütteltes junges Mädchen zu magnetisieren.
Ganz Frankreich schloß sich dem Magnetismus an und vermengte diese neue Medizin, je nach Ausrichtung der ansässigen Initiatoren, mit Politik, Alchimie und Magie, mit Freimaurerei wie prärevolutionärer Philosophie, der sie Nahrung lieferte, die sie sogar inspirierte. In Paris wurde das Dogma strikt befolgt, hier hielten Mesmer und Bergasse die Schar ihrer Subskribenten fester in Händen.
Im März 1784 gab der *Almanach du Voyageur* auf den Seiten 417 und 418 bekannt, der berühmte Doktor Mesmer habe ein „beachtliches Etablissement zur Heilung der Krankheiten auf Grund der Behandlung durch den animalischen Magnetismus" ins Leben gerufen. Dieses Institut wurde „Harmonie-Gesellschaft" getauft und ließ sich im Hôtel de Coigny, in der Rue Coq-Héron Nr. 5, nieder. Tatsächlich gehörte das Hôtel de Bullion seit 1779 der Mutterloge des „Rite écossais", die es ihrem Bruder Mesmer vermietet hatte, es jedoch Ende 1783 wieder für sich reklamierte, um in dem Haus die Loge des „Contrat social" unterzubringen. Das Hôtel de Coigny, das sich gegenüber befand, stand Mesmer und der „Gesellschaft der universellen Harmonie" zur Verfügung. Auf den Frontgiebel des Hôtel de Coigny meißelte man anstelle der üblichen Wappen einen brennenden Altar unter einem Sternenhimmel mit Vollmond, darüber die Devise: „Omnia in pondere et mensura" (Alles in Maßen und wohl ausgewogen).
Das Hôtel de Coigny, das ebenso üppig ausgestattet war wie das Hôtel de Bullion, stand allen Kranken offen, die denn auch in „unvorstellbaren Scharen" herbeiströmten. Man hatte dort Behandlungssäle mit Zubern, Krisenzimmer, Ruhesalon sowie möblierte Räume für die in Kur befindlichen Patienten eingerichtet. Mehrere dieser Räume waren jedoch der Harmonie-Gesellschaft vorbehalten, wo die Versammlungen der initiierten

Subskribenten, die ihren Beitrag von einhundert Louisdor entrichtet hatten, unter größter Diskretion abgehalten wurden. Ein kleiner Raum im Erdgeschoß war eigens für die Unterzeichnung der gegenseitigenVerpflichtung zwischen Mesmer und den Subskribenten vorgesehen.
Hier geschah es, daß am 5. April 1784 Monsieur A. Mesmer, „dem seit jeher daran gelegen war, die Doktrin des animalischen Magnetismus unter ehrenwerten, tugendhaften Personen zu verbreiten, seine Einwilligung gibt und sich dazu verpflichtet, Marquis de La Fayette, seines Zeichens Feldmarschall, wohnhaft in Paris in der Rue de Bourbon, in sämtliche Prinzipien, die eben dieser Doktrin zu Grunde liegen, einzuführen."
Diese Zusage wurde von zahlreichen Bedingungen gemäß äußerst strikten Vereinbarungen begleitet; sie räumte Mesmer das Recht ein, zu unterrichten, wonach ihm der Sinn stand, und verpflichtete La Fayette, nichts von all dem, was er erfahren würde, verlauten zu lassen. Dieser Mustervertrag wurde von einhundert Subskribenten unterzeichnet, und durch die Vermittlung Maître Margantins, in dessen Anwesenheit der Kontrakt ratifiziert wurde, gelangten zweihundertvierzigtausend Livres in Mesmers Geldkatze.
Den Instruktionskursen der neuen Adepten ging eine Einführungszeremonie voraus, die an freimaurerische Initiationsriten erinnerte, jedoch einfacher und weniger symbolträchtig war. Marie-Daniel Bourret, Baron von Corberon, hat von seiner Initiation wie folgt berichtet:
„Nach der Ansprache stehen Zeremonienmeister und Neophyt einander gegenüber und versetzen sich, nicht ohne eine gewisse Geziertheit, in einen ‚rapport'. Der Zeremonienmeister küßt sodann den Neophyten dreimal, auf Wangen und Mund, drückt ihm herzlich die Hand und sagt zu ihm: ‚Gehet hinweg, berührt und heilt'."
Nach dieser Zeremonie unterzog sich der soeben Initiierte zwölf Instruktionskursen, bei denen er nicht nur von Mesmer, son-

dern auch von Bergasse unterwiesen wurde; letzterem fiel das Sprechen leichter als Mesmer, der die französische Sprache nie wirklich ganz beherrschte, aber auch nicht beabsichtigte, alle Feinheiten seiner Methoden und schon gar nicht sein ganzes Geheimnis preiszugeben.

Die Harmonie-Gesellschaft wies eine illustre Klientel auf. La Fayette führte eine neue Liste initiierter Eleven an. Dazu zählten der Herzog von Chartres, Duval d'Epremesnil, Adrien Duport, Lauzun, Noailles, Montesquiou, Ségur. Sie alle machten sich über den von der Fakultät und den konformistischen Gesellschaften verhängten Bann lustig. Aus nächster Nähe hatten sie erlebt, wie Verwandte, Freunde, Bekannte geheilt wurden; sie wußten, daß sich diese Heilungen ohne Arzneien, ohne Aderlässe oder Purgative vollzogen hatten. Es gab einen Kunstgriff, und er war erlernbar. Gewiß, hundert Louisdor waren nicht gerade wenig, doch man war unter seinesgleichen, man lauschte dem Meister in dessen Salons und konnte dann später in denen der anderen brillieren. Sämtliche Teilhaber, Initiierte und Schüler hatten die Abhandlung und den historischen Abriß über die Entdeckung des animalischen Magnetismus in Händen, Mesmers Schriften und die detaillierten Berichte über die von ihm geheilten Patienten aufmerksam gelesen. Vor allem die Schilderung der Heilung der blinden jungen Virtuosin und Patentochter der österreichischen Kaiserin, Marie Therese Paradis, hatte sie zutiefst erschüttert. Die hundert Mitglieder der Harmonie-Gesellschaft waren zu Beginn dieses Jahres 1784 mit der Geschichte „Jungfer Paradis" durchaus vertraut, da wurde im *Journal de Paris* das Eintreffen der berühmten Wiener Konzertpianistin angekündigt.

Valentin Haüy war im Außenministerium beschäftigt und widmete seine freie Zeit wohltätigen Zwecken. Er hätte Geistlicher werden sollen und nicht sein älterer Bruder, Abbé René, Professor am Pariser Naturkundemuseum, der sich für Mineralogie interessierte. Valentin Haüy hatte erst kürzlich ein Institut für junge Blinde gegründet. Durch seine Freundschaft zum Leiter der Kirchenkonzerte hatte er in Erfahrung bringen können, daß die blinde Virtuosin Marie Therese Paradis sechs Monate lang in Frankreich aufzutreten beabsichtige. Er konnte erwirken, daß sie in seiner Stiftung spielte, und das Konzert sollte am Freitag, dem 16. April, während der Fastenzeit stattfinden. In allen Zeitungen konnte man über die berühmte Paradis lesen, die vier Sprachen beherrschte, mit den Fingern las und ausgeschnittene Pappen verwendete, um ihre Kompositionen mit Anmerkungen zu versehen. Auch das Orchester der Loge „Olympique" hatte Marie Therese Paradis zu einer einträglichen Konzertreihe aufgefordert, während der heiligen Woche blieben die Musikhallen jedoch geschlossen, und allein das Kirchenkonzert durfte stattfinden. Der Erlös aus der Veranstaltung mit der Paradis sollte Haüys Stiftung zugutekommen, und alle Welt ließ sich zu diesem Ereignis einen Platz reservieren. Der Harmonie-Gesellschaft feindlich gesinnte ehemalige Patienten und jetzige Jünger Deslons hatten das Gerücht in Umlauf gebracht, die Pianistin sei in Wien Mesmer zum Opfer gefallen, der sie bei einem tragischen, skandalösen Vorfall kompromittiert habe. Dies kam Mesmers Anhängern zu Ohren, und das Hôtel de Coigny beschloß zu reagieren. Zahlreiche Schüler und Freunde Mesmers erwarben Eintrittskarten zu dem Konzert, um sich vom gesundheitlichen Zustand der „durch den Magnetismus geheilten" virtuosen Pianistin selbst ein Bild zu machen. Neugier, doch auch hämische Lust, einen Eklat oder erneuten Skandal mitzuerleben, trieben die beiden Lager, ob Freund oder Feind, dazu, eine Konfrontation herbeizuführen, und man richtete es so ein, daß Mesmer, von unentwegten Fragen bedrängt, keine Wahl blieb und er seine Teilnahme am Konzert zusagte.

Am Freitag, dem 16. April 1784, betraten um vier Uhr nachmit-

tags die dreiundneunzig Orchestermusiker des Kirchenkonzerts nacheinander die „Grande Salle des Suisses“ in den Tuilerien und nahmen vor ihren Pulten Platz. Der Dirigent Jean Albert Le Gros kam als letzter in den Saal. Das Konzert begann mit Werken André Philidords, des Initiators der Konzerte. Zunächst ein Auszug aus seinem ersten Band mit Werken für Querflöte, Blockflöte, Violine und Basso continuo, dann eine Pastorale. Nach einer kurzen Unterbrechung kündigte der Orchesterleiter den Ehrengast, Marie Therese von Paradis, Konzertvirtuosin des Kaiserlichen Konservatoriums Wien an, die erstmals in Paris auftreten und damit in der Hauptstadt eine Konzertreihe einleiten würde, die sie noch bis zum 2. Oktober fortzuführen beabsichtige, bevor sie sich nach London und Brüssel begebe. Nach seinen einführenden Worten verschwand der Dirigent hinter der Bühne und kam mit Marie Therese zurück, die er zu ihrem Instrument geleitete. Es wurde offensichtlich, daß sie beim Gehen geführt werden mußte und nur mit größter Mühe zu sehen vermochte. Im Saal regte es sich nicht nur auf den Rängen, die Deslons Anhänger für sich hatten reservieren lassen, sondern auch auf den Stuhlreihen, in denen Mesmer und die Seinen Platz genommen hatten.
Franz Anton, der zunächst in feierlicher Haltung erstarrt zwischen Bergasse und Servan gesessen hatte, schloß die Augen, sobald die Eingangsakkorde eines Werkes von Ditters von Dittersdorf erklangen; er öffnete sie erst wieder bei einem Konzert seines geliebten Haydn, das er mit auf Marie Therese geheftetem Blick anhörte.
Der Abend ging mit Philidors „Te Deum“ zu Ende. Nach dem Applaus wünschte die Königin, man möge ihr Marie Therese Paradis vorstellen, und gemeinsam mit dem Herzog von Châtres führte der Orchesterleiter sie zu ihr. Erneut konnte man sich davon überzeugen, daß die junge Künstlerin sich nicht ohne fremde Hilfe zurechtzufinden vermochte.

Beim Verlassen des Kirchenkonzerts wich Mesmer den Fragen, die ihm seine Freunde stellen wollten, aus und verweigerte jeglichen Kommentar über die Blindheit der Marie Therese Paradis. Anton erwartete ihn auf der Place du Carrousel. Mesmer stieg in seinen Wagen und ließ sich vor das Portal der Kirche Saint-Jacques de la Boucherie fahren. Er stieg aus, um die Engelsstatue, die eine marmorne Scheibe in Händen hielt, eine Weile zu betrachten. Er umkreiste sie und versuchte, den feinen Golddraht in Kreuzesform ausfindig zu machen, den Nicolas Flamel darin einst inkrustriert hatte. Sie fuhren weiter in Richtung Cimetière des Innocents, und Anton hielt den Wagen erneut an, dieses Mal vor der „Arcade de dame Pernelle", wo Flamels Gemahlin vier Jahrhunderte zuvor zu Grabe getragen worden war. Hier verweilte er länger und kaufte dem Bettler von Saint-Leu einen Totenschädel ab, den dieser ihm in Kohlblätter einwickelte. Es war bereits dunkel, als er das Hôtel de Coigny erreichte. Anton überließ dem Stallmeister die Pferde und folgte dann Franz Anton in dessen Gemächer nach. Er fand seinen Herrn auf einem Kanapee liegend, den Nacken auf ein Lavendelkissen gestützt, mit einem Handtuch über dem Kopf. Mesmer bat um einen Krug „Bavaroise", und nachdem er eine Schale davon getrunken, ließ er Anton ihm gegenüber Platz nehmen und stellte ihm zahlreiche Fragen, auf die der Diener ohne Zögern Antwort gab. Mit einem Mal erhob dieser sich, um ein Register zu holen, und gab über präzise Zahlen Auskunft. Franz Anton hatte nach der Summe der Gelder gefragt, die durch Savalette de Langes' Geschäftsführung garantiert wurden und in Leibrenten auf den Kronschatz angelegt waren. Hunderttausende von Livres stünden zur Verfügung, ganz zu schweigen von den Geldern, die Kornmann und Maître Margantin darüber hinaus für die Harmonie-Gesellschaft einkassiert hätten.
Mesmer stellte keine weiteren Fragen. Anton saß ihm gegenüber und blickte ihn schweigend an. Sie hatten wie gewöhnlich Deutsch miteinander gesprochen, und ihre gemeinsamer Spra-

che brachte sie einander näher, sie glich ihre unterschiedliche gesellschaftliche Stellung aus und ließ einen Augenblick lang ihre starke freundschaftliche Bande wieder aufleben. Mesmer erkundigte sich, ob Anton auf plötzliches Geheiß eine unvorhergesehene Abreise von Paris bewerkstelligen könne. Dieser antwortete, eine Equipage stünde jederzeit zum Aufbruch bereit, nur seien für eine größere Reise weitere Vorbereitungen vonnöten. Was das Geld betreffe, so sei alles in die Wege geleitet, damit ein Großteil desselben innerhalb von wenigen Stunden verfügbar sei.
Mesmer sprach noch eine Weile mit Anton. Sie riefen sich die Landstraße, die Pavillons, Pater Marinos Zuber in Erinnerung. Anton wußte, daß Marie Therese Paradis in der Hauptstadt weilte, das Konzert wurde jedoch mit keinem Wort erwähnt. Mesmer war erschöpft und voller Bitterkeit. Anton riet, das Zimmer für die Nacht herrichten zu lassen, doch Mesmer gab ihm zur Antwort, er müsse noch jemanden bei sich empfangen.

In Erwartung seines nächtlichen Besuchers mußte Mesmer immer wieder an das Konzert vom Nachmittag denken; der flüchtige Anblick der Marie Therese Paradis hatte ihn heftig aufgewühlt, und der Eifer, mit dem seine Widersacher ihn zu verleumden suchten, traf ihn, verbunden mit Deslons Verrat, zutiefst. Seit der Gründung der Harmonie-Gesellschaft war die Presse außer Rand und Band; in der *Gazette de la Santé* prangerte der Redakteur Jean-Jacques Paulet die Methoden Mesmers und Deslons an und bereitete ein neues Pamphlet im Sinne des Antimagnetismus vor. Andere Mediziner und selbst Marat attackierten, was sie immerhin mit „Wissenschaft des Magnetismus“ bezeichneten.
Doch zeichnete sich ein Coup ab, dessen noch größere Tragweite Mesmer schon im voraus ahnte. Deslon, der inzwischen illustre Patienten, wie die Prinzessin von Lamballe, Madame Rolland und bei Hofe angesehene Personen regelmäßig bei sich

empfing, konnte nicht dulden, daß die Fakultät ihn für einen Häretiker hielt und durch einen Ausschluß isolierte. Er hatte über den Herzog d'Artois seine Beziehungen spielen lassen und dadurch erwirkt, daß der König erneut eine Kommission zur Untersuchung des animalischen Magnetismus einberief. Eine erste Kommission, die am 12. März zusammengetreten war, hatte beschlossen, eine zweite hinzuzuziehen, die am 5. April ernannt wurde. Beide Gremien sollten ihre Untersuchungen und Experimente in Deslons Institut durchführen. Mesmer geriet dabei gänzlich in den Hintergrund, was ihn zutiefst verletzte. Darüber hinaus ahnte er, daß die Deslon feindlich gesinnten Dozenten der Fakultät alles nur Mögliche in Bewegung setzen würden, um ihn und damit auch den animalischen Magnetismus in Mißkredit zu bringen. Obgleich Bergasse und die befreundeten Mitglieder der Harmonie-Gesellschaft hinter ihm standen, bedrückten Mesmer die Kämpfe, denen er die Stirn bieten mußte, sehr, und trotz seines Eifers, seiner Erfolge und der vielen Kranken, die tagtäglich in das Hôtel de Coigny strömten, überkam ihn eine große geistige Mattigkeit...

Plötzlich schrak er zusammen, eine Hand lag schwer auf seiner Schulter: er sprang auf und wandte sich um. Pater Pernety stand vor ihm. Der ehemalige Benediktiner hatte noch immer diesen Adlerkopf und diese wächserne glattrasierte Haut, die Mesmer bei ihrem ersten Zusammentreffen im Jahre 1767 sogleich aufgefallen waren.

Nachdem Mesmer seine Doktorarbeit in Wien vorgelegt hatte, reichte er Exemplare bei verschiedenen Universitäten ein, unter anderem bei der Bibliothek Friedrichs II. in Berlin, deren Konservator Pernety war. Den ehemaligen Mönch hatten Mesmers Hypothesen lebhaft interessiert. Er war ein allumfassender Geist, ein unermüdlicher Reisender, und seine Expeditionen hatten ihn von der Abtei in Saint-Germain-des-Prés mit Bougainville auf die Malwinen geführt, und weiter nach Avignon, wo er eine alchimistische Akademie gründete. Von dort wurde er von Friedrich II. zur Einrichtung seiner Bibliothek nach Berlin berufen. Mesmer war damals zwei Tage in Berlin geblieben, hingerissen von den Erzählungen Prenetys und zweier anderer Ordensbrüder des Mönchs, Alchimisten wie er: der polnische Starost Grabianka und der französische Pater Brumore, der ebenfalls am Hofe Friedrichs II. tätig war.

Nachdem er den Benediktiner einige Jahre lang vergessen hatte, mußte Franz Anton unweigerlich an ihn denken, als er bei seinem Freund Stupfel in Wien an den alchimistischen Versuchen Pater Gelonis teilnahm. Die beiden Männer hegten dieselben hermetischen Ambitionen, ihre Forschung war nahezu identisch. Von Mesmer einst vergessen, hatte Pernety sich unlängst in Paris bei ihm gemeldet. Er war von Friedrich II. und von Berlin fortgegangen, und gleich bei seiner Ankunft in der französischen Hauptstadt hatte Mesmers Ruhm ihn dazu veranlaßt, diesen um ein Zusammentreffen zu bitten.

Der ehemalige Benediktiner erzählte, er sei schon seit einigen Monaten in Paris und bereite nun seine Abreise nach Avignon vor, um dort endgültig eine illuministische Kirche zu gründen und sich aktiv mit Alchimie zu befassen. Pater Brumore habe beschlossen, ihm zu folgen, um ihm bei diesem Unternehmen zur Seite zu stehen.

„Ich habe dich aufgesucht, weil ich deiner Hilfe bedarf", schloß Pernety.

Tatsächlich brauchte er Geld, um in der Nähe von Avignon auf einem „Mont Thabor" getauften Hügel, neben dem Anwesen des Marquis Vernetty de Vaucroze, Empfangsgebäude und alchimistische Laboratorien zu errichten. Pernety bat um ein Darlehen und schlug Gegenleistungen in Form finanzieller Arrangements vor, um den Kredit akzeptabel zu gestalten.

Mesmer, der aufmerksam zugehört hatte, unterbrach den früheren Mönch: „Auch ich bedarf deiner Hilfe."

Er hieß Pernety Platz nehmen und begann, ihm seine Geschichte zu erzählen. Sie hatten einander seit siebzehn Jahren nicht gesehen. Er sprach lange Zeit und versuchte, in den hellsichtigen, allen Disziplinen gegenüber offenen Geist seines Gesprächspartners das Mysterium dieser unglaublichen Entdeckung dringen zu lassen, deren Geheimnis er selbst noch nicht zu entschlüsseln vermochte. Im gleichen Zuge gestand er ihm wie einem Beichtvater seinen Kummer, seinen Überdruß, seine Wutanfälle, seinen unbegründeten Jähzorn, seinen Wunsch, alles zu verlassen, doch auch jenes Gefühl, das ihn dazu treibe, das Leiden des Menschen in seinem kranken Körper zu lindern.

„Und auch in dessen Geist", setzte Pernety hinzu.

Während Mesmer weiterhin glaubte, nur die Körper zu behandeln, hatte Pernety sogleich ganz richtig erkannt, daß Geist und Seele allein in einem gesunden Körper genesen können.

„Wie kann ich dir behilflich sein?" fragte der ehemalige Mönch.

„Ich brauche dein Wissen, das mir dabei helfen wird, das meine besser zu verstehen. Erst wenn wir erkennen, können wir heilen."

„Die Alchimie kann nicht chemisch verstanden werden", antwortete Pernety, „man muß sie alchimistisch interpretieren. Ihre Theorie und ihre Praktiken haben Sinn und Bedeutung nur innerhalb des Universums, das Alchimisten eigens für ihren Gebrauch und nicht für den deinen erschufen. Es handelt sich um eine verschlossene, ferne Welt."

Pernety war ängstlich darauf bedacht, sein Wissen zu hüten, Mesmer beharrte jedoch: „Ich habe Bücher von Basile Valentin gelesen und nichts von alledem verstanden. In Erfurt erwarb ich eine Abschrift seiner Werke, die man in der gespaltenen Säule des Doms gefunden hatte. Für teures Geld kaufte ich mir das ‚Buch der Hieroglyphen' des Nicolas Flamel ..."

Pernety unterbrach ihn. „Dieses Buch existiert nicht mehr."

„Das ist nicht wahr, ich habe es. Ich besitze das Exemplar von Arnauld de La Chevalerie, ich zeige es dir, wenn du willst. Doch was soll's. Ich verstehe kein einziges Wort. Ich bin zu Saint-Jacques de la Boucherie gegangen, habe an der Ecke des Turmes

nach Flamels Abdruck gesucht, und zum Beinhaus, um die Arkaden zu studieren. All das ist und bleibt mir ein Rätsel."
„Frag deine Freunde, frag Saint-Martin, Willermoz."
„Sie sind meine Schüler und nicht meine Freunde, Mystiker, Illuminaten. Dein Wissen brauche ich. Wir wollen uns austauschen. Ich lasse dir das meine zuteil werden."
Pernety sann nach. Einen Moment lang sah er Mesmer starr in die Augen, vermochte deren Glanz jedoch nicht standzuhalten. Dieser Mann besaß das, was Pernety den „fernen Blick" nannte, den, der bis ins Jenseits reichte.
Er ging auf Mesmers Worte ein: „Warum ein solcher Austausch? Fürchtest du dich vor den Wahrheiten?"
„Ich fürchte mich vor nichts", sagte Franz Anton. „Die nebelhafte Alchimie mit ihren erdrückenden Bildern, ihren von Ungeheuern bevölkerten Labyrinthen, ihren Sternen, die einem nicht aus dem Sinn gehen, flößt mir keine Angst ein."
„Was willst du also von unserer Wissenschaft?" fragte Pernety.
„Die Alchimisten sind die erlauchtesten Träumer, mit denen die Menschheit umzugehen hat. Du bist kein Träumer!"
„Vielleicht, doch eure Welt ist zugleich imaginär wie real, geistig wie stofflich, subjektiv wie objektiv. Eure Symbole verschmelzen mit tatsächlichen faktischen Phänomenen. Der Schlüssel zu euren Rätseln liegt in der Realisierung des ‚Großen Werkes'."
Pernety hatte die Hand erhoben.
„Gib acht, Franz Anton. Zum Experimentieren genügt es nicht, sich Manuskripte oder Rezepte zu beschaffen. Die Schlüssel zum ‚Großen Werk' sind allein den ‚Adepten' zugänglich. Unsere Geheimnisse werden wie eine traditionelle Wissenschaft vom Lehrmeister an den Schüler weitergegeben; Heuchlern, Narren und Schwindlern wird der Stein der Weisen immer ein Rätsel bleiben!"
„Ich suche nicht nach dem Stein der Weisen, ich bin vermögend genug. Ich will das Wissen, womit sich das Leben verlängern läßt."

„Das läuft auf das gleiche hinaus. Die Prüfungen sind dieselben."
Mesmer gab nicht nach. Pernety stellte sich taub; von Geldnöten getrieben, schlug er jedoch schließlich vor: „Falls du in das Darlehen, um das ich dich ersuche, einwilligen solltest, verpflichte ich mich dazu, dich zu unterweisen und all deine Fragen zu beantworten. Dies jedoch erst dann, wenn ich mich endgültig mit meinen Schülern in Avignon niedergelassen habe."
Mesmer verstand, daß Pernety ihm weder sein Wissen noch die mythische Kenntnis seiner Sprache preisgeben würde, bevor er nicht sein Thabor-Projekt verwirklichen konnte. Er schenkte ihm Vertrauen und gewährte ihm das erbetene Darlehen, bestand jedoch auf einer schriftlichen Schuldanerkenntnis.

VI

DIE KÖNIGLICHEN KOMMISSIONEN UND DER GEHEIMBERICHT

Der Frühling des Jahres 1784 verhieß hochsommerliche Gewitter. Mesmers Unannehmlichkeiten gingen Hand in Hand mit seiner wachsenden Berühmtheit. Seine von Civil gravierten Portraits wurden zu Hunderten verkauft, zusammen mit der Edition seiner und der von Deslon verfaßten Werke und dem Abdruck der von Bergasse verfaßten Artikel. Sein Abbild existierte auch als Lithographie von Langlusmé. Der Künstler Pujos fertigte eine Zeichnung von Franz Anton an, die er bei Legrand gravieren ließ und am Quai Peletier, nicht weit vom Ufer der Seine, verkaufte. Das wächserne Konterfei vom Meister des animalischen Magnetismus stand neben den Büsten Friedrichs des Großen und Voltaires im Kunstkabinett des Gießers Curtis. Paulets *Der Antimagnetismus* und Thourets *Recherches et doutes sur le magnétisme animal* (Ermittlungen und Zweifel bezüglich des tierischen Magnetismus) bedeuteten für Franz Anton grausame und schmerzliche Kritiken. Dabei waren die Heilungen, die im Hôtel de Coigny unter den Händen Mesmers und denen seiner Assistenten Aubin-Gauthier, Sesmaisons und Aubry, alle Mediziner wie er, stattfanden, zahlreich und unbestreitbar. Dessen ungeachtet waren zum größten Vergnügen des Pöbels kränkende Karikaturen in Umlauf. Gelehrte, Adelige

und Großbürger, Subskribenten der Harmonie-Gesellschaft, verfolgten mit großem Interesse die Lehrséancen und empfingen von Mesmer und zwei Mitgliedern der Gesellschaft – häufig handelte es sich dabei um die Gebrüder Puységur – ausgestellte Diplome. Gleichzeitig wurden bei den Katholiken und Freimaurern Ränke geschmiedet. Erstere bezichtigten ihn der Gottlosigkeit, sprich des Atheismus, letztere verdächtigten ihn, in Richtung Illuminatentum oder Okkultismus abzudriften.
Zwar bewahrten die Gebrüder Puységur, die in Straßburg eine Niederlassung der Harmonie-Gesellschaft gründeten, gemeinsam mit Gelehrten und intelligenten Adepten das Wesentliche des Magnetismus, die Lyonnaiser Filiale unter der Leitung Jean-Baptiste Willermoz' schwenkte jedoch zur esoterischen Freimaurerei über, wobei der Magnetismus nur zum Vorwand diente für eine Form von Hellseherei und Illuminatentum.
In Bordeaux erregte der durch Mesmer von seiner Schlaflosigkeit, seinen Kopfschmerzen und seinem Ischiasleiden geheilte Pater Hervier Anstoß bei den Gläubigen in der Basilika Saint-André, als er die Predigt am Fastensonntag unterbrach, um zu Füßen der Kanzel eine in Krämpfen liegende Frau zu magnetisieren.
Zu einigen großen, von den Gazetten verbreiteten Erfolgen kamen auch harte Enttäuschungen hinzu. Die Heilung des Gelehrten, Philosophen und berühmten Freimaurers Court de Gébelin schlug hohe Wellen. Jedermann war er als gebrechlich und von Wassersucht geplagt bekannt, und mit einem Mal sah man ihn wieder umherlaufen. Während eines ganzen Jahres pries er den Magnetismus, wurde Mitglied der Harmonie-Gesellschaft, und in seinem berühmten Werk über die „Primitive Welt“ schrieb er, der tierische Magnetismus habe ihn nicht nur geheilt, sondern auch auf die Spur des Urwissens gebracht, aus dem dieser hervorgegangen sei. Unglücklicherweise war die Heilung Court de Gébelins bloß vorübergehend. Ein Jahr darauf starb er bei einer kollektiven Séance am Baquet, und die Widersacher

des Magnetismus hatten nichts Eiligeres zu tun, als ihn zu den Opfern der Methode zu zählen.
Claude Berthollets Austritt aus der Harmonie-Gesellschaft war zwar nicht so spektakulär, doch erregte er in wissenschaftlichen Kreisen unliebsames Aufsehen. Dieser Gelehrte, der sowohl ein berühmter Chemiker als auch Arzt und Mitglied der Akademie der Wissenschaften war, hatte sich im Hôtel de Coigny unterweisen lassen und war dann unter Protest aus der Gesellschaft ausgetreten: man hätte ihn mit dem Magnetismus hinters Licht geführt, der nichts anderes sei als eine Vorspiegelung falscher Tatsachen, die auf Einbildung und Massagen der Nervenzentren beruhe.
Manche Kranke boten durch ihr Verhalten und ihr mit der Heilung einhergehendes Gebaren Anlaß zu allem nur erdenklichen Spott, den sich die Pamphletisten denn auch nicht versagten.
Trotzdem breitete sich der Triumph des Magnetismus immer weiter aus. Mesmer ging Bergasse beim Redigieren seiner „Theorie von der Welt und den Organismen gemäß den Prinzipien Monsieur Mesmers" zur Hand, einem Werk, das Bergasse später nur unter seinem Namen herausbringen sollte. Marquis de Puységur verbreitete eine Liste all der Kranken – nahezu einhundert –, die er durch Magnetismus in seinem Schloß Buzancy geheilt hatte. Doktor Orelut aus Lyon veröffentlichte die Beobachtungen seiner magnetisierten und geheilten Patienten. Turiner Ärzte taten es ihm gleich. In den Gazetten wurden manche Heilungen durch Zeugenaussagen von Prälaten, wie dem Bischof von Nantes, und Offizieren, wie dem Marschall de Duras, bestätigt. Und La Fayette, der zwischen Frankreich und Amerika pendelte, sprach mit Washington und Jefferson über den Magnetismus. Er sollte sogar Washington am Tage nach der Unterzeichnung des Vertrags von Versailles in die Harmonie-Gesellschaft mitnehmen.
Inmitten all dieser Geschäftigkeit überwachte Mesmer weiterhin sämtliche magnetischen Einrichtungen. Er reagierte auf die

Pamphlete, schrieb Gegenversicherungen und forderte die Veröffentlichung seiner Antworten in den Gazetten, doch sah er mit Besorgnis die schreckliche Verschwörung entstehen, die sich schon bald gegen seine Entdeckung erheben sollte.

Das Betreiben Deslons, der sich inzwischen endgültig von Mesmer getrennt hatte, sein Wunsch, sich von den Anschuldigungen der Fakultät reinzuwaschen und seine Lizenz als Dozent bestätigt zu sehen, hatte die Bildung einer vom König beauftragten Kommission zur Folge, mit dem Auftrag, den tierischen Magnetismus zu untersuchen. Deslon konnte sich wegen dieses Beschlusses glücklich schätzen, Mesmer hingegen erhob heftig Einspruch: zunächst, weil Deslon in seinen Augen keinerlei Recht hatte, sich irgendwelche Besitzansprüche an „seine Erfindung“ einzubilden, und schließlich, weil die Untersuchung durch die Beauftragten im Kurhaus Deslons stattfinden sollte. Man setzte sich über Mesmers Protest hinweg, und zwei Kommissionen wurden ernannt.

Die vom König am 12. März 1784 berufene große Kommission umfaßte neun der bedeutendsten Gelehrten der Epoche. Fünf waren Mitglieder der Akademie der Wissenschaften, und vier gehörten zur Medizinischen Fakultät. Präsident war Benjamin Franklin, der amerikanische Botschafter und Gelehrte von Weltruf, der wegen seiner Zugehörigkeit zur Akademie der Wissenschaften ernannt worden war. Da Franklin häufig unter Gichtanfällen litt, war Antoine Lavoisier der tatsächliche Kopf in dieser Angelegenheit. Franklin hatte feste Vorstellungen über die, wie er sie nannte, „Medizin der Einbildung“, Lavoisier hingegen erklärte alles mit der Chemie. Jean Sylvain Bailly, Astronom und künftiger Bürgermeister von Paris, war berichterstattender Sekretär der Kommission. Er war Mesmer im September 1780 begegnet und hatte sich sogleich für den Magnetismus interessiert, der in seinen Augen „eine Entdeckung war, die es unbedingt näher zu betrachten galt“. Jean-Baptiste Leroy, Direktor der Akademie der Wissenschaften und Erfinder einer elektrischen Maschine, hatte Mesmer ebenfalls gleich bei seiner Ankunft in Paris kennengelernt. Das fünfte Akademiemitglied war der Physiker de Bory. Die vier Mitglieder der Medizinischen Fakultät waren Doktor Majoult, Chirurg der Gräfin d'Artois, Doktor Jean d'Arcet, Professor der Chemie am Collège de France, Doktor Sallin, Professor der Pathologie, und Doktor Joseph Ignace Guillotin, Professor der Anatomie.

Die von dieser ersten Kommission gestellten Fragen waren rein wissenschaftlicher Natur und bezogen sich auf „die Existenz des Magnetismus und des animalischen magnetischen Fluidums". Nun blieb noch die „Nützlichkeit der magnetischen Behandlung innerhalb der Medizin" sowie „ihre eventuelle heilsame Wirkung bei gewissen Krankheiten" zu bestimmen. Mit diesem Auftrag wurde am 5. April die Königliche Medizinische Gesellschaft betraut, die eine Ärztekommission aus fünf Mitgliedern nominierte: die Doktoren Poissonier, Caille, Mauduy, Andry und Jussieu. So bildeten die beiden Kommissionen ein aufeinander abgestimmtes medizinisch-wissenschaftliches Ganzes, das in der Lage sein würde, einen „endgültigen und ausschlaggebenden" Bericht zu erstellen.

Mesmer war außer sich vor Wut, als er erfuhr, daß die Untersuchung und Beweisführung im Kurhaus Deslons stattfinden sollten, und schrieb am 15. Juni einen Brief an Franklin, um ihn zu bitten, „nur ja nicht nach dem zu urteilen, was Monsieur Deslon sagen mag...", er wollte nicht, „daß dieser über das Schicksal einer Doktrin verfügt, die die meine ist, und deren Wichtigkeit und Tragweite ich allein zu ermessen imstande bin..." Mesmer fügte diesem Brief ein Memorandum von hundertfünfzig Seiten hinzu, das heute spurlos verschwunden ist, das man jedoch wohl für die Zusammenfassung all dessen halten kann, was er bis dahin geschrieben hatte oder noch zu veröffentlichen gedachte.

Weder Franklin noch irgendein anderes Mitglied der wissenschaftlichen Kommission reagierte auf sein Schreiben. Sie hatten

bereits mit ihrer Arbeit begonnen. Sie untersuchten Mesmers „siebenundzwanzig Lehrsätze“, die ihnen jedoch lediglich in Deslons Version vorlagen.
Ein Astronom wie Bailly konnte trotz allen Wohlwollens gegenüber dem Magnetismus „ein allgemein verbreitetes Fluidum, einen wechselseitigen Einfluß zwischen Himmelskörpern und thierischen Körpern“ nicht gelten lassen. Die „Ebbe und Fluth“ des Lehrsatzes IV, die mit den Gezeiten verglichenen Krisen, der Magnetismus des menschlichen Körpers (der nicht metallisch war), all das konnte von Gelehrten nicht akzeptiert werden, die sich gleichwohl mit Hilfe von Elektrometern davon überzeugten, daß Deslons Baquet nichts enthielt, was magnetisiert gewesen wäre.
Die „entgegen gesetzten Pole des menschlichen Körpers“ aus Lehrsatz IX wurden ebenso verworfen. Gewissenhaft ließen sich die Mitglieder der Kommission magnetisieren und empfanden nichts dabei. Sie schlossen daraus, daß die bei den Kranken festgestellten Reaktionen andere Gründe haben könnten. Tatsächlich beobachteten sie, nachdem sie selbst erfolglos versucht hatten, Patienten zu magnetisieren, daß Deslons Bestreichungen wirksam waren. Sie stellten darüber hinaus fest, daß die Krisen im Umkreis des Baquets heftiger waren als die individuell hervorgerufenen, und Frauen für sie empfänglicher waren als Männer; Kinder und Geistesgestörte reagierten kaum auf den Magnetismus.

Die Kommission führte auch Versuche durch, um die Rolle, die die Einbildung bei allem spielte, zu ermitteln, und sie bewies fundamentalen Forschergeist. Sie führten einen Kranken vor einen angeblich magnetisierten Baum, was er jedoch nicht war. Dennoch verfiel der Kranke, sobald er den Baum berührte, in Krämpfe. Dieses Experiment war für die Mitglieder der Kommission entscheidend, die einhellig zu dem Schluß kamen:

- daß die bloße Einbildung auch ohne Magnetismus Krämpfe bewirkt;
- daß der bloße Magnetismus ohne die Einbildung nichts bewirkt;
- daß die Existenz des magnetischen Fluidums durch nichts bewiesen werden kann;
- daß das nicht nachzuweisende Fluidum demzufolge nutzlos ist;
- daß die beobachteten heftigen Effekte auf die Berührung und damit aktivierte Einbildungskraft zurückzuführen sind;
- daß die Berührungen und wiederholte Wachrufung der Einbildung zur Auslösung von Krisen schädlich sein können;
- daß der Anblick der Krisen gefährlich leicht zur Nachahmung führen und somit jegliche öffentliche Behandlung, bei der der Magnetismus angewandt wird, auf lange Sicht nur bedrohliche Folgen haben kann.

Paris, den 11. August 1784

gezeichnet: Franklin, Bory, Lavoisier, Bailly, Majoult, Sallin, D'Arcet, Guillotin, Le Roy.

Was den Bericht der Beauftragten der Königlichen Medizinischen Gesellschaft betraf, so beschränkte diese sich darauf, in fachlicherem Ton, hochtrabend und emphathisch zu wiederholen, was die wissenschaftliche Kommission zum Ausdruck gebracht hatte.
Und am Schluß hieß es:

- daß der Magnetismus ein System darstellt, das bar jeglichen Beweises ist;
- daß dieses vermeintliche Therapeutikum, das nutzlos ist bei denen, wo es nichts bewirkt, sich bei anderen, hypersensiblen Menschen gefährlich auswirken kann, indem es die Nervenfasern zu stark anspannt;
- daß zu heftige Krisen sich unheilvoll auswirken können;

- daß die coram publico vollzogenen Behandlungen mit dem animalischen Magnetismus Anwesende der Gefahr aussetzen können, von wiederholten spasmodischen Konvulsionen befallen zu werden, die sich möglicherweise zu einer Quelle großen Unheils entwickeln;
- daß diese Konklusionen sich auf alles erstrecken, was augenblicklich der Öffentlichkeit unter der Bezeichnung ‚animalischer Magnetismus' geboten wird.

Paris, den 16. August 1784
gezeichnet: Poissonnier, Caille, Mauduy, Andry.

Ein einziger hatte nicht unterschrieben, und das war Laurent de Jussie.
Er wußte von einem „Geheimbericht" der großen Kommission, der dem offiziellen Rapport zwar hinzugefügt, jedoch nicht veröffentlicht werden sollte. Dieser in Form eines Briefes abgefaßte Geheimbericht war in Wahrheit eine Untersuchung der Risiken, die der Magnetismus für die guten Sitten bedeutete. Die Kommission hatte beobachtet, daß „es stets Männer seien, die Frauen magnetisieren. Die auf diese Weise hergestellte Beziehung ist zweifellos die einer Patientin zu ihrem Arzt, doch ist dieser Arzt ein Mann. Wie auch immer das Krankheitsbild aussehen mag, es beraubt uns nicht unseres Geschlechts. Andererseits sind die meisten Frauen, die sich magnetisieren lassen, nicht wirklich krank. Viele kommen aus Müßiggang und reinem Zeitvertreib ... ihre Sinne sind alle ganz intakt ... ihre Jugend verfügt über all ihre Empfindsamkeit ... Sie besitzen genügend Charme, um auf den Arzt zu wirken, und genügend Gesundheit, daß der Arzt auf sie zu wirken vermag ... daher besteht für beide Gefahr ... Der magnetisierende Mann sitzt da und umfaßt mit seinen Knien die der Frau. Seine Hand legt sich auf Brust, Leib und Ovarien, der Tastsinn kommt demnach in nächster Nähe der empfindlichsten Körperteile zum Tragen. Die Neigung der Körper zueinander, die Nähe der Gesichter, die sich

beinahe berühren, der beiderseitige Atem, die gegenseitige geschlechtliche Anziehung muß mit aller Kraft wirksam werden. Es ist daher keineswegs ungewöhnlich, wenn die Sinne entflammen. Die Frauen können nicht ermessen, was sie verspüren, sie haben keine Ahnung von dem Zustand, in dem sie sich befinden."

Die Kommissionsärzte hatten aufmerksam die Behandlung verfolgt, die Krisen in all ihren Einzelheiten beobachtet und sich an deren genauer Schilderung delektiert. Dem König erging es beim Lesen des Berichts nicht anders. „Wenn sich eine solche Krise ankündigt, rötet sich nach und nach das Gesicht, der Blick wird feurig, und dies ist das sichere Zeichen, mit dem die Natur das Verlangen verrät. Man sieht die Frau ihren Kopf senken, mit der Hand Stirn und Augen bedecken; ohne ihr Wissen wacht die angeborene Scham über sie und diktiert ihr das Bedürfnis, sich zu verbergen. Die Krise schreitet jedoch fort, der Blick verschleiert sich, ein untrügliches Zeichen für die Verwirrung der Sinne, das von der, die sie durchlebt, nicht wahrgenommen wird, dem Auge des Arztes hingegen keinesfalls entgeht. Sobald sich dieses Signal einstellt, befeuchten sich ihre Lider, die Atmung wird kurz und stoßweise; ihre Brust hebt und senkt sich rasch; Krämpfe stellen sich ein ... Bei lebhaften, empfindsamen Frauen gipfelt die süßeste aller Empfindungen häufig in einer Konvulsion. Auf diesen Zustand folgen Mattigkeit, Erschöpfung, eine Art Schlaf der Sinne, wie ein notwendiges Ausruhen nach starker Erregung. Dieser krampfartige Zustand, so seltsam er dem Beobachter auch erscheinen mag, hat nichts Schmerzhaftes an sich, er ist nur allzu natürlich für die, die ihn erleben; ist er vorüber, so hinterläßt er keinerlei unliebsame Spuren. Die Erinnerung an ihn ist keineswegs unangenehm, im Gegenteil, die Frauen fühlen sich danach wohler ... Der Zustand selbst ... hat nichts Beunruhigendes. Man bleibt ihm treu, man kehrt zu ihm zurück und wird sich der Gefahr erst bewußt, wenn es bereits zu spät ist. Sind starke Frauen dieser ausgesetzt, entfernen sie sich,

die schwachen riskieren, ihre Moral und Gesundheit einzubüßen. Monsieur Deslon ist dies sehr wohl bewußt. Polizeikommandeur Lenoir sagte am vergangenen 9. Mai in Gegenwart der Kommissionäre zu ihm:
‚Ich frage Euch in meiner Eigenschaft als Generalleutnant der Polizei, ob eine Frau, die magnetisiert wurde und eine Krise durchlebt, nicht leicht mißbraucht werden kann?'
Monsieur Deslon bestätigte dieses, und man muß dem Arzt zugute halten, stets darauf bestanden zu haben, daß unter seinen Kollegen allein denjenigen, die sich durch ihren Stand der Redlichkeit verschrieben hätten, das Recht und Privileg zukomme, den Magnetismus anzuwenden."

Der Bericht fuhr in diesem Tenor fort und brachte noch weitere Einzelheiten über die sehr langwierigen (von 18 Monaten bis zu zwei Jahren), sehr kostspieligen Kuren und ließ sich über die Bedenken der Kommissionsmitglieder aus.
Nach Kenntnisnahme dieses Dokuments beschloß Laurent de Jussieu, einen gesonderten Rapport zu verfassen, den er auf eigene Kosten drucken ließ. Darin erklärte er, die Magnetismustheorie könne nicht anerkannt werden, „solange sie nicht weiterentwickelt und durch ernsthafte Beweise untermauert sei", doch sprach er von „tierischer Wärme", von moralischen und physischen Ursachen. Er hatte nicht so negativ urteilen wollen wie die anderen. Sein Bericht erschien einen Monat später, und niemand interessierte sich für ihn.
Die beiden entscheidenden offiziellen Rapports waren, mit Ausnahme des allein dem König vorbehaltenen Geheimberichts, von der königlichen Druckerei in einer Auflage von 20.000 Exemplaren hergestellt worden. Sie wurden zu einem beachtlichen Erfolg im Buchhandel. Die Untersuchungen der Kommissionäre wurden von den Gelehrten ganz Europas verfolgt. In England, Holland und Italien wurden sie kommentiert. In Frankreich griff Doktor Thouret das Thema auf und schrieb

einen weiteren Bericht über den tierischen Magnetismus, der bei de Prault erscheint. Es war ein böswilliges Werk, das geschickt zu dem Ergebnis führte, „Mesmer alles abzusprechen, bis hin zum Ruhm, einen großen Irrtum entdeckt zu haben“.

Die vom König berufenen Kommissionäre hatten also den tierischen Magnetismus verdammt. Sie handelten „nach bestem Wissen und Gewissen“, indem sie „physische Fakten“ beobachteten, untersuchten und analysierten, die sie überraschten, an denen sie zuweilen Anstoß nahmen und die sie als „physische Phänomene“ beurteilten. Und doch war ihnen das sonderbare, ungewöhnliche Verhalten der Kranken aufgefallen, „diese Krisenzustände, die, so eigenartig sie dem Beobachter auch erscheinen mögen, nichts Schmerzhaftes an sich haben ... an die sich zu erinnern keineswegs unangenehm ist... und wonach sich die Frauen sogar wohler fühlen ...“. Trotz alledem hatten sie nicht verstanden, daß die durch den animalischen Magnetismus erzielten Heilungen „Seele und Bewußtsein“ betrafen, und dies mittels eines Mechanismus, der ihnen entgangen war. Und wenn sie, weil ihnen nichts Besseres einfiel, „Magnetismus und Einbildungskraft“ miteinander gleichsetzten, so hätte es zu ihrer und damit aller Welt Aufklärung genügt, diese beiden Begriffe durch einen einzigen zu ersetzen, den Bossuet und Rollin häufig verwendet hatten und den Beaumarchais in seinen Prozessen geradezu strapazierte: „Suggestion“.

Nach dem Skandal der Verdammung und der zwanzigtausendfachen Verbreitung des Berichts war Mesmer zutiefst verzweifelt und gedachte, nach England ins Exil zu gehen. Duval d'Epremesnil, Mitglied der Harmonie-Gesellschaft und aktiver Politiker, riet Bergasse, in Mesmers Namen eine Bittschrift ans Parlament zu richten, um Mesmer die Verantwortung für das allgemeine Aufsehen abzunehmen und ihm polizeiliche Scherereien sowie einen eventuellen „lettre de cachet“ zu ersparen. Das geschickt von Bergasse verfaßte Gesuch wurde akzeptiert. Das Parlament stellte Mesmer unter seinen Schutz und ordnete per

Beschluß vom 6. September 1784 eine Gegenuntersuchung an. Die Kommission wurde zwar ernannt, trat jedoch nie zusammen; dennoch hatte Bergasse gesiegt: Von nun an konnte Mesmer von Rechts wegen nicht mehr verfolgt werden. Gestärkt begann Mesmer wieder, der Pamphletkampagne, den Anzüglichkeiten, den beleidigenden Drohungen der Hitzköpfe, Verrückten und Neider die Stirn zu bieten, die sich nach dem Bericht der Kommissionäre erneut gegen ihn wandten. Seine Freunde unterstützten ihn dabei in hohem Maße. Der junge Antoine Servan, Vertreter des Generalstaatsanwalts beim Parlament von Grenoble, veröffentlichte seine *Doutes d'un provincial proposés à messieurs les médicins-commissaires chargés par le roi de l'examen du magnétisme animal* (Zweifel eines Provinzlers, gerichtet an die vom König mit der Untersuchung des animalischen Magnetismus betraute Ärztekommission). In geistreichem Stil und sehr beweiskräftig bediente sich Servan der gewöhnlich gegen die Ärzte vorgebrachten Kritik, diese würden die Medizin auf Aderlässe, Rhabarber und Sennesblätter beschränken. Das Resultat war einem großen polemischen Talent angemessen. Zur gleichen Zeit war Jean Jacques Duval d'Epremesnil, Berater des Königs und brillanter Redner, damit befaßt, gemeinsam mit Freunden einen Gegenangriff gegen den riesigen Erfolg des Theaterstücks *Les docteurs modernes* zu starten, das den Magnetismus lächerlich machte.

Nachdem man vergeblich versucht hatte, die Aufführung des Stücks verbieten zu lassen, organisierte man, daß während der Vorstellungen gedungene Zuschauer für Krawalle sorgten, die in Tumulte ausarteten, so daß die Fortsetzung der Aufführungen unmöglich wurde.

Die bedingungslosen Anhänger des Magnetismus gewährten noch immer ihre Unterstützung. La Fayette, der erneut nach Amerika aufbrach, schrieb an Washington: „Ein deutscher Arzt namens Mesmer, welcher die bedeutendste Entdeckung auf dem Gebiet des tierischen Magnetismus machte, hat einige Schüler ausgebildet, unter denen Euer untertänigster Diener als einer der begeistertsten gilt. Darüber weiß ich so viel wie nur jemals irgendein Zauberer. Vor meiner Abreise werde ich um Erlaubnis ersuchen, Euch Mesmers Geheimnis anvertrauen zu dürfen, das, wie Ihr glauben könnt, eine großartige philosophische Entdeckung darstellt."

Und Ludwig XVI., der die ganze Kontroverse nur belächelte, sagte schalkhaft zum General:

„Was wird Washington wohl davon halten, wenn er erfährt, daß er sich zu Mesmers erstem Apothekergehilfen hergegeben hat?"

Wieder einmal beherrschten Mesmer und sein Magnetismus, auf Grund der sie umgebenden Skandale, aber auch wegen der erzielten erfolgreichen Heilungen, die Kolumnen der Zeitungen und dienten zukünftigen Schriftstellern, Rednern sowie Parlamentariern, die leitende Posten in der Regierung zu erklimmen suchten, bei all ihren politischen Ambitionen als Steigbügel.

Inmitten dieses Tumultes blieb Mesmer gelassen. Einer seiner Anhänger beschrieb ihn bewundernd:

Den großen Hund, den kleine stark verbellen
kann das vergebliche Gezeter nicht berühren
Er wird sie anseh'n, mißgestimmt sich denken
Sie sind's nicht wert, daß ich in Wut gerate
So hält es Mesmer auch, ist gänzlich unbewegt
Er hält den Kläffern seine Tugend nur entgegen
Und bleibt geschützt von allen Messerstichen
Die ihm ein neiderfüllter Feind versetzen will
Erhobenen Hauptes trotzt er mutig dessen Wüten.

Gegen Ende des Jahres 1784 sollten einmal mehr sinnlose Unwetter in Franz Antons Leben heraufziehen. Eine Reise nach Lyon, wo er auf Einladung Doktor Oreluts Pferde, sodann Soldaten und schließlich Prinz Heinrich von Preußen magnetisierte, endete mit einem Mißerfolg, da der Prinz auf sein Experiment hin keine Reaktion zeigte. Ein wenig spät sah Mesmer ein, daß er sich nicht länger zu derartigen Ungereimtheiten hinreißen lassen durfte. Darüber hinaus verleitete ihn sein Starrsinn, sich an Deslon rächen zu wollen, unglücklicherweise dazu, gegen diesen einen Prozeß anzustrengen, mit dem Bergasse betraut wurde. Indessen gaben die Bilanzen der Harmonie-Gesellschaft zu Unstimmigkeiten zwischen Mesmer und den Subskribenten Anlaß. Bankier Kornmann und Maître Margantin, der Notar, veröffentlichten in der Presse die dem Vater des Magnetismus ausgezahlten Summen. Sie waren beträchtlich: mehr als 300.000 Livres stammten aus der Pariser Subskription; die Erträge aus den Provinzgesellschaften konnten sich ebenfalls sehen lassen: Tausende von Livres kamen aus Bordeaux, Saint-Etienne, Lyon und sogar aus Santo Domingo. Die Gesamtsumme überstieg hunderttausend Livres, die Mesmer für die Gründung der Harmonie-Gesellschaft zur Bedingung gemacht hatte. All das wurde durch die Presse enthüllt. Mesmer war erzürnt, einen Teil seines Vermögens ans Tageslicht gezerrt zu sehen, und stritt sich zunächst mit Kornmann, dann auch mit Bergasse, die sich ihrerseits zu einer Gegenattacke zusammenschlossen. Doch andere Verbündete scharten sich um Mesmer und trugen ihm ihre Unterstützung an.

Inmitten all dieser Querelen gelang es dem tierischen Magnetismus nicht nur zu überdauern, er gedieh sogar. Der durch ihn entfesselte Enthusiasmus überstieg die doch in der Tat gewaltige Begeisterung, die die Menge jener Epoche dem Ballonflug und den Montogolfièren entgegenbrachte. Die Ausbeutung dieses Enthusiasmus durch Mesmers Umgebung spielte eine wichtige Rolle in der Öffentlichkeit, die von der geheimnisvollen Methode, den durch sie hervorgerufenen Skandalen und leidenschaftlichen Polemiken hingerissen war. Nach dem Bericht der Königlichen Kommission eilten Mesmer Schüler wie Freunde zu Hilfe, und das Parlament schloß sich den Befürwortern an.

Zu den kranken Klienten des Magnetismus gesellten sich Abbés,

Gräfinnen und wohlhabende Kaufleute. Aus reinem Vergnügen oder um ihre Langeweile zu tilgen, scharten sie sich um die Baquets und ließen sich von Mesmers Kupferstab leiten, wobei sie auf diesem Wege den derzeit gefragtesten Salon frequentierten. Dieser „modische“ Aspekt des Magnetismus war Mesmer nicht immer bewußt, weil er sich weder in den Politikern noch in den Scharlatanen seiner Umgebung wiedererkannte. Indessen sollte inmitten seines bewegten Daseins ein wesentlicher Gesichtspunkt seiner Entdeckung von einem der schärfsten Beobachter unter seinen Schülern erkannt werden: von Armand Marie-Jacques de Chastenet, Marquis de Puységur.

VII

DER KÜNSTLICHE SOMNAMBULISMUS
UND
DIE ILLUMINATEN VON AVIGNON

Am Montag, den 24. Jänner 1785, betrat Anton gegen zwei Uhr nachmittags Mesmers Gemächer. Ohne daß man ihn gerufen hätte, lenkte er seine Schritte umgehend in Richtung des Zimmers seines Herrn. Franz Anton ruhte, nachdem er seine Bavaroise getrunken hatte; wie gewöhnlich lag er ausgestreckt auf seinem Bett, unter dem Nacken ein Lavendelkissen und über den Augen ein Schleier aus blauer Seide. Ohne sich zu rühren, hörte er Anton sagen, Marquis de Puységur sei eingetroffen. Er komme nicht allein, ihn begleite ein Mann vom Lande, den er Mesmer vorführen wolle.

Armand Marie-Jacques de Chastenet, Marquis de Puységur, war Mesmer wohlbekannt. Er war einer seiner Schüler, Mitglied der Harmonie-Gesellschaft, Artillerieoberst und Kommandant der Straßburger Garnison. Der sehr begüterte Marquis unterteilte seine Zeit zwischen dem Leben als Soldat, das ihn bereits zur Belagerung von Gibraltar geführt hatte, seinem Anwesen Buzancy nicht weit von Soissons sowie seinen häufigen Reisen nach Paris, wo er den Magnetismus erlernte. Mesmer hatte ihn seit vergangenem Frühjahr nicht wiedergesehen; ihn freute es, diesen treuen Adepten und eifrigen Verfechter seiner Theorie bei sich zu empfangen. Warum aber brachte Puységur einen Kranken zu ihm? Anton beruhigte seinen Herrn, es handle sich lediglich um eine kurze Vorführung und nicht um eine Konsultation.

Der Marquis betrat den Privatsalon, wo Mesmer ihn aufs herzlichste willkommen hieß. Er schob einen großgewachsenen, kräftigen jungen Mann von etwa fünfundzwanzig Jahren vor sich her, der über gerippten Wollstrümpfen kurze Hosen und einen dicken Wams aus grober Wolle trug; in der Hand hielt er einen Filzhut. Puységur trat beiseite und stellte sich neben Mesmer. Beide sahen den Mann an, der mit niedergeschlagenen Augen stumm, wie angewurzelt dastand.

Puységur stellte ihn vor: „Monsieur, dies ist Victor Race, der junge Bauer, den ich seit nunmehr acht Monaten behandle. Der Zufall wollte es, daß sich dieser erste von mir je behandelte Patient in Paris aufhält, wohin er seinen Bruder fuhr. Er ist zu mir gekommen und hat mir den Grund seiner Reise erzählt, er werde Paris schon bald wieder verlassen, leide jedoch unter erheblichen Kopfschmerzen. Sein Unwohlsein veranlaßte mich, ihn zum Bleiben zu bewegen, denn ich hoffte, ihn auf der Stelle zu kurieren. Am 21. Jänner habe ich ihn magnetisiert, es geht ihm besser, ich wollte ihn Euch vorführen."

Mesmer ging zu Victor hinüber, der noch immer reglos dastand, und musterte ihn aufmerksam, ohne ihn zu berühren. Dann trat er erneut zum Marquis: „Beabsichtigt Ihr, ihn noch länger in diesem Zustand zu halten, Monsieur, oder wollt Ihr ihn wieder Herr seiner Sinne werden lassen?"

Puységur rief Victor einen Augenblick lang wach, der, ohne sich über den Ort, an dem er sich befand, zu erstaunen, die Wohltaten, die er seinem Herrn verdankte, aufzuzählen vermochte; dann zog er sich, von Anton geleitet, zurück.

Puységur wollte Mesmer die Geschichte Victor Races berichten:

„Vergangenen Mai war ich auf meine Ländereien nach Buzancy zurückgekehrt, allein auf meine Ruhe und die Beschäftigung mit meinen Gärten bedacht, als mich der Zufall in das Haus meines Verwalters führte. Seine Tochter litt unter argen Zahnschmerzen. Scherzend fragte ich sie, ob sie geheilt zu werden wünsche, was sie, wie Ihr Euch denken könnt, sogleich bejahte. Ich hatte sie noch nicht einmal zehn Minuten lang magnetisiert, da waren ihre Schmerzen vollständig verschwunden, und seither sind sie nie mehr aufgetreten. Die Frau meines Wächters wurde am Tag darauf in ebenso kurzer Zeit vom gleichen Leid befreit. Diese Erfolge ließen mich den Versuch anstellen, einem dreiundzwanzigjährigen Bauern, den Ihr soeben saht, meine Hilfe angedeihen zu lassen. Seit vier Tagen war Victor damals aufgrund einer Rippenfellentzündung ans Bett gefesselt. Als das Fieber nachgelassen hatte, hieß ich ihn aufstehen und magnetisierte ihn. Wie groß war mein Erstaunen, als dieser Mann nach nur wenigen Minuten ohne Krämpfe und ohne Schmerzen friedlich in meinen Armen einschlief... er sprach mit lauter Stimme über seine Arbeit. Da ich den Eindruck gewann, seine Gedanken würden ihn betrüblich stimmen, unterband ich sie und suchte, ihm angenehmere einzuflößen, was mich keine große Mühe kostete; er schien zufrieden, sich auf einem Fest spielen und tanzen zu sehen, und so fort... ich nährte diesen Gedanken in ihm und zwang ihn so, sich noch lebhafter zu bewegen, so als tanze er nach einer im Geiste gesungenen Melodie, die ich ihn laut wiedergeben ließ. Nach einer einstündigen Krise beruhigte ich ihn wieder und verließ den Raum. Man gab ihm zu trinken, brachte ihm Brot und Brühe, und veranlaßte ihn noch am selben Abend, eine Suppe zu sich zu nehmen, was er seit nunmehr fünf Tagen nicht hatte tun können. Tags darauf konnte er sich meines Besuches vom Vorabend nicht mehr entsinnen und eröffnete mir, gesundheitlich gehe es ihm vortrefflich."

Interessiert verfolgte Mesmer den Bericht des Marquis, seit jener Heilung würden ihn alle Bauern der Umgebung aufsuchen; Frauen mit Unterleibsbeschwerden, Männer, die unter Kopfschmerzen litten, und viele andere mehr.

„Um auf all diese armen Leute eine anhaltende Wirkung haben zu können und mich gleichzeitig nicht allzusehr zu verausgaben, faßte ich den Entschluß, Eurer Methode gemäß einen Baum zu magnetisieren, und nachdem ich ein Seil daran befestigte, prüfte ich dessen Wirkung auf meine Kranken; ich ließ Victor, meinen ersten Patienten, kommen. Sobald er das Seil angelegt hatte, betrachtete er den Baum und sagte in einem Tonfall des Erstaunens, den man nicht wiederzugeben vermag, lediglich: „Was sehe ich nur da?“ Dann senkte sich sein Kopf, und er verlor sich in vollkommenem Somnambulismus. Nach einer Stunde führte ich ihn in sein Haus zurück, wo ich ihn wieder Herr seiner Sinne werden ließ. Mehrere Männer und Frauen kamen und berichteten ihm, wie er sich verhalten habe, er jedoch behauptete, dies sei nicht wahr; so schwach, wie er es sei, kaum imstande, in seinem Zimmer auf- und abzugehen, habe er nie und nimmer die Treppe hinabsteigen und sich zum Baum am Brunnen begeben können.“

Der Marquis erzählte überdies, er habe noch viele andere in den somnambulen Zustand versetzt.
„Ohne jedoch eine Krise herbeizuführen, wie Ihr, Monsieur, es hier oder andernorts mit Hilfe der Bestreichungen, der Musik oder der Baquets zu tun pflegt.“
Er erklärte seine Worte näher: „Seht her, Monsieur, in Paris gibt es viel zu viele Leute, die durch Euren Ruf angezogen werden. Ihr seid gezwungen, große Manifestationen durchzuführen, um denen gerecht zu werden, die in Eurer Nähe die unverhoffte Hilfe des Magnetismus zu erfahren suchen. Die Krisen sorgen für den notwendigen Trubel um Eure Person. Nachdem ich vieles von Euch erlernte und mich aufs Land zurückgezogen

hatte, blieb mir die Muße, die Dinge in aller Ruhe zu betreiben. Selbst die von mir ausgelösten Trancen sind leichterer Natur, ich praktiziere eine sanfte Medizin. Ich brauche keine Krisen, der Somnambulismus genügt mir. Ich habe ihn von Grund auf studiert und dabei Erstaunliches beobachtet. So konnte ich durch Victor, den ich Euch vorführte, lernen und mich weiterbilden.
Ich habe festgestellt, daß er im magnetischen Zustand nicht länger ein Bauer ist, der auf einen Satz kaum Antwort zu geben vermag, sondern ein Wesen, für das ich keine Worte finde: Ich brauche nichts auszusprechen, ich denke in seiner Gegenwart, und er versteht mich, antwortet mir. Und was, wenn jemand seinen Raum betritt? Dann sieht er ihn, wenn ich es will, spricht mit ihm, sagt ihm Dinge, von denen ich möchte, daß er sie ihm sagt. Setzt er dazu an, mehr zu reden, als ich es für ratsam halte, so gebiete ich seinen Gedanken, seinen Sätzen, mitten im Wort Einhalt und lenke sie in eine vollkommen andere Richtung."

Mesmer unterbrach ihn, sonst hätte Puységur noch stundenlang weitergesprochen. Er beabsichtigte die Niederschrift seiner Memoiren, um der Geschichte und Darlegung des animalischen Magnetismus zu dienen, worin er eben jene Verdienste von Magnetismus und Somnambulismus beschreiben wollte, die von den beiden Königlichen Kommissionen zu Unrecht verdammt worden waren.
Er schloß seinen Bericht, indem er Mesmer gestand: „Monsieur, der Magnetismus ist eine große Entdeckung, die sich jedoch nur schwer erklären läßt. Es gibt noch einen weiten Weg zurückzulegen, bis sich all Eure Lehrsätze überzeugend darlegen lassen. Ich glaube aber, daß man sie anhand meiner Somnambulen leichter wird verstehen können. Die Somnambulen erahnen die Dinge, ihre eigenen Krankheiten und selbst die der anderen. Sie wissen auch, daß man sie zu heilen vermag. Die Stimmeder Somnambulen, Monsieur, ist die Stimme der Natur."

Mesmer hatte alle den Schilderungen aufmerksam gelauscht, die in ihm zahlreiche Erinnerungen wachriefen. Als er die Geschichte Victor Races hörte, mußte er unwillkürlich an Elie Wiksel, den jungen Juden aus Sobotisch, seinen ersten Somnambulen, denken, doch auch an Eugen Kolschitzky, an Marie Therese Paradis und an all die anderen, die er zu neuem Leben erweckt hatte.

„Monsieur", antwortete er, „ich bin überglücklich, Euch angehört zu haben. Ihr seid der Beweis, daß nicht allein die Ärzte den Magnetismus zu praktizieren imstande sind, was ich schon seit so langer Zeit behaupte. Eure Patienten haben in Euch einen besseren Magnetiseur gefunden als in vielen Ärzten. Die Phänomene, die Ihr beschreibt, werden auch hier im Hôtel de Coigny durch unsere Assistenten, Sesmaisons und Giraud, ausgelöst, die den Baquet für die zahlenden Kranken leiten. Monsieur Aubry hat sogar eine Patientin, die junge Marguerite, die sich in die Luft erhebt, ohne die Hilfe ihrer Augen sieht, mit geschlossenen Lidern umhergeht und hellseherische Gaben besitzt. Ich muß Euch jedoch sagen, Monsieur, daß ich von einer solchen Form des Somnambulismus, bei der man auf die heilsame Krise verzichtet, nicht viel halte. Ihr sagt, Ihr würdet der sanften Trance den Vorzug geben, nur ist sie möglicherweise nicht so wirksam wie die mit einer Krise einherlaufende. Und seid auf der Hut vor dem prophetischen Zustand der Somnambulen. Man hat mir berichtet, daß Monsieur Joseph Balsamo, der Graf von Cagliostro, der sich erst vor kurzem in Paris niederließ, diese somnambule Medizin praktiziert; und nun höre ich auf einmal, seine Patienten seien imstande, Dinge zu sehen, die sich an den verschiedensten Orten des Universums ereignen. Man führe sie in Höhlen, in denen man vergrabene Schätze vermutet, damit sie diese ausfindig machen, oder stelle sie mit verbundenen Augen vor Apothekergefäße, daß sie auf die geeigneten Pulver und Elixiere weisen, mit denen sich nicht nur ihre eigenen Gebrechen, sondern auch die der anderen kurieren lassen. Gebt acht, Monsieur, da-

mit derartige somnambulistische Praktiken nicht an satanische Ursprünge denken lassen und vom Heiligen Offizium mit dem Bann belegt werden. Deshalb rate ich Euch in Eurer Wissenschaft und der Art und Weise, wie Ihr in Euren Memoiren das Ergebnis Eurer Arbeiten darlegt, zu allergrößter Vorsicht."
Der Marquis dankte Mesmer für seinen Rat und wiederholte noch einmal, er habe vor, dem animalischen Magnetismus und dessen Entdecker seine Bewunderung zu zollen, was er dann auch unter größten Bedenken in seinem Buch und voller Eifer in der Verbreitung seiner eigenen Methode tat, die schon bald darauf in zahlreichen der Harmonie-Gesellschaft angeschlossenen Niederlassungen ausgeübt werden sollte.

Nur wenige Wochen nach Puységurs Besuch begann der Karneval. Die Umzüge befaßten sich wie üblich mit aktuellen Themen; in diesem Jahr waren es Montgolfieren und der animalische Magnetismus. Für letzteren bedeutete dies zugleich eine Sanktionierung auf Grund des Verdikts der Menge und des Volkes, aber auch die Öffnung zum Vulgären und Grotesken.
Bei den Defilees mimten kostümierte Darsteller Ärzte und sich um Baquets scharende Kranke. Auf Eseln reitend und von gestikulierenden, schreienden und von Krämpfen geschüttelten Gestalten begleitet, schwenkten Scharlatane mit Kappen Schilder, auf denen „Harmonie" und „Harmonika" zu lesen war, während der Wahnsinn seine Schelle erklingen ließ und Ärzten, die mit Narrenzeptern und Stäben umherfuchtelten, Kronen aufsetzten. Den Schluß des Umzugs bildete eine maskierte Menge, die ohrenbetäubende, tierische Schreie ausstoßende Kranke darstellte.
Man hatte zu diesem Anlaß auch Lieder komponiert:

Von Mesmers Taschenspielerei'n
Ist ganz Paris der Kopf verdreht.
Um unser Leben zu erhalten,

Laß uns mal hören, was er rät:
„Es gibt nur eine Krankheit hier,
Und meine Hand kuriert sie dir."

Was nun? Die Hand ist schon erschöpft,
Sagt Mesmer unter Schmerzen,
Ich brauche einen, der erstrebt,
Ein guter Arzt zu werden.
Mein Anton voller Wißbegier
Dient nun als Koadjutor mir.

Ein Zuber ist ein göttlich Ding,
Ganz neu und voll Verführung;
Er destilliert die Doktrin
Der köstlichsten Betörung.
Doch für die Küche nur gedacht
War'n ja die Zuber einst gemacht.

In dem Harmonie-Verein
Sind Erleuchtete willkommen,
Und ihr Leben soll'n sie weih'n,
Nur den Freunden, diesen frommen.
Daß nur ein jeder bei sich habe
Die hundert Louis als milde Gabe.

Wieder einmal hatten die Pamphletisten die satirischen Elemente treffend erfaßt, und alles fand in Couplets seinen Niederschlag, die jedoch zum größten Teil von einem eher vereinfachenden Humor zeugten:

Wenn auch ein kauziger Esprit
Beharrt in seinem Wahne
So sei's erlaubt, ihm aufzutragen
Den Mesmerismus zu befragen.

oder aber eine liebenswerte Bestätigung zum Ausdruck brachten:

Ob alt, ob jung
Ob garstig oder schön,
Den Doktor lieben sie
Und alle sind ihm treu.

Doch auch das Wort „Scharlatan“ tauchte wieder auf, und das vor allem in den Liedern:

Daß Mesmer, dieser Scharlatan
Mit einem andern Frater
Glaubt Frauen zu kurier'n
Die den Verstand verlier'n
Und sie berührt, ich weiß nicht wo
Das ist verrückt
Total verrückt
Und ich, ich glaub' nicht dran...

Ein Idol wurde zu Boden geworfen, um ihm nur wenige Wochen darauf erneut einen Sockel zu errichten. Das Gefolge der Gaukler, das schändliche Reime gesungen und schonungslose Schmähschriften vorgetragen hatte, sollte kurz darauf wieder vor dem Hôtel de Coigny für die magnetischen Séancen Schlange stehen und ihre Taler dazu verwenden, in ekstatische Trancen zu verfallen.
Jene Wochen waren für Mesmer noch einmal äußerst schmerzlich gewesen. Er litt unter dem Spott, den sein Charakter und sein deutsches Gemüt schwerer als jeder andere ertragen konnte. Sein Vorgehen, seine offiziellen Einsprüche waren fehlgeschlagen. Seine zahlreichen Prozesse hatten ihn beinahe zur Verzweiflung getrieben. Er klammerte sich nur noch an die Mitarbeiter in seiner allernächsten Umgebung, ihm blieb nichts als

seine Wutausbrüche. Wieder einmal hegte er den Wunsch, sich eine Weile zu absentieren. Er vertraute die Behandlung seiner Patienten seinen Mitarbeitern an, vor allem Aubin und Giraud, und bat Monsieur de La Motte, den Leibarzt des Herzogs von Orleans, auf alles, was im Hôtel de Coigny vor sich ging, in regelmäßigen Abständen ein Auge zu werfen. Dann reiste er nach England.

Wie lang waren diese englischen Wochenenden! Diese schier endlosen Londoner Sonntage, nach grauen Tagen voller Müßiggang. In Hampton Court hatte man mit großem Interesse den emphatischen, kenntnisreichen Vortrag dieses stattlichen österreichischen Arztes angehört, der jeden seiner Sätze von einem Studenten des Trinity College übersetzen ließ. Trotz einer gewissen Unruhe, die der animalische Magnetismus mit sich brachte, befaßten sich die Engländer damit und versuchten, ihn zu verstehen. Ein gewisser Doktor Lewis Stern aus Schottland bat Mesmer sogar um ein paar Unterrichtsstunden, die er ohne Murren bezahlte. Immerhin interessierte ihn die Angelegenheit in solchem Maße, daß er verkündete, er beabsichtige, in Edinburgh eine Niederlassung der Harmonie-Gesellschaft zu gründen. Er wolle Mesmer von der endgültigen Realisierung in Kenntnis setzen und ihn dann zur Eröffnungsséance einladen. Niemand hat je erfahren, ob das Projekt tatsächlich zustande kam, denn im Frühjahr 1786 kehrte Mesmer nach Frankreich zurück. Er tat dies, um ein weiteres Mal gegen die Verleumdungen und trügerischen Nachahmungen seiner Methode vorzugehen. Die Veröffentlichung einer fingierten „Korrespondenz Monsieur Mesmers bezüglich der neuesten Entdeckungen des achteckigen Baquet, des Baquet-Menschen wie des Mora-Zubers“ hatte ihn zur Weißglut gebracht. Die Autoren berichteten, sie hätten ein neues Baquet entworfen, das wiederum aus acht Zubern bestehe, von denen ein jeder Medikamente für eine ganz bestimmte Krankheit enthalte. Es waren auch „Aphorismen des

Monsieur Mesmer, der versammelten Zuhörerschaft seiner Eleven diktiert" veröffentlicht worden. Ihr Verfasser, Caullet de Veaumorel, aus dem Hause des Meisters, hatte sich die Hefte eines Schülers der Harmonie-Gesellschaft besorgt, denen er Sätze entnommen hatte, die während der Initiationskurse und -vorlesungen gesammelt worden waren. Mesmer konnte diese „Aphorismen" nicht widerrufen. Im Verlaufe eines Jahres sollten sie bei Quinquet viermal neu aufgelegt werden.
So geriet Mesmer gleich bei seiner Rückkehr nach Paris wieder in die übliche Mühle seiner Verpflichtungen, und zwischen der Tätigkeit im Hôtel de Coigny und den Konsultationen und Magnetbehandlungen in Privathäusern, die er sich mit Gold aufwiegen ließ, hin und her pendelnd, merkte Franz Anton, ganz anders als in London, auf einmal nicht mehr, wie die Zeit verging. Seine Bitterkeit, der Groll seinen Widersachern gegenüber ließen nach, und er nahm sogar eine Einladung zum Diner an, an dem auch Bergasse und Kornmann teilnehmen sollten.
Da der Pariser Sommer 1786 ungewöhnlich heiß war, gedachte Mesmer, für ein paar Wochen nach Spa zu gehen; da erfuhr er plötzlich, daß Charles Deslon schwer erkrankt sei.

In der Rue Montmartre lag Charles Deslon in dem Haus, wo er seine Behandlungen vorzunehmen pflegte, im Sterben. Er hatte darum gebeten, in das erste Stockwerk getragen zu werden, in einen Raum, der sich unter einer Dachschräge befand, die er hatte durchbrechen lassen, um den Himmel sehen zu können. Des Nachts versuchte er unter den Sternen den auszumachen, den er „Megrez" nannte und der in das Sternbild gehörte, dem er einen günstigen Einfluß auf sich zuschrieb.
Bevor er endgültig ins Koma verfiel, das ihn dahinraffen sollte, bat er seine Schüler, ihn zu magnetisieren. An eben jenem Tag kam Pouriez, ein früherer Schüler Mesmers, der Deslon einst in die Rue Montmartre gefolgt war, zu Franz Anton, um ihm von der Agonie seines ehemaligen Freundes zu berichten. Mesmer

verschob sogleich seine Abfahrt nach Spa. Allmorgendlich und allabendlich ließ er Anton Neuigkeiten über Deslons Zustand in Erfahrung bringen, bis am 8. August Duval d'Epremesnil zu ihm kam, um ihm den Tod des früheren Leibarztes des Herzogs von Artois mitzuteilen. D'Epremesnil, Parlamentsrat und begeisterter Anhänger des Magnetismus, hatte gehört, daß der Vikar von Saint-Eustache den Trauerfeierlichkeiten für Deslon, den die königlichen Kommissionen zwei Jahre zuvor verurteilt hatten, seine Kirche nicht zur Verfügung zu stellen bereit war. Wutentbrannt wollte er die Weigerung des Vikars anzeigen. Mesmer schlug ihm vor, den Oberstleutnant der Polizei, Lenoir, davon in Kenntnis zu setzen, der zwischen den offiziellen Autoritäten und den Anhängern des Magnetismus, von denen er wußte, daß sie von einflußreichen Persönlichkeiten unterstützt wurden, ein doppeltes Spiel trieb. Tatsächlich sandte Lenoir einen „lettre de cachet" an den Vikar von Saint-Eustache, der schnellstens seine Entscheidung revidierte. Nichtsdestotrotz fand Deslons Beisetzung in aller Herrgottsfrühe in der ersten Kapelle „de l'Adoration des Mages" statt, und das Totengeläut erklang nicht. Es wurden lediglich bei der Absolution zwei Kerzen angezündet. Die Fakultät war bei der kleinen Feier nicht geschlossen anwesend; lediglich eine Handvoll befreundeter Ärzte hatte sich eingefunden, um den Sarg von der Rue Montmartre zur Kirche Saint-Eustache zu begleiten. Am Ende des Trauerzuges schritt einsam ein großer, stattlicher Mann, der seltsame, mit Karfunkelsteinspangen besetzte Schuhe trug.
Deslons Tod betrübte Mesmer sehr. Zutiefst bewegt hatte er erfahren, daß sein ehemaliger Schüler und Freund in seiner letzten Stunde den Magnetismus der landläufigen Medizin vorgezogen und somit seiner Methode eine letzte Ehre erwiesen hatte. Nach Deslons Begräbnis verzichtete Mesmer endgültig auf seine Reise nach Spa. Gleichwohl ließ er eine Kutsche vorbereiten, überantwortete La Motte ein weiteres Mal das Hôtel de Coigny, und ohne zu sagen, wohin er fuhr, verließ er Paris.

Wo Sorgue und Ouvèze zusammenfließen, lag auf einem Hügel nicht weit von Bédarrides en Avignon das Anwesen des Marquis Vernetti de Vaucroze. Man gelangte dorthin über schlechte Wege, die sich mühsam durch ein ausgedörrtes Gelände voller Gestrüpp schlängelten. Alte Gebäude standen verstreut auf einer Hochebene; viele von ihnen waren nur noch Ruinen, und lediglich mit Mühe konnte man die ausmachen, die noch immer bewohnt waren. Der Marquis lebte in einem alten Gemäuer, das von dem Gipfel des Hügels herab die Ebene der Ouvèze beherrschte. Vier Türme und ein früherer Bergfried ragten neben einer Kapelle empor, die in sich zusammengestürzt war. In den Kellern und unterirdischen Gewölben dieses Trümmerhaufens, der ehemals das Schloß von Vaucroze gewesen war, suchte Mesmer nach Pater Pernety. Die glühende Sonne versengte die dürftigen Brombeersträucher, die auf dem steinigen Grund wuchsen, dessen weiße Felsblöcke zurückstrahlten. Franz Anton hielt verzweifelt nach einem schattigen Winkel Ausschau; als er keinen fand, suchte er hinter der Berline, mit der er gekommen war, Schutz und bat Anton um eine Flasche Wasser. Er trank in großen Zügen, bestieg den Wagen, streckte sich auf der Bank aus und schloß die Augen. So blieb er eine Weile, die Hände auf den Schenkeln, den Oberkörper auf die Polster der Bank gestützt, reglos liegen. Durch die offene Portiere betrachtete Anton seinen Herrn.

Seit sie am Morgen Avignon in Richtung Sorgue verlassen hatten, an deren Ufer sie ihr Mittagsmahl einnahmen, war ihre Fahrt gen Bédarrides in glühender Augusthitze verlaufen. Ob Mensch oder Tier, alle waren sie erschöpft. Anton trocknete gerade seine Stirn, als er seinen Herrn sich plötzlich auf seiner Bank aufrichten und aus der Berline steigen sah. Er gab Anton ein Zeichen, ihm zu folgen, und ging über das Geröll hinweg zu einem kleinen Tumulus, den sie beide umkreisten. Im Boden tat sich ein Hohlraum mit Treppenstufen auf, die sie hinabstiegen. Nach wenigen Schritten standen sie vor einem verschlossenen

Tor, an dem Anton rüttelte, ohne es jedoch öffnen zu können. Da stellte sich Franz Anton vor die Gitterstäbe, legte seine Hände trichterförmig an den Mund und rief mit lauter Stimme: „Spiegel! Spiegel!“

Das Wort erschallte durch die unterirdischen Gewölbe und kehrte als Echo zurück. Nach einer Weile rief Mesmer von neuem: „Spiegel! Spiegel!“

Dieses Mal hörte man am Ende des Korridors eine Tür knarren, dann zuschlagen, und ein Mönch in seiner Kutte tauchte auf. Ohne ein Wort zu sagen, öffnete er das Tor und hieß Mesmer, ihm zu folgen. Franz Anton wandte sich zu seinem Diener um und bat ihn, er möge ihn am darauffolgenden Tag am selben Ort zur gleichen Stunde abholen.

Mesmer stieg hinter dem Mönch einige weitere Stufen hinab, durchschritt eine nägelbeschlagene Tür und befand sich mit einem Mal auf einem lichtdurchfluteten Platz. Der nahezu kreisförmige Ort war von Felsen und Geröll umgeben, so daß man ihn vom Plateau aus nicht einsehen konnte. Das Gelände unterhalb war wie eine Arena angelegt. In ihrem Umkreis gab es Zellen für die Mönche. Im Zentrum des Platzes befand sich ein Erdhaufen, auf dem ein mit Quarzsplittern besetztes Kreuz errichtet war. Gen Norden ragte ein kleiner Turm empor, der sich nach unten hin verbreiterte und von einer Tür durchbrochen war. Pernety begrüßte Mesmer auf der Schwelle und führte ihn in einen Raum, wo auf einem Tisch Obst, Wein und Wasser bereitstanden.

Mesmer trank und begann nunmehr zu fragen: „Warum diese Irreführung? Warum nur hast du mich nicht einfach empfangen? Warum verbirgst du den Eingang zu deiner Behausung?“

Pernety leugnete jegliche Form von Ritual oder Inszenierung. Ohne sich verbergen zu wollen, wünsche er nicht, von Schaulustigen oder Unruhestiftern gestört zu werden. Seine Adepten und er würden Frieden und Stille benötigen. Der Marquis Verneti habe ihm diesen Teil seines Besitzes überlassen, den sie Thabor nennen würden.

„Du bist am Tage unseres Festes gekommen, zu dem wir einige Vorbereitungen getroffen haben. Und außerdem wollte ich deinen Scharfsinn auf die Probe stellen. Wie hast du den Eingang gefunden?"

„Da du mich zwingst, mich zu diesem Punkt zu äußern", erklärte Mesmer, „so gebe ich zu, daß ich dank meines sechsten Sinnes durch Mauern hindurch zu sehen vermag."

Pernety schwieg eine Weile, Mesmers Blick hatte ihn schon immer in Bann geschlagen. Plötzlich fragte er: „Warum nur hast du ‚Spiegel' gerufen?"

„Um dich zu provozieren. Du versuchst, mich mit deinen Geheimnistuereien in die Irre zu führen. Ich möchte lediglich ein paar Mechanismen kennenlernen, die dir vertraut sind, und du entziehst dich mir. Ich war dazu gezwungen, dich in dieser Steinwüste aufzusuchen."

„Warum hast du ‚Spiegel' gerufen?" wiederholte Pernety.

„Weil du wie ich Deutsch sprichst und dieses Wort in keiner deiner Schriften vorkommt, nicht einmal in deinem mytho-hermetischen Lexikon."

„Ich fürchte mich nicht vor diesem Wort, mir ist es in zu vielen Mündern eine Lüge, und die Texte bedürfen seiner nicht."

„Dabei spiegelt es die Wahrheit wider, die Aufrichtigkeit, das, was Herz und Seele ausmacht."

„Für dich vielleicht und für viele andere", pflichtete Pernety bei, „für uns ist jedoch der Spiegel der Kunst, der Spiegel der Weisheit von Bedeutung. Im alchimistischen Sinne ist die Ursubstanz, nämlich jene, die der Künstler wählen muß, um mit dem ‚Werk' zu beginnen, der Spiegel der Kunst."

„Eben das will ich von dir erfahren", erklärte Mesmer.

„Die experimentellen Geheimnisse des ‚großen Werkes' sind noch nie offenbart worden. Wer spricht, weiß nicht, und wer weiß, spricht nicht."

„Du weißt", erwiderte Mesmer, „und du versprachst mir, zu sprechen, wenn du dich erst einmal mit deinen Schülern niedergelassen hast. Dies ist mittlerweile geschehen. Ich komme, um dir ein paar Fragen zu stellen. Wie ich dir schon sagte, suche ich nicht nach dem Stein der Weisen, mich verlangt nach einigen Zweigen des Lebensbaumes, ich will ein wenig von dem Elixier, das das Leben zu verlängern vermag."
„Die Prüfung ist dieselbe", sagte Pernety. „Aber, vergiß nicht, die Scharlatane und falschen Alchimisten streben einzig und allein danach, Gold herzustellen. Die wahren Philosophen, wie du einer bist, müssen sich ausschließlich mit der Wissenschaft und dem Prinzip der Dinge befassen. Ich wünschte mir, daß du zu einem wahrhaften Alchimisten würdest, einem Adepten und keinem Scharlatan, der uns um jeden Preis unsere Geheimnisse zu entlocken trachtet. Das Elixier, das du herzustellen beabsichtigst, ist lediglich Teil eines Ganzen: gelingt es dir, so wirst du alles zu erzielen suchen, auch den Stein der Weisen, das reine, kostbare alchimistische Kleinod."
Franz Anton erwiderte, er wolle lediglich sein Leben um ein paar Jahre verlängern, alles übrige interessiere ihn nicht.
„Ich werde mein Versprechen halten", sagte Pernety, „du mußt jedoch darauf gefaßt sein, daß dir in meinen Worten zahlreiche Widersprüche, ja sogar Lügen begegnen werden. Erst jenseits dieser Dornen wird sich dir die Wahrheit offenbaren. Du wirst all deine intellektuellen, moralischen und spirituellen Fähigkeiten aufwenden müssen, um in diesen Garten zu gelangen, wo du den Lebensbaum finden wirst. Du wirst also eine Erleuchtung erfahren."
„Um ihretwillen bin ich gekommen. Nur hier kann ich Erleuchtung finden."
„Die höchste Gottesgabe habe ich noch nicht erhalten", sagte Pernety, „doch verfüge ich über einige Mittel und Wege, die du wirst verwenden können. Deine Methode der Harmonie wird dir dabei behilflich sein."

Die beiden Männer sprachen noch eine ganze Weile miteinander. Mesmer hatte Pernety gebeten, Deutsch mit ihm zu sprechen. Der ehemalige Bibliothekar Friedrichs II. beherrschte diese Sprache perfekt, und Franz Anton konnte seine symbolträchtigen Ausführungen auf diesem Wege leichter verstehen.
„Um unseren alchimistischen Garten aufzusuchen", sagte der ehemalige Benediktiner, „muß man so oft an dieselbe Tür klopfen, bis einem die Finger schmerzen."
„Mir bleibt nicht viel Zeit", antwortete Mesmer, „das Leben ist kurz, hilf mir, es zu verlängern."
Pernety wußte, daß Mesmer ein sachkundiger Musikfreund, ja ein begeisterter Musikliebhaber war. Er begann, sich musikalischer Vergleiche zu bedienen. Mesmer bat ihn, auf diesem Wege fortzufahren, und nach und nach wurde die Vielschichtigkeit der kryptischen Anspielungen immer faßbarer. Die scheinbar unbrauchbaren Losungsworte, Begriffe, die ihres wahren Sinnes beraubt waren, stellten sich als Motive einer entzifferbaren Partitur heraus. Die Allegorien, Fabeln und Rätsel, die dazu gedacht sind, den Laien in die Irre zu führen, waren für Mesmer nicht länger „Nebel aus einer anderen Welt", sondern Elemente einer verbalen Architektur, deren Stil er zu erkennen begann. Dies war eine wirkliche innere Reise in eine Welt, mit der er sich vertraut machte. Pernetys Sprache drang in ihn über einen Mechanismus ein, der ihm keineswegs fremd war. Die Distanz, die ihn gewöhnlich von den Patienten, die er magnetisierte, trennte, gab es zwischen ihm und Pernety nicht, denn er hatte den Wortfluß des Mönchs so sehr in sich aufgenommen, daß er ihn sich ganz zu eigen machte. Ohne sich dessen bewußt zu werden, sprach der Benediktiner nunmehr ohne geheimen Code und besorgte die Auslegung einer dem Laien bis dahin unergründlichen Tradition.
Mit einem Mal wurde er sich dessen bewußt und rief: „Franz Anton! Hör auf! Du hast soeben meine Gedanken beeinflußt, du hast mich vergeblich dupiert. Ich weiß von deiner Macht.

Deine Überzeugungskraft ist unermeßlich, für das freimaurerische Werk ist sie jedoch untauglich. Selbst wenn ich dir all mein Wissen offen darlegte, würde es dir nichts nützen. Nur über den gewundenen Pfad wirst du ans Ziel gelangen. Um zu verstehen, mußt du die Dinge entschlüsseln."

Er war plötzlich aufgestanden und ging im Raum auf und ab. Das Leder seiner Sandalen knarrte auf den Fliesen. Mesmer sah ihn mit einem ironischen Lächeln an. Er schenkte sich ein. Der Mönch war zu einer niedrigen Kommode gegangen, von der er einen Leuchter nahm, den er mit einem Feuerzeug entzündete und mit dem er den Raum erleuchtete. Die Nacht brach herein. Durch das schmale Fenster sah man den Sternenhimmel. Pernety forderte Mesmer auf, ihn zu einem Tisch voller Bücher und unentzifferbarer Schriften zu begleiten. Er nahm ein noch jungfräuliches Pergament und bat Franz Anton, den unteren Rand des Blattes zu signieren, das er daraufhin zweimal faltete und in eine Tasche seiner Kutte gleiten ließ. Man hörte ein Stimmengewirr, und Gesang erhob sich. Durch das Fenster konnte man eine Prozession von Mönchen sehen, die auf dem unteren Platz singend das auf dem Erdhügel errichtete Kreuz umkreisten. Jeder von ihnen hielt eine brennende Kerze in der Hand. Pernety schien auf etwas Bestimmtes zu warten, da klopfte es an seine Zellentür. Zwei wie er in Kutten gekleidete Männer betraten den Raum. Mesmer war ihnen bei seinem ersten Zusammentreffen mit Pernety zwanzig Jahre zuvor in Berlin begegnet. Der eine war Starost Grabianka, der andere Abbé Guyton de Morveau, genannt Brumore. Sie begrüßten einander. Die beiden Adepten kamen, um ihren Vorsteher zur Transfigurations-Zeremonie abzuholen. Pernety fragte Mesmer, ob er auch teilnehmen wolle. Der lehnte das Angebot dankend ab, begleitete die Adepten jedoch bis auf den Platz.

Die Prozession der Mönche und Illuminaten hatte innegehalten, um die drei „Verkünder" des Heiligen Wortes vorübergehen zu lassen, die sich am Fuße des Kreuzes zu einer Gruppe zusammenschlossen. Mesmer fiel auf, daß ein eigenartiger Schimmer auf dem Kreuz lag, das zu strahlen begonnen hatte. Die Gesichter Pernetys, Grabiankas und Brumores schienen, während jene Psalmen rezitierten und das Matthäus-Evangelium verlasen, ebenfalls zu strahlen. Plötzlich hörte man ein anhaltendes Geknister, und eine Feuergirlande schlang sich um das Kreuz, worauf ein dichter Nebel aufstieg, der die drei „Verkünder" unsichtbar werden ließ. Als sich der Rauch verflüchtigte, stand niemand mehr im Umkreis des Kreuzes. Der Prozessionszug hatte seinen Gesang wieder aufgenommen und führte wohlgeordnet in die Zellen zurück. Mesmer spürte, wie ihn jemand am Ärmel zog. Ein Mönch forderte ihn auf, ihm zu folgen. Durch einen weiteren Korridor führte er ihn in einen riesigen Raum voller Tische und Gestelle, dessen Gemäuer mit Inschriften und Symbolen übersät waren. Von der Decke hingen Hunde- und Schafsskelette, und in Regalen waren Geräte, Gefäße und Bücher sorgsam verstaut. Kandelaber erleuchteten den Raum, und im Hintergrund sah Mesmer an einem Tisch neben einem erloschenen alchimistischen Ofen Pernety mit seinen beiden Adepten sitzen. Sie hatten ein Mahl vorbereitet und forderten Mesmer auf, sich zu ihnen zu gesellen.

Nachdem sie alle schweigend gegessen hatten, ergriff Pernety das Wort: „Franz Anton, wir haben uns dazu bereiterklärt, dich auf deinen Weg zu bringen, der zur Wahrheit führt, wie du es einst von mir verlangtest. Bevor wir dich jedoch unterweisen, mußt du die wesentlichen Bedingungen erfüllen, um in das Große Geheimnis eingeweiht zu werden. Nicht zufällig sind wir in Bédarrides. Bruder Brumore hat durch das Heilige Wort erfahren, daß wir hierher kommen sollten, um hier unsere Laboratorien einzurichten und unsere Sekte zu gründen. Heute abend hat er während der Zeremonie den Heiligen Geist gebeten, er möge ihm den Ort angeben, wo du wiederum unterwiesen werden kannst. Und hier ist die Antwort."

Pernety reichte Franz Anton das unterschriebene Pergament,

das er mit seinem Namen versehen hatte. Oberhalb seiner Signatur waren nun mehrere Sätze zu lesen. Sie lauteten:
„Am Tage der Transfiguration Christi habe ich ersucht, im großen metallischen Werk unterwiesen zu werden, und mich der Einschreibungsordnung für meine Initiation unterzogen, die auf dem Weg, der Lauingen mit Einsiedeln verbindet, stattfinden wird. Ich werde mich auf das rechte Ufer des Rheins begeben, nahe der Biegung, wo dieser sich bricht. Dort werde ich geduldig auf den Schwarzen Ritter warten, der mich unterweisen wird."
„Das habe nicht ich geschrieben. Dieser Vertrag ist nicht gültig", sagte Franz Anton.
„Deine Signatur verpflichtet dich", erwiderte Pernety, „und der Schwarze Ritter hat ebenso unterschrieben. Der Kontrakt ist rechtmäßig."
Mesmer überzeugte sich davon, daß sich neben seiner eigenen Unterschrift eine zweite befand, mit dem Abdruck eines hermetischen Siegels, der ein seltsames, gekrümmtes Tier darstellte, auf dessen Rücken sich ein sternenübersäter Baumstamm mit gegliederten Ästen emporrichtete. Auf all seine Fragen, die er Pernety, Brumore oder Grabianka stellte, erfuhr Mesmer keine näheren Einzelheiten. Der Abend endete mit immer wiederholten Ratschlägen, die sich folgendermaßen zusammenfassen ließen:
„Hast du erst einmal den Ort gefunden, sollst du ein alchimistisches Laboratorium einrichten und auf den Schwarzen Ritter warten ..."
Pernety erklärte sich dazu bereit, Mesmer eine Liste der Bücher und Apparaturen zu geben, die man bei Händlern in Lyon oder Paris finden konnte, deren Namen allein zukünftigen Adepten preisgegeben wurden.
Pernety hatte für Mesmer eine Zelle herrichten lassen, wo dieser die Nacht verbrachte. Am nächsten Morgen führte er eine weitere Unterhaltung mit Pernety, und als Anton am Nachmittag

mit der Kutsche eintraf, um seinen Herrn abzuholen, begleitete Pernety sie beide zu Pferde noch bis Courthezon zur Straße nach Orange.

VIII

DER MAGNETISMUS UND DIE REVOLUTION

Bei seiner Rückreise nach Paris suchte Mesmer die Harmonie-Gesellschaften und Logen in der Provinz auf und konnte sich so von dem ungeheuren Erfolg des Magnetismus überzeugen. Zu wiederholten Malen begab er sich im Laufe des Jahres 1786 und auch während der darauffolgenden Jahre nach Straßburg, Lyon, Bordeaux, Bayonne, Montpellier, Nîmes und Marseilles, doch auch nach Nantes, Douai und in ein Dutzend anderer Städte.

In Paris zählte die Organisation der Muttergesellschaft mittlerweile mehr als vierhundertdreißig Mitglieder. Im Hôtel de Coigny waren die vier kostenpflichtigen Baquets und der Zuber der Armen unaufhörlich in Betrieb, zum Ruhme des Magnetismus. In Mesmers Umkreis hielten durch die selbst erzielten Erfolge begeisterte Schüler und Adepten Vorträge in der Öffentlichkeit.

Jacques Pierre Brissot, ein künftiger Deputierter im Konvent, ging sogar soweit zu erklären: „Als ein die Ärzte fürchtender Vater liebe ich den Mesmerismus, weil er mich mit meinen Kindern vereint. Wie süß ist es für mich, sie meiner inneren Stimme gehorchen zu sehen, zu sehen, wie sie sich vorbeugen, in meine Arme gleiten und den Schlaf genießen! Der Zustand der stillenden Mutter ist ein Zustand beständigen Mesmerismus'. Wir un-

glücklichen, unseren Geschäften nachgehenden Väter bedeuten unseren Kindern fast gar nichts. Der Mesmerismus läßt uns jedoch wieder zu Vätern werden. So stellt dieser eine neue gesellschaftliche Wohltat dar, derer die Gesellschaft auch bedarf!"
Dieser selbe Brissot, dieser für die Abschaffung der Sklaverei kämpfende künftige „Freund der Schwarzen", sollte später voll demagogischen Ungestüms ausrufen:
„Seht Ihr nicht, daß der Mesmerismus einen Weg zur Annäherung der Stände darstellt, daß er die Reichen menschlicher macht, zu wahrhaften Vätern der Armen? Würde Euch nicht der Anblick hochgestellter Männer erbauen, welche sich um die Gesundheit ihrer Diener sorgen und Stunden damit verbringen, sie zu mesmerisieren?"
Für Jean-Louis Carra, Angestellter der Königlichen Bibliothek und auch er künftiger Deputierter im Konvent, war der Magnetismus eine gute Sache, die es an Bergasses und Kornmanns Seite zu preisen galt. Adrien Duport, gemeinsam mit Barnave und Lameth künftiges Mitglied des Triumvirats, sah im animalischen Magnetismus eine wahre Erleuchtung, die die Medizin, die Moral, die politische Ökonomie, die Philosophie, Astronomie, die Vergangenheit, Gegenwart und sogar die Zukunft mit einschloß.
Bergasse selbst hatte „nicht verhehlt, daß er mit der Errichtung eines dem Mesmerismus geweihten Altars nur einen der Freiheit meinte". Er glaubte, Frankreich bedürfe einer Revolution, doch „um damit Erfolg zu haben, muß man sich in Mysterien hüllen, man muß die Menschen unter dem Vorwand physikalischer Experimente vereinigen, in Wirklichkeit jedoch zum Zwecke des Umsturzes der Tyrannei". In dieser Absicht hatte er Mesmer zur Gründung der Harmonie-Gesellschaft gedrängt und später seine *Théorie du monde et des êtres organisés* (Theorie über die Welt und die organisierten Lebewesen) verfaßt. Dieses Buch erschien in seiner Originalausgabe wie eine Opernpartitur gedruckt, und das in nur hundert Exemplaren für Subskribenten.

Es war voller rätselhafter Zeichen, an die man sich im Laufe einer aufmerksamen, mühsamen Lektüre nach und nach gewöhnte. Die von Bergasse aufgestellte „Théorie du monde“ war von den Ideen durchdrungen, die Mesmer in seinen Schriften und Lehrsätzen dargelegt hatte. Die Anzahl der von Bergasse auf eigene Kosten veröffentlichten Broschüren und Bücher war beträchtlich. Er opferte einen Teil seines Vermögens, um den animalischen Magnetismus bekanntzumachen, aber auch, um seine vorrevolutionären Schriften zu verbreiten; dies tat er mit großer Selbstlosigkeit, wie er an seine Verlobte, Perpétue du Petit-Thouars, schrieb: „Man weiß von meinem Reichtum, und es ist kein Geheimnis, daß er für alle meine Bedürfnisse mehr als ausreicht, daß er mich absolut unabhängig macht.“
Diese Unabhängigkeit ließ er Mesmer häufig spüren, indem er ihn bei den Kursen und Vorträgen in der Harmonie-Gesellschaft auf vorteilhafte Weise vertrat. Mesmer zog sich übrigens mehr und mehr seinen Lehrverpflichtungen den Gesellschaftern, neuen Schülern und Adepten gegenüber zurück. Er war viel unterwegs, brach häufig auf, ohne sich über Dauer und Ziel seiner Reise zu erklären, und ihm konnte es nur recht sein, wenn seine Mitarbeiter ihn vertraten. Nach und nach hatte Mesmer alles gutgeheißen, was Bergasse und dessen Freunde Brissot, Carra, d'Epremesnil, Duport von sich gaben. Ihre Schriften, Äußerungen, ihre öffentlichen Vorträge und ihr rednerisches Talent dienten dem Magnetismus, der wiederum deren reaktionären Ideen zugute kam. Da sie sich in wachsendem Maße ihren politischen Ambitionen widmeten, die viele unter ihnen aufs Schafott bringen sollten, verließen sie noch vor der Einberufung der Generalstände die Harmonie-Gesellschaft. Diese bestand jedoch mit einer anderen, weniger politisierten Gruppe fort, zu der indes zahlreiche Freimaurer gehörten.
Von 1787 an taten sich unter der Ägide Savalette de Langes' Lavigne, Bondy, Gombaud, Gouy d'Arcy und der treue Sekretär Bachelier d'Agès zusammen. Zur gleichen Zeit sollte sich „der

animalische Magnetismus zum Okkultismus hinwenden, oder genauer gesagt, die Harmonie-Gesellschaft die Politik hinter sich lassen und sich in Richtung Esoterik entwickeln".
Mesmers Reise nach Avignon, sein Zusammentreffen mit Pater Pernety, sein Wunsch, ein alchimistischer Adept zu werden, können vielleicht in Zusammenhang mit eben jener Wende innerhalb des Magnetismus gesehen werden, die einzuschlagen Franz Anton seinen Freunden und Freimaurerbrüdern nicht verwehrte. Seit seiner Rückkehr vom Thabor in Bédarrides wirkte er in sich gekehrt, schweigsam, ja sogar wortkarg. Er trug alte Bücher, Formeln, Manuskripte zusammen, die ihm mysteriöse, namenlos bleibende Personen heimlich zukommen ließen, und jede Nacht spielte er auf dem Klavier, selbst auf die Gefahr hin, die im Hôtel de Coigny stationär aufgenommenen Kranken in ihrem Schlaf zu stören.

Auf dem zweiten Wagen, mit dem Mesmer nach Frankreich gekommen war, hatte er eines der Klaviere, die ihm Johann Andreas Stein gebaut hatte, mitgeführt. Durch die Mozarts wußte er von diesem Schüler Gottfried Silbermanns, der ein handliches, leichtes Klavier mit zartem, melodischem Klang erfunden hatte. In Wien hatte er außer seinen Cembali und der Glasharmonika drei solche Instrumente besessen. Und bei seinem Umzug nach Paris wurden ein „Stein-Klavier" und eine Harmonika expediert. In Straßburg veranlaßten die Liebenswürdigkeit und Gastfreundschaft der Baronin Oberkirch, ihre so uneigennützigen Ratschläge, die Mühe, die sie auf sich genommen hatte, zahllose Botschaften zu entsenden, um Mesmers Ankunft in Paris vorzubereiten, Franz Anton dazu, ihr das Klavier zum Geschenk zu machen. In Paris hatte Mesmer den Transport seiner Harmonika sowohl zu den Bourrets an der Place Vendôme als auch nach Creteil ins Hôtel de Bullion und schließlich ins Hôtel de Coigny stets mit größter Sorgfalt überwacht und an Ort und Stelle zufriedenstellende Cembali ausfindig gemacht.

Den Berichten der Königlichen Kommission von 1784 zufolge hatten seine Vertrauten ihn des öfteren spielen sehen und hören, bis ihm Deslons Tod das Musizieren zu seiner Entspannung verleidete. Bei seiner Rückkehr aus Avignon hatte Graf Zweick, ein Verwandter Melchior Grimms, ihn nach Evêque in sein Haus eingeladen und ihm ein sehr schön anzusehendes Klavier gezeigt, daß Franz Anton mit großem Vergnügen erprobte. Dieses Instrument war in Paris von einem deutschen Handwerker hergestellt worden, der an der Cour Saint-André, nahe der Rue de l'Ancienne Comédie, wohnte.
Mesmer ließ sich eines Morgens zu dem Klavierbauer Tobias Schmidt fahren. Der Wagen hielt an der Ecke von Boulevard und Rue des Fossés-Saint-Germain. Bei Haus Nr. 9, Cour du Commerce-Saint-André öffnete ein kleiner, beleibter, rothaariger Mann ihm die Tür zu einer Werkstatt, wo unter einem undurchlässigen Dach und in einer durch Öfen überhitzten Atmosphäre noch nicht entrindete Langhölzer und Bretter der verschiedensten Holzarten trockneten. Tobias bot Mesmer auf einem umgedrehten halben Faß Platz an und schenkte ihm Bier und Kirschwasser ein. Die Unterhaltung war sogleich freundschaftlich und verlief durch die gemeinsame Sprache mühelos. Tobias Schmidt hatte, wenn auch nur kurze Zeit, in Salzburg und Wien bei Stein gearbeitet. Vor allem bei Langmann in Straßburg hatte er viel gelernt. Er war nicht nur Klavierbauer, auch Unterwassermaschinen, einen mühelos arbeitenden Pflug und eine brückenförmige Leiter zur Rettung der bei Feuersbrunst in Häusern eingeschlossenen Menschen hatte er erfunden. Während sie redeten und Kirschwasser tranken, zeigte er Mesmer seine Instrumente und die Möbel, die er zusammen mit drei Maschinen-Schreinergesellen anfertigte. Mesmer erzählte ihm von seinen Baquets und gab bei ihm ein Klavier in Auftrag, nachdem man die technischen Daten der Decke des Instruments besprochen hatte. Tobias machte sich Notizen und fertigte Zeichnungen an, schien jedoch stärker interessiert an der Herstellung der

Zuber, von denen er bereits eine ganz bestimmte Vorstellung hatte. Mesmer fiel ihm ins Wort, mit Baquets sei er reichlich versehen und darüber hinaus lägen alle Einzelheiten zu deren Herstellung ein für allemal fest. Tobias Schmidt beharrte nicht weiter. Er zeigte Mesmer seine grobfaserigen Eichenlanghölzer aus dem Limousin, aus denen er Fässer für das Altern von Branntwein fabrizierte. Während dessen füllte er weitere Becher mit Kirsch, die er Mesmer und Anton kredenzte, und als diese dankend ablehnten, leerte er sie auf ihr Wohl. Die Stimmung war herzlich, wozu das Gespräch in deutscher Sprache und die zahlreichen Becher Kirschwasser beitrugen. Als die Aufträge endgültig erteilt waren und Mesmer und Anton sich bereit machten, die Werkstatt des Tobias Schmidt zu verlassen, bemerkten sie in einem Verschlag mehrere Winkeleisen mit ihren Stützbalken. Der bereits recht angetrunkene Tobias zeigte ihnen den schönen Verband von Zapfen und Einkerbungen, den er zustandegebracht hatte.

„Ich arbeite auch für Monsieur Guédon", lächelte er breit.

Mesmer beglückwünschte ihn ironisch: Guédon war der offizielle Schafott- und Holzlieferant der Justiz.

Das bei Tobias Schmidt in Auftrag gegebene Klavier wurde in den ersten Frühlingstagen des Jahres 1789 geliefert. Mesmer weilte damals nicht in Paris, er war nach Lyon gereist, wo die Magnetismus-Gesellschaft „La Concorde", die Willermoz leitete, zahlreiche Mitglieder aus den Reihen der Rosenkreuzer, aber auch der Alchimisten, Kabbalisten und der in zahlreichen freimaurerischen Zellen rekrutierten Theosophen gewonnen hatte. Willermoz war ein Schüler Martine de Pasquallys und ein Freund Louis Claude de Saint-Martins, des „Philosophe Inconnu", des unbekannten Philosophen. Inmitten der von all diesen Adepten des Magnetismus gepredigten Theosophie, verkehrte Mesmer ohne großes Bemühen, seine Gedanken durchzusetzen. Ihn interessierte vor allem, Informationen zu sammeln, um sich

eines Tages an die Verwirklichung des „Großen Werkes“ zu machen, doch seine Gesprächspartner schienen ihm nicht erfahrener als er selbst zu sein, und ihre Verschwiegenheit war ebenso groß wie die Pernetys. Von Lyon kommend, dehnte Mesmer häufig seine Reise über Genf, wo er die Familie Potler wiedertraf, die er 1775 kennengelernt hatte, nach Zürich aus, wo ihn Arthur Meier empfing, der ihn dem mit Saint-Martin befreundeten mystischen Pfarrer Lavater vorstellte, welcher ebenfalls den Magnetismus praktizierte, ohne ihm übrigens mehr Wichtigkeit beizumessen als Cagliostros Somnambulismus.
In all jenen Kreisen im Ausland wurde Franz Anton als Freund, Meister und Theoretiker aufgenommen; er hinterließ Spuren, ohne sich von den Theorien der anderen prägen zu lassen. Während eines solchen Aufenthalts in Zürich begab er sich nach Einsiedeln. Das Pergament, das Pernety ihm ausgehändigt hatte, war ihm noch immer rätselhaft, doch indem er zu ergründen suchte, was es mit der kleinen Stadt im Kanton Schwyz wohl auf sich haben mochte, gelang es ihm, einen Teil der hermetischen Botschaft zu verstehen. Die Abteikirche Maria-Einsiedeln, der Pilgerort der Schweizer, bestätigte ihre benediktinische Identität mit Pernetys Auftrag, doch weder die Zelle, in der Sankt Meinrad gelebt hatte, noch die Statue „Unserer Lieben Frau der Eremiten“ lieferten den Schlüssel zu dem Pergament. Doch eines Tages erlebte Franz Anton die Offenbarung: Ein alter Apotheker aus Einsiedeln, bei dem er reines Kaliumbitartrat kaufte, eröffnete ihm, er halte sich bei dessen Herstellung an die von seinem Landsmann Paracelsus verwandte Methode. Tatsächlich war Paracelsus dreihundert, genauer gesagt zweihundertsechsundneunzig Jahre zuvor in Einsiedeln geboren worden. Als Franz Anton gleich darauf den zweiten Teil des Textes von Pernety studierte, entdeckte er sehr rasch, daß Lauingen der Ort war, wo Albertus Magnus im Jahre 1193, also genau fünfhundertsechsundneunzig Jahre zuvor, geboren war. Diese Koinzidenz begann interessant zu werden.

Mesmer wollte seine Nachforschungen weiterführen, die politischen Unruhen in Paris zwangen ihn jedoch zurückzukehren, bevor er das Rätsel um das Pergament vollständig gelöst hatte.

Zurück im Hôtel de Coigny, in einem lebhaft mit der Vorbereitung der Generalstände befaßten Paris, fand Mesmer bei seiner Ankunft mitten in seinem Privatsalon das Klavier Tobias Schmidts vor. Auf dem Instrument lag ein gleichzeitig eingetroffenes Paket mit Partituren, unter denen sich die noch druckfrische Kopie eines Konzerts von Mozart befand. Es handelte sich um das „Konzert für Klavier und Orchester Nr. 18 in B-Dur", das Wolfgang zum ersten Mal in Wien im September 1784 gespielt und der berühmten Virtuosin Marie Therese Paradis gewidmet hatte. Franz Anton setzte sich an sein Klavier, spielte jedoch nicht an jenem Tage. Auf das Instrument gestützt, trugen seine Gedanken ihn nach Wien, wo er so häufig in seinen Salons in der Landstraße und in seinem Naturtheater Konzerte gegeben hatte. Doch es waren auch Erinnerungen an seine Freunde Stupfel, Cirely, Heinlein und an ihre gemeinsamen Studentenfeste. Er sah sich in ihrem Kreise, berauscht vom neuen Wein, um die Pestsäule auf dem Grab tanzen und singen.
Plötzlich richtete er sich auf. Gesänge und Schreie, die von der Straße heraufdrangen, ließen ihn sich erheben. Es handelte sich um Demonstranten, die vom Palais-Royal kamen, wo seit mehreren Tagen Redner zur Menge sprachen. Die Nachricht von Neckers Absetzung durch den König mißfiel den Parisern. Die Nächte waren gewittrig und warm in diesem Juli des Jahres 1789, und in der Hauptstadt tat niemand ein Auge zu.

Seit nunmehr elf Jahren hielten sich Mesmer und der Magnetismus in Frankreich auf. Sie waren damals in ein Paris gekommen, das die Welt in Begeisterung versetzte und für ganz Europa ein Beispiel geboten hatte. Es war beispielhaft für seinen guten Geschmack und seine Mode gewesen, für seine Künstler und Ge-

lehrten, für seine Philosophen und Schriftsteller. Diese Vorstellung, mit der Adlige und Leute von Welt das „strahlende Paris“ mit seinen prunkvollen Boulevards und großzügig angelegten Avenuen besuchten, verblaßte ziemlich schnell, sobald man in die engen, von schäbigen Häusern gesäumten schmutzigen Gassen drang. Doch konnte man sich in den Cafés und Clubs wieder aufmuntern, wo die Ideen der Enzyklopädisten und begeisterten Anhänger des „Contrat social“ erörtert wurden. Man glaubte an die Schönheit der Natur, an das Gute im Menschen, an die unbegrenzten Fortschritte der Wissenschaft und menschlichen Erfindungen.
Für Adlige und Reiche war der animalische Magnetismus zugleich eine neuartige, kuriose Medizin, ein willkommener Zeitvertreib sowie ein Weg, Voltaire endgültig zu Grabe zu tragen. Die jungen Bürger, Offiziere und Advokaten, ja sogar die Kanzleigehilfen und Kommis, die sich um die kostenpflichtigen oder unentgeltlichen Zuber versammelten, nahmen hier ihre Streitgespräche aus den Cafés und Klubs wieder auf, kommentierten hier ihre politischen Pamphlete und künftigen Ansprachen. Sie alle priesen den Magnetismus, der mit der damals herrschenden Strömung der Logen, Klubs und Diskussionskreise einherging, die eine auf Gleichheit bedachte Medizin fürs Volk einzuführen trachteten, welche Frankreich zu neuer Kraft verhelfen würde, indem sie Schranken einreißen würde, die der „universellen Harmonie“ im Wege stünden. Alle sollten sich später in den Wochen des Aufruhrs und dann während der blutigen Unruhen und revolutionären Wirren, die über Paris und ganz Frankreich hereinbrachen, wiederfinden.
Adepten wie Widersacher des Magnetismus begannen, sich in Schmähungen über die Nationalversammlung zu ergehen und ihr die Stirn zu bieten. Die Gesellschaften wurden 1789 verboten; so sollte es auch der Harmonie-Gesellschaft ergehen. Der Magnetismus jedoch bestand weiter. Durch ihre Verve und ihr rednerisches Talent sollten seine Adepten vorübergehenden

oder dauerhaften politischen Ruhm erringen. Nicolas Bergasse, den man zu den Generalständen wählte, trat nach den Oktobertagen zurück. Duport, Deputierter des Pariser Adels bei der Nationalversammlung und nach Geschehnissen, die ihn vom Triumvirat zur Präsidentschaft des Kriminaltribunals von Paris führten, zum Dritten Stand zurückgekehrt, ergriff nach dem 10. August 1792 die Flucht. Doch andere Freunde Mesmers oder glühende Verehrer des Magnetismus sollten in blutigen Auseinandersetzungen und im Hin und Her der Geschichte zugrundegehen. So wurden Brissot, Carra, d'Epremesnil, die alle Deputierte der Nationalversammlung waren, später unter dem Konvent exekutiert.

Mesmer überstand den Sturm unbehelligt. Er verließ das Hôtel de Coigny, wo die Behandlungen und magnetischen Séancen immer seltener wurden. Die Revolutionäre konnten ihre Zeit nicht an den Zubern vergeuden. Der Magnetismus wurde nunmehr von der politischen Brandung überspült, doch zahlreiche, durch die Ereignisse beunruhigte Geister kamen, um Mesmer in dem Haus zu konsultieren, das er nicht weit von der Kirche Saint-Nicolas-des-Champs erworben hatte. Er empfing die Besorgten, die Beklommenen, die Verängstigten, berief jedoch auch die aus der Provinz kommenden Magnetiseure.

Wie jedermann, mußte auch er einen Teil seines Vermögens gegen Assignaten eintauschen, doch dank Savalette des Langes gelang es ihm, Tausende von Livres zu retten. Er unternahm wieder mehrere Reisen in die Schweiz, nach Deutschland und Österreich, immer auf der Suche nach einer Lösung des Rätsels, das ihm Pater Pernetys Pergament aufgab, und immer wieder machte er an den Ufern des Bodensees Halt.

Freunde aus Wien schrieben ihm, wo man soeben Mozarts „Cosi fan tutte" aufgeführt hatte. In Da Pontes Libretto gibt es im Finale des 1. Aktes eine recht drollige Szene, wo die Soubrette Despina die beiden Verehrer ihrer Herrin durch die Kraft eines Mesmerschen Magneten heilt.

Hier der Magnetstein
Solls euch beweisen.
Ihn brauchte Mesmer einst,
Der seinen Ursprung nahm
Aus Teutschlands Gauen
Und so berühmt ward
In Frankia

Mesmer war nicht verärgert durch Da Pontes Übertreibung; ihm war der scherzhafte Charakter Wolfgangs, der bis zum Tode Maria Annas weiterhin die Landstraße aufsuchte, wohlbekannt.
Erschreckt über die Ereignisse in Paris rieten die Freunde in Wien Mesmer, Frankreich endgültig zu verlassen, doch Franz Anton hörte nicht auf sie. Er setzte seine Konsultationen fort und bereitete gemeinsam mit Bachelier d'Agès eine Abhandlung über seine Entdeckungen vor. Nach der Kriegserklärung an Österreich vom 20. April 1792 und der Nachricht von einem Manifest des Herzogs von Braunschweig, der an der Spitze österreich-preußischer Armeen dem Volk von Paris, falls man die königliche Familie verhöhne, Rache und Repressalien angedroht hatte, waren Deutsche und Österreicher in der Hauptstadt nicht mehr gern gesehen. Doch Mesmer genoß noch immer das Wohlwollen der Pariser, und das galt auch für seinen Landsmann Tobias Schmidt, den Klavierbauer, den man mit der Herstellung der ersten Enthauptungsmaschine betraut hatte.

Doktor Guillotin, der Mesmers Ideen bekämpft und den animalischen Magnetismus im Jahre 1784 als Mitglied der vom König ernannten Kommissionen verdammt hatte, verteidigte mit nicht geringer Verve die Gleichheit des Menschen vor der höchsten Strafe und ließ am 20. März 1792 die Nationalversammlung über ein Dekret abstimmen, das für den Adel, dem allein die Enthauptung zustand, und für die Mitglieder des Dritten Standes, die gehängt, gerädert oder gepeinigt wurden, ein und dieselbe Art der Exekution forderte. Die Maschine, die er verlangte und deren Beschaffenheit er noch nicht erläutert hatte, sollte von Doktor Louis entwickelt werden, dem ständigen Sekretär der Akademie für Chirurgie, der ihren Mechanismus erklärt und Pläne dafür gezeichnet hatte. Der Bevollmächtigte Roederer, damit beauftragt, einen Kostenvoranschlag einzuholen, richtete den Entwurf des Schaffott- und Holzlieferanten Guédon an den Kontributionsminister Clavière, der fünftausendsechshundertsechzig Livres für dieses Instrument zu teuer fand. Die drei triangelförmigen Beile kosteten nur einhundert Livres pro Stück, doch alles übrige hatte einen, wie Doktor Louis sich ausdrückte, „exorbitanten" Preis. Monsieur Guédon hatte sich verteidigt und gesagt, die voreingenommenen Fachkräfte würden vor dieser Arbeit zurückschrecken und man müsse sie teuer bezahlen. Tobias Schmidt hingegen hatte keine solchen Vorbehalte. Ob es sich um Holz für Klaviere oder für Galgen, um die Einpassung von Resonanzböden oder schmalen Führungsschienen aus Kupfer handelte, die den schweren Rammblock mit dem Fallbeil über dem Nacken des Verurteilten zu lenken hatten, wichtig war allein, daß die Arbeit sorgfältig ausgeführt wurde. Ganz gleich, ob es nun um Zuber für den Magnetismus, um Klaviere oder Enthauptungsmaschinen ging, der „Künstler", wie Roederer ihn geheimnisvoll betitelte, würde zu erschwinglichen Preisen und von Doktor Louis beraten eine zuverlässige Mechanik herstellen, die am 15. April um zehn Uhr morgens in Bicêtre an Leichen verstorbener Kranker durch den Henker Charles Henri Sanson erprobt werden sollte. Die „petite Louison" (die „kleine Luise") wurde schon sehr bald „Guillotine" genannt. Sie nahm offiziell am 25. April ihre Arbeit auf und sollte danach lange Zeit nicht mehr zur Ruhe kommen.

Mesmer war in Paris Zeuge all der Geschehnisse. Wie beurteilte er nun die Ereignisse, die das Volk mobilisierten und die bestehende Ordnung umstürzten, um andere Wertmaßstäbe zu errichten? Man hörte ihn über den revolutionären Sturm niemals ein Urteil fällen. So sehr er sich auch bei der leidenschaftlichen Polemik um den Magnetismus engagiert hatte, so sehr hielt er sich, was die politischen Geschehnisse betraf, an denen teilzunehmen ihm sein Ausländerstatus verbot, zurück. Ließ ihn die zunehmende Gewalttätigkeit gänzlich gleichgültig? Die Massaker vom September 1792 und der Kopf der Prinzessin de Lamballe auf der Pieke eines Sansculotten, der Prozeß und die Exekution des Königs im Jänner 1793, die Eliminierung der Girondisten im Juni und der Beginn der Schreckensherrschaft – wie wurden all diese Dramen von Mesmer erlebt? Wartete er auf ein Gesetz gegen Verdächtige, um Paris zu verlassen? Man weiß lediglich, daß er am 12. Oktober 1793 nicht „Tod der Österreicherin“ schreien hörte, als der Kopf Marie-Antoinettes unter dem Fallbeil der von Tobias Schmidt entwickelten Maschine fiel, denn Mesmer weilte in Wien.

Prinzessin Gonzaga verfügte über kein großes Vermögen mehr. Seit nunmehr zwei Jahren wohnte sie in einem der Pavillons auf dem Mesmerschen Besitz in der Landstraße. Nach Maria-Annas Tod hatte sie diesen mieten können. Das Haupthaus, das als Residenz der Familienangehörigen weiter unterhalten wurde, stand meistens leer, und die Prinzessin hatte praktisch den gesamten Park für sich allein.

Doch Mitte September hatte man ihr angekündigt, Doktor Franz Anton Mesmer wolle sich in seinem Hause aufhalten und beabsichtigte, die Rechte an dem Park für sich in Anspruch zu nehmen und der Prinzessin lediglich den Teil des Gartens zu überlassen, der den Pavillon umgebe. Die Prinzessin hatte nur einen Zugang zur Landstraße, und ihre Besucher mußten sich am Hauptportal ausweisen. Äußerst verärgert wetterte die Prinzessin gegen diesen Eindringling aus Paris, dieser Stadt, wo man die Könige und Königinnen umbrachte: Was hat er hier zu su-

chen, er, der „die Ermordung der Tochter Maria-Theresias tatenlos zuließ“? All das hatte die Prinzessin ihrem Bruder, dem Grafen Ranzoni, erzählt, der mit Hofrat Lautern auf gutem Fuße stand. Es wurden Nachforschungen angestellt, und man erfuhr, daß Doktor Mesmer, den man gleich bei dessen Ankunft in Wien beim Verlassen der Postkutsche nach seiner „vorhergehenden Ubikation“ befragt hatte, lediglich Konstanz und „dasige Gegend“ angegeben hatte, wo die Polizei bereits „sachdienliche Erkundigungen“ eingeholt hatte.
„Aber nein! Aber nein! Er kommt aus Paris!“
Die Prinzessin wußte dies aus sicherer Quelle, ihre Bediensteten und die Mesmers kannten einander, man hatte Koffer, Habseligkeiten, Bücher, Luxusgegenstände ausgepackt, all das stamme aus Paris.
Gewiß, Mesmer war über Konstanz gefahren, doch in Wirklichkeit kam er aus Paris. Er hatte die Wahrheit verheimlicht. Und schon trafen Informationen aus dem Amtssprengel Freiburg im Breisgau ein. Die Stadtverwaltung antwortete der Wiener Polizei und bestätigte Mesmers Durchreise nach Konstanz, „wo er sich untadelhaft betragen ... und sehr einsam gelebt“ habe. Und „in bezug auf irrig gefährliche Grundsätze“ habe man nichts feststellen können. Die Prinzessin indessen beharrte auf ihrem Standpunkt: Mesmer müsse ein Spion sein. Doch der vermeintliche „Spion“, der nicht auf dem laufenden war, was um ihn her geschah, stattete seiner Mieterin spontan einen Anstandsbesuch ab. Arglos und ohne jegliche Hintergedanken erzählte er von Paris, von der neuen Ordnung, die sich dort durchsetze. Das von ihm entworfene Bild behagte der Prinzessin ganz und gar nicht, und sie begann, die Franzosen als „Lumpen, Königsmörder, Mördergesindel und Diebe“ zu beschimpfen. Mesmer, der doch immerhin vor der Schreckensherrschaft hatte fliehen müssen und dessen Vermögen durch die Geldentwertung der Assignaten beträchtlich angegriffen war, fand dennoch einige Worte der Entschuldigung für die Jakobiner und versuchte zu erklä-

ren, nicht alle Franzosen seien Diebe, man besteuere dort die Reichen zugunsten des Staates, und Steuern erhebe der Kaiser von Österreichern doch schließlich auch. Die Prinzessin schwankte zwischen Empörung und Ohnmacht. Sie wählte die Ohnmacht, woraufhin Mesmer sich achselzuckend zurückzog, während seine erregte Mieterin erneut zu ihrem Bruder eilte. Wieder ließ Lautern Nachforschungen anstellen.
Ein Polizeispitzel namens Desalleur oder Salleure verfaßte einen Bericht voll erdrückender Beweise, eine wahre Denunziation, die auf dem Schreibtisch des kaiserlichen Hofrates, Graf Colloredo, landete. Kaum kehrte „Seine Majestät, der Gotterhaltekaiser Franz“ von der Jagd zurück, eröffnete man ihm, ein „Anhänger der französischen Zügellosigkeit“, in Folge derer man kürzlich seine Tante ermordet habe, halte sich in der Hauptstadt auf. Franz II. „resolvierte“ sogleich eine neuerliche Untersuchung, die, wenn auch mit größtem Bedacht und unter „Vermeidung alles Aufsehens“, zu Mesmers Verhaftung führte, der am 18. November 1793 ins Gefängnis wanderte.

Die Zelle in der Polizeipräfektur war schmutzig, grau und eng. Von der Decke rieselte Salpeter auf den Strohsack herab. Franz Anton schüttelte ihn auf und legte sich ruhig und entspannt darauf nieder. Nach einer kurzen Atempause mußte er lächeln. Seine weitgeöffneten Augen sahen weder die Mauern noch die vergitterte Tür, und auch nicht das Kerkerfenster, durch das ein Mondstrahl drang. Bilder reihten sich aneinander, bald in Nebel gehüllt, bald funkelnd hell. Zunächst war da Paris, das er nach abscheulich blutigen Tagen hastig verlassen hatte: im Umkreis der Schafotte gröhlende Sansculotten; der Kopf Jean Sylvain Baillys, den der Henker Henri Samson schwenkte; trotz der drohenden Menge hatte er vor dem Leichnam seines ehemaligen Widersachers den Hut gezogen. Sein Aufbruch aus der Hauptstadt in aller Eile frühmorgens mit der ersten Postkutsche, die ihn bis nach Mühlhausen und Basel brachte; die Fahrt den Rhein flußaufwärts bis zum Bodensee. Er hätte besser daran getan, wie sonst auch in Konstanz zu bleiben. Doch da fuhr er auf. Von Basel nach Konstanz war er dem Rhein gefolgt, über Säckingen, Waldshut und Schaffhausen. Vor der Ankunft in Schaffhausen hatte die Postkutsche in Neuhausen haltgemacht, unmittelbar im Angesicht des Rheinfalls, dort, wo der Fluß sich in einer Windung „bricht". Franz Anton erstarrte. Er hatte den durch den gewaltigen Höhenunterschied der Felsen gebrochenen Fluß wieder vor Augen, das Toben des Wassers, und jenseits dessen sah er gen Süden Einsiedeln und gen Norden Lauingen liegen. Pernetys Rätsel ist gelöst. Hier in Wien, in dieser nach Schimmel riechenden, so schmutzigen, grauen, eintönigen Zelle, hat er die Antwort gefunden...

Die Nachricht von Mesmers Verhaftung rief unter seinen in Wien noch zahlreichen Parteigängern und Freunden erhebliche Entrüstung hervor. Die dem Kaiser unterbreiteten Polizeiberichte gaben nicht viel her. Auf Befragung leugnete Mesmer, solche ihm unterstellten, frechen Reden geführt zu haben. In seinem „alleruntertänigsten Vortrag" schlug der Polizeiminister Graf Pergen vor, Mesmer „mit einer nachdrücklichen Warnung und scharfem Verweise zu entlassen". Eine Flut von günstigen Leumundszeugnissen und Interventionen ging ein und erzwang seine Freilassung, die vom Kaiser sogleich ratifiziert wurde. Man befürchtete nun, Mesmer könne sich öffentlich über die ihm zuteilgewordene Behandlung beklagen. Man wußte von der „allerhöchsten Resolution" des Kaisers: „Mesmer ist des Arrestes zu entlassen und, da selber selbst sich äußert, von hier in die Gegend seines Geburtsortes baldigst abzureisen, so ist darauf zu wachen, daß solcher alsogleich abreise und sich während der Zeit seines noch so kurzen Aufenthalts in keine verdächtigen Reden einlasse." Sogar die kaiserliche Polizeihofstelle intervenierte, um die Affäre nur ja zu vertuschen, und vertuscht sollte sie auch in der Tat eine lange Zeit bleiben.

Als Mesmer Wien enttäuscht verließ, wurde er von einem Vorhaben getragen, das er nun endlich verwirklichen zu können glaubte. Der Versuch, seinen Wissensdurst auf anderen Gefilden zu befriedigen, hatte ihn zu Pater Pernety geführt. Er hatte eine plausible Lösung für das Rätsel auf dem Pergament gefunden, die es nunmehr zu überprüfen galt.

Anstatt sich erneut nach Konstanz zu begeben, reiste er nach Berlin, um im Charlottenburger Schloß den Saal aufzusuchen, wo Bischoffswerder und Pastor Wöllner am 8. August 1781 Friedrich Wilhelm II. von Preußen in die Gesellschaft der Rosenkreuzer initiiert hatten. Von einem Mitglied der dort ansässigen Sekte ließ er sich erklären, wie die beiden Adepten dank „magischer" Verfahren unter Donner und Blitzen den Geist Marc Aurels, Leibniz' und des Großen Kurfürsten heraufzubeschwören vermocht hatten.

Von Berlin ging es nach Karlsruhe, wo er erfuhr, daß der Großherzog den Illuminaten und „okkultistischen" Magnetiseuren Schutz gewährte. Die Verfahrensweise, die er dort beobachtete, hatte nichts mit seiner Methode des animalischen Magnetismus zu tun, doch am Großherzoglichen Hofe begegnete er Rosenkreuzern, die ihm wertvolle Ratschläge über alchimistische Prozeduren erteilten, aber auch über die Art und Weise, wie die Manuskripte zu interpretieren seien, die er im Rheinland anläßlich eines kurzen Aufenthalts in der kleinen Stadt Wagenhausen erworben hatte. Dann kehrte er nach Konstanz zurück, blieb zwei Tage in Schaffhausen, wo er hinsichtlich des Erwerbs eines Hauses am Stadtrand von Neuhausen aufsuchte. Darauf überquerte er den Rhein in Richtung des Kantons Thurgau, wo er in Frauenfeld ein weiteres Haus erstand. Er wollte nicht länger in Konstanz leben, wo er nach seinem Wiener Mißgeschick noch immer polizeiliche Schikanen fürchtete. Andererseits konnten all seine behördlichen Papiere und Akten, vielleicht sogar auch sein Geld, unschwer nach Frauenfeld transferiert werden, das zu den Besitzungen der Konstanzer Abtei gehörte.

Die Stadt war im Jahre 1788 niedergebrannt, und Franz Anton richtete sich in einem neu erbauten Haus ein. Während seines Frauenfelder Aufenthalts begab er sich mehrmals nach Einsiedeln, von wo er alchimistische Manuskripte, Gerätschaften und Apparate mitbrachte. Und schließlich machte er sich eines schönen Tages im Mai 1794 nach Frankreich auf. Über Genf und Lyon fuhr er direkt nach Avignon, um Pater Pernety erneut zu begegnen.

Auf dem Plateau von Bédarrides herrschte noch immer dieselbe Trostlosigkeit, inzwischen waren jedoch im Umkreis des Amphitheaters und des Platzes mit dem Tumulus einige Bauten entstanden. Mönche schlenderten durch die Gassen und an den Wirtschaftsgebäuden vorüber, wo Speicher und Pferdeställe errichtet waren. Mesmer wandte sich unmittelbar zum unterirdischen Eingang des Klosters, dessen Tor dieses Mal nicht verschlossen war. Ein Mönch führte ihn zu einem Sprechzimmer, wo er Grabianka und Abbé Brumore wiedersah.
Die beiden Männer setzten ihn davon in Kenntnis, Pater Pernety könne ihn nicht empfangen, da er gerade von „seiner Krise“ befallen sei. Seit einigen Monaten, nach einer mystischen Phase, während derer er fünf Tage weder gegessen noch getrunken habe, würde er nun jeden Freitag in von Krämpfen begleitete Trancezustände verfallen, in deren Verlauf sich Wunder vollzögen. Weitere Details verrieten Grabianka und Brumore nicht, sie blieben jedoch bei ihrer Weigerung, Mesmer an Pernetys Lager zu führen. Mesmer beharrte: er sei Arzt, und Krisen jeglicher Art seien ihm vertraut, er habe dem Benediktiner eine wichtige Nachricht zu überbringen und Ratschläge von ihm zu erbitten. Darüber hinaus sei er wie der Mönch Freimaurer und könne daher mit ihm kommunizieren. Als die beiden Adepten fest blieben, griff er zu einem letzten Argument: nicht umsonst gäbe es Gesetze gegen Verdachtspersonen, er würde beim Komittee von Avignon die Vereinigung des Berges Thabor denun-

zieren und die Mönche bezichtigen, Pater Pernety widerrechtlich eingesperrt zu halten. Das tat seine Wirkung. Man brachte Franz Anton ans Lager des Benediktiners.

In seiner Zelle lag Pernety auf einem ärmlichen Bett ausgestreckt, stocksteif, die Hände um ein Kruzifix verkrampft. Er atmete mühsam in von Röcheln und Stöhnen unterbrochenen Stößen. Die Augen hielt er geschlossen. Mesmer rückte einen Schemel heran, setzte sich neben das Bett und strich mit seinen Fingern über die Lider des Mönchs, woraufhin dieser die Augen aufschlug.

„Ich habe das Rätsel des Pergaments gelöst", erklärte Franz Anton. „Ich werde mich in Schaffhausen niederlassen. Es liegt zwischen Lauingen und Einsiedeln, zwischen Albertus Magnus und Paracelsus. Ich werde auf dem rechten Ufer des Rheins sein, im Angesicht der Windung, wo er sich bricht. Findet dies deine Zustimmung?"

Pater Pernety begann mit zusammengebissenen Zähnen heftig zu stöhnen. Man konnte sein Wehklagen bis zum Platz hin hören, der nunmehr, von Baumanpflanzungen gesäumt, ein klösterliches Aussehen angenommen hatte. Da Pernety noch heftiger schrie, befand Mesmer, es handle sich um eine billigende Antwort.

„Wann wird der Schwarze Ritter kommen?" fragte Franz Anton außerdem.

Pernety rollte mit großen, vorquellenden, blutunterlaufenen Augen, die sich in ihren Höhlen verdrehten. Sein Atem wurde immer stärker durch Röcheln behindert, so daß man die gestammelten Worte nicht verstehen konnte. Aus einem gurgelnden Laut glaubte Franz Anton herauszuhören: „An einem Freitag."

„Gut! Ich werde ihn erwarten", erwiderte Franz Anton.

Er schloß die Augen des Benediktiners wieder, indem er mit den Fingern über dessen Lider strich, und ließ sich dann zu seinem Wagen zurückführen.

Seltsamerweise war dies für Pater Pernety einer der letzten

Trancezustände. Einige Wochen darauf stürzte er auf dem Rückritt zum Berg Thabor vom Pferd und brach sich einen Schenkel. Der Bruch hatte schlimme Folgen, und er starb noch im selben Monat.

Grabianka und Brumore hatten Mesmer verschwiegen, daß die Bewohner im Umkreis von Bédarrides Pater Pernety den „Schwarzen Ritter" nannten.

MEERSBURG

I

„NIGREDO“

Als Franz Anton am 20. September 1794 in Schaffhausen eintraf, feierten die Einwohner der Stadt gerade den zweihundertsten Geburtstag der alten Festung Munot, die ihre Vorfahren nach den Zeichnungen Albrecht Dürers erbaut hatten.
Inmitten all der Gesänge und Tänze, maskierten Umzüge, Wettkämpfe im Bogenschießen und lärmenden Trinkgelage achtete niemand auf den großen, mit Kisten und Koffern beladenen Wagen, der die Rheinbrücke überquerte und das rechte Flußufer in Richtung Neuhausen entlangfuhr. Franz Anton zog in das Maurersche Haus ein, das früher einmal einem Magistraten der Stadt gehört hatte.
Der Notar Bernhard Peyer erwartete den neuen Besitzer vor dem Eingang des Hauses mit den vorbereiteten Verträgen in Händen, die nur noch unterzeichnet und besiegelt werden mußten. Zunächst zeigte er Franz Anton das Hauptgebäude, die Meierei und die Nebengebäude, ohne die Keller und Speicher zu vergessen. Dann führte er ihn jenseits der Gemüse- und Obstgärten zum äußersten Ende einer Esplanade, die steil zum Fluß abfiel. Franz Anton schritt über eine zum Abgrund hin durch ein Geländer gesicherte Terrasse.
Am Fuße des Hügels stürzte der Rhein, nachdem er mehrere Stromschnellen hinabgeeilt war, sechzig Fuß tief hinab auf selt-

same, schaumgefegte Felsen. Die gewaltigen Wassermassen, die von den Festland- und Felsvorsprüngen abprallten, boten ein gleichermaßen grandioses wie tragisches Schauspiel.
Franz Anton betrachtete stromabwärts die Strudel, die sich vor dem kleinen Schloß Worth auflösten, als ein Zeichen am Himmel seine Aufmerksamkeit auf sich zog. Der Abend brach herein, und von jenseits des Schlosses Laufen, das sich auf dem linken Flußufer erhob, warf die Sonne schräge Strahlen auf die Nebelschwaden über den Wassern. Zwischen den abschüssigen, bewaldeten Ufern des Flusses hatte sich von der Spitze der Laufener Wart bis zum Dach des Maurerschen Hauses hinüber ein Regenbogen gespannt. Franz Anton bekreuzigte sich hastig und dankte Gott für dieses gute Omen.
Bei Notar Peyer erledigte er rasch die Verkaufsformalitäten, ließ den Vertrag besiegeln und beglich mit drei prallgefüllten Geldbörsen die letzte Rate. Der Notar stellte ihm eine Quittung aus und räumte die Akten in ein Lederetui, dann zog er aus seiner Geldkatze eine zarte silberne Kette, an der eine kleine Flöte hing. Er setzte sie an seine Lippen und entlockte ihr einen kurzen Ton, sodann zwei lange Töne. Gleich darauf erschienen die Wirtsleute. Die Frau trug in einem Weidenkorb auf einem weißen Stück Leinen einen Schinken und einen Laib Brot, der Mann einen mit Salz gefüllten Zinnbehälter und ein kleines Faß Oberhallauer Wein. Als sie ihre Willkommensgaben auf dem Tisch in der Eingangshalle niedergelegt hatten, stellte der Notar Mesmer Albert und Maria Wiegand vor, dann legte er ihm die Kette, an der die Flöte hing, um den Hals und verabschiedete sich.
Franz Anton blieb bei seinen Dienstboten und hieß sie, den Packwagen zu entladen. Die Kisten wurden in die Keller, die Koffer in die Zimmer getragen. Dann bereitete Maria ein Abendessen, das Albert auftrug.
Nach einem letzten Glas Wein wollte Franz Anton seine Wirtsleute entlassen, sie blieben jedoch vor ihm stehen, und Albert

ergriff das Wort: „Falls unser Meister uns benötigen sollte, so braucht er nur zu pfeifen, einmal für mich und zweimal für Maria.“

Franz Anton musterte das Instrument, das an seinem Halse hing. Es handelte sich um eine winzige elfenbeinerne Blockflöte. Er versuchte sie. Die Flöte hatte einen sehr schrillen Klang, der, blies man stark hinein, nahezu unerträglich war. Albert und Maria versicherten, sie würden diesen Ton aus großer Entfernung hören, und zogen sich nach einem Gruß zurück.

Am folgenden Morgen richtete Franz Anton gleich sein Laboratorium im geräumigsten Kellerraum seines Anwesens im zweiten Untergeschoß des gen Osten gerichteten südlichen Flügels, ein. Es gab dort zwei Luken. Um mehr Licht zu gewinnen, ließ er die größere der beiden erweitern, und unter der schmäleren installierte er einen Rauchfang für seine Öfen. An den Wänden brachte Albert zur Aufbewahrung der Retorten, Brennkolben, Schmelz- und Probiertiegel Regale an. Dazu gehörten auch zahlreiche sogenannte „philosophische Eier“, spezielle Kolben, in denen die Materie des „Großen Werkes“ erhitzt wurde; manche waren aus Ton, andere aus Glas, Kupfer oder Eisen. In jedem war ein Name eingraviert, der einer bestimmten Vorbereitungsphase oder Stufe des hermetischen Vorgangs entsprach. So konnte man außen auf den Wölbungen oder Rändern die Bezeichnungen „Kerker“, „Grabstatt“, „Brauchgemach“, „Mutterleib“, „Destillierblase“ oder „Sieb“ lesen. Auf Gestellen in der Nähe der Öfen waren Blasebälge, Zangen und Spatel untergebracht, und in einem großen verglasten Schrank standen die Flakons, Phiolen und Behälter mit den mineralischen Salzen und Pulvern unter Verschluß. In einem großen Eichenfaß wurde der Schwefel aufbewahrt. In der Mitte des Gewölbes nahm der „Athanor“ viel Raum ein; dieser alchimistische Ofen war zum Gelingen des „Großen Werkes“ unerläßlich. Franz Anton hatte den seinen von einem Töpfer in Einsiedeln erbauen lassen.

Er hatte die Form eines mit Zinnen versehenen Turms und war mit kabbalistischen Ornamenten aus einer Abhandlung des Albertus Magnus verziert. Da er in sechs Teile zerlegbar war, konnte er mühelos überall aufgestellt werden, und dank einer besonderen Vorrichtung, durch die die Holzkohle nur langsam verglühte, lieferte er je nach Bedarf normales, gewöhnliches Feuer, das feuchte Feuer des Wasserbades oder, durch die Zufuhr von sauren Salzen, das übernatürliche Feuer. Auf dem Athanor waren ein Brennkolben, ein Abzugsrohr und ein dickbäuchiger Rezipient in ein Gestell aus Bronze eingefügt.
Franz Anton ließ auch einen Tisch, einen Stuhl und ein Pult bringen; dieses stellte er unter die große Kellerluke, damit die Texte, die er zu entziffern hatte, so lange wie nur irgend möglich vom Tageslicht erhellt wurden. Für die Nacht wurden Lampen und Kerzen auf Halter gestellt sowie Ölfackeln an eigens in das Mauerwerk eingelassenen Ringen befestigt.
In einem Hängeboden wurden Eichen- und Buchenscheite sowie Holzkohle aufgeschichtet. Als alles an Ort und Stelle war, blickte Franz Anton sich zufrieden in seinem Laboratorium um, dann öffnete er eine letzte Truhe, die stapelweise Pergamente und handgeschriebene Bücher enthielt, von denen manche, deren Umschlag beschädigt war, mit metallenen Verschlüssen zusammengehalten und wieder andere in Häute und gefärbtes Leder gebunden waren. Sorgfältig legte er sie wohlgeordnet zurecht. Aus einer letzten Kiste nahm er schließlich die Schachteln und Futterale, die ihm Pater Marino angefertigt hatte, vor allem eine Schatulle aus Ebenholz, die er behutsam öffnete; innen war sie mit Samt ausgeschlagen, und auf einem Kissen lag eine gläserne Maske: die blaue Maske der Alchimisten, dazu bestimmt, während der Experimente das Geschicht zu schützen. Er erprobte sie, hielt sie vor Stirn und Kinn und befestigte sie hinter seinem Kopf mit Lederschnüren, die durch gestanzte Löcher am Rand der Maske geführt waren. Als er sich wieder aufrichtete, verlieh der Lampenschimmer, der sich auf dem milchigen, bläu-

lichen Glas widerspiegelte, seinem Gesicht den Glanz von funkelndem Stahl. Albert, der seinen Herrn beobachtete, war von da an überzeugt, dieser sei mit dem Teufel im Bunde.

Beim Kolonialwarenhändler Schalch sprach Maria Wiegand mit ihrer Base Elsbeth Vogel über ihren neuen Herrn. „Einen Großteil der Nacht verbringt er in den Kellergewölben", erzählte sie, „doch experimentieren tut er dort nicht. Er liest in dicken Folianten, während Albert Flakons aufräumt, die er unentwegt umstellen muß. Gegen Mitternacht legt Albert sich schlafen, er jedoch geht erst im Morgengrauen zu Bett. Er steht zu später Stunde auf, trinkt zwei große Schalen Kaffee und bleibt den ganzen Vormittag über im Morgenrock und ohne Perücke in der Bibliothek. Tag für Tag bürste ich ihm sein Wams, das er ein für allemal aus seinem Kleiderschrank auswählte. Es ist ein kastanienbrauner Überrock mit Jabot und Manschetten, dazu ein Beinkleid aus schwarzem Tuch. An den Füßen trägt er leichte, graue, hochhackige Schuhe und bei Regen schwarze Stiefel..."
Maria hielt in ihrem Monolog inne, um den Beutel, in den sie Zucker, Kaffee und Tee eingesackt hatte, mit Riemen zuzuschnüren. Sie bat den Kolonialwarenhändler außerdem um Pfeffer, Zimt und zwei Flaschen Kirsch und verließ dann mit ihrer Base den Laden.
„Er besitzt nur Überröcke?" fragte Elsbeth erstaunt.
„Natürlich nicht", erwiderte Maria. „Seine Koffer sind randvoll mit samtenen Kleidern jeglicher Coleur, alle mit rosa Satin gefüttert. Er hat goldbestickte Westen, Dutzende Paare weißer, schwarzer und violetter Seidenstrümpfe, rote Hackenschuhe mit brillantbestückten Schnallen, Jagd- sowie Galakostüme, und all das ist aus Paris."
„So kommt er denn aus Paris?" fragte Elsbeth.
„Man weiß es nicht genau", erwiderte Maria, „denn ihm gehört außerdem ein Anwesen in Frauenfelden, wo er sich vor kurzem niedergelassen hat. Jedenfalls ist er über Zürich gekommen,

denn in Einsiedeln hat er den Packwagen beladen lassen und das Gespann gemietet."
Die beiden Frauen gingen die Vordergasse in Richtung Rathaus hinunter und blieben vor den Auslagen der Händler stehen.
„Kaufst du diese Woche keinen Fisch?" fragte Elsbeth.
Maria zuckte mit den Schultern. „Er ißt fast gar nichts. Alles, was ich ihm zubereite, kommt in die Küche zurück. Ich habe ihn gefragt, was ihm wohl mundet, damit er wenigstens eines meiner Gedecke leert. Er hat geantwortet, was ich koche, sei sehr gut. Er trinkt viel Kaffee und eine Bavaroise mit viel Kirsch, deren Rezept er mir gab, und raucht aus österreichischen Pfeifen Tabake, die aus Frankreich kommen."
„Wie alt mag er wohl sein?" fragte Elsbeth.
„Schwer zu sagen", antwortete Maria. „Er ist fast ein Greis. Nach einer Nacht in seinem Laboratorium hat er am Morgen ganz gelbe Haut und zitternde Hände. Doch ist er groß und stark und hat ein rundliches Gesicht."
Maria schwieg. Sie zögerte, ihrer Base eine Beobachtung anzuvertrauen, die sie ebenfalls verwirrte. Dann faßte sie sich ein Herz: „Elsbeth, sein Antlitz ist beeindruckend, aus seinen Augen kommen Blitze, die einen wie Messerklingen durchfahren. Seltsamerweise wendet er beim Sprechen seinen Blick ab, als befürchte er, mit den Augen Schmerzen zu bereiten."
Die beiden Frauen waren vor Hausnummer 43 in der Vordergasse angekommen, und lächelnd fragte Maria ihre Kusine: „Wohnst du denn nicht mehr hier?"
Die beiden Frauen brachen in Gelächter aus. Elsbeth hatte von einem gewissen Waldkirch das berühmte Sittich-Haus geerbt, in dem einstmals die Bürgermeister wohnten und in dem bedeutende Persönlichkeiten weilten, wenn sie Schaffhausen zu besichtigen kamen. Niemand wußte, warum von Waldkirch gerade Elsbeth in seinem Testament bedacht hatte. Dies war einige Jahre zuvor geschehen, nach dem Tode Heinrich Vogels, der im Fluß ertrunken war. Das Sittich-Haus vermietete Elsbeth nun,

sie hatte jedoch darin eine Wohnung behalten, in die sie zuweilen ihre Verehrer mitnahm.
Seit ihrer Witwenschaft betreute Elsbeth im Auftrag der Gilde der Fischer auf dem rechten Rheinufer oberhalb der Schaffhauser Brücke die Herberge mit Namen „Fischerzunft". Die Gilde versorgte sie immer wieder mit Fischen. Die Hechte, Zander, Barsche, Forellen und Alsen des Lokals waren von sämtlichen Feinschmeckern der Umgebung hoch geschätzt, und die Zürcher, die sich auf der Durchreise nach Deutschland oder Österreich befanden, machten in Schaffhausen halt, um die von Elsbeth zubereiteten Fische zu kosten.
„Bring mir deinen Herrn, ich werde ihm Barschfilets zu essen geben", sagte die Wirtin lachend.
„Der ist kein Galan für dich", erwiderte Maria.
Sie wußte von Elsbeths großer Gastlichkeit, die den Klienten, die ihr gut gefielen, ohne Umschweife ihr Bett im Hause Sittich zur Verfügung stellte. Sie wußte, daß diese sich die jungen, die schönen auswählte.
Noch einmal sagte sie: „Der ist kein Galan für dich, Elsbeth, er ist zu alt!" Mit einem Mal fügte sie gedankenverloren hinzu: „Und außerdem könnten dir seine Augen wehtun."

Was Franz Anton sich von der Alchimie erhoffte, war Kraft für seine alternden Muskeln und größere Klarheit für seinen Kopf, der sich zuweilen benebelte. Bis dahin hatten ihn die in Wien oder Paris zur Verteidigung seiner Entdeckungen abgehaltenen Gefechte stets dazu gezwungen, kämpfend wie ein antiker Held zu leben. War er auch vom Wert des Magnetismus gänzlich überzeugt, so kannte er dennoch besser als jeder andere dessen Grenzen, vor allem was den Verfall betraf, den das voranschreitende Alter unweigerlich mit sich brachte, und er hegte den Wunsch, diese Einbuße so lange es nur eben ging hinauszuzögern.
Den schwierigen Gesprächen mit Pater Pernety hatte er ent-

nommen, daß man nicht ohne weiteres in das „Große Geheimnis“ eindringen konnte, und daß das alchimistische Wissen den künftigen Adepten nur bröckchenweise ausgeliefert würde. Geduldig hatte er die erforderlichen Bedingungen erfüllt und die gestellten Aufgaben gelöst. Von Frauenfeld aus, wo er vor allem wohnte, hatte er seine Niederlassung in Schaffhausen erkundet, vorbereitet und bewerkstelligt. In Neuhausen hatte er dann in seinem Laboratorium im Hause Maurer alles, was er einst mit Pater Geloni bei seinem Freund Stupfel in Wien beobachtet und was ihm Pater Pernety auf dem Berg Thabor gezeigt hatte, noch einmal wiederholt. Er befand sich nun, ganz wie ihn die empfangene Botschaft geheißen, zwischen Einsiedeln und Lauingen, im Angesicht der Rheinfälle, „da, wo der Fluß sich bricht“, und wartete auf den Schwarzen Ritter.

Seit zwei Tagen hatte man am Himmel keine Vögel mehr gesehen. Von Süden her blies ein warmer Wind schwere, dunkle Wolken über die Randener Hügel bis zur Kettgauer Ebene. Doch kein Gewitter brach aus, kein Regen kühlte die unerträgliche Glut dieser widersinnigerweise sonnenlosen Tage. Über den Rheinfällen hatte sich der übliche Nebel unter der vom Wind aufgewühlten Hitze verflüchtigt, und man konnte sehen, wie sich am Fuße der Worther Burg im vom Schaum befreiten, meergrünen Wasser ungewöhnliche Strudel bildeten.

Am dritten Tag ließ der Wind nach. Erst kehrten die Fliegen und Insekten aller Art zurück und dann die Vögel. Als sich eine verirrte Eule im Maurerschen Hause in die Türöffnung der Vorhalle kauerte, ergriff Franz Anton die Wehrlose, erstickte sie und nagelte sie mit ausgebreiteten Flügeln unter das Schutzdach des Portals. Einige Stunden darauf begann es zu regnen... Es war ein so starker, schwerer, so dichter Regen, daß man nur ein paar Ellen weit sehen konnte und die Erde vor lauter Überhitzung heftig dampfte. Aus diesem Nebel tauchte gegen Mitternacht der Schwarze Ritter auf.

Franz Anton empfing ihn allein. Das Pferd wurde in den Stall gebracht, und der Ritter bat sogleich um ein Quartier. Franz Anton führte ihn zum „Roten Kreis“; dies war ein mit rotem Samt ausgeschlagener, mit im Halbkreis angeordneten Möbeln eingerichteter Raum, den Falcom Maurer, der frühere Besitzer, für seine zweite Frau hatte herrichten lassen, die wahnsinnig war. Den Schwarzen Ritter schien die Absonderlichkeit des Ortes nicht zu verwundern. Er stellte eine lederne Tasche auf einem niedrigen Schemel ab und wandte sich Franz Anton zu, der bis dahin dessen unter einer Kapuze aus Tuch verborgenes Gesicht nicht hatte sehen können. Als er die Kutte ablegte, kam sein Kopf zutage, den die Fackel in der Hand seines Gastgebers erleuchtete. Das Antlitz des Ritters war verblüffend. Unter einem kahlen Schädel sah man ein Gesicht ohne Züge, ohne Kanten, ohne die geringste Linie oder Kontur. Stirn, Nase, Mund, Augen, Wangen und Kinn waren flach und lediglich angedeutet. Das Ganze war nur ein Rohbau, wie ein Marmorblock, der auf Hammer und Meißel des Bildhauers wartet.

„Wer bist du?“ fragte Franz Anton.

„Was liegt daran?“ sagte der Schwarze Ritter. „Ich bin die 3 und die 21; das dreifache Symbol, der Adept, der gekommen ist, dich zu unterweisen.“

„Ich will wissen, wer du bist“, beharrte Franz Anton.

Der Schwarze Ritter führte die Hand zu dem Schreibzeug an seinem Gürtel und zeichnete mit einem Kohlestift ein Porträt, unter das er einen Namen setzte. Die Überraschung war riesengroß und kam Franz Anton wie ein trügerischer Scherz vor. Der Schwarze Ritter bewegte jedoch nunmehr Lippen, die allmählich Form annahmen, sich über einem Kinn säumten, das mit einem Mal Gestalt bekam; die Nase stellte ihren Kamm auf, und oberhalb der grünen Augen überragte das Visier der Brauen zwei von dunklen Wimpern eingefaßte Lider.

„Heute ist der einundzwanzigste Oktober, ein Freitag, und in vierundzwanzig Stunden wird es vierhundertzwölf Jahre und

dreihundert Tage her sein, daß ich mein ‚Großes Werk' vollbracht habe."
„Du bist nicht Nicolas Flamel", sagte Franz Anton, „du gleichst Pater Pernety, und der ist kürzlich gestorben."
„Ich bin sowohl Nicolas Flamel als auch Pater Pernety. Alle alchimistischen Adepten sind im ‚Glaubensstrom' miteinander verschmolzen. Für dich bin ich Pater Pernety, den du so dringend um Hilfe batest. Und nun hör auf mit deinem Fragen und laß mich schlafen. Wecke mich morgen früh gegen fünf Uhr."
An sein Kopfende legte der Schwarze Ritter ein rotes Wachssiegel, worauf unter einem Himmel neben aus Wolken hervortauchenden Monden eine Sonne erstrahlte und ein Löwe über einen Greis herfiel. Über der Krone las man die Worte: „Qui bene vixit male mori nullo modo potest". Und Franz Anton erkannte Flamels Siegel wieder, das er in Stalcius' „Heimlichem Garten", einer alten Abhandlung, die er oft zu konsultieren pflegte, abgebildet gesehen hatte.

Der Schwarze Ritter wählte für seine Vorbereitungen nicht den „trockenen Weg". Er hielt ihn für komplizierter, weniger präzise, aber auch gefährlicher, und der daraus resultierende Stein der Weisen ergab ein flüchtigeres Gold.
„Mir geht es nicht um Gold", wiederholte Franz Anton, „sondern einzig und allein um das Lebenselixier."
„Ich sage dir noch einmal, was dir bereits gesagt worden ist: Das Elixier ist nichts anderes als eine Reaktion des Steins. Die Prüfung ist genau dieselbe."
Er arbeitete mit entblößtem Oberkörper, sein Gesicht war mit der Kapuze bedeckt, und seine Beinkleider aus schwarzem Leder wurden an der Taille von einem roten Tuchgürtel zusammengehalten. Franz Anton hatte die Feuer entfacht und die Reagenzien vorbereitet. Er war nun der Gehilfe des Meisters, im Dienste des erleuchteten Adepten.
Zu Beginn reinigten sie das Quecksilber mit Salz. Dann galt es,

dieses im Athanor zu kalzinieren und schließlich den Bodensatz im milchigen Wasser aufzulösen. Durch Destillation gewannen sie das spirituelle Wasser, mit dem das kalzinierte Quecksilber fixiert wurde. Der auf diesem Wege erzeugte flüssige Quecksilbergeist ergab, dreifach mit Antimon vermengt und durch den Kalk reduziert, den „goldenen Kalk“, mit dem ein „philosophisches Ei“ angefüllt wurde. Das Ei wurde versiegelt und dann auf den Athanor gestellt, in dem ein niedriges, gleichbleibendes Feuer unterhalten wurde, bis sich die Mischung schwarz färbte, jene Schwärze annahm, die „Kopf des Raben“ und „Blei der Weisen“ genannt wird.

„Die ‚Nigredo‘ ist nun beendet“, erklärte der Ritter.

Er warf seine Kapuze zurück, und dieses Mal konnte Franz Anton Pater Pernety deutlich wiedererkennen. Der Mönch strahlte, seine Augen funkelten. Er ergriff Franz Anton an den Schultern. „Glaube an das, was du siehst, nimm hin, was mit dir geschieht, und vor allem zweifle nicht“, erklärte der Benediktiner. „Heute bin ich Geistlicher, morgen werde ich ein weiterer Adept sein, vielleicht sogar Kabbalist. Wir lösten einander in der Zeit ab, um unser Wissen an Eleven weiterzugeben.“

Franz Anton sagte kein einziges Wort. Das Leben hatte ihm nie Überraschungen erspart, und er selbst hatte den anderen nicht wenige beschert. Er nahm die Glasmaske vom Gesicht und starrte mit seinen großen, dunklen Augen den Mönch an, der den Kopf abwandte und zurückwich.

„Halt ein!“ rief er. „Sprich! Stell mir Fragen! Ich werde dir antworten, nur sieh mich nicht länger so an!“

Franz Anton wandte sich ab und streckte dem Ritter seine Hände entgegen. Dieser begann zu zittern, er zog seine Kapuze über die Stirn und beugte sich erneut über seine Öfen. So arbeiteten sie rastlos zwei Tage und zwei Nächte. Am zweiten Tag erkannte Franz Anton Pater Pernety nicht wieder. Und als er ihn fragte, antwortete ihm der Ritter, er sei ebenfalls ein „Unsterblicher Adept“.

„Du hast mit deinem Blick den Mönch verjagt, wir können aber das Werk nicht unterbrechen, daher trete ich an dessen Stelle. Ich bin der Graf von Saint-Germain, Fürst Rakoczi, Marquis von Montferrat und Freimaurer wie du."
Franz Anton war dem Grafen von Saint-Germain einst in Paris begegnet. Voltaire pflegte über ihn zu sagen: „Er ist ein Mann, der alles weiß und unsterblich ist." Der Graf war Freimaurer, Franz Anton wollte ihn begrüßen, und da er seinen eigenen Titel eines Obersten Rates innerhalb der freimaurerischen Hierarchie ganz vergaß, „unterstellte" er sich dem anderen, wie es ein Lehrling dem Meister gegenüber tut, dabei hatte jener lediglich den achtzehnten Grad der Rosenkreuzer inne. Er stand vor dem Grafen, ließ seinen linken Arm herabhängen und legte dann seine rechte Hand flach unter seinen Hals, wobei die vier zusammengepreßten Finger mit dem gespreizten Daumen einen rechten Winkel bildeten. Dann erhob er langsam den Kopf und blickte Saint-Germain starr an. Der Graf lächelte zunächst und wollte gerade den Gruß erwidern, als ihn jedoch Franz Antons Blick traf, hob er hastig seine ineinander verschlungenen Hände, die Flächen nach außen gerichtet, über seinen Kopf und stieß mit abgewendetem Blick den freimaurerischen Verzweiflungsschrei aus: „Zu Hilfe, ihr Kinder der Witwe! ..." brüllte er und stürzte zur Kellerluke, aus der er zu fliehen suchte.
Franz Anton holte ihn ein. „Lassen wir das. Nicht ich bin da für dich, sondern du für mich. Vollende dein Werk. Hier sind wir keine Freimaurer mehr, ich bin der Lehrling, und du bist der Meister, der alchimistische Adept."
„Deine Augen glühen stärker als der Athanor", seufzte der Graf. „Warum verlangst du nach dem Elixier?"
„Für meinen Kopf, meine Knochen und Muskeln", antwortete Franz Anton. „Beeilen wir uns!"
„Du hast die ‚Nigredo', nun gilt es zur ‚Albedo' und dann zur ‚Rubedo' zu gelangen, vor allem aber nicht zur ‚Nigredo' zurückzukehren."

Sie arbeiteten noch lange, bis das letzte Gefäß eine Substanz enthielt, die so weiß war wie Schnee und „Schwan" hieß. In diesem Augenblick schlug der Graf von Saint-Germain seine Kapuze zurück, und sein Gesicht veränderte sich.
Franz Anton hatte sich niedergekauert, um den Athanor mit Holz zu versorgen, und als er sich wieder aufrichtete, hatte sich das Aussehen des Schwarzen Ritters, der vor ihm stand, zum dritten Mal gewandelt: Er trug auf der Stirn ein Zeichen und die Tonsur der Dominikaner.
„Ich bin Albert de Groat", sagte er, „und komme, um dir zur dritten und letzten Stufe zu verhelfen. Gemeinsam mit mir wirst du die dritte Phase zu Ende führen."
Albertus Magnus nahm den „Schwan" und fixierte ihn durch das Feuer in zwei Bestandteile: einen weißen und einen roten. Er füllte sie in zwei Tiegel und überreichte sie Franz Anton.
„Die weiße Substanz ist für das Silber, die rote für das Gold. Hier hast du den Stein, der aus der Triade ‚Materia prima' – Quecksilber – Schwefel entstanden ist. Du kannst dieses universelle Lösungsmittel, wann immer es dir beliebt, wiederherstellen. Schaffe Gold oder Silber. Dir stehen Licht und Farben zur Verfügung. Doch vergiß nicht: Gold ist nicht nur ein Metall, es ist auch das Licht. Gold, das ist die Sonne. Gold herstellen heißt Gott sein ..."
Franz Anton unterbrach ihn: „Wir sind zu weit gegangen. Ich will kein Gold, ich will das Elixier."
„Dem steht nichts entgegen!" sagte Albertus Magnus. „Hier hast du dein ‚trinkbares Gold'."
Vom Stein kehrte er zum „Schwan" zurück und fixierte den Quecksilbersud, in den er Gurkenkrautsaft und Honig mengte. Das Ganze ließ er sechs Stunden lang mit Wein und Enzianwurzeln ziehen.
„Du läßt diesen alkoholischen Sud solange kochen, bis er zu Sirup wird, dann läßt du ihn in einer glasierten Terrine abkühlen. Danach füllst du das Ganze in Flaschen, die du an einem wohl-

temperierten Ort aufbewahrst. Schon morgen kannst du ein halbes Glas davon trinken. Später wird dann ein Löffel voll an jedem Neumondmorgen ausreichen."

Der Schwarze Ritter wischte sich die Hände an seinen ledernen Beinkleidern ab.

„Warum nimmst du nicht dieses Tuch?" fragte Franz Anton ihn und reichte ihm ein Stück Leinen.

„Hier ist nichts, was mir zusagen würde", antwortete der Alchimist. „Unsere Mission ist nun beendet. Du hast Pater Pernety an einem Novemberabend zu dir bestellt, an einem Freitag, zur Stunde der Schlange, er konnte sich jedoch nicht davonstehlen. Der Schwarze Ritter ist als Nicolas Flamel, Pater Pernety und als Graf von Saint-Germain gekommen sowie in meiner Gestalt, nämlich der Albert de Groats aus der Familie der Grafen von Bollstaedt, Albert der Teutone genannt, Albert von Köln, Albert von Ratisbonne oder Albertus Grotus, geboren in Lauingen. Und weil du wie ich ein Kind Schwabens bist, habe ich dich initiiert, ohne mich vor deinen Augen zu fürchten."

Unter allen Gesichtern, die das Antlitz des Schwarzen Ritters angenommen hatte, schien allein das des Albertus Magnus von Franz Antons Blick unberührt zu bleiben.

„Meine Augen! Immer wieder meine Augen! Sie dienen mir doch jetzt nur noch zum Sehen", brummte Franz Anton. „Ziellos schweifen sie über die Erde."

„Dann blicke doch zum Himmel!" sagte der Schwarze Ritter.

Er bat, man möge ihm seine Tasche bringen, die er im roten Zimmer gelassen habe. Er nahm daraus ein Flakon und reichte es Franz Anton.

„Wichtig ist die Erlangung des Schwans. Sollte im letzten Gefäß die ‚Schwärzung' zurückkehren, so gieße den Inhalt dieses Flakons über die ‚Nigredo', projiziere Quecksilber auf die Oberfläche, und du wirst den ‚Auferstandenen' sehen."

„Warum nur?" fragte Franz Anton. „Alles ist doch bislang gut verlaufen."

„Man kann nie wissen. Zuweilen geschieht es, daß ein ‚Auferstandener‘, ein widriger Geist, die Verwirklichung des ‚Großen Werkes‘ stört; und du wirst nichts vollbringen können, bevor du ihn nicht ausgemacht und besänftigt hast…“
Das Antlitz des Schwarzen Ritters verlor nach und nach die Züge des Albertus Magnus und nahm wieder die nur angedeuteten Merkmale des ersten Abends an: ein unvollkommenes Oval, aus dem jegliche Erhebung verschwunden war und in dem allein die Augen sich bewegten. Als diese ein letztes Mal Franz Antons Blick begegneten, erstarrten sie plötzlich vor Entsetzen, bevor auch sie sich auflösten.
Noch am selben Abend verschwand der Schwarze Ritter, wie er gekommen war, im dichten Nebel, der vom Rhein aufstieg.

Beim Verlassen des Laboratoriums hatte Franz Anton sein Gesicht hinter einer Filzmaske verborgen, sein Diener erstaunte jedoch über seine Körpergröße.
„Man könnte fast meinen, er sei inzwischen gewachsen“, erklärte Albert.
„Seine Hände zittern nicht mehr“, bemerkte Maria.
Zwei Tage darauf war er nicht länger wiederzuerkennen. Sein Haar war schwarz, von seiner Stirn waren die Falten verschwunden, und als Albert ihm zur Auswahl drei verschiedene Weinsorten brachte, trank er gleich aus jedem Fäßchen, das er, eins nach dem anderen, mühelos emporstemmte.
Acht Tage lang verkehrte Franz Anton in den Schaffhausener und Neuhausener Weinstuben, wo er für vier schlemmte und trank. Durch Maria Wiegand wurde sehr bald ein Treffen mit Elsbeth Vogel arrangiert. Die Wirtin hatte ihre Base mit einer Börse voller Silbermünzen gedungen, und Franz Anton, der mittlerweile in der „Fischerzunft“ Stammgast war, schlief nunmehr im Hause Sittich.
Eines Abends brachte er Elsbeth eine silberne Schatulle voller Schmuck, Geschmeide und Diamanten, die von erstaunlicher

Größe und Reinheit waren. Elsbeth entschied sich für einen riesigen Opal und einen eigroßen, weißen Saphir. Als Franz Anton Anstalten machte, den restlichen Inhalt der Schatulle ins Feuer zu werfen, wollte Elsbeth den Schatz im letzten Augenblick noch retten, er hinderte sie jedoch daran.

„Man muß sich entscheiden und den Rest beseitigen. Allein was dir gegeben ist, soll bleiben."

Trotz Elsbeths Einspruch entledigte er sich der Schatulle, die seltsamerweise mitsamt ihrem Inhalt in den Flammen verschwand.

Nach Ablauf eines einmonatigen ausschweifenden Lebens mit Trinkgelagen, Jagden und Pferderennen in Groß-Haffel verkündete Franz Anton seine bevorstehende Abreise. Unverzüglich verließ er eines Morgens Schaffhausen mit demselben Packwagen, in dem er gekommen war. Er begab sich zurück nach Frauenfeld, zu seiner zweiten Residenz.

Maria und Albert ließ er wissen, er wolle nach Ablauf eines Jahres wiederkehren. Elsbeth beabsichtigte, ihn in Frauenfeld zu besuchen. Als er jedoch davon erfuhr, schrieb er ihr mit großer Rücksicht, daß er dies nicht wünsche, und ließ ihr durch einen Diener, der wie ein Edelmann gekleidet war, Geschenke bringen.

Warum schlug Mesmer gerade den alchimistischen Weg ein, er, der sein ganzes Leben lang seine Entdeckung mit Hilfe der anerkanntesten physikalischen wie medizinischen Wissenschaften zu erklären und zu rechtfertigen suchte? Warum wollte er sich unbedingt mit der so schwer zu entschlüsselnden symbolischen Sprache der Alchimisten auseinandersetzen und sich einer Kategorie von Menschen zuordnen, die so häufig als „Schwärmer" und „Betrüger" abgetan wurden? War die Alchimie für ihn lediglich ein Zeitvertreib? Ging es ihm bei der vermeintlichen Suche nach dem Jungbrunnen nicht doch mehr um den Gewinn einer Wette, bei der es galt, ein Geheimnis zu enthüllen, als um die

Herstellung eines zweifelhaften Elixiers? Mehr aus einer Laune heraus, denn aus dringendem Verlangen hatte er mit Illusionen, Symbolen und Aberglauben spielen, ja jonglieren wollen. Die Versuchung, die alchimistische Hydra, das Symbol für das Quecksilber der Philosophen, erst hervorzulocken, dann wachsen und wieder kleiner werden zu lassen, war allzu groß, als daß er ihr hätte widerstehen können. War er nicht selbst mit eigenartigen Phänomenen umgegangen, so daß er nicht auch jetzt zu weiteren Mysterien hätte vordringen können? In der Beschäftigung mit Alchimie sah er einen Weg, einen Teil seiner Zeit sinnvoll zu verbringen, doch sein Werk, das er mit den von ihm verwandten neuartigen physikalisch-chemischen Prozessen, die eher einer experimentellen Mystik ähnelten, messen konnte, verlor er dabei nicht aus den Augen. Womöglich stellte er auch einen Vergleich an zwischen der stofflichen und der geistigen Natur der Alchimie, die ihre Anhänger mit der Weltseele, dem tierischen Magnetismus und dessen universellem Fluidum in Verbindung brachten. Die eine wie die andere war auf der Suche nach einem eigenen Weg, beide zollten einander Anerkennung, sowohl als Wissenschaft wie auch als Kunst.
Indessen wollte Mesmer in einem letzten Anlauf, in einer Abhandlung, die er gemeinsam mit Bachelier d'Agès vorbereitete, seine Entdeckung als wissenschaftliche Leistung vorstellen. Er war wiederholt nach Paris zurückgekehrt, um mit dem, der einst sein Sekretär gewesen, ein Traktat zu verfassen, das sich von den vorangegangenen Werken erheblich unterschied. Die Arbeit erschien unter dem Titel *Abhandlung des Franz Anton Mesmer, Doktor der Medizin, seine Entdeckungen betreffend.* 1799 bei Puchs veröffentlicht, wurde diese sogenannte „Abhandlung aus dem Jahre VII" mit Beifall in Frankreich, der Schweiz und Deutschland aufgenommen, wo sie im Jahr darauf in Jena erschien.
Erstmals widmete Franz Anton einen Großteil seines Buches der Beschreibung des Somnambulismus, sowie dem Versuch

einer Deutung und Nutzung des künstlich hervorgerufenen Somnambulismus. Im Gegensatz zu seinem Schüler Puységur, in dessen Augen der Somnambulismus auf die Beziehung zwischen Arzt und Patient günstig einwirkte und eine wesentliche Komponente der magnetischen Behandlung darstellte, hielt Mesmer das Phänomen weiterhin für krankhaft und sah in ihm eine Art von Krise, die die Natur zur Heilung einsetzte. Der Magnetismus sei dazu da, der Natur bei der Vervollkommnung und Lenkung der Krise behilflich zu sein, um schließlich die Harmonie wiederherzustellen.

Picher de Grandchamp, ein Schüler Mesmers, der an der zweiten Auflage der „Abhandlung aus dem Jahre VII" mitwirkte, versah das Werk später mit einer Reihe von Anmerkungen, die Aufschluß gaben über die Erklärungen zahlreicher bis dahin als rätselhaft und okkult geltender Phänomene, für die der Magnetismus herzuhalten hatte. So waren Erscheinungen, Ekstasen, Visionen und Prophezeiungen mit einem Mal nicht mehr übernatürlich, sondern wurden der Analyse und einem rationalen Urteil zugänglich.

Trotz seiner weitverbreiteten Anwendung hatte der tierische Magnetismus in Frankreich gegen Ende des 18. Jahrhunderts beträchtlichen Schaden genommen und war mit zahlreichen aus der Luft gegriffenen Auslegungen verschmolzen, die Mesmer nicht einmal mehr zu bekämpfen trachtete. Allein Puységur, und nach ihm Deleuze, vermochten auf dem Umweg über den Somnambulismus das Interesse am Magnetismus wachzuhalten. Mesmer reiste nur noch gezwungenermaßen nach Paris, um einen Teil des Vermögens, um das ihn die Revolution gebracht hatte, zurückzufordern. Es wurden Vereinbarungen getroffen, und im Jänner 1802 weilte er in Versailles, um einen Schiedsvertrag mit der französischen Regierung zu unterzeichnen, die ihm eine jährliche Rente von dreitausend Gulden gewährte. Anscheinend konnte er jedoch dank Savalette de Langes durch geschickte Anlagen mit einer zusätzlichen Summe rechnen.

II

DER NOSTOC

Franz Anton kehrte alljährlich nach Schaffhausen zurück, um sein Elixier zuzubereiten und im Angesicht des Rheinfalls neue Kraft zu schöpfen. Er hatte gewisse Stufen der „Nigredo“ vervollkommnet, so daß sie ihm nunmehr mit außerordentlicher Leichtigkeit gelang.
Alles verlief zum Besten, da beschloß er im Jahre 1802, anstatt wie gewöhnlich für seine Arbeit im Laboratorium den Herbst abzuwarten, bereits im Frühjahr nach Neuhausen aufzubrechen.
Er kam am 20. April im Hause Maurer an und begann schon am 21. mit seinen Vorbereitungen. Die erste Phase verlief ohne Schwierigkeiten, ebenso die Fixation und die Fermentation. Doch im Augenblick, da die „Nigredo“ durch Projektion in die „Albedo“ überging, fixierte sich das „Blei der Weisen“ und behielt die Schwärzung vom „Kopf des Raben“ bei. Mesmer begann jede einzelne Etappe von neuem, um die übelriechende Schwärze aus der schwarzen Erde zu entfernen. Er brachte das Gefäß erneut zum Kochen, damit es die weiße, „Schwan“ genannte Substanz freisetze. Doch nichts geschah. Alles blieb im Stadium des Raben stecken. Deshalb befragte er das dritte Siegel Nicolas Flamels, und Rhazès, der große Rhazès, kam höchstpersönlich, um die Zubereitung des Elixiers zu überwachen.

Doch zuvor sagte der Kabbalist zu ihm: „Franz Anton, es ist an dir zu handeln, greife auf deine einstige Kraft zurück."
„Meine Kraft habe ich vor mehr als dreißig Jahren bei meinen wissenschaftlichen Widersachern eingebüßt", erklärte Franz Anton. „Ich verfüge über keine Kraft mehr!"
„Wenn du keine besäßest, wäre ich nicht hier", sagte Rhazès. „Schau in den Spiegel!"
Franz Anton starrte in den Spiegel, den ihm der Kabbalist reichte. Er sah seine eingesunkenen Züge, sein graues Haar, seine blassen Lippen. Nur seine sonderbaren Augen mit den starren, durchdringenden Pupillen glänzten auf der polierten Fläche.
„Betrachte nun den Raben im Schmelztiegel", sagte Rhazès, „und übergieße ihn mit dem Inhalt des Flakons des Albertus Magnus, so wie er es dich geheißen."
Franz Anton hatte den Flakon des Albert de Groat sorgfältig aufbewahrt und schüttete ihn über der „Schwärze der Schwärzen" aus. Ein Brodeln war die Folge.
„Jetzt projiziere den ‚Merkur'", befahl Rhazès.
Als das Quecksilber den Schmelztiegel über dem ersten Werk ausfüllte, erhob sich Dampf, der sehr rasch verflog und eine glatte Oberfläche zurückließ, worauf sich Striche, gebrochene und gebogene Linien abzeichneten, die derart bewegliche und flüchtige Figuren ergaben, daß sie das Auge nicht zu fassen vermochte.
„Fixiere nun die Oberfläche des ‚Merkur', damit die Kraft deiner Augen den ‚Auferstandenen' erscheinen läßt", verlangte Rhazès.
„Den ‚Auferstandenen'? Was heißt ‚der Auferstandene'?" fragte Franz Anton.
„Das Zutagetreten des widersprüchlichen Geistes. Es ist der Engel oder Dämon, der das endgültige Stadium deines Werkes verhindert. Betrachte den Merkur. Deine Augen besitzen die Kraft, dich den Auferstandenen erkennen zu lassen."
Franz Anton neigte sich über den Schmelztiegel und ließ seinen

Blick auf die Oberfläche des Quecksilbers fallen. Seine Pupillen waren noch immer starr und seine Augen unbewegt. Keinerlei Lidschlag, keinerlei Blinzeln filterte den strahlenden Blick, der einst die Welt so sehr in Erstaunen versetzt hatte.
Auf der Oberfläche des flüssigen Metalls ordneten sich die flüchtigen Linien jetzt zu einem Gesicht, das Franz Anton sogleich erkannte. Es war der Kopf einer Frau, die beharrlich die Augen schloß. Nach einer Weile verschwand das Gesicht, und an seine Stelle trat die Silhouette eines schwarzen Schwans, der sich seinerseits auflöste, um wieder dem gleichen Frauenkopf Platz zu machen.
Franz Anton näherte sich dem Schmelztiegel mit seinen Händen und hielt sie über die quecksilbrige Oberfläche. Diese Geste fixierte die Züge eines Bildnisses, das er Rhazès zeigen konnte.
„Du hast recht, ich verfüge noch über einige Kraft", seufzte er. „Was soll all das bedeuten?"
„Diese Frau hindert dich daran, von der ‚Nigredo' zu den letzten Phasen überzugehen. Du mußt sie aufsuchen und sie dazu bringen, dich handeln zu lassen."
Franz Anton zuckte mit den Schultern.
„Ist das denn wirklich nötig? Ich bin schon sehr alt."
Rhazès bestand darauf.
„Kennst du sie? Weiß du, wer sie ist? Zwei Monate bleiben dir noch, um eine weitere Zubereitung des Elixiers vorzunehmen. Läßt du die Zeit ungenützt verstreichen, wirst du dich weder in deinem Körper noch in deiner Seele wiedererkennen. Diese Frau muß gewillt sein, dir noch vor Frühlingsende den ‚Nostoc' zu überlassen, andernfalls wirst du elendiglich sterben."
„Was meinst du mit ‚Nostoc'?
„Paracelsus gab ihm diesen Namen", sagte Rhazès. „Es handelt sich um den Weltgeist, das Abbild deines ‚universellen Fluidums'. Man muß ihn am Ende einer Mondphase im April und bei jedem weiteren Mondwechsel bis zum Oktober sammeln. Du hast nur noch wenige Monate, um ihn dir zu beschaffen."

„Wie kann ich ihn erkennen?“ fragte Franz Anton.
„Es ist eine Substanz ohne Wurzeln, ohne Blüte und ohne Samen, ein dunkelgrüner Gallert, zäh wie warmes Wachs. Man sucht ihn bei Sonnenaufgang nach einer klaren, trockenen Nacht. Es ist das Sperma der Erde, das den Pflanzen, ja selbst den Metallen und allem, was aus der Erde kommt, Leben verleiht.“
„Und was fange ich damit an?“ fragte Franz Anton weiter.
„Wenn du zur letzten Phase des ‚Nigredo‘ gelangst, wirfst du den Nostoc in den Tiegel und verwandelst so den Raben in den weißen Schwan; nun kannst du dein Elixier, und wenn es dir beliebt, sogar den Stein herstellen.“
„Warum hält diese Frau den Nostoc zurück?“ fragte er.
„Weil sie in deinem großen Werk als ‚Auferstandener‘ erschienen ist, das heißt als günstiger und zugleich als nachteiliger, widersinniger und beengender Geist. Es ist eine Mischung aus feindlichem und großmütigem Einfluß, den es zu überzeugen und milde zu stimmen gilt.“
Der Kabbalist verstummte und verabschiedete sich.
Allein gelassen, kehrte Franz Anton zu seinem Schmelztiegel zurück, fixierte den Merkur erneut über dem Feuer und ließ das Gesicht der Frau mit den noch immer geschlossenen Augen wieder erscheinen.
„Mach die Augen auf, Marie Therese!“ befahl er.
Das lebenswahre Portrait schien sich zu rühren, und mühevoll, mit angespannten Zügen, schlug die Frau die Augen auf, die sie jedoch sogleich wieder schloß.
Franz Anton hob die Schultern, und nachdem er das Quecksilber ins Feuer des Athanor geschüttet, verließ er sein Laboratorium. Er bat Maria, ihm ein üppiges Mahl aufzutragen und orderte einen Wagen für eine lange Reise, die er am übernächsten Tage anzutreten gedachte.
Als Albert nach dem Reiseziel fragte, antwortete er: „Wir fahren nach Wien, um jemanden wiederzusehen.“

Nach einem letzten Glas Hallauer Wein zog er sich in sein Zimmer zurück.

Albert bereitete eine lange, geräumige Berline vor, die über genügend Raum für das Gepäck verfügte. Doch beim Ausspannen schlug das rechte Pferd an der Deichsel aus; es ertrug das Kummet nicht. Man mußte beim Sattler ein besonderes Geschirr anfertigen lassen, mit einem Zugblatt, das das Tier auf seiner Brust duldete. Franz Anton wollte jedoch keinesfalls das neue Geschirr abwarten. Er beschloß, den Rhein mit einem Schleppkahn hinaufzufahren und kam mit Albert überein, daß man sich drei Tage später am Ufer des Bodensees treffen wolle.
„Ich werde schon morgen abend dort sein", sagte Albert.
„Du machst in Horn Station", erklärte Franz Anton, „und dort wirst du die Nacht verbringen, dann nimmst du die Fähre zur Insel Reichenau und erwartest mich im Wirtshaus von Oberzell. Hab Geduld, falls ich mich verspäten sollte."
Franz Anton frühstückte bei Tagesanbruch in der „Fischerzunft". Er nahm Abschied von Elsbeth Vogel, die ihn zur Anlegestelle brachte, wo der Schleppkahn ihn bereits erwartete. Der Wind blies von Westen, und auf dem Ponton hatte man an einem Mast ein viereckiges Segel gesetzt, das sich schon durch die Brise blähte. Franz Anton machte es sich zur Mitte des Flusses hin am Bordrand in einem zwischen Kisten und Eichenfässern eingerichteten Raum bequem, wo man eine Bank mit Roßhaarkissen aufgestellt hatte. Die Brückenzolleinnehmer lösten die Taue, der Bootsmann hißte das Segel und gab den Treidlern, die bereits zu Pferde saßen, das Signal zur Abfahrt. Während die Barke sich ohne Anstoß ein wenig vom Ufer entfernte, wurde sie vom Deichselpferd in Festlandnähe gehalten. Das lange, um den Mast geschlungene Tau reckte sich unter der Anstrengung des an den Ortsscheiten ziehenden Vierergespanns, und das Schiff fuhr ohne zu große Mühe für die Pferde, denen das Segel zu Hilfe kam, stromaufwärts.

Das zum Fluß hin abfallende flache Land war gesäumt von Feldern, Wiesen, Pappel- und Espenwäldchen, und in den Buchten des Steilufers entfernten sich gemächlich im Blattwerk der Weiden versteckte Schwäne und Stelzvögel, als der Lastkahn vorüberglitt. Die Luft war mild, und Dunst lag über den seichten Buchten des Flusses, wo die Strömung seinen Lauf bremste. Die Sonne erhob sich von den Hügeln des linken Ufers über den Dächern des Klosters Reinsparad, und ein Strahl fiel auf Franz Antons Hände. Er sah sie an und hielt sie ins Sonnenlicht. Nur einige Venen liefen vom Handgelenk bis in dieFingerspitzen, und seine Handflächen waren weiß und glatt; die Säuren und Elixiere, mit denen er in seinem Laboratorium umgegangen war, hatten keinerlei Spuren hinterlassen. Er breitete die Arme aus, spreizte die Finger, richtete sie stromaufwärts und murmelte: „Natur, was hältst du nun für mich bereit?“ Dann schloß er die Augen.
Als man nach Stein am Rhein gelangte, schlief er, und der Bootsmann weckte ihn. Es wurde angelegt, um das Schiff zu entladen und neue Fracht an Bord zu nehmen. Mesmer trank im Gasthaus „Schwan“ einen Krug Wein und kehrte zurück, um sich erneut zwischen Kisten und Fässern auf der Roßhaarbank auszustrecken.
In Ohningen wurde Halt gemacht, um dort in der Herberge „Flandern“ die Nacht zuzubringen. Franz Anton aß ein Schweineragout mit Backpflaumen und einen Blaubeerkuchen. Er trank reichlich. Vor dem Mahl hatte er den Wirt gebeten, man möge ihn, falls er betrunken sei, auf sein Zimmer tragen und am nächsten Morgen rechtzeitig zum Ablegen der Barke wecken. Und so geschah es auch.
Zwei Tage später erreichte er Horn am Bodensee, an der Spitze, die steil in den Untersee abfällt.
Er nahm einen Wagen und ließ sich nach Iznang kutschieren...

Iznang! Hier hatte Franz Antons Leben begonnen, in diesem kleine Marktflecken, der auf dem Westufer eines der Bodensee-

becken gegenüber der Insel Reichenau gelegen war. Der Bodensee, das „Schwäbische Meer“, dringt mit seinen tiefen Sümpfen zum Dorf vor... Und Franz Anton ist bis an die Schwelle des Hauses seiner Kindheit getreten.
Alles hat sich verändert, und doch hat sich nichts geändert. Das Haus ist noch immer da mit seinem Eingangstor und dessen beiden auf den Hof der alten Domäne hin geöffneten Flügeltüren. Wo ist der Vater, mit seinen Lederstiefeln und dem samtenen Wams? Wo die Brüder, die zwei Rosse lenkten, und wo der Lieblingsspürhund, der nur darauf wartete, daß man das ruhigste Reittier wählte, dem er dann in einigem Abstand folgte...
Alles hat sich verändert, doch es ist noch da, das alte Haus, mit seiner Wasserlache mitten im Hof. Wer wird die Küchentür öffnen und Franz Anton begrüßen? Die Mutter ist lange tot, er hat sie nicht gekannt. Tante Grethel vielleicht, die immer den Kaffee für die morgendliche Jagd zubereitete...
Aus dem Schornstein des Hauses steigt Rauch auf. Franz Anton wagt nicht, an der Küchentüre zu klopfen. Von weitem hat er das Ticken einer Uhr vernommen. Es ist dieselbe von einst. Doch die Frau, die heraustritt, ist eine Fremde; sie ist an ihm vorübergegangen, ohne ihn zu sehen...
Ein Fährmann hat Franz Anton zur kleinen Insel Reichenau gebracht. Von den Iznanger Sümpfen kommend, haben sie an der Niederzeller Landzunge vor dem Hause Walter Mattaus angelegt. Auf der Türschwelle spielten Kinder, sie warfen Steine in ein Faß, während unter einer Linde Frauen webten.
„Walter Mattau?“
Niemand kannte Walter Mattau noch, den alten Wünschelrutengänger, der Franz Anton einst die Kraft seiner Hände entdecken ließ.
Franz Anton ist nach Oberzell zurückgekehrt. In der Schenke „Seeschau“, nah dem Wasser, hat er ein Zimmer genommen und das Eintreffen seines Dieners Albert Wiegand angekündigt.
Der Wirt wollte wissen, ob er ein Abendessen vorbereiten solle.

„Nein", sagte Franz Anton, „beköstigt meinen Diener statt dessen und gebt ihm mein Zimmer. Doch sagt ihm, er möge mich im Morgengrauen beim Kloster abholen. Dort werde ich nächtigen."
Die Abtei Oberzell. Franz Anton ist dem kleinen verborgenen Weg gefolgt, der sich von Mittelzell zur Oberzeller St. Georgs-Kirche schlängelt, doch Johann Ziegler faßt ihn nicht um die Taille, wie einst, wenn sie gemeinsam zum Orgelspielen in die Abteikirche gingen.
Nachdem er das Mittelschiff durchschritten, setzt sich Franz Anton zu Füßen eines Pfeilers im südlichen Seitenschiff im Angesicht der Arkaden, über denen Abt Witigowo die berühmten Fresken hatte malen lassen.
Es gibt sie noch, diese alten Malereien, die ihn einst so tief berührten.

Franz Anton zuckt mit seinen mittlerweile gebeugten Schultern und betrachtet seine langen, zartgliedrigen Hände mit den beiden eckigen Daumen. Er kniet im Kirchenschiff vor dem Hauptaltar nieder. In der Basilika gibt es außer ihm keinen Menschen. Mit lauter Stimme hebt er an zu sprechen.
„Alles, alles finde ich hier wieder, auf dieser feuchten, eisigkalten Insel Reichenau. Mein Gott! Alles, was du nur gabst, erhielt ich hier, in der Luft des Kasseler Waldes, in den Schwingungen der zurechtgeschnittenen Haselruten, in den Händen des Heilers auf Witigowos Fresken. Nunmehr suche ich nur noch die Regsamkeit von Körper und Geist zurückzugewinnen, und auf dem Quecksilberspiegel ist da diese Erscheinung, die sich meinem Streben widersetzt. Was will diese Frau? Ein Bekenntnis? Ein Eingeständnis einer Schuld? Oder lediglich ein letztes Zusammentreffen, bevor sie mir vergibt?"
Eine Vergebung! Er sieht keinerlei Grund, diese zu erbitten, und dennoch begibt er sich wie ein Schuldbeladener nach Wien.

Franz Anton verließ die Basilika. Er durchquerte das Kloster, um den Prior um Aufnahme zu ersuchen. Nach einem einfachen Abendessen gestatteten ihm die Benediktiner, die Nacht in einer Zelle der Abtei zu verbringen. Früh am nächsten Morgen stand Albert mit seiner Berline vor dem Portal der Kirche St. Georg. Bei Sonnenaufgang verließ die Kutsche Konstanz in Richtung Bregenz.
Mesmer durchfuhr Tirol und Oberösterreich, ohne in den Städten Halt zu machen. Er zog es vor, seine Reise in Dorfschenken zu unterbrechen. Ab Linz folgte er dem Lauf der Donau, und zwei Tage hielt er sich im Kloster Melk auf, dessen Abt einer seiner ehemaligen Mitstudenten der Theologie an der Universität von Ingolstadt war. Während dieses kurzen Aufenthaltes begegnete er der Zigeunerin Kamilla Farkas.
Die Abtei von Melk ist auf einem felsigen Hügel errichtet, der die Donau um mehr als zwanzig Klafter überragt. Zu Füßen dieses Hügels hatten die Zigeuner ihr Lager aufgeschlagen. Es waren Kesselschmiede, Kalderashi aus Esztergom in Ungarn, die nach Salzburg zogen und Station machten, um letzte Hand an ihr Gerät zu legen. Sie hatten einen Lagerplatz weit außerhalb der Stadt bezogen, denn der ohrenbetäubende Lärm ihrer Hämmer auf Blechen und Hornambossen schloß sie aus jeglicher Nachbarschaft aus, und die Bewohner von Melk hatten sie von der Festwiese, wo sie Halt zu machen gedachten, vertrieben. Durch ihr lautes Treiben war Mesmer auf sie aufmerksam geworden, und mit einer klaren Absicht hatte er sie über den Pfad, der zur Donau führte, in ihrem Lager aufgesucht. Jedesmal, wenn er Zigeunern begegnete, fragte er, woher sie kämen und wohin sie zögen und ob sie in einem Stamm von Pferdehändlern von der Existenz eines „Gorgio“, eines Nichtzigeuners, mit Namen Marino Salva Vargas wüßten, der eine Lovari, Gulia Arkim, geheiratet habe. Einmal mehr fiel die Antwort negativ aus. Der Stammesälteste hob seine Hand zum Abschied und nahm seinen Hammer wieder auf, als eine Frau herantrat und fragte,

ob sie Mesmer „dukkeripen“, nämlich die Zukunft vorhersagen solle. Entgegen seiner sonstigen Gewohnheit ließ er es dieses Mal geschehen.
Die Frau zog ihn fort vom Lärm der Kesselschmiede und hieß ihn in ihren Wohnwagen steigen.
„Ich bin eine Korbati“, sagte sie, „die Tochter eines Schmiedes, und dennoch habe ich mich nie an das Gehämmer der Kalderashi gewöhnen können. Ich bin die Witwe Farkas', des ehemaligen Stammesältesten, und meine Mutter war eine Lovari. Ich hörte dich von Gulia Arkim, der Tante meiner Mutter, reden.“
Trotz ihrer genauen Angaben vermochte sie Mesmer nichts Näheres über Gulia Arkim zu sagen. Sie war ihr nie begegnet und hatte auch nie etwas über einen Marino Salva Vargas erfahren, doch schlug sie vor: „Gib mir deine Hand, ich werde dir daraus die Zukunft lesen.“
Mesmer reichte ihr seine Linke, und Kamilla Farkas nahm sie fest in ihre Hände, doch ganz gegen Franz Antons Erwartung, studierte die Zigeunerin nicht seine offene Handfläche, sondern sein Gesicht. Ihre Blicke kreuzten einander, und Kamillas Augen hielten den seinen stand. So beobachteten sie sich eine Weile, dann fragte die Zigeunerin: „Warum fährst du nach Wien? Diese Reise führt zu nichts.“
Ihre Augen bekamen plötzlich unter den schweren Lidern einen ganz eigenartigen Glanz. Franz Anton war verblüfft; die Frau wußte nichts von ihm, und er hatte ihr nichts von seinen Absichten gesagt. Er war lediglich als neugieriger Besucher ins Lager gekommen, und nun zögerte er mit einem Mal, Antwort zu geben oder Fragen zu stellen.
„Für ein wenig Geld könnte ich dir mehr sagen, doch die Fragen, die mußt du stellen.“
Er gab Kamilla fünf Kreuzer. Sie nahm aus ihrer Schürzentasche eine Kristallkugel und reichte sie Franz Anton.
„Halte sie vor meine Augen, und wann immer du willst, werde ich antworten.“

Er ließ sich dies nicht zweimal sagen, und wie ein Echo wiederholte die Zigeunerin seine Gedanken, gab auf jede Frage Antwort, bald präzise, bald verschleiert, doch immer leicht zu deuten. Er erfuhr, wie sein Empfang in Wien ausfallen und was ihn dort erwarten würde, sie sagte ihm seine Rückkehr nach Schaffhausen und Frauenfeld, die Besuche der preußischen Gesandten, seine Installation in Riedelsweiler und schließlich in Meersburg sowie die Krankheit, die ihn befallen sollte und selbst den Tag, an dem er sterben würde, voraus.
Nahezu enttäuscht, lauschte er den Worten der Zigeunerin, die ihm in von Verwünschungen unterbrochenen Satzfetzen verabreicht wurden. Zuweilen hustete und spuckte sie, doch seine Hand hielt sie noch immer in der ihren und löste ihren Blick nicht von den seinen. Als sie geendet hatte, legte er die Kristallkugel zurück in ihre Schürzentasche. Kamilla schien zu erwachen. Sie begann sehr rasch in Zigeunersprache zu reden, als könne Mesmer sie verstehen, dann hielt sie plötzlich inne und entschuldigte sich.
„Du hast mit deinen Fragen so sehr von mir Besitz ergriffen, daß ich dich die ganze Zeit über für einen Roma, einen wahren Zigeuner hielt. Doch ich will tot umfallen, wenn nicht alles, was ich dir sagte, der Wahrheit entspricht."
Mesmer kannte das Gerede der Zigeuner und ihre aus der Luft gegriffenen Lügen. Während sie noch immer sprach, bereitete Kamilla in einer schwarzen Kanne Tee, den sie aus roten Tassen tranken. Sie erklärte, bei den Zigeunern werde nie aus weißem Porzellan getrunken, das lediglich der Trauer vorbehalten bleibe. Da Franz Anton es nicht eilig zu haben schien, lud Kamilla ihn ein, gemeinsam mit ihrer Schwester Ravna bei ihr zu essen. Versonnen und widerstandslos willigte Mesmer angesichts Kamillas Autorität, die ihn auf einmal mit ihren Worten in ihren Bann geschlagen zu haben schien, ein. Sie aßen auf umgestülpten Eimern sitzend vor dem Wohnwagen. Die beiden Schwestern hatten in einem Kessel Kohl und mit Paprika gewürzte Tomaten

zusammen mit dicken Scheiben geräuchertem Schinken gekocht. Zum Abschluß gab es Brot aus Pferdebohnen, sogenanntes „Brynza" und Schafskäse. Und als Franz Anton sich über dieses üppige Mahl verwunderte, antwortete Kamilla:
„Die Kreuzer, die du mir gabst, kommen für all das auf. Deine Fragen und die Art und Weise, wie du sie mir stelltest, haben mich mehr gelehrt als dich meine Voraussagen. Jetzt weiß ich, daß ich, sobald wir nach Ungarn zurückkommen, nach Cluj gehen kann und mit meinen Händen in der verzauberten Erde der Daces graben und eine Handvoll davon schlucken werde, um die Gabe des Zweiten Gesichts zu erlangen und verborgene Schätze zu entdecken. In der kommenden Johannisnacht werde ich mit meinem silbernen Messer einen Kürbis zerschneiden und, indem ich an dich denke, deine Widersacher verwünschen."
Franz Anton hörte Kamilla lächelnd zu. Ravna hatte geschwiegen. Sie war aufgestanden, um Zucker durchzusieben, mit dem sie den Zimtkuchen überpuderte, der nun noch gegessen werden sollte. Mit leichtem, wiegendem Schritt, der ihren Rock schwingen ließ, kehrte sie zu den beiden zurück, und während sie den Kuchen anbot, beugte sie sich zu Mesmer hinab: „Auf die sollte man hörten. Im ganzen Stamm und selbst bei anderen Roma gibt sie die besten Dukkeripen."
Sie biß in die zuckrige Masse und trank einen Schluck Tee. Am anderen Ende des Lagers hatten sich die Kalderashi nach dem Essen wieder darangemacht, ihre Töpfe und Kessel zu behämmern. Der Lärm wurde von neuem unerträglich. Mesmer verabschiedete sich. Als sie ihn fortgehen sahen, hielten die Kalderashi einen Augenblick lang inne, auf Bleche und Kupferwannen zu schlagen und riefen im Chor: „Bahtalodrom! Viel Glück auf Eurem Weg!"

Mesmer ist über Klosterneuburg und Kahlenberg in Wien eingetroffen. Eine Kutsche Rudolf Stupfels hat ihn abgeholt und unauffällig nachts zur Residenz seines alten Freundes in die Neulinggasse gebracht. Sie hatten sich seit Mesmers kurzem Aufenthalt im Jahre 1793, bei dem dieser Schwierigkeiten mit der kaiserlichen Polizei bekommen hatte, nicht wiedergesehen. Nach einem gemeinsam verbrachten Tag begab sich Mesmer am nächsten Vormittag zu Marie Therese Paradis, die von Stupfel auf seinen Besuch vorbereitet worden war.

Ecke „Am Hof"-Platz und Bognergasse hatte Marie Therese Paradis vor zwei Jahren eine prächtige ehemalige Residenz erworben. Ihre Konzerte in Europa, ihre Opern und vor allem ihr jüngstes, kürzlich in Prag aufgeführtes Werk „Renaud und Armide" hatten ihr zu beträchtlichem Wohlstand verholfen. Noch immer unverheiratet, hatte sie schon im Jahre 1790 in Wien eine Musikschule für junge Mädchen gegründet. Von ihren Kollegen der Hofmusikkapelle und vom Hofe Franz II. anerkannt und geschätzt, konnte sie ihr auf ihrer großen Virtuosität gründendes Renommee durch die Erfolge mit ihren Kompositionen nur noch weiter festigen.

Vor dem großen Hause war Mesmer, der zu Fuß vom Stephansplatz gekommen war, unter einem Vordach stehengeblieben, und hatte, nachdem er vergeblich nach einem Klingelzug Ausschau gehalten, zweimal den Klopfer betätigt. Ein Bediensteter öffnete einen Türflügel zunächst nur spaltbreit, dann ließ er Franz Anton ein und führte ihn in den Vorhof zu einem eingezäunten Garten. Zur Rechten führte in einer Galerie eine Steintreppe zu einem Flur im ersten Stock hinauf, von dem drei Türen abgingen. Der Bedienstete pochte an die mittlere, öffnete sie und ließ Mesmer eintreten, der nur wenige Schritte in ein sehr dunkles Zimmer trat.

Franz Anton, den das Halbdunkel zunächst überrascht und verwirrt hatte, empfand dies nur noch mehr, als der Diener die Tür hinter sich schloß und er in nahezu gänzlicher Finsternis allein zurückblieb. Nach und nach verstärkte sich ein schwacher Schein, der durch eine Dachluke fiel, und an die Stelle des ihn

umgebenden Helldunkels trat ein Zwielicht, das es ihm erlaubte, sich in dem geräumigen Salon zurechtzufinden.
Eine Stimme rief ihn und half ihm, seine Schritte durch den Raum zu lenken. „Franz Anton, kommt und setzt Euch zu mir."
Die Stimme klang eigenartig tief, ja sogar rauh, doch recht gut verständlich. Von ihr geleitet schritt Mesmer in die Tiefe des Raumes, und während sich seine Augen nach und nach an das Halbdunkel gewöhnten, erkannte er Marie Therese Paradis. Sie saß ganz in Schwarz in einem mit dunklem Samt bezogenen Sessel, dessen durch ein Kissen erhöhter Sitz an einen Thron erinnerte. Ihre auf der Seitenlehne ruhenden Unterarme ließen ihre sehr weißen Hände herabhängen, die zusammen mit ihrem Gesicht in dieser Grabesfinsternis die einzigen drei hellen Flecken bildeten.
Ein weiterer Sessel, der dem Marie Thereses nahezu gegenüber, jedoch ein wenig nach rechts versetzt stand, war für Franz Anton vorgesehen. Marie Therese hatte ihre Rechte zum Sessel ausgestreckt, und Franz Anton, der von links kam, stellte fest, daß sie seine Gegenwart lediglich erahnte. Er ergriff ihre Hand, küßte sie, legte sie dann wieder auf die Seitenlehne und setzte sich. Während einer ganzen Weile blieben sie stumm. Keiner von beiden wußte, wie er das Gespräch beginnen sollte, und Franz Anton war zugleich überrascht und verwirrt durch die Atmosphäre des Ortes, vor allem jedoch durch Marie Thereses theatralisches Gebaren. Ihre ebenmäßigen, faltenlosen Züge waren durch keinen Kunstgriff zurechtgemacht und durch keinerlei Schminke betont. Die blasse, gespannte Haut schien das Gesicht wie eine wächserne Maske zu überziehen; es wurde von tiefdunklem, enganliegendem, mit einem kurzen Kamm zu einem festen Knoten aufgestecktem Haar eingerahmt. Keinerlei Schmuck zierte ihr schwarzes Spitzenkleid, und ihre in hohen Knöpfstiefeln aus schwarzem Satin steckenden Füße ruhten auf einem ebenfalls schwarzen Samtkissen. Franz Anton, der diese

Einzelheiten in der Dunkelheit des Raumes mehr ahnte als sah, begriff, daß Marie Therese diese Szenerie ganz gezielt gewählt hatte: ihr tieferer Sinn war ihm jedoch ein Rätsel.
Die beiden Sessel standen im Hintergrund eines Salons, dessen auf einen Innenhof gehende Fenster mit schwarzem Tüll verhängt worden waren; die anderen, zum Platz hin führenden Öffnungen in der Fassade hatte man mit dichten Jalousien verschlossen. Auf dem Kamin, den Tischen und Konsolen sah man keinerlei Leuchter, Kerzenhalter oder Lampen, und die Decke und die Mauern trugen weder Lüster noch Kandelaber. In einem Winkel der zum Garten gerichteten Wand stand ein offenes Klavier und neben dem Instrument ein kleiner Palisandertisch, auf dem ein entfalteter Fächer lag.
Die Verwirrung, die Mesmer gleich bei seiner Ankunft überkommen hatte, wurde noch durch diese Inszenierung verstärkt, und er hüllte sich weiterhin in Schweigen.
„Was wollt Ihr von mir? Warum habt Ihr mich um diese Unterredung gebeten?"
Die rauhe Stimme wurde nur noch tiefer, und Franz Anton vernahm darin weder den Ton noch das Timbre jener jungen Frau, die er einst in der Landstraße gekannt hatte. In der Dunkelheit des Musiksalons wirkte ihm ein Geist, oder zumindest eine unstete Seele, entgegen, von der er nicht wußte, ob er ihr Erscheinen beschwören oder deren Trugbild zu entkommen trachten sollte. Er begann, seine Reise und den damit verbundenen Versuch, der Krise, die seine alchimistischen Erkenntnisse erschüttert hatte, ein Ende zu setzen, als gescheitert anzusehen. Noch immer schweigsam, war er aufgestanden, wandte Marie Therese den Rücken zu, und selbst auf die Gefahr hin, eine grobe Ungebührlichkeit zu begehen, machte er Anstalten, den Salon zu verlassen. Da rief sie: „Franz Anton!"
Sie hatte seinen Namen laut ausgestoßen und sich dabei aus ihrem Sessel erhoben. Jetzt kam sie, ohne zu zögern, zielstrebig auf ihn zu, so, als könne sie ihn sehen. Sie ließ ihn nicht gehen,

nahm ihn bei der Hand und führte ihn zum Klavier, wo sie ihn ganz dicht neben sich Platz nehmen ließ. Er hatte sich leiten lassen, als sei er der Blinde, und tatsächlich sah er sie nicht mehr so, wie sie sich an jenem Morgen hatte zeigen wollen, sondern wie sie ihm damals beim ersten Mal erschienen war, als der alte Wagenseil ihn mit ihr beim Konzert in der Hofburg bekanntgemacht hatte.

Das Stück, das sie zu spielen beabsichtigte, hatte „die Akzente eines bewegten, fieberhaften, bis an die Grenze der Verzweiflung reichenden Dramas, bei dem jede Variation mit einer erneuten Schicksalswende einherging. Es waren langgedehnte, angsterfüllte Rufe, die sich in einem herzzerreißenden Lamento fortsetzten. Dann schien die Hoffnung neu zu erstehen, doch allein, um in der verzweifelten Ruhe einer endgültigen Niederlage zu münden". In diesem Konzert, das Mozart für sie geschrieben hatte, brachte die Paradis zum Ausdruck, was ihr nie bewußt gewesen war oder was sie nie hatte sagen wollen. Dies war jedoch weder das Bekenntnis ihrer enttäuschten Empfindungen, noch das Eingeständnis ihrer Verzweiflung, sondern das letzte Zurschaustellen eines Stolzes, dessen Niederlage sie hatte stets tunlichst verbergen wollen. Franz Anton nahm all das in sich auf, und sein Besuch endete in der melancholischen und wehmütigen Alltäglichkeit dieses ihres letzten, höflichen Zusammenseins.

Den üblichen Artigkeiten folgten die Gemeinplätze einer Unterhaltung, in deren Verlauf Erinnerungen und Bekanntschaften heraufbeschworen wurden, mit deren Hilfe sie an die Wertschätzung und Freundschaft von einst wieder anzuknüpfen sich bemühten.

So gingen sie Seite an Seite, Arm in Arm im großen Salon auf und ab und blieben schließlich neben dem Klavier stehen. Marie Therese ließ Getränke bringen. Sie plauderten noch eine Weile, dann verabschiedete Mesmer sich.

Marie Thereses Gesicht hatte Farbe angenommen, mit einem

leichten Lächeln auf den Lippen reichte sie ihm noch ihre Hand, die er küßte, und begleitete ihn dann bis zur Treppe. Er wollte gerade die Stufen hinuntergehen, als sie an die Ballustrade trat und ihm, über das Geländer gebeugt, nachrief: „Franz Anton!" Er wandte sich um.

„Ich hoffe, Ihr werdet finden, wonach Ihr sucht."

Er hob als Zeichen der Zustimmung die Hand. Sie lächelte noch einmal und kehrte dann in den Musiksalon zurück.

Am Fuße der Treppe stand das Gartentor offen. Franz Anton betrat die von Buchsbaumgruppen gesäumte Allee. Nach ein paar Schritten kam er zu einem runden Platz, auf dem sich ein Springbrunnen befand. Der Wasserstrahl spritzte auf den Bekkenrand und befeuchtete so den Kies der Allee, der eine grünliche Farbe angenommen hatte. Franz Anton stellte fest, daß die grüne Färbung von einer gallertartigen Substanz herrührte, die die Zwischenräume der Kiesel und Steine ausfüllte und sich bis zu den Wegrändern und Blumenbeeten ausdehnte. Entfernte man sie von dieser feuchten Zone, so trocknete die Gallertmasse wie eine Alge und nahm das Aussehen einer schwarzen, harten Flechte an. Mesmer nahm zwei silberne Dosen aus seiner Tasche. In die eine tat er den weichen, grünen „Zitterpilz", in die andere die schwarze Flechte. Dann löste er von einem Buchsbaumzweig zwei Blätter, und nachdem er sie mit einigen Tropfen Wasser aus der Fontaine benetzt hatte, legte er eines in jede Dose.

Durch die Fenster des Musiksalons klang noch einmal das Finale des Mozartkonzerts in den Garten herüber. Franz Anton lauschte einen Moment, steckte die kleinen Dosen in seine Tasche, ließ sich die Pforte öffnen und bestieg den Wagen, der ihn bereits auf dem Platz erwartete.

Stupfel bestätigte Mesmer, daß es sich bei dem, was er im Garten der Paradis gesammelt hatte, sehr wohl um „Nostoc" handelte. In den beiden Dosen war die gallertartige, zitternde Masse be-

reits aufgequollen und hatte das Doppelte an Volumen gewonnen. Unverweslich und unveränderlich, so würde der Nostoc sein Leben in den silbernen Behältern unbegrenzt fortsetzen.
Franz Anton blieb noch zwei weitere Tage in Wien. Stupfels Berline fuhr ihn zum Kahlenberg, wo Albert ihn mit einer vor kurzem restaurierten Equipage erwartete. Auf derselben Route wie bei der Herfahrt erreichte er Schaffhausen, wo er acht Tage vor Sankt Johannis eintraf.

In Schaffhausen und Neuhausen sind Johannisfeuer entfacht worden. Die Bewohner haben würziges Brot, süßen Saubohnenkuchen und eingemachten Engelwurz vorbereitet, und seit Mittag fließt der Hallauer Wein. Mesmer hat Albert und Maria Wiegand beurlaubt und ist in sein Laboratorium hinabgestiegen.
Gleich nach seiner Ankunft aus Wien hat er mit der Zubereitung seiner Materie begonnen. Der Nostoc, den er in den Silberdöschen aufgelesen hatte, wurde nun in ein Achatgefäß getan und allmorgendlich mit dem vor Sonnenaufgang auf den Blättern der Tollkirsche gesammelten Tau benetzt. Und der Nostoc hat sich mit Leben vollgesogen. Inzwischen ist daraus eine dicke, schöne, bläuliche Gallertmasse geworden, die das ganze Gefäß ausfüllt.
Franz Anton hat zunächst bei seinem Großen Werk zwischen dem feuchten und dem trockenen Weg geschwankt und sich dann für den feuchten entschieden, doch befolgte er dabei streng die Beschreibung des Philalethes aus dem XIX. Kapitel des „Introitus“, der die Erleuchteten den Namen „System des Saturn“ verliehen hatten, das er Schritt für Schritt nachvollzog.
Er hat den Merkur mit Salz und Essig gereinigt – mit Vitriol und Salpeter sublimiert – in Nitratsäure aufgelöst – noch einmal sublimiert, dann kalziniert, fixiert, gelöst, resolviert, destilliert, fixiert und zersetzt – einen weißen Schwefel aus dieser Zersetzung gewonnen – von neuem gelöst und destilliert, um den „Es-

sig der Weisen“ zu gewinnen. Vom „Essig der Weisen“ ist er zum „farbigen Gold“ und zum Antimon übergegangen, das, vom „goldenen Kalk“ reduziert und auf den Essig projiziert, neuen goldenen Kalk von der Farbe orientalischer Perlen ergab, der, noch einmal sublimiert, den ersten Teil des Großen Werkes bildete.

Zwei Tage vor Sankt Johannis hat Franz Anton mit der Schlußphase begonnen.

Im Namen Gottes hat er einen Teil goldenen Kalk und zwei Teile mit reinem Ammoniaksalz angereicherten Spiritus genommen und beides in ein mit dem Hermes-Siegel verschlossenes Kristallei gefüllt. Dann hat er angefangen, im Athanor mit einer Mischung aus Torf und Buchenspänen ein sanftes Feuer zu entfachen. Das brennende Wasser hat nach und nach den goldenen Kalk aufgelöst. Eine Flüssigkeit, das „Wasser der Weisen“, hat sich gebildet, das die grundlegenden Materien – warm, trocken, kalt und feucht – noch ungeordnet enthielt. Diese Komposition hat er sich zersetzen lassen, bis sie schwarz wurde, bis sie den „Kopf des Raben“ bildete. In dem Augenblick hat Mesmer innegehalten, denn in diesem Stadium war seine Zubereitung zwei Monate zuvor steckengeblieben, um den „Auferstandenen“ in Gestalt der Marie Therese Paradis erscheinen zu lassen. Er wußte, daß er jetzt die Schwärzung des „Saturn der Weisen“ würde auslöschen müssen, um vom „Kopf des Raben“ zum „weißen Schwan“ zu gelangen. Er mußte die Flüssigkeit stark kochen lassen, was er auch tat, und wie damals blieb die Schwärzung beharrlich erhalten. Da warf er drei Unzen Nostoc, den er aus der Mitte der lebenden Masse entnommen hatte, in den Tiegel. Die blaue Alge vermengte sich mit dem „Kopf des Raben“, und dieser wurde nach und nach weiß wie Schnee. Der „Schwan“ war dieses Mal ohne einen widrigen Geist erschienen. Franz Anton fixierte durch das Feuer diese weiße Flüssigkeit, die sich in zwei Partien kalzinierte: die eine weiß, die andere rot, die er behielt, um das Elixier zu brauen, das trinkbare Gold, das, mit Gurken-

kraut und Honig und in Wein und Enzianwurzeln eingeweicht, erneut sechs Stunden lang gekocht wurde.
Der Sud ergab einen roten Sirup, der wie Hibiskustee bittersüß schmeckte. Franz Anton ließ ihn in glasierten Gefäßen abkühlen und füllte ihn dann in Flakons. Vor Morgengrauen trank er ein Glas davon, streckte sich auf seinem Holzbett aus und verharrte dort, bis die Sonne aufging.
In diesem Augenblick erhob er sich. An der Wand hatte er einen gewölbten, in Ebenholz gerahmten Spiegel angebracht, den man „Hexe" nannte, und in dem er sehen konnte, wie Kamilla Farkas, wie versprochen, mit ihrem Silbermesser einen Kürbis zerschnitt.
Er ordnete seine Materialien und alle Geräte und räumte sein Laboratorium auf, dann ging er hinaus in den Park. Ganz hinten in der Allee, die zur Terrasse führte, die den Rhein überblickte, wählte er eine feuchte Stelle nahe einer efeubedeckten Mauer, um dort den Nostoc auszusäen, von dem er in seinen Silberdöschen drei Samenblasteme aufbewahrt hatte.
Nachdem Albert und Maria die nötigen Anweisungen erteilt waren, ließ er sein Gepäck in einen offenen Wagen verladen, den er eigenhändig nach Frauenfeld kutschierte.

III

DAS SCHWÄBISCHE MEER

Mesmers Anwesen in Frauenfeld bestand aus einem Gut mit Obstanpflanzungen und den Wohngebäuden von „Liebesapfel". Im zweiten Stockwerk des Haupthauses hatte Anton sich eine Wohnung mit Möbeln eingerichtet, die noch aus Paris stammten.

Anton hatte seinen Herrn eigentlich nicht verlassen wollen, doch die Schweiz behagte ihm nicht, für ihn bedeutete sie Exil. In Wien und Paris, auf allen Reisen nach Österreich, Deutschland, Frankreich hatte Anton Mesmers stets aktives, bewegtes, ja sogar turbulentes Leben geteilt. Mit derselben Begeisterung und Leidenschaft hatte er an seiner Seite dessen Freuden, Zornesausbrüche, Enttäuschungen oder Triumphe durchlebt. Als Organisator der ersten magnetischen Séancen in den Pavillons und um die Wasserbecken in der Landstraße hatte Anton gemeinsam mit Pater Marino das erste Baquet in Wien gebaut. Er war es auch, der Mesmers Ankunft in Paris vorbereitet und alle Installationen, sei es an der Place Vendôme, in Créteil oder in den Hôtels Bullion und Coigny, überwacht hatte. Anton verstand sich nicht nur darauf, die Patienten um die Zuber zu gruppieren, und Franz Anton hatte ihm in manchen Fällen sogar gestattet, eigenhändig zu magnetisieren. Er war mit den Bestreichungen und der Handhabung der Stäbe vertraut. Man hatte

ihm sogar den Beinamen „Touchier-Lakai" gegeben, und wie sein Herr war auch er in den Schmähschriften und Karikaturen verspottet worden. Überall, in Paris wie in Wien, war er zuallererst der getreue Diener, im gleichen Maße aber auch Freund, Vertrauter und Gehilfe des Meisters gewesen, um dessen Gunst man sich bemühte. Und dann war da der erste Aufenthalt in Konstanz, der sich durch die Reise nach Wien in die Länge gezogen hatte, wohin sich Franz Anton allein begab, während Anton damit betraut wurde, die Niederlassung in Frauenfeld in die Wege zu leiten. Einige Monate später war der Kauf des Maurerschen Hauses in Schaffhausen ohne ihn abgewickelt worden, und darin hatte er einen Mangel an Vertrauen gesehen. Mesmer gab jedoch vor, er habe seit seinem Mißgeschick mit der kaiserlichen Polizei Vorsichtsmaßnahmen treffen müssen und benötige ihn daher dringend:
„Du bist für das Gut ‚Liebesapfel' verantwortlich, das ist alles, was mir noch von meinem Vermögen bleibt. Das Anwesen ist groß, du wirst den Verwalter und die Birnbaum-Anpflanzungen überwachen. Ruh dich nur aus, du hast es dir wohl verdient."
Anton hatte erwidert, er sei nicht müde, ganz im Gegenteil, ihm fehle es in Frauenfeld an Beschäftigung. Eines Tages hatte er Mesmer davon in Kenntnis gesetzt, daß Leute gekommen seien, die um Konsultation ersucht hätten.
„Behandle du sie", hatte Mesmer geantwortet, „du verstehst dich darauf ebenso wie ich!"
Anton hatte entgegnet, er sei nicht genügend instruiert, würde sich jedoch darauf einlassen, vorausgesetzt, sein Herr erkläre sich dazu bereit, ihn ebenso zu unterweisen wie die Eleven der Harmonie-Gesellschaften. Er schlug sogar vor, wie jeder Subskribent, einhundert Louisdor zu entrichten.
„Ich habe Ersparnisse, Monsieur, und es würde mir eine große Ehre sein."
Mesmer war in Gelächter ausgebrochen, doch als er Antons betroffene Miene sah, nahm er ihn in seine Arme.

„Anton, behalte dein Geld und gib dich damit zufrieden, ‚Liebesapfel‘ zu betreuen, wo du doch so gern bei mir bleiben möchtest.“
Von da an machte er nie wieder einen solchen Vorschlag und gab sich damit zufrieden, das Frauenfelder Gut zu überwachen. Die Bewirtschaftung der Apfel- und Birnbaumanpflanzungen oblag dem Verwalter Paul Winkler und dessen Familie. Anton schätzte Paul Winkler sehr, verabscheute jedoch all diese Obstbäume, die sich, soweit das Auge reichte, auf der Ebene bis zum Flusse Thur aneinanderreihten. Die sorgsame Pflege, das emsige Bemühen Winklers und seiner Söhne zu jeder Jahreszeit, das Pflügen und Düngen im Umkreis der Bäume, das Beschneiden, das Auslichten und vor allem der sorgfältige, so peinlich genaue Eifer dieser rechtschaffenen Schweizer, für die eine Knospe, eine Blüte, eine Frucht ebenso kostbar war wie ihre Freiheit und kantonalen Rechte, gingen Anton auf die Nerven, der diesen stolzen, würdevollen, fähigen und gewissenhaften Menschen nichts zu sagen und auch nichts vorzuwerfen hatte; und wie ein Wurm, der in den allzu aufmerksam überwachten Früchten der Winklers keine Aufnahme finden kann, so fraß sich allmählich die Langeweile in Antons Schädel, bis eines Tages die Ankunft der Gertrude Beck in Frauenfeld diese Eintönigkeit durchbrach. Sie war Paul Winklers jüngere Schwester, die vor kurzem erst ihren Ehemann verloren hatte, einen Maurer, der bei der Restaurierung des St. Gallener Doms vom Gerüst gestürzt war. Mesmer weilte in Schaffhausen, Anton war allein in „Liebesapfel“. Er war Herr über seine Zeit, über Wagen und Pferde, und von einer Langeweile befreit, die seine Seele gefangen gehalten hatte. Winklers Schwester war, wie sich später herausstellen sollte, ein liederliches Frauenzimmer, die Trauerkleider standen ihr jedoch recht gut und verbargen durch die Schmucklosigkeit ihr dirnenhaftes Benehmen. Tag für Tag schmolz ihr Kummer in der Frühlingssonne dahin. Anton war trotz seines Alters noch immer stark und im Vollbesitz seiner Kräfte. Zunächst

führte er die junge Frau auf dem Lande spazieren, dann verließ man die Birn- und Apfelfelder und machte Ausflüge nach Kreuzlingen und Arbon an den Bodensee. Abends kehrte man nach Frauenfeld zurück und feierte in den Wirtschaften, wohin sich die hübsche Gertrud auch häufig ohne Anton begab.
Und eines schönen Tages verschwand die junge Witwe mit einer beträchtlichen Summe, die sie ihrem alternden Liebhaber entwendet hatte. Ganz verwirrt kam Paul Winkler und gestand Anton ein, was er über seine Schwester wußte; er hatte nicht eher darüber sprechen mögen. Er schlug sogar vor, für ihre Schulden aufzukommen. Anton sagte kein Wort, diese bittere Erfahrung hatte ihn zutiefst beschämt und getroffen.
Zur gleichen Zeit ließ Mesmer, der sich noch immer in Schaffhausen aufhielt, ihm seine bevorstehende Abreise nach Wien mitteilen. Nur zu gern hätte Anton ihn begleitet. Franz Anton zog es aber vor, mit Albert Wiegand zu reisen. Nach dieser erneuten Enttäuschung versank Anton immer tiefer in große Traurigkeit. Vergeblich wartete er auf ein Zeichen seines Herrn, der ihm keine Zeile schrieb. Dann erfuhr er von Mesmers Rückkehr, doch dieser begab sich zunächst nach Schaffhausen, um in dem Laboratorium zu arbeiten, das Anton einmal gesehen und im Vergleich zu den von seiner Hand in Paris eingerichteten, so prunkvollen Behandlungssalons finster und trübselig gefunden hatte.
„Monsieur hat all dies Gerät für seine scheußliche Kocherei doch gar nicht nötig", hatte er mit enttäuschter Miene gesagt.
Ihm war unbegreiflich, wie sein Herr, den er mit solcher Gewandtheit und Würde über schreckliche Leiden hatte triumphieren sehen, auf Methoden verfallen konnte, die er für gewöhnlich, schmutzig, ja sogar für gefährlich hielt.
Mesmer hatte sich zum Johannisfest in Frauenfeld angekündigt, und Anton wartete den ganzen Tag vergeblich auf ihn. Am Abend begab er sich in die Stadt, um die Bevölkerung um die Feuer auf den Plätzen tanzen zu sehen. In einer Schenke, in der

er sein Nachtmahl zu sich nahm, setzte sich ein Betrunkener mit einem Glas Wein an seinen Tisch und fragte ihn, ob er wisse, was aus Gertrud geworden sei. Anton versetzte ihm eine Ohrfeige. Es kam zu einem Handgemenge, in dem er den kürzeren zog, und er wurde aus der Schenke geworfen. Er ging in die nächste Wirtschaft und betrank sich.

Spät in der Nacht, als die Einwohner von Frauenfeld ihr Fest beendet hatten, die Feuer erloschen und die Lieder verklungen waren, kehrte er schwankend nach „Liebesapfel" zurück. Die Nacht war schön, von einem wolkenlosen Himmel schien der Vollmond auf die Birnbaumpflanzungen, die sich von der Straße bis zur Murg erstreckten, die in die Thur einfloß. Der Wasserlauf und sein Nebenarm zeichneten sich als zwei breite, silberne Bänder ab, die die nach Paul Winklers Plänen so gleichmäßig ausgerichteten Obstbaumreihen säumten. Anton verließ den Weg und ging zwischen den Bäumen hindurch. Im Glauben, über eine Abkürzung zu den Gebäuden des Gutes zu gelangen, schlug er mehrmals eine andere Richtung ein, bis er sich schließlich in diesem Labyrinth verirrte. Als er zum Himmel aufblickte, um sich von den Sternen den Weg weisen zu lassen, sah er plötzlich in seinem Umkreis tausend Lichter funkeln. Es war der Widerschein der Mondstrahlen auf den Glasflakons, in denen Birnen steckten. An jedem tragenden Ast war eine bauchige Flasche befestigt, durch deren Hals man die Doldentrauben der künftigen Früchte geschoben hatte, die später dann in ihren gläsernen Kerkern wachsen sollten. Anton blieb unter einem Baum stehen, die kleinen Birnen in den Flaschen waren wie gefangene Wesen, die er sogleich zu befreien trachtete. Ein Stock, den er in einem Graben fand, kam ihm gerade recht, und mit erhobenem Arm begann Anton mit aller Kraft um sich zu schlagen. Er zerschmetterte die Flaschen, deren Splitter auf den Wegen verstreut lagen. Noch immer wutentbrannt gegen all diese Früchte, diese Bäume und Flakons, die ihm seit Monaten nicht nur durch ihre bloße Gegenwart, sondern auch auf Grund der eifrigen, eintönigen Pflege, mit der Paul Winkler sie bedachte, so unerträglich waren, taumelte er weiter durch die Baumreihen. In seiner Trunkenheit spürte Anton die Wunden nicht, die er sich im Gesicht und an den Händen zufügte, und in seiner Verwirrung bemerkte er nicht, daß der Weg, den er eingeschlagen hatte, am Ufer der Thur endete. Nahezu bewußtlos taumelte er die Böschung hinab in den Fluß, der an dieser Stelle nicht sehr tief war, und blieb so, halb im Wasser versunken, bis zum Morgen liegen, als ihn Arbeiter des Gutes fanden.

Seit zwei Tagen saß Mesmer am Bett seines getreuen Gefährten. Gleich bei seiner Ankunft in Frauenfeld hatte Paul Winkler ihn in Antons Kammer geführt, wo dieser lag, Gesicht und Hände zerschunden, fiebrig und röchelnd. Anton lächelte beim Anblick seines Herrn, der sogleich all sein Wissen darauf verwandte, ihn von seinen Schmerzen, dem Fieber, der Entzündung, die ihm die Brust zuschnürte, zu befreien. Franz Anton ließ Kräutertee zubereiten und Wässerchen, um damit Antons Glieder einzureiben. Stundenlang nahm er neben dem Bett all seine Konzentration zusammen, doch seine magnetische Kraft, sein Fluidum und sogar das Elixier aus seinem Schaffhausener Laboratorium blieben machtlos. Die Aderlässe, Blutegel, der Garum-Sirup des Apothekers, alles war vergeblich, und Anton würde sterben müssen.
Da sah Anton vor seinen sich bereits trübenden Augen mit einem Mal das Gesicht seines Herrn näherkommen, und dieser ihm so vertraute Blick, dem er sein Leben lang nie ausgewichen war, trug ihn weit fort aus dieser kleinen Frauenfelder Kammer, zurück in die Erinnerung an die verschiedenen Etappen und Erfahrungen ihres gemeinsamen Lebens.
Schnell, allzu hastig zogen die Wiener Konzerte und Feste, der Reigen der wie durch ein Wunder geheilten Kranken, die Empfänge in der Hofburg, der überstürzte Aufbruch nach Frankreich und das wahnwitzige, erregende Pariser Dasein im Strudel

all der vielen Begegnungen mit Besuchern, Patienten, Ärzten, Politikern, Fürsten, Bürgern, Eleven vorüber, und nach dem Defilee all dieser Gestalten sah er noch einmal ihren gemeinsamen Auftritt auf der blutigen Bühne von Revolution und Schreckensherrschaft. Die Vision mündete in der Angst vor einem Feuer, das in seiner Brust brennt, die Lippen ausdörrt und allmählich den letzten Atem raubt. Doch wieder umhüllte ihn Franz Antons Blick mit all seiner Macht, all seinem Glanz und eröffnete ihm einen Fluchtweg in einen unbekannten Raum, wo er erneut tief und friedlich atmen konnte, jedoch auch in eine Welt, die auf seltsame Weise frei von Bildern und Empfindungen ist...

Mesmer umfaßte Antons Handgelenk. Die Anzeichen, die dem letzten Seufzer vorausgehen, kannte er nur zu gut, und die tiefe Freundschaft, die ihn mit seinem alten Gefährten verband, schnürte ihm die Kehle zu. Er vergaß alle anderen Tode und beweinte nur noch den seines Freundes.

Mesmer ordnete an, alle Bäume entlang der Wege, die Anton in der Johannisnacht gegangen war, zu fällen. Er ließ sie verbrennen, mit Ausnahme von etwa zehn noch nicht entrindeten Langhölzern, die zersägt wurden, um aus ihnen Bretter zu machen. In den umgepflügten Boden pflanzte er neue Obstbäume, und als er sicher sein konnte, daß diese auch tatsächlich Wurzeln geschlagen hatten, verkaufte er sein Gut „Liebesapfel".

Durch die Weite seiner Horizonte, deren Konturen von den Sommernebeln ausgelöscht wurden, war der Bodensee für Franz Anton von jeher ein wirkliches Binnenmeer, das „Schwäbische Meer", dessen Ufer in der Schweiz, in Österreich und Deutschland ihm wohlbekannt waren. Für ihn, der in den Sümpfen von Iznang am Untersee geboren wurde, bedeutete die Insel Mainau im Obersee das Paradies auf Erden. Dort gefiel ihm nichts so gut wie die Aufeinanderfolge von Unterholz und blühenden Gärten, die den romantischen Schilderungen Jean-Jacques Rousseaus der St. Peters-Insel im Bieler See so sehr glichen. Doch mehr noch liebte Franz Anton das, was ihn auf seinen Spaziergängen im Rosengarten des Großherzogs von Baden befremdete, wo Hibiskus, „die Blume von Hawaii" neben Palmen, Orangen- und Zitronenbäumen wuchs. So beschloß er, als er Frauenfeld verließ, sich gegenüber der Insel Mainau in Meersburg häuslich einzurichten.

Er wählte in der Oberstadt hinter dem Marktplatz ein Haus mit Garten, wo er erfolglos versuchte, zwei mexikanische Stechapfelgewächse mit riesigen, trompetenförmigen Blüten zu ziehen, die er beim Mainauer Gärtner erworben hatte. Da sie nicht blühen wollten, ließ er die beiden Datura ausgraben und ersetzte sie durch eine Linde und eine Weißpappel, die leichter gediehen. Seine täglichen Spaziergänge führten ihn an die Einfriedung des Amtssitzes der Konstanzer Bischöfe, wo er einst während seiner Sommerferien seinen Gönner, Ronald Golon, aufgesucht hatte. Durch den Garten und die Esplanade vor den Wällen hatte er Zutritt zum Belvedere, von wo aus man an klaren Tagen von den Alpen im Osten bis zu den Palmen und Bananenstauden des Mainauer Ufers sehen konnte. Ging er zum See hinunter und zum kleinen Hafen, so nahm er einen Handstock aus indischem Schilfrohr mit Achatgriff, den ihm Graf d'Artois zum Geschenk gemacht hatte. Er stützte sich darauf, wenn ihn sein Weg zwischen den Fachwerkhäusern die enge Steigstraße hinaufführte, die so steil war, daß er ein wenig außer Atem geriet. Am Nachmittag und abends pflegte er viel zu lesen, Bücher, Zeitungen und Zeitschriften; wenn er auch bedauerte, daß der tierische Magnetismus in Frankreich nicht mehr en vogue war, so stellte er dennoch mit Befriedigung fest, daß er andernorts florierte.

In Deutschland, wo man die Übersetzungen seiner in französischer Sprache verfaßten Werke gelesen hatte, begann man aus der ungewöhnlichen Fülle an Ideen, zu denen seine Theorien den Anstoß gegeben hatten, zu schöpfen. Alle Welt magnetisierte, schläferte ein, rief wach und übte Einfluß aus. Neben Scharlatanen und deren unangebrachten Demonstrationen versuchten gebildetere und vernünftigere Köpfe die Prinzipien, deren theoretischen Entwurf er aufzustellen sich bemüht hatte, zu verstehen und anzuwenden. In dem Bottich, in dem die deutsche Romantik gärte, sollten sich einige große Namen mit Magnetismus durchtränken, wie die Neugierigen und Verängstigten, die sich einst um Mesmers Baquets scharten. So ließen Dichter, Schriftsteller und Philosophen in ihre Texte und Träume ihre magnetischen Erfahrungen einfließen.

Einer der ersten war Johann Paul Friedrich Richter, der große Jean Paul, der seinesgleichen der Erde zu entreißen trachtete, um ihnen die Poesie der Unendlichkeit, des Traums und der Ewigkeit zu offenbaren, und sich in Bayreuth mit magnetischen Kuren befaßte. Da war auch Clemens von Brentano, der während langer Jahre am Krankenbett der Katharina Emmerich die vertraulichen Mitteilungen dieser Stigmatisierten sammelte, die bei den Augustinern von Dülmen Zuflucht gefunden hatte und in somnambulem Zustand in Aramäisch, der Sprache Christi, redete.

In ihren wirren, traumhaften Visionen des Lebens und dessen, was sie umgab, schienen Dichter, wie E.T.A. Hoffmann in seinen „Erzählungen“ oder Arnim in seiner „Gräfin Dolores“, aus dem Somnambulismus in einer magischen Umgebung zu neuem Leben zu erwachen, wo die strahlende Atmosphäre des Magnetismus herrschte. Dies sollte Kleist in seinem „Käthchen von Heilbronn“ zum Ausdruck bringen, aber auch im „Prinz von Homburg“, der in die Schlacht von Fehrbellin aufbrach, so, als sei er von Mesmer magnetisiert worden.

Vor allem jedoch sollte Goethe diese „somnambulistische Sicht der Welt“ am vollkommensten in seinen „Wahlverwandtschaften“ veranschaulichen, in die alle Elemente des tierischen Magnetismus eingeflossen sind. Unter dem Eindruck seiner damaligen Egeria Minna Herzlieb ließ Goethe seine Heldin Ottilie dem von Eduard ausgehenden magnetischen Einfluß unterliegen, und die junge Frau sollte sich im Angesicht ihres Magnetiseurs wie ein willenloses Medium verhalten. Sie wird „von heftigen Kopfschmerzen befallen, während sie über ein Mineralvorkommen schreitet, und da sie zufällig ein siderisches Pendel handhabt, wird diese in ihrer Hand wie in einem Wirbel mitgerissen..."

Und dann treten die deutschen Philosophen die Nachfolge der Poeten an. Der junge Schelling versucht bereits im ersten Jahrzehnt des XIX. Jahrhunderts, die Phänomene des tierischen Magnetismus neu zu formieren und sogar zu assimilieren, indem er sich der Physik, Chemie und Biologie bedient. Seiner Deutung mangelte es nicht an einer gewissen Kraft, und nicht ohne wahre dichterische Schönheit unternahm er den Versuch, eine etwas phantastische Naturphilosophie zu entwickeln, wodurch er einen Enthusiasmus entfesselte, der in einer neuen Atmosphäre die verstreuten Elemente des tierischen Magnetismus wieder vereinte, die man in Deutschland noch immer auf Mesmers Theorien zurückführte

Doch in Preußen, wo Harmonie-Zirkel ins Leben gerufen worden waren und wo magnetisiert wurde, sollte im Jahre 1806 nach dem Zusammenbruch der Schlacht von Jena die Suche nach einer Zuflucht vor einer allzu rauhen Wirklichkeit von neuem einsetzen.

Hardenberg, der neue Kanzler Friedrich Wilhelm III., der liberale Institutionen einzusetzen und die Administration umzugestalten beabsichtigte, gründete in Berlin eine neue Universität, wo im Jahre 1811 ein Lehrstuhl für tierischen Magnetismus eingerichtet wurde, den Professor Wolfart innehatte. Da der Lehrkörper einen solchen Lehrstuhl nicht einstimmig für rechtmäßig befand, beschloß der wissenschaftliche Rat der Universität, den anmialischen Magnetismus ernsthaft zu überprüfen. Man berief eine Kommission unter Vorsitz Hufelands, des Dekans der Medizinischen Akademie und der Leibarzt von König

Friedrich Wilhelm III. Wolfart und ein gewisser Korff führten die Debatten, in deren Verlauf Mediziner, Physiker, Philosophen und selbst Dichter zur Sprache kamen. Der animalische Magnetismus wurde nicht in Zweifel gezogen. Was die Anerkennung seiner Existenz betraf, war man sich einig. Was es zu untersuchen galt, waren die Bedingungen für dessen Anwendung, seine Wirksamkeit und gegebenenfalls sein Einfluß auf die Naturwissenschaften. Fesselnde, leidenschaftliche Diskussionen entbrannten gleich bei den ersten Sitzungen, und Wolfart regte geschickt an, man solle doch Franz Anton Mesmer, den Erfinder der magnetischen Behandlung, höchstpersönlich einladen, um dessen Ansicht zu den fraglichen Problemen zu erfahren. Dieser Vorschlag rief in der Kommission großes Erstaunen hervor. Man hatte angenommen, Mesmer sei seit langem tot; das hatte auch Wolfart vermutet, der erst kürzlich Nachforschungen zu Mesmers Verbleib angestellt hatte.
Mit der dem großen Gelehrten gebührenden Hochachtung wurde also eine offizielle Einladung an Mesmer gesandt.
Er war jetzt alt, erschöpft durch ein lästiges Blasenleiden. Berlin war fern vom Bodensee, und die Einsamkeit hatte ihn gelehrt, zurückgezogen und in sein Schicksal ergeben sein Leben zu fristen, ohne jedoch seine Leidenschaft für die Musik zu vernachlässigen. Er war mit dem Großherzog Dalberg, dem Kurfürsten von Mainz, freundschaftlich verbunden, der einst Bischof von Konstanz gewesen war. Als große Musikliebhaber interessierten sich der Fürst und sein Bruder Wolfgang auch für Magnetismus, seitdem der ständig zu ihren Konzerten gebetene Mesmer sie zu seiner Doktrine bekehrt hatte.
Mesmer lehnte also die Einladung der Universität Berlin ab. Er rührte sich nicht mehr von Meersburg fort, doch war er bereit, eine Delegation der Berliner Kommission mit Wolfart an der Spitze zu empfangen. Zwischen den beiden Männern entstand eine wirkliche Freundschaft, Mesmer vertraute Wolfart Akten, Notizen und Beobachtungen an. Dieser zeichnete seine Ein-

drücke von Mesmers reichhaltigem Wissen und seiner trotz des hohen Alters erstaunlichen geistigen Regsamkeit auf und berichtete später darüber. Nach diesem offiziellen Besuch unternahm Mesmer von neuem einige seiner Versuche und war bereit, seine Zeit Konsultationen zu widmen, bei denen er Kranke der Umgebung und sogar aus dem Ausland empfing. Wolfart stattete ihm regelmäßig Besuche ab, und mit ihm gemeinsam nahm Mesmer die Redaktion des letzten Kapitels der „Theorie der Welt“ wieder auf, die er zuvor mit Nicolas Bergasse veröffentlicht hatte. Er korrigierte auch verschiedene Exemplare von ihm verfaßter Werke, die neu aufgelegt werden sollten.

Während dieser Tätigkeit quälten Mesmer Zweifel, an denen er Wolfart teilhaben ließ. „Ich tat vielleicht nicht recht daran“, schrieb er, „eine jede Krankheit mit Magnetismus behandeln zu wollen. Die nervösen Leiden erbrachten mir die besten Resultate.“ Und um seine Erfolge, nach deren Rezept man ihn immer wieder gefragt hatte, zu erklären, wiederholte er, was er stets geäußert hatte: „Die magnetische Heilmethode ist nicht erlernbar, sie ist mir gegeben. Sie läßt sich vor allem bei Kranken anwenden, für die Arzneien wirkungslos oder tödlich sind, deren Einbildungskraft jedoch vorzüglich arbeitet.“

Er war nunmehr weitaus duldsamer als einst, bereit zu Diskussionen über seine Methode und seine Ideen, und eines Tages sagte er ganz im Vertrauen: „Gern setze ich meine Theorie der Kritik aus, und mit Freuden werde ich weitreichendere Talente, als die meinen es sind, zahlreiche Fakten entdecken sehen und durch ihre Erfindungsgabe und Arbeit meine Entdeckung noch weitaus interessanter werden lassen. Mit einem Wort, ich kann nur hoffen, daß man es besser anstellt als ich. Mir genügt der Ruhm, den Erwartungen der Wissenschaft ein weites Feld eröffnet und in gewisser Weise den Weg dieser neuen Laufbahn vorgezeichnet zu haben.“

Während einer seiner letzten Begegnungen mit Wolfart bat er diesen, ihm bei der Regelung der einzelnen Punkte bezüglich

seiner Bestattung behilflich zu sein. Zunächst wünsche er, daß sein Sarg aus Brettern des Birnbaums, den er nach Antons Tod habe ausreißen lassen, gefertigt werde, so daß er also einen dunkelroten Sarg haben würde. Sodann zeichnete er das kleine Monument seines Grabsteins; mit größter Sorgfalt legte er die Zeichen fest, die dort eingraviert werden sollten.
Eines Morgens kam die Haushälterin, die sich um seine Kanarienvögel kümmerte, und teilte ihm mit, sie seien während der Nacht gestorben. Stephania Winkler, die Witwe seines Frauenfelder Verwalters, hatte sich immer wieder über diesen Vogelkauf an Mesmers 80. Geburtstag verwundert. Er hatte die Tiere bei einem Konstanzer Vogelhändler geordert, der diese aus Wien hatte kommen lassen. Es waren zwei hübsche Zeisige, vorzügliche Sänger, mit denen er sich kaum befaßte, nach denen er sich jedoch regelmäßig erkundigte.
Als Stephania ihrem Herrn den Tod der Vögel verkündete, sah sie, wie er bleich wurde und sich abrupt in einen Sessel fallen ließ. Nach einem kurzen, schweigsamen Augenblick bat er, man möge ihm sein Bett herrichten, und legte sich nieder. Er ließ seine Glasharmonika ins Zimmer bringen und bat, man möge gehen und den Seminaristen Kurt Steiner aus der Oberzeller Abtei holen, den er auf diesem Instrument unterwiesen habe. Der junge Geistliche erschien in der Nacht des 28. Februar 1815 und begann, auf der Harmonika zu spielen, deren Kristallscheiben einst Mozart und Gluck in Schwingungen versetzt hatten.
Am ersten März erlitt Mesmer einen Schlaganfall und blieb rechtsseitig gelähmt. Pater Steiner spielte Tag und Nacht auf der Harmonika, bis zu Franz Anton Mesmers letztem Atemzug am 5. März 1815 um acht Uhr morgens.
So ging die Voraussage der Zigeunerin Kamilla Farkas in Erfüllung, die Mesmer seinen Tod nach seinem achtzigsten Lebensjahr angekündigt hatte, nämlich dann, wenn er seine geliebte Musik und auch den Gesang seiner Vögel nicht mehr würde hören können.

Wie versprochen, überwachte Wolfart die Ausführung seiner Grabstätte auf dem Meersburger Friedhof.
Ein kleiner Aufbau aus drei zylindrischen, steinernen Sektionen wird von einem Prisma überragt. Auf dessen Vorderseite ist ein Dreieck mit einem Auge im Zentrum graviert. Es handelt sich um das leuchtende Delta der Freimaurerei, das flammende Dreieck mit dem Auge, das Abbild der Sonne und des Großen Baumeisters des Universums. Darunter steht geschrieben: FRANZ ANTON MESMER. Auf der linken Seitenfläche ist ebenfalls inmitten dreier konzentrischer Kreise analog zu den Stufen des Grabmals ein Sonnenkreis, das Zentrum des Tierkreises mit dem Geburtsdatum: 23. Mai 1743 eingraviert. Auf der rechten Seitenfläche befindet sich ein fünfzackiger Stern, die Quelle des Lichts, Quelle des sich ausbreitenden Universums, mystisches und freimaurerisches Zentrum, in nächster Nachbarschaft mit Palme und Fackel, den Symbolen für Tod und Wiedergeburt, für Sieg und Unsterblichkeit, Himmelfahrt und Erneuerung. Darunter das Datum seines Todes: 5. März 1815. Schließlich auf der oberen dreieckigen Fläche die Zeichnung eines Kompasses mit der dem Himmel zugewandten Magnetnadel.
Franz Anton hat seinem Grabstein sein Siegel aufdrücken wollen; und wie bei den hermetischen Emblemen, die er so häufig zu Rate zog, ist an all dem, was man dort erkennen kann, nichts Zufälliges. Sämtliche Symbole sind vorhanden, und wer sie zu entdecken und zu deuten sucht, braucht nur den Efeu, der sie verbirgt, ein wenig beiseite zu schieben.

DIE SÄTZE VON MESMER

1 Die Himmel = Körper, die Erde und die thierische Körper haben einen wechselseitigen Einfluß in einander. Und zwar vermöge

2 Einer allgemein verbreiteten stätigen, äußerst feinen Flüssigkeit, welche ihrer Natur nach die Fähigkeit hat, alle Arten von Bewegung anzunehmen, dieselbe mitzutheilen, und fortzupflanzen.

3 Diese wechselseitige Wirkung richtet sich nach mechanischen, bißher unbekannten Gesetzen.

4 Von ihr entspringen die wechselweisen Würkungen, die man als eine Ebbe und Fluth ansehen kann.

5 Diese Ebbe und Fluth ist mehr oder weniger allgemein, mehr oder weniger auf einzelne Gegenstände eingeschränkt, mehr oder weniger zusammen gesetzt, je nachdem ihre bestimmende Ursachen beschaffen sind.

6 Auf diese Art (und es ist die aller allgemeinste, die man in der ganzen Natur findet) stehen die Himmels = Körper, die Erde und ihre wesentliche Bestandtheile in einem thätigen Verhältnus gegen einander.

7 Und von ihr hangen die Eigenschaften der Materie und der organischen Körper ab.

8 Auf den thierischen Körper haben die abwechselnde Wirkungen dieses Principium einen Einfluß, indem es die Substanz der Nerven durchdringt, und unmittelbar auf sie wirkt.

9 Vorzüglich hat der menschliche Körper magnetähnliche Eigenschaften, sich entgegen gesetzte Pole, die man mit einander verbinden, verändern, zerstöhren und verstärken kann, ja man hat schon die magnetische Neigung (inclinatio) daran beobachtet.

10 Eben diese Eigenschaft des thierischen Körpers, welche ihn des Einflusses der Himmels = Körper und der Zurückwirkung auf das, was ihn umgiebt, fähig macht, da sie sich auf eine Magnet ähnliche Art äussert, bewog mich, sie den thierischen Magnetismus zu nennen.

11 Die Wirkung und die Krafft dieses eben beschriebenen thierischen Magnetismus, läßt sich andern, lebendigen und leblosen Körpern mittheilen, doch sind beyde bald mehr, bald weniger geschickt, sie anzunehmen.

12 Diese Wirkung und diese Kraft können durch die nemliche Körper verstärkt und fortgepflanzt werden.

13 Schon die Erfahrung lehrt den Ausfluß einer sehr feinen Ausfluß einer sehr feinen Materie, welche alle Körper durchdringt, ohne ein merkliches von ihrer Thätigkeit zu verlieren.

14 Sie wirkt auch in der Entfernung, ohne Beyhülfe eines andern vermittelnden Körpers.

15 Sie wird, wie das Licht, durch Spiegel vermehrt und zurück geworfen.

16 Sie läßt sich durch den Schall fortpflanzen und vermehren.

17 Diese magnetische Kraft kann angehäufet, zusammen gedrängt, und von einem Ort an den andern gebracht werden.

18 Nicht alle lebendigen Körper haben diese Fähigkeit in gleichem Grad, ja man findet, doch sehr selten, einige, welche so sehr die entgegen gesetzte Eigenschaffft besitzen, daß ihre bloße Gegenwart, die Wirkung dieses Magnetismus in andere Körper, zerstöhrt.

19 Auch diese entgegen gesetzte Krafft durchdringt alle Körper, läßt sich mittheilen, fortpflanzen, anhäuffen, zusam-

mendrängen, von einem Ort an den andern bringen, durch Spiegel zurücke werfen, und durch den Schall fortpflanzen, und ist also nicht nur eine negative, sondern wirklich, obschon entgegen gesetzte positive Krafft.

20 Natürlich und künstliche Magnete sind, so gut als andere Körper, des animalischen Magnetismus, und so gar der ihm entgegen gesetzten Krafft fähig, ohne daß, weder im ersten noch im andern Fall, ihre Wirkung auf das Eisen, und die Nadel, die geringste Veränderung dadurch erlitte. Ein Umstand, welcher den wesentlichen Unterschied, der Principien des theirischen und mineralischen Magnetismus, beweiset.

21 Diß System verbreitet ein neues Licht, über die Natur des Feuers, des Lichts, die Theorie der Attraction, der Ebbe und Fluth, des Magnets und der Electricität.

22 Es zeigt, daß der Magnet und die künstliche Electricität, in Absicht auf die Krankheiten, nur die gewöhnliche Eigenschafften, anderer, von der Natur uns angebottenen Mittel haben, und daß, wenn sie bißweilen einige gute Wirkung thaten, dies blos vom thierischen Magnetismus herrühre.

23 Meine practische Regeln, die ich angeben werde, sollen durch die Erfahrung lehren, daß diß Principium, Nerven = Krankheiten unmittelbar, andere mittelbar heile.

24 Daß durch seine Unterstützung, dem Arzt ein Licht im Gebrauch der Arzney = Mittel aufgesteckt wird, daß er ihre Wirkung vollkommener macht, heilsame Crisen hervorbringen, nach Gefallen lenken, und sich vollkommen zum Herrn von ihnen machen kann.

25 In der Beschreibung meiner Methode, werde ich, durch eine neue Theorie der Krankheiten, den allgemeinen Nutzen, meines ihnen entgegen gesetzten Principiums beweisen.

26 Ein mit diesen Eigenschaften versehener Arzt, wird zuverlässig, den Ursprung, die Natur und den Fortgang, auch der zusammengesetztesten Krankheiten, beurtheilen, ihr Stei-

gen verhindern und sie heben, ohne jemals den Kranken einer gefährlichen Wirkung oder schädlichen Folgen auszusetzen, sein Alter, Temperament und Geschlecht seye beschaffen, wie es immer will. Selbst Schwangere und Gebährende können diesen Vortheil geniessen.

27 Mit einem Wort: Diß Lehrgebäude wird den Arzt in Stand setzen, die Gesundheit eines jeden bestimmt zu beurtheilen, ihn vor allen Krankheiten, denen er etwa ausgesetzt seyn könnte, zu verwahren, und folglich die Heilkunst auf den höchsten Gipfel ihrer Vollkommenheit bringen.

LITERATURVERZEICHNIS

Barrucand D.: *Histoire de l'hypnose en France,* Paris: P. U. F. 1967.
Bergasse N.: *Nicolas Bergasse avocat au Parlament de Paris.* Paris 1910.
Caron M. und S. Hutin: *Les Alchimistes.* Paris: Seuil 1959.
Chertok L.: *L'Hypnose.* Paris: Payot 1979.
Chertok L. und R. de Saussure: *Naissance du psychoanalyste. De Mesmer à Freud.* Paris: Payot 1973.
Chertok L. u. a.: *Résurgence de l'hypnose. Une bataille de 200 ans.* Paris: Desclée de Brouwer 1984.
Darnton R.: *Der Mesmerismus und das Ende der Aufklärung in Frankreich.* Frankfurt: Ullstein 1986.
Flucanelli (hg. von Canseliet): *Le Mystère des cathédrales.* Paris: J. J. Pauvert 1964.
Gaxotte P.: *Paris au XVIIIe siècle.* Paris: Arthaud 1962.
Glassheib H. B.: *A la recherche du Grand Secret.* Paris: Table Ronde 1963.
Hutin S.: *Les Franc-Maçons.* Paris: Seuil 1960.
Manceron C.: *Les Hommes de la Liberté,* t. II–V. Paris: Robert Laffont 1987.
Massin J. und B.: *Wolfgang Amadeus Mozart.* Paris: Fayard 1982.
Mesmer F. A.: *Abhandlung über die Entdeckung des thierischen Magnetismus. Tübingen:* Edition Diskord 1985 (Reprint).
Mozart W. A.: *Briefe und Aufzeichnungen 1–7.* Kassel: Bärenreiter 1962 ff.
Oberkirch Baronne d'.: *Mémoires.* O. O., o. J.
Puységur J. M., Marquis de Chastenet: *Memoires pour servir à l'histoire et l'établissemt du magnétisme animal.* Hg. von Lapassade et Pedelahore. Toulouse 1986.
Rager G. R.: *Hypnose, Sophrologie et Médicine.* Paris: Fayard 1984.
Rausky F.: *Mesmer ou la revolution therapeutique.* Paris: Payot 1977. (In diesem Werk findet sich eine umfassende Mesmer-Bibliographie.)
Soubiran A.: *Ce bon docteur Guillotin.* Paris: Lib. Acad. Perrin 1962.
Thouret M.: *Rapport des commissaires de la Sociète royale de médecine nommés par le Roi pour faire l'examen du magnétisme animal.* Paris: Imprimierie royale 1784.
Tischner R. und K. Bittel: *Mesmer und sein Problem.* Berlin 1941.
Vinchon J.: *Mesmer et son secret.* Toulouse 1971.
Wohleb L.: *F. A. Mesmer. Biographischer Sachstandsbericht.* Berlin 1940.
Wyzewa T. de und G. de Saint-Foix: *W. A. Mozart, sa vie, son oeuvre,* t. I. und II. Paris: Robert Laffont 1986.
Zweig S.: *Die Heilung durch den Geist.* Frankfurt/Main: Fischer 1986.

ANMERKUNGEN:

zu Seite 42ff.: Die Rede F. A. Mesmers wird zitiert nach: Maria von Look: Franz Anton Mesmer, Reinhold Schneider. Freiburg 1969.
zu Seite 388f.: Der Brief an La Fayette wird zitiert nach Darnton, S. 81.
zu Seite 366: Die Reden von Brissot und Gorra: nach Darnton, S. 87, 75.
zu Seite 377ff.: nach Zweig, S. 109f.
zu Seite 420: „... die Akzente eines bewegten ...“ nach Massin, Mozart, S. 973 f.

DANKSAGUNG UND QUELLEN

In Paris: Nicole de Blomac, Laurence Paton, Cornut Gentille, Georges Heymans und Fred Ullmo haben mir Informationen und Zugang zu unveröffentlichten Dokumenten von und über F. A. Mesmer, Nicolas Bergasse und Marie Therese Paradis verschafft.
In Österreich: Konrad Stoll, Heinrich Loeffler und Kurt Buhler haben mir zahlreiche Details über das Leben und die Beziehungen von Mesmer in Wien und Deutschland zugänglich gemacht.
In der Schweiz: Marcel und Charles Leclerc und Dr. Bernhard Peyer haben die Recherchen über die Lebensabschnitte Mesmers in Schaffhausen, Konstanz, Reichenau, Frauenfeld und Meersburg durchgeführt.
Ihnen allen gilt mein Dank.

Die Bibliographie zu Mesmer und dem „tierischen Magnetismus“ ist ansehnlich. Aber es gibt bislang keine Biographie, die über die Ansätze von Dr. Jean Vinchon hinausreicht. Das Verdienst dieser Arbeit war es vor allem, die verstreuten Texte zu erschließen und die Chronologie des Lebens Mesmers zu erstellen.
Die Werke von Tischner und Stefan Zweig bieten wertvolle Darstellungen Mesmers.
Die vollständigste umfangreichste Bibliographie zum „tierischen Magnetismus“ findet sich bei Franklin Rausky, *Mesmer ou la révolution thérapeutique* (Paris 1977).
Die Schriften Mesmers sind vollständig zugänglich (in französischer Übersetzung) in Robert Amadous *Le Magnétisme animal* (Paris 1971).
Das Werk von Robert Darnton schildert eindrücklich die heutige neue Bedeutung der Theorien Mesmers und seinen Einfluß auf die „vorrevolutionären“ Theorien.
Nicht zuletzt gewinnt Mesmer neue Aktualität durch die Schriften und Seminare von Dr. Leon Chertok, der seit mehr als zwanzig Jahren in Frankreich und im Ausland als Spezialist für die Heilung durch Hypnose gilt.

Anmerkung des Verlages: In diesem Buch werden die Begriffe „animalischer Magnetismus“, „tierischer Magnetismus“ und „thierischer Magnetismus“ synonym verwendet.

BILDNACHWEIS

1, 7, 13, 14, 15, 16, 17, 20: Bibliothèque Nationale, Paris.
2: Kirchenführer „Die Reichenau und ihre drei Kirchen", hrsg. vom Katholischen Münsterpfarramt Reichenau-Mittelzell, Foto: Hannes Oefele Verlag, Ottobeuren.
3.: Wolfgang Erdmann (Hrsg.): Die acht ottonischen Wandbilder der Wunder Jesu in St. Georg zu Reichenau-Oberzell. Foto: Jan Thorbeck Verlag, Sigmaringen.
4.: Süddeutscher Verlag, München.
5, 6, 19: Österreichische Nationalbibliothek, Bildarchiv.
8: Sammlung Wolfgang Schneider, Pharm.-gesch. Seminar (TH), Braunschweig.
9: Sammlung Ernst Kaiser.
10, 11: Graphische Sammlung Albertina, Wien.
12: Freimaurermuseum Rosenau.
18: Archiv des Grand Orient de France, Paris.
21: Zeitgenössischer Stich.